U0620810

周正祥———著

REGIONAL
TRANSPORTATION
ECONOMICS

区域交通运输经济学

经济管理出版社
ECONOMY & MANAGEMENT PUBLISHING HOUSE

图书在版编目（CIP）数据

区域交通运输经济学 / 周正祥著. -- 北京 ：经济
管理出版社，2025. 6. -- ISBN 978-7-5243-0358-9

Ⅰ．F5

中国国家版本馆 CIP 数据核字第 2025HS5765 号

组稿编辑：魏晨红
责任编辑：魏晨红
责任印制：张莉琼
责任校对：曹　魏

出版发行：经济管理出版社
　　　　　（北京市海淀区北蜂窝 8 号中雅大厦 A 座 11 层　100038）
网　　　址：www. E-mp.com.cn
电　　　话：（010）51915602
印　　　刷：北京市海淀区唐家岭福利印刷厂
经　　　销：新华书店
开　　　本：720mm×1000mm/16
印　　　张：23
字　　　数：462 千字
版　　　次：2025 年 6 月第 1 版　　2025 年 6 月第 1 次印刷
书　　　号：ISBN 978-7-5243-0358-9
定　　　价：98.00 元

·版权所有　翻印必究·

凡购本社图书，如有印装错误，由本社发行部负责调换。

联系地址：北京市海淀区北蜂窝 8 号中雅大厦 11 层
电话：（010）68022974　　邮编：100038

序

　　在全球化与区域经济一体化深度交织的当下，区域交通运输作为经济系统的"血脉"，其战略价值已超越传统基础设施的范畴，成为重塑空间经济格局、驱动创新发展的核心引擎。长期以来，该领域的研究往往陷入"技术决定论"或"政策工具化"的窠臼，未能形成兼具理论深度与实践解释力的完整体系。周正祥教授的《区域交通运输经济学》一书以独特的学术视野与方法论创新，突破了传统研究的藩篱，为理解交通运输与区域经济的复杂互动关系提供了全新范式。

　　本书的突破性首先体现在理论框架的重构。作者摒弃了将区域交通运输视为孤立系统的传统思维，将其置于区域经济学、经济地理学、马克思主义政治经济学与新经济地理学的交叉视域中，通过整合杜能的农业区位论、韦伯的工业区位论、克里斯泰勒的中心地理论等经典理论，以及克鲁格曼的新经济地理学模型，构建了一个涵盖"空间生产—要素流动—产业集聚—经济增长"的动态分析框架。值得称道的是，书中运用马克思主义经典理论将生产力平衡分布理论、空间分工理论与城市化理论融入现代交通运输分析框架，为解释社会主义市场经济条件下的区域交通运输发展提供了独特的理论工具。这种理论融合不仅拓展了区域经济学的研究边界，还揭示了交通运输在重塑城乡关系、优化资源配置中的深层机制。

　　在方法论层面，作者不仅系统运用了计量经济学、空间经济分析、制度经济学等定量研究方法，还引入了行为学派、社会学派的质性分析路径，形成了"宏观—微观""实证—规范""理论—实践"的三维研究范式。例如，在探讨运输成本与企业区位选择时，书中既构建了包含交通运输费用、劳动力成本、集聚效应的多元回归模型，又通过典型企业的深度访谈揭示了决策者行为偏好对区位决策的影响。这种方法论的融合，使研究结论既具有统计学意义上的普适性，又能捕捉到现实经济活动中的复杂性与异质性。书中对大数据、人工智能等新兴技术的应用分析，为传统研究注入了新活力，展现了技术驱动下的研究范式转型。

　　实践导向的研究设计是本书的另一大特色。本书并未止步于理论建构，而是通过对北京交通拥堵治理、长三角综合交通运输规划、伦敦拥堵收费政策等国内外典型案例的深度解剖，将抽象的理论转化为可操作的政策工具。值得关注的是，本书对"区块链＋信用交通""智慧零碳交通"等前沿领域的探索，不仅前瞻性地预判了技术变革对交通运输系统的重构作用，还提出了"技术—制度"协同创新的政策建议。这种将学术研究与政策实践紧密结合的写作风格，使本书兼具学术深度与实践价值，为政府部门制定交通运输规划、企业优化物流网络提供了切实可行的理论指导。

本书的价值还在于，在区域经济发展范式转型的关键期，作者敏锐地捕捉到三大趋势性变革。第一，数字技术革命正在重塑交通运输的组织形态，智能交通系统、自动驾驶、物联网等技术的普及，将彻底改变传统的交通运输成本结构与空间布局逻辑；第二，全球气候变化倒逼交通运输向低碳化、绿色化转型，新能源技术与碳定价机制的引入，将重构区域交通运输规划的价值体系；第三，区域经济一体化进程加速，跨区域交通运输网络的互联互通，要求打破行政区划壁垒，构建协同治理机制。书中对这些议题的深入探讨，不仅为当下的政策制定提供了理论支撑，还为未来研究指明了方向。

展望未来，区域交通运输经济学研究仍面临诸多挑战。首先，数据获取与分析技术的"瓶颈"制约着研究的精细化程度，如何整合多源异构数据（如手机信令、卫星遥感、企业运营数据）并构建动态仿真模型，将是未来研究的重要方向。其次，在技术创新与制度变革的互动中，如何平衡效率提升与社会公平，避免"数字鸿沟"与"技术排斥"，需要更深入的伦理考量与政策设计。最后，随着"一带一路"倡议的推进，跨国交通运输网络的构建与治理将成为新的研究热点，如何在全球价值链重构中发挥交通运输基础设施的战略支点作用，亟待理论突破。

本书不仅拓宽了区域交通运输经济学研究的范围，更为未来的研究提出了方向。它提醒我们，在技术变革与制度创新的双重浪潮中，唯有坚持跨学科的研究视野、保持对现实问题的敏锐洞察，才能构建具有中国特色的区域交通运输经济研究理论体系。期待本书的出版能引起更多学者对这一领域的关注，共同推动区域交通运输经济学研究迈上新的高度。

是为序。

全国经济地理研究会名誉会长、
中国人民大学应用经济学院吴玉章高级讲席教授
2025 年 5 月 1 日

目　录

第一章 绪 论

一、研究背景及研究意义

（一）研究背景

基于全球化和区域经济一体化趋势、区域交通运输对区域经济发展的关键作用、区域交通运输面临的新挑战与新机遇，以及政策制定与规划实践的新需求等因素，阐述在经济全球化和区域经济一体化背景下，区域交通运输经济学研究的迫切性和重要性，为区域交通运输经济学研究提供动力支持和应用场景。

1. 经济全球化和区域经济一体化趋势

随着经济全球化的深入发展，各国之间的经济联系日益紧密，区域经济一体化成为推动世界经济增长的重要动力。在这一背景下，区域交通运输作为连接区域内各经济体的纽带，其重要性日益凸显。

2. 区域交通运输对区域经济发展的关键作用

区域交通运输是影响区域经济发展的重要因素之一。高效的区域交通运输系统能够降低物流成本，提高经济效率，促进区域间资源和要素的合理流动，进而推动区域经济快速增长。因此，深入研究区域交通运输经济学，揭示区域交通运输与区域经济发展的内在联系，对指导区域交通规划、优化区域交通资源配置、促进区域交通运输经济学的科学发展具有重要意义。

3. 区域交通运输面临的新挑战与新机遇

随着科技的进步和经济社会的快速发展，区域交通运输面临诸多新挑战，如交通拥堵、环境污染、能源短缺等。同时，智能交通、多式联运、绿色交通等新技术和新理念的出现也为区域交通运输经济的研究提供了新机遇。因此，需要系统研究区域交通运输经济学，以应对这些挑战并抓住发展机遇。

4. 政策制定与规划实践的需求

区域交通运输政策的制定和交通运输规划的实施需要科学的理论依据和实证支持。本书通过深入研究区域交通运输与经济发展的关系，为学者、政策制定者和规划者提供有价值的参考和借鉴，有助于推动区域交通运输业的可持续发展。

（二）研究意义

揭示区域交通运输与区域经济发展的内在规律，优化区域交通资源配置，提高经济效率，应对区域交通运输面临的新挑战，推动绿色交通发展，促进区域交通运输一体化和加强区域合作，以及丰富和完善区域交通运输经济学的理论体系，揭示区域交通运输与经济社会发展的内在联系，为区域交通运输规划、政策制定提供理论依据。具体体现在以下几个方面。

1. 揭示区域交通运输与区域经济发展的内在规律

通过研究区域交通运输经济学，可以深入揭示区域交通运输与区域经济发展的内在联系和规律，为研究学者、政策制定者和规划者提供科学的理论依据，指导区域交通运输经济系统的规划和建设，促进区域交通运输经济的协调可持续发展。

2. 优化区域交通运输资源配置，提高经济效率

区域交通运输经济学研究有助于优化区域交通运输资源配置，提高区域交通运输系统的效率和效益。通过对不同区域交通运输方式的经济特性、成本效益进行比较分析，为学者、政策制定者和规划者提供选择最优区域交通运输方式的依据，降低物流成本，提高经济效率。

3. 应对区域交通运输的新挑战，推动绿色交通发展

随着经济社会的发展，区域交通运输面临交通拥堵、环境污染、能源短缺等挑战。区域交通运输经济学研究可以探索应对这些挑战的策略和途径，推动智能交通、绿色交通等新技术和新理念的应用，促进区域交通运输行业的可持续发展。

4. 促进区域交通运输一体化，加强区域合作

区域交通运输一体化是区域经济一体化的重要内容。区域交通运输经济学的研究有助于加强区域间的交通运输合作，打破行政区划壁垒，促进区域交通运输网络的互联互通，提高区域交通运输经济整体竞争力。

5. 丰富和完善区域交通运输经济学理论体系

区域交通运输经济学是交通运输经济学的一个重要分支，其研究有助于丰富和完善交通运输经济学的理论体系，推动学科的发展和创新。通过对区域交通运输经济现象的深入剖析和解释，为交通运输经济学的研究提供新的视角和方法。

二、文献综述

（一）区域经济学研究

区域经济学作为经济学与地理学交叉形成的应用经济学，其研究范围涵盖了区域经济发展与区域关系协调的多个方面。

1.区域经济学理论的起源与发展

区域经济学理论的起源可以追溯到19世纪,但真正形成独立学科是在20世纪50年代。1826年,德国经济学家约翰·冯·杜能在《孤立国同农业和国民经济的关系》一书中提出了农业区位论,标志着区域经济学理论的诞生。此后,韦伯(1909)的工业区位论、克里斯塔勒(1933)的中心地理论等进一步丰富了区位理论,为区域经济学的形成奠定了基础。

(1)约翰·冯·杜能的农业区位论。农业区位论以城市为中心,研究由内向外呈同心圆状分布的农业地带,这种分布模式因其与中心城市的距离不同而引起生产基础和利润收入的地区差异。杜能认为,市场上的产品销售价格决定经营的产品种类和经营方式,而运输费用决定产品的总成本。因此,一个经营者期望得到的利润等于商品的销售价格减去生产成本再减去运输费用。

为构建农业区位论体系,杜能设定了一个假想的"孤立国",并给出了以下六个假定条件:①肥沃的平原中央只有一个城市。②不存在可用于航运的河流与运河,马车是唯一的交通工具。③土质条件相同,任何地点都可以耕作。④距城市50英里①之外是荒野,与其他地区隔绝。⑤人工产品供应只来源于中央城市,城市的食品供应则只来源于周围平原。⑥矿山和食盐坑都在城市附近。

这些假定条件排除了其他自然和社会经济因素的干扰,使杜能能够单独考察市场距离这一因素对农业生产布局的影响。

根据杜能的农业区位论,农业生产方式的空间配置将形成以城市为中心、由内向外呈同心圆状的多个农业地带,通常称为"杜能圈"(见图1-1)。

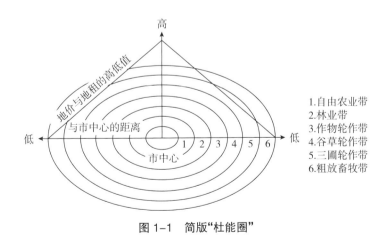

1.自由农业带
2.林业带
3.作物轮作带
4.谷草轮作带
5.三圃轮作带
6.粗放畜牧带

图1-1 简版"杜能圈"

---

① 1英里≈1.609千米。

第一，自由农业带。位于城市近郊，主要生产易腐难运的产品，如蔬菜、鲜奶等。由于这些产品需要新鲜消费且运输成本高，因此适宜在靠近城市的地区生产。

第二，林业带。为城市提供薪材、建筑用材等。由于这些产品体积大、重量重，从经济角度考虑也适宜在城市近郊种植。

第三，作物轮作带。以谷物和饲料作物的轮作为主要特色。随着与城市距离的增加，运输成本降低，可以种植一些运费较低的作物。

第四，谷草轮作带。生产较为粗放，集约化程度逐渐降低。这一地带距离城市更远，主要种植谷物和牧草。

第五，三圃轮作带。使用三圃式轮作制度，即每块地分为三区轮流种植黑麦、大麦和休闲。这一地带距离城市更远，农业生产更加粗放。

第六，粗放畜牧带。最外侧的农业地带以畜牧业为主，生产牧草用于养畜以供应城市市场。

尽管杜能的农业区位论具有开创性的贡献，但其也存在一定的局限性。例如，该理论假设条件较为苛刻，在现实中很难完全满足；同时，随着现代交通运输、罐头制造和冷藏技术的迅速发展，市场距离在决定土地利用方式中的作用日益减弱，受自然条件和技术经济条件的影响更加显著。因此，后来的学者在继承杜能农业区位论的基础上，不断对其进行修正和发展，形成了更加完善和综合的农业区位理论体系。

（2）韦伯的工业区位论。工业区位论是关于工业企业空间位置选择的理论，由德国经济学家韦伯在1909年发表的《论工业区位》一书中首次系统地论述。在德国产业革命时期，工业迅速发展，形成了大规模的地域间人口移动和产业向大城市集中的现象。韦伯试图通过工业区位论来解释人口的大规模移动与工业发展和产业集聚的关系，为工业布局提供理论指导。

韦伯的工业区位论以成本最小化为基本原则，认为工业企业的区位选择主要受运输成本、劳动力成本和集聚因素的影响。他通过分析这些因素间的相互作用，提出了工业区位选择的一般规律和模式。

第一，运费最小法则。韦伯认为，运输成本是决定工业区位的重要因素之一。在给定原料供给地和消费地的基础上，工业企业应选择在运输成本最小的地点布局。韦伯引入了原料指数和区位重量的概念，通过计算原料与制成品之间的重量比和运输总重量来确定工业区位的最优选择。

第二，劳动力法则。劳动力成本也是影响工业区位选择的重要因素。当某地的劳动力成本较低时，即使运输成本较高，工业企业也可能选择在该地布局，以节省劳动力费用。韦伯提出了劳动力成本指数和劳动系数的概念，用于分析劳动力成本对工业区位选择的影响。

第三，集聚与扩散法则。集聚因素可以进一步降低生产成本，提高经济效益。韦伯认为，工业企业间的集聚可以带来外部经济效应，如共享基础设施、劳动力市场和技术溢出等。同时，韦伯也注意到了集聚可能带来的负面效应，如地价上涨、环境污染等，这些因素可能导致工业企业的扩散。

韦伯的工业区位论为工业布局和区位理论奠定了坚实的基础，对后来的研究产生了深远的影响。韦伯的工业区位论不仅被广泛应用于工业布局和区域规划实践中，还推动了区位理论和方法论的发展。然而，韦伯的工业区位论也存在一定的局限性，如假设条件过于理想化、未充分考虑技术进步和政策因素等。尽管如此，韦伯的工业区位论仍然是区位理论领域的重要里程碑之一。

（3）克里斯塔勒的中心地理论。克里斯塔勒的中心地理论又称"中心地学说"，是在研究城市空间组织和布局时，探索最优化城镇体系的一种城市区位理论。1933年，该理论由德国地理学家克里斯塔勒在《德国南部的中心地》一书中提出。

中心地理论基于一系列假设条件，包括人口均匀分布、统一的交通系统、生产者和消费者的经济行为合理性等。在这些假设下，克里斯泰勒认为中心地体系的形成受市场原则、交通原则和行政原则的支配。

第一，市场原则。低一级的中心地应位于高一级的三个中心地所形成的等边三角形的中央，形成一个完整的六边形市场区。在市场原则下，中心地服务范围的等级序列是：1，3，9，27，81，243，……，即每个较大的中心地的服务范围总是低一级中心地服务范围的3倍。市场原则下的中心地理论见图1-2。

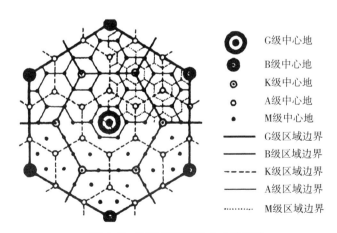

图1-2　市场原则下的中心地理论

第二，交通原则。低一级的中心地应位于连接两个较高等级中心地的交通线的中点，形成由4个基本六边形组成的较大的六边形市场区。在交通原则下，每个高一级的服务范围是低一级服务范围的4倍，服务范围的等级序列是：1，4，16，64，……交通原则下的中心地理论见图1-3。

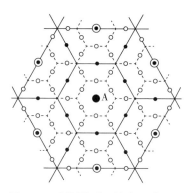

图1-3　交通原则下的中心地理论

　　第三，行政原则。为便于行政管理，克里斯泰勒提出了按行政原则组织的中心地体系。在这个体系中，除了基本六边形，每个高级中心地还包括周围6个完整的基本六边形，服务范围相当于低一级中心地服务范围的7倍，中心地服务范围的等级序列是：1，7，49，343，……行政原则下的中心地理论见图1-4。

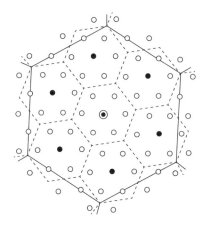

图1-4　行政原则下的中心地理论

　　中心地体系包括多个方面，如中心地的数目、互补区域的数目、互补区域的半径和面积、提供中心财货种类及其数量、中心地的标准人口数、互补区域的标准人口数等。这一理论为现代地理学、城市地理学、商业地理学和区域经济学的发展奠定了坚实的基础，对研究城市等级划分、都市与农村区域相互作用、城市内和城市间的社会和经济空间模型、区域结构、布局区域的公共服务设施，以及其他经济和社会职能等领域均具有指导意义。

然而,中心地理论也存在一定的局限性,如其建立在许多假设条件之上,这些条件在现实中很难得到完全满足;理论性质较为静止,没有考虑城市体系的历史发展过程和未来发展趋势;忽视了中心地间的横向职能联系,以及中心地系统随人口、生活习惯、技术等变化的可能性。因此,在实际应用中需要结合具体情况进行灵活调整。

2. 主要研究领域与理论流派

(1)区位理论研究。区位理论是区域经济学的基础,包括古典区位论和近代区位论。古典区位论以产业的空间布局为核心,以成本—收益分析为方法,分为农业区位论和工业区位论。近代区位理论以利润最大化为目标,侧重对市场区划分和市场网合理结构的研究。

(2)区域经济发展理论。随着研究的深入,区域经济学逐渐从区位研究转向区域经济发展研究。主要理论包括以下三个:第一,均衡发展战略理论。以罗森斯坦 – 罗丹和纳克斯为代表,主张通过平衡增长战略来推动区域经济的全面发展。第二,非均衡发展战略理论。包括增长极理论、梯度推移发展模式等,强调在经济发展初期优先发展条件较好的地区,通过扩散效应带动其他地区的发展。第三,倒"U"形理论。威廉·P. 安德森(2017)认为,区域增长表现为一个从不平衡到平衡的趋同过程。

(3)新经济地理学。20 世纪 80 年代末至 90 年代,新经济地理学兴起,以克鲁格曼为代表。新经济地理学将规模报酬递增和不完全竞争市场引入一般均衡分析框架,解释了经济活动空间集聚与区域经济发展的关系。

3. 研究方法与工具

近年来,区域经济学的研究方法逐渐从宏观分析方法转向微观分析方法,并越来越重视计量经济的研究方法。常用的模型包括投入产出分析模型、引力模型、空间相互作用模型、系统动力学模型等。空间数据分析软件、地理信息系统(GIS)的发展使空间计量经济学得以高速发展。

4. 应用与实践

区域经济学的研究成果广泛应用于政策制定、区域规划、产业布局等方面。例如,基于区域经济发展的校企合作新模式、地方政府债务对区域经济发展的影响研究、铁路货运量预测等,均是区域经济学理论在实际中的应用。

5. 总结与展望

区域经济学作为一门新兴的交叉学科,其研究内容和方法不断丰富和完善。未来,随着全球经济一体化的加深和区域经济问题的复杂化,区域经济学将继续发挥重要作用,为区域经济发展提供理论指导和实践支持。同时,跨学科的研究方法和技术手段也将进一步推动区域经济学的发展。

（二）交通运输经济学研究

交通运输经济学作为研究交通运输产业及其对经济社会发展影响的学科，其文献综述涵盖了该领域的基本概念与范畴、重要理论、实践应用及当前研究热点等方面。

1. 基本概念与范畴

交通运输经济学是研究交通运输产业中经济关系和经济社会活动规律的学科。它涵盖了交通运输的需求、供给、成本与效益等现象的经济学分析，以及交通运输市场的结构、特征和市场交流的成本等问题。交通运输经济学不仅关注交通运输业本身的发展，还深入分析其对经济社会发展的广泛影响。

2. 重要理论

（1）需求与供给理论。第一，需求方面。分析人们对交通运输的需求量及其变动规律，了解出行需求特征。第二，供给方面。考虑交通运输企业的产能、运营成本及交通基础设施的建设和投资，了解供给方对市场的影响。

（2）需求与价格弹性理论。研究交通需求对价格变化的弹性反应，为政府和企业制定价格政策和供给计划提供指导。

（3）交通运输成本理论。分析交通运输企业的成本结构和成本控制，包括固定成本和可变成本，帮助企业降低生产成本，提高经济效益。各种交通运输的方式成本见图1-5。

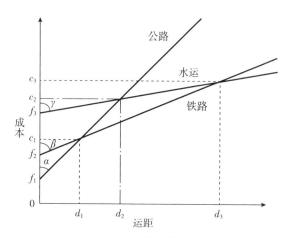

图1-5　各种交通运输方式成本

（4）交通网络理论。研究交通网络结构、运力配置和运输路径选择等问题，优化交通网络设计和管理，提高交通运输效率。

3. 实践应用

（1）交通运输规划与管理。交通运输经济学为交通运输规划和政策制定提供科学依据，通过合理的交通运输规划和有效管理，提高交通运输的效率和安全性，促进区域经济可持续发展。

（2）交通运输企业运营。交通运输经济学的研究成果应用于实际经营中的交通运输企业，帮助其合理制订交通运输计划、优化经营成本、提高服务质量。

（3）区域与城市发展。交通运输经济学与城市规划、土地利用等领域密切相关，合理的交通运输系统能够促进区域经济的发展，改善人们的生活质量。

4. 当前的研究热点

（1）智能交通系统（Intelligent Traffic System，ITS）。随着信息技术的发展，智能交通系统成为研究热点之一，旨在通过技术手段提高交通运输系统的效率、安全性和环保性。以下是三个国家 ITS 的发展流程。

第一，美国 ITS 体系的发展流程。

1）初期研究与规划。自 20 世纪 80 年代起，美国开始关注智能交通系统的研究与发展，美国政府和企业共同投入资源进行技术研发和标准制定。

2）基础设施建设。投入大量资金建设先进的交通信号控制系统、车辆监控系统等，推动交通基础设施的智能化升级，如智能高速公路、智能公交站等。

3）系统集成与示范项目。实施多个 ITS 示范项目，验证新技术和系统的有效性，逐步将验证成功的技术集成到实际应用中，提升整体交通系统的智能化水平。

4）政策与推广。制定相关政策支持 ITS 的发展，如提供财政补贴、税收优惠等；加大公众宣传力度；增强社会对 ITS 的认知度和接受度。

5）持续创新与优化。随着技术的不断进步，美国 ITS 系统持续进行了技术升级和优化，引入大数据、云计算、人工智能等先进技术，提升交通系统的智能化和自动化水平。

美国 ITS 体系的主要内容如图 1-6 所示。

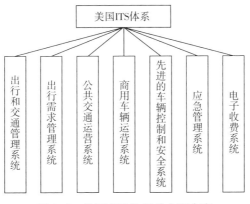

图 1-6 美国 ITS 体系的主要内容

第二，日本 ITS 体系的发展流程。

1）政府主导与规划。日本政府高度重视 ITS 的发展，制定了一系列战略规划，成立了专门机构负责 ITS 的研发和推广工作。

2）技术研发与应用。集中资源进行 ITS 关键技术的研发，如车辆导航系统、交通信号控制系统等，推动新技术在公共交通、高速公路等领域的应用。

3）标准制定与认证。制定严格的 ITS 产品和技术标准，确保系统的兼容性和互操作性，实施产品认证制度，保障 ITS 产品的质量和安全性。

4）示范与推广。实施多个 ITS 示范项目，展示新技术的效果和潜力，通过政府补贴、税收优惠等方式鼓励企业和个人采用 ITS 产品和技术。

5）国际合作与交流。加强与其他国家在 ITS 领域的合作与交流，引进先进技术和经验，参与国际标准制定，提升日本在 ITS 领域的国际影响力。

日本 ITS 体系的主要内容如图 1–7 所示。

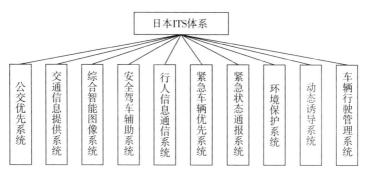

图 1–7　日本 ITS 体系的主要内容

第三，中国 ITS 体系的发展流程

1）政策引导与规划。中国政府出台了一系列政策文件，明确了 ITS 的发展方向和目标，制定了智能交通系统建设规划，指导各地有序开展 ITS 建设工作。

2）基础设施建设。加大交通基础设施的智能化改造力度，如建设智能交通信号灯、智能公交站等，推动高速公路、城市道路等交通网络的智能化升级。

3）技术研发与创新。鼓励企业、高校和科研机构开展 ITS 技术研发和创新工作，引入大数据、云计算、人工智能等先进技术，提升交通系统的智能化水平。

4）示范应用与推广。实施多个 ITS 示范项目，如智慧城市交通管理、智能物流等，通过示范项目的成功实施，带动全国范围内 ITS 的推广和应用。

5）标准制定与规范。制定和完善 ITS 相关标准和规范，确保系统的兼容性和互操作性，加强与国际接轨，推动中国 ITS 标准走向世界。

中国 ITS 体系的主要内容如图 1-8 所示。

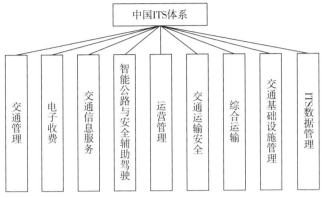

图 1-8 中国 ITS 体系的主要内容

（2）共享经济与交通运输。共享交通运输模式如共享单车、网约车等的兴起，对传统交通运输业产生了深远的影响，其经济效应、社会影响及政策监管均已成为研究重点。

（3）绿色交通与可持续发展。交通运输业是能源消耗和碳排放的重要领域，绿色交通和可持续发展成为交通运输经济学研究的重要方向。绿色交通体系等级如图 1-9 所示。

图 1-9 绿色交通体系等级

（4）"一带一路"倡议下的区域交通运输合作。"一带一路"倡议为国际区域交通运输合作提供了广阔平台，跨国铁路、海运合作和物流通道建设等已成为研究热点。

5. 研究方法

交通运输经济学研究采用多种方法，包括实证研究、数学建模、统计分析和实地调查等。通过对实际数据的收集和分析，揭示交通运输与经济发展间的内在规律，为研究学者、政策制定者和规划者提供科学依据。

交通运输经济学作为一门应用性很强的学科，其研究文献涵盖了广泛的主题和方法。未来，随着交通运输业的不断发展和技术进步，交通运输经济学的研究将继续深入，为交通运输产业的可持续发展和区域经济的繁荣作出更大的贡献。

（三）区域交通运输系统分析研究

区域交通运输系统作为连接不同地区、促进经济发展的重要基础设施，其分析研究对优化资源配置、提高区域交通运输效率、促进区域协调发展具有重要意义。近年来，随着城市化进程的加速和区域交通运输需求的不断增长，区域交通运输系统分析研究逐渐成为学术界和业界关注的热点。

1. 研究内容与重点

（1）区域交通运输系统的定义与特征。文献中普遍将区域交通运输系统定义为通过多种交通方式(如公路、铁路、水路、航空、管道等)连接不同地区，为人们提供高效、安全、便捷交通服务的总体规划。区域交通运输系统具有多元化、复杂性和动态性等特点，需要综合考虑不同区域交通运输方式之间的协调与配合。区域交通运输系统的组成见图1-10。

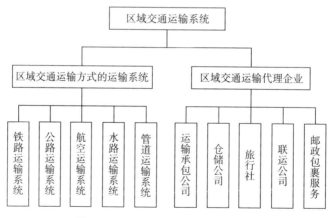

图1-10 区域交通运输系统的组成

（2）区域交通运输系统的规划与设计。在规划方面，已有文献强调了对区域交通运输需求进行科学预测、对区域交通运输网络进行合理布局、对区域交通运输设施进行统筹建设的重要性。在设计方面，注重区域交通运输系统的安全性、经济性、环保性和可持续性，力求在满足当前需求的同时，为未来预留发展空间。

（3）区域交通运输系统的运营效率与效益。在运营效率方面，本书探讨了如何通过技术创新、管理优化等手段提升区域交通运输系统的整体运行效率。在效益方面，分析了区域交通运输系统对区域经济发展的推动作用，以及如何通过政策引导和市场机制实现区域交通运输资源的优化配置。

（4）区域交通运输系统的可持续发展。可持续发展是当前区域交通运输系统分析研究的重要议题之一。本书提出了绿色交通、低碳交通等理念，强调在区域交通运输系统的发展过程中要注重环境保护和生态平衡。同时，还探讨了如何通过新能源、新技术的应用来降低区域交通运输的能耗和排放，实现区域交通运输与生态环境的协调发展。

2. 研究方法与案例

（1）研究方法。第一，本书采用多种研究方法对区域交通运输系统进行分析研究，包括定量分析（如数学模型、统计分析等）和定性分析（如政策分析、案例研究等）。第二，随着信息技术的发展，仿真模拟、大数据分析等新兴方法也逐渐被应用于区域交通运输系统研究中。

（2）研究案例。本书对国内外典型区域交通运输系统进行了案例分析，如长三角城市群、粤港澳大湾区等国内案例，以及欧美等发达国家和地区的成功案例。这些案例为区域交通运输系统的规划、设计、运营和可持续发展提供了宝贵的经验和启示。

3. 当前的研究热点与未来趋势

（1）智能交通系统。随着信息技术的快速发展，智能交通系统成为当前区域交通运输系统分析研究的重要热点之一。本书探讨了 ITS 在提升区域交通运输系统效率、保障交通安全、改善出行体验等方面的作用和应用前景。

（2）共享经济与区域交通运输。共享经济的兴起对区域交通运输系统产生了深远影响。本书分析了共享交通模式（如共享单车、网约车等）对传统交通运输业的变革和冲击，以及对区域交通运输系统的影响和启示。

（3）绿色交通与可持续发展。绿色交通和可持续发展仍然是未来区域交通运输系统分析研究的重要方向。本书预测了未来区域交通运输系统将更加注重环保和节能技术的应用和推广，以实现区域交通运输与生态环境的和谐共生。

（4）区域一体化与跨界合作。随着区域经济一体化的加速推进和跨界合作的日益频繁，区域交通运输系统的协同发展也成为未来研究的重要议题之一。本书探讨了如何通过跨界合作和资源整合实现区域交通运输系统的优化升级和协同发展。

4. 结论

区域交通运输系统分析研究是一个涉及多学科、多领域的综合性课题。未来，随着技术的不断进步和需求的不断变化，区域交通运输系统分析研究将更加注重智能化、绿色化和协同化的发展方向。同时，需要加强跨学科合作和国际交流，共同推动区域交通运输系统的持续健康发展。

（四）区域交通运输规划与政策研究

区域交通运输规划与政策研究是交通工程领域的重要组成部分，旨在通过科学合理的规划和政策制定，优化区域交通运输资源配置，提高区域交通运输系统效率，促进区域经济社会协调发展。近年来，随着城市化进程的加速和区域交通运输需求的多样化，区域交通运输规划与政策研究受到了广泛关注。

1. 研究背景与意义

区域交通运输规划与政策研究的背景在于城市化进程中区域交通运输问题越发突出，如交通拥堵、环境污染、交通事故频发等。这些问题不仅影响了居民的生活质量，还制约了区域经济的发展。因此，开展区域交通运输规划与政策研究具有重要意义，有助于解决区域交通运输问题，提升区域交通运输系统性能，促进区域经济社会可持续发展。

2. 研究内容与重点

（1）区域交通运输规划研究。第一，定义与内涵。区域交通运输规划是指对一定区域内各种交通运输方式（如公路、铁路、水路、航空、管道等）的设施、网络、运营和管理进行系统规划和综合平衡的过程。其核心在于，实现区域交通运输系统的整体优化和协调发展。第二，规划原则。包括系统性原则、前瞻性原则、可持续性原则、经济性原则等。这些原则指导区域交通运输规划的全过程，确保区域交通运输规划的科学性和合理性。第三，规划方法。随着科技的进步，区域交通运输规划方法不断创新，如大数据分析、智能交通系统、多式联运规划等。这些方法的应用提高了区域交通运输规划的科学性和精准度。

（2）区域交通运输政策研究。第一，政策目标。区域交通运输政策的目标通常包括缓解交通拥堵、减少交通污染、提高交通安全意识、促进交通公平等，这些目标的实现需要区域交通运输政策的引导和支持。第二，政策类型。包括区域交通运输建设政策、区域交通运输管理政策、区域交通运输财政政策等。这些政策相互补充，共同作用于区域交通运输系统。第三，政策效果评估。政策效果评估是区域交通运输政策研究的重要环节。通过对区域交通运输政策实施前后的交通状况进行对比分析，可以评估政策的实际效果，为政策调整和优化提供依据。

3. 研究方法与案例

（1）研究方法。第一，定性分析与定量分析。定性分析主要运用归纳和演绎等方法对区域交通运输问题进行描述和解释；定量分析则运用数学模型、统计分析等方法对区域交通运输数据进行处理和分析。第二，仿真模拟。通过构建区域交通运输仿真模型，模拟不同区域交通运输场景下的交通运输状况，为区域交通运输规划和政策制定提供科学依据。第三，案例研究。选取典型区域进行案例研究，分析区域交通运输规划与政策的成功经验和存在问题，为其他地区提供参考和借鉴。

（2）研究案例。国内外均有众多区域交通运输规划与政策的成功案例，如长三角城市群的综合交通运输规划等均展示了不同区域在区域交通运输规划与政策制定方面的创新和实践。

4. 当前的研究热点与未来趋势

（1）智能交通系统与区域交通运输规划。智能交通系统技术的发展为区域交通运输规划提供了新的思路和方法。未来，智能交通系统将在区域交通运输规划中发挥越来越重要的作用，提高区域交通运输系统的智能化水平和运行效率。

（2）绿色交通与可持续发展。绿色交通和可持续发展是当前区域交通运输规划与政策研究的重要方向。未来，区域交通运输规划与政策将更加注重环保和节能技术的应用和推广，推动区域交通运输系统的绿色转型。

（3）区域一体化与跨界合作。随着区域经济一体化的加速推进和跨界合作的日益频繁，区域交通运输规划与政策的跨界合作将成为重要趋势。未来，不同区域间将加强区域交通运输规划与政策的协调与对接，促成区域交通运输系统的互联互通和协同发展。

5. 结论

区域交通运输规划与政策研究是一个涉及多学科、多领域的综合性课题。未来，随着科技的进步和需求的多样化，区域交通运输规划与政策研究将更加注重智能化、绿色化和协同化的发展方向。同时，需要加强跨学科合作和国际交流，共同推动区域交通运输系统的持续健康发展。

（五）物流经济学研究

物流经济学通过对物流活动的经济分析，探讨如何优化物流资源配置，提高物流效率，降低物流成本，进而促进经济发展。随着全球化和电子商务的快速发展，物流在国民经济中的地位越来越重要，物流经济学的研究也同样至关重要。物流经济学作为研究物流活动在经济环境中的运作规律和效益的学科，近年来受到了研究学者、政策制定者和规划者的广泛关注。

1. 研究背景与研究意义

（1）研究背景。随着市场竞争的加剧和消费者需求的多样化，企业越来越注重物流效率和服务质量的提升。物流作为连接生产和消费的重要环节，其效率和服务水平直接影响到企业的市场竞争力和客户满意度。因此，对物流活动的经济分析已成为企业决策的重要依据。

（2）研究意义。物流经济学的研究有助于揭示物流活动的经济规律和效益机制，为企业和政府提供科学的决策支持。通过优化物流资源配置、提高物流效率、降低物流成本等措施，可以推动物流行业的健康发展，进而促进国民经济的整体增长。

2. 主要研究内容

（1）物流成本分析。物流成本是企业运营过程中的重要成本之一，包括运输成本、仓储成本、包装成本、装卸成本等。物流经济学通过对物流成本的分析，探讨如何降低物流成本、提高物流效益。研究内容包括物流成本的构成、影响因素、降低成本的策略等。

（2）物流效率分析。物流效率是衡量物流系统性能的重要指标之一。物流经济学通过对物流效率的分析，探讨如何提高物流系统的运作效率和服务质量。研究内容包括物流效率的评价指标、影响因素、提升物流效率的方法等。

（3）物流网络优化。物流网络是物流活动的基础设施和支撑体系。物流经济学通过对物流网络的分析和优化，探讨如何构建高效、便捷、经济的物流网络体系。研究内容包括物流网络的规划、设计、优化等。

（4）物流政策与法规。物流政策与法规是影响物流行业发展的重要因素之一。物流经济学通过对物流政策与法规的分析和研究，探讨如何制定科学合理的物流政策与法规以促进物流行业的健康发展。研究内容包括物流政策的制定原则、内容、实施效果等。

3. 研究方法与案例

（1）研究方法。物流经济学的研究方法主要包括定量分析、定性分析、实证研究等。其中，定量分析通过构建数学模型和运用统计方法对物流数据进行处理和分析；定性分析则通过归纳和演绎等方法对物流问题进行描述和解释；实证研究则通过具体案例的分析和验证来揭示物流活动的经济规律和效益机制。

（2）研究案例。物流经济学的研究案例丰富多样，包含不同行业、不同区域的物流活动。例如，某电子产品制造企业通过优化供应链和降低物流成本提高了市场竞争力；某城市通过实施绿色物流政策减少了物流活动对环境的负面影响等。这些案例为物流经济学的研究给予了丰富的实证基础和验证依据。

4. 当前的研究热点与未来趋势

（1）当前的研究热点。第一，绿色物流。随着环保意识的提高和可持续发展理念的普及，绿色物流成为当前物流经济学研究的热点之一。绿色物流强调在物流活动中采取环保措施降低对环境的负面影响并推动资源的循环利用。第二，智能物流。随着人工智能、物联网等技术的快速发展和应用推广，智能物流已成为物流经济学研究的另一个热点。智能物流通过运用先进技术手段提高物流系统的智能化水平和运作效率降低物流成本并提升服务质量。第三，供应链金融。供应链金融作为物流与金融交叉融合的新兴领域也受到了广泛关注。供应链金融通过整合供应链上下游企业的资源和信息为物流活动提供金融支持，降低融资成本和风险并促进供应链的稳定发展。

（2）未来趋势。第一，跨学科融合。未来物流经济学研究将更加注重跨学科融合和综合应用。通过与经济学、管理学、工学等相关学科的交叉融合，将推动物流经济学研究的深入发展和创新突破。第二，数据驱动决策。随着大数据技术的广泛应用和数据资源的不断丰富，未来物流经济学研究将更加依赖数据驱动决策。通过对海量物流数据进行收集、处理和分析，可以揭示物流活动的内在规律和潜在价值，为企业和政府提供更加精准的决策支持。第三，可持续发展导向。未来，物流经济学研究将更加注重可持续发展导向。在推动物流行业快速发展的同时，需要关注其对环境的影响和资源的消耗，积极采取措施推动绿色物流的发展，以实现物流行业的可持续发展。

（六）新技术与新理念在区域交通运输中的应用研究

近年来，随着科技的飞速发展和全球城市化进程的加速，新技术与新理念在区域交通运输中的应用日益广泛，不仅提升了区域交通运输的效率和安全性，还促进了交通运输行业的绿色可持续发展。

1. 新技术在区域交通运输中的应用

（1）无人驾驶技术。无人驾驶技术通过集成计算机、传感器等设备，实现车辆的自动驾驶。这一技术在解决交通拥堵、减少交通事故、提高区域交通运输效率等方面具有显著优势。无人驾驶技术已经在部分城市的出租车和公共汽车上得到应用，不少汽车制造商也在积极研发这项技术。未来，无人驾驶汽车有望大规模进入市场，极大地改变人们的出行方式。

（2）智能交通系统。智能交通系统通过集成先进的信息技术、通信技术、传感器技术和控制理论等，实现交通系统的智能化和高效化。它能够实时获取和处理交通信息，预测交通流量和路况，为区域交通运输管理和调度提供科学依据。智能交通运输系统在缓解城市交通拥堵、降低交通事故率和公共交通管理等方面发挥着重要作用。

（3）物联网技术。物联网技术通过实时监控和数据共享，优化运输路线和调度，缓解空驶和拥堵现象，提高运输效率。在交通信号灯、车辆和道路监测等方面物联网技术也发挥着重要作用，提高了道路通行效率和安全性。

（4）新能源汽车与绿色交通技术。新能源汽车，特别是电动汽车和氢燃料电池汽车，以零排放、低噪声、低能耗等特点，成为未来城市绿色交通的重要发展方向。智能交通系统通过优化交通信号控制和诱导系统，减少区域交通拥堵和排放，进一步推动绿色交通的可持续发展。

2.新理念在区域交通运输中的应用

（1）"智慧零碳"理念。随着全球气候变化问题的日益严峻，"智慧零碳"理念在交通运输领域的应用逐渐增多。通过分布式新能源建设、低碳节能改造等措施，实现交通运输行业的碳减排。例如，宁夏回族自治区石嘴山市"零碳"交通运输综合行政执法站通过政府和社会资本合作模式，推进分布式光伏和储能设施建设，实现了绿色低碳执法。

（2）区块链技术。区块链技术在区域交通运输领域的应用，主要体现在安全生产数据管理和执法证据存证等方面。通过区块链技术，可以实现安全生产数据的统一管理、不可篡改和透明共享，提高监管效率和执法公信力。

第一，提高监管效率。区块链技术可解决跨省通行费清分结算周期长、偷漏逃费检查难、联网收费稽查压力大等问题。区块链技术既能保证数据的安全性，又能确保清分结算的实时性，从而实现跨省车辆通行信息、收费信息公开透明，减少交易摩擦。结合区块链技术，可以提供通行费的实时清分结算，达到降本增效的目的。基于区块链的高速公路自由流收费架构整体采用多级区块链网络，管理层级逐级下分，数据逐级保存。通过智能合约将采集的车辆通行数据上链，并对通行数据进行更加高效的加工处理，产生车辆交易流水、所有车辆车牌信息、龙门架系统设备及安全状态信息、跨省通行费计算结果等加工数据，为高速公路收费业务划拨扣款与结算提供依据，还可以向个人或企业用户提供车辆行驶轨迹查询、计费结算管理、数据分析等服务。基于区块链的高速公路自由收费架构如图1-11所示。

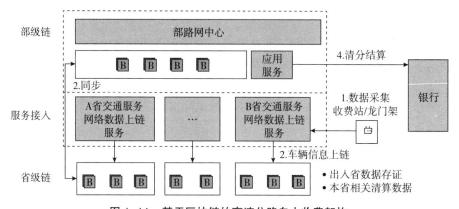

图1-11 基于区块链的高速公路自由收费架构

第二，提高执法公信力。信用交通区块链主要服务于交通领域的信用体系，各地交通运输主管部门、物流平台、第三方企业的信用数据上链，各节点实时同步共享信用数据，提升各地数据共享的效率和准确性。依托交通运输部信用交通平台，生成互信账本，信用数据可信可溯，从而构建完善的个人、企业及车辆的信用评价体系，服务于监管和行业应用。信用交通区块链的主要设计思路为一条"监管链"、多条"应用链"双层多链的设计模式，既可以保障跨链业务同步，数据跨链共享共用，又可以保持应用链的独立运行。其中，"监管链"面向行业各级政府管理机构，接入现有交通信用评价系统，支撑行业各项信用监管业务；"应用链"支撑各类行业应用，如物流金融服务、网约车行业负面评价、高速公路偷逃费等。"区块链＋信用交通"整体架构如图1-12所示。

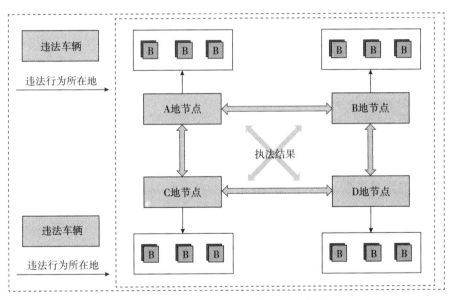

图1-12　"区块链＋信用交通"整体架构

3. 未来发展趋势

未来，新技术与新理念在区域交通运输领域中的应用将更加广泛和深入。一方面，随着自动驾驶技术的不断成熟和法规政策的完善，无人驾驶汽车有望实现大规模商业化应用。另一方面，智能交通系统和物联网技术的持续创新，将进一步提升区域交通运输的效率和安全性。同时，"智慧零碳"理念和区块链技术的推广，将促进交通运输行业的绿色可持续发展。

综上所述，新技术与新理念在区域交通运输中的应用，不仅提升了区域交通运输的效率和安全性，还推动了行业的绿色可持续发展。未来，随着技术的不断进步和理念的深入人心，交通运输行业将迎来更加美好的发展前景。

（七）案例研究与实证分析

在学术研究中，案例研究与实证分析是两种重要的研究方法，它们各自具有独特的研究视角和优势，并在不同领域得到了广泛应用。

1. 案例研究

案例研究也称个案研究，是一种深入探索特定现象或问题的方法。它通过对一个或多个案例的详细分析，揭示现象背后的复杂机制和因果关系。案例研究在社会科学、管理学、教育学等领域都得到广泛应用。

（1）定义与特点。案例研究法主要通过对情景的深厚描述来陈述和解释现实中的现象，利用翔实的描述来构建整体的图景。这种方法强调对案例的深入剖析，要求研究者具备敏锐的观察力和分析能力，以便从大量证据和多源数据中总结经验，发现潜在规律。

（2）研究类型。案例研究可以分为描述性、解释性、探索性、评价性和例证型等多种类型。不同类型的案例研究具有不同的研究目的和方法，但共同之处在于其均强调对案例的深入理解和分析。

（3）应用案例。第一，员工工作满意度研究。通过对某公司员工进行问卷调查和统计分析，探讨领导行为、工作环境、薪酬福利等因素对员工工作满意度的影响。第二，消费者购买决策研究。通过实地观察和访谈某超市的消费者，深入了解产品质量、价格、品牌声誉等因素对消费者购买决策的影响。

2. 实证分析

实证分析是一种通过实验、访谈、问卷调查、建模等方式获取一手数据，并进行分析得出结论的研究方法。它强调数据的客观性和可验证性，是社会科学研究中的重要工具。

（1）定义与特点。实证分析注重通过量化的手段来验证假设和理论，具有科学性和客观性的特点。它要求研究者具备扎实的统计和计量经济学知识，以便对数据进行有效的处理和分析。

（2）研究步骤。实证分析通常包括研究设计、数据收集、数据处理和分析、结果解释等步骤。在研究设计中，研究者需要明确研究目的、假设和变量，并选择适当的研究方法和模型。在数据收集阶段，研究者需要利用科学的方法获取一手数据。在数据处理和分析阶段，研究者需要使用统计软件对数据进行处理和分析，并验证假设的成立与否。在结果解释阶段，研究者需要对分析结果进行解释和讨论，提出相应的政策建议或管理启示。

（3）应用案例。本书通过课堂观察和学生问卷调查等方法，对某中学教师的教学效果进行了评估，验证了学生评价、同行评价和学校评价等因素对教学效果的影响。

3.案例研究与实证分析的结合

在实际研究中，案例研究与实证分析往往不是孤立的方法，而是可以相互结合、相互补充的。例如，在进行案例研究时，研究者可以通过实证分析的手段验证案例中的假设和发现；在进行实证分析时，研究者可以通过案例研究深入了解现象的复杂性和多样性。这种结合使用的方法可以提高研究的深度和广度，使研究结论更加全面和可靠。

综上所述，案例研究与实证分析是两种重要的研究方法，它们在各自领域具有独特的研究视角和优势。在未来的研究中，应根据具体的研究问题和目的选择合适的研究方法，并注重不同方法之间的结合与互补，以推动学术研究的深入发展。

三、研究范围与研究内容

（一）研究范围

1.区域经济学

（1）区域经济特征与发展。研究不同区域的经济特点、产业结构、空间布局及其发展规律。

（2）区域间经济联系。分析区域间的经济互动、贸易往来、资源流动及区域合作与竞争关系。

（3）区域政策与规划。探讨政府如何通过政策制定和规划引导区域经济发展，促进区域协调发展。

2.交通运输经济学

（1）交通运输需求与供给。分析交通运输需求的影响因素、需求变化规律及供给机制，包括各种运输方式（如公路、铁路、水路、航空、管道等）的需求与供给分析。

（2）交通运输成本与效益。研究不同交通运输方式的成本构成、经济效益及其对经济社会的影响。

（3）交通运输市场与竞争。分析交通运输市场的结构、运行机制、竞争态势及市场准入与退出机制。

（4）交通运输政策与法规。探讨政府在交通运输市场中扮演的角色、交通运输政策制定与执行、交通运输法规体系建设等。

3.物流经济学

（1）物流管理。研究物流活动的组织、计划、协调与控制，包括仓储、运输、包装、装卸搬运、流通加工、配送等环节。

（2）物流成本与效益。分析物流成本的构成、控制方法及物流活动对企业经济效益的影响。

（3）供应链管理。研究供应链的设计、构建、运行与优化，以实现供应链的整体协调与高效运作。

（4）绿色物流与可持续发展。探讨物流活动对环境的影响及绿色物流的发展策略，促进物流业的可持续发展。

4. 区域交通运输系统整合与优化

（1）综合交通运输体系。研究不同运输方式的特性、优势及相互间的衔接与配合，构建高效、便捷、绿色、安全的综合交通运输体系。

（2）区域交通运输规划。结合区域经济发展需求，制定科学合理的区域交通运输发展规划，促进区域交通运输与经济社会的协调发展。

（3）区域交通运输设施布局。分析区域交通运输设施（如港口、机场、铁路站场、公路枢纽等）的布局原则、选址方法及优化策略等。

5. 交通运输与区域经济互动关系

（1）交通运输对区域经济的影响。分析区域交通运输在促进区域经济增长、优化产业结构、提升区域竞争力等方面的作用。

（2）区域经济对交通运输的推动。探讨区域经济发展对交通运输需求的变化、运输方式的改进及运输市场的拓展等方面的推动作用。

（二）研究内容

1. 区域经济学的研究内容

（1）区域经济格局与空间结构。探讨不同区域经济的空间分布、经济中心与腹地的关系，以及区域经济一体化的趋势。

（2）区域经济增长与发展模式。分析区域经济增长的动因、阶段、特点及其发展模式，包括内生增长理论、外生增长理论等的应用。

（3）区域经济政策与规划。研究区域经济政策的目标、手段、效果，以及区域发展规划的制定与实施。

2. 交通运输经济学的研究内容

（1）交通运输需求与供给分析。深入研究交通运输需求产生的根源、影响因素及其变化规律，同时分析交通运输供给的约束条件、市场结构及其动态调整机制。

（2）交通运输成本与价格。探讨各种交通运输方式的成本构成、成本计算方法，以及交通运输价格的形成机制、价格弹性及其对交通运输市场的影响。

（3）交通运输市场与竞争。分析交通运输市场的结构特征、竞争行为、市场绩效，以及政府如何通过政策手段维护交通运输市场的公平竞争秩序。

3. 物流经济学的研究内容

（1）物流系统规划与管理。研究物流系统的整体设计、资源配置、流程优化及绩效评价，提高物流活动的效率与效益。

（2）供应链协同与整合。探讨供应链成员间的信息共享、利益协调、风险共担机制，实现供应链整体的最优化。

（3）绿色物流与可持续发展。分析物流活动对环境的影响，提出绿色物流的实现路径及可持续发展策略。

4. 区域交通运输与区域经济的互动关系

（1）区域交通运输对区域经济发展的推动作用。揭示区域交通运输在促进区域资源优化配置、降低交易成本、提高区域竞争力等方面的作用机制。

（2）区域经济对交通运输的拉动作用。分析区域经济发展对区域交通运输需求增长、区域交通运输方式升级及区域交通运输网络扩展的推动作用。

5. 综合区域交通运输体系构建与优化

（1）多式联运与综合区域交通运输枢纽。研究多式联运的组织模式、协同效应及综合交通枢纽的布局规划。

（2）区域交通运输政策与法规。分析区域交通运输政策的目标导向、实施效果及法规体系的建设与完善。

（3）区域交通运输技术创新与信息化。探讨区域交通运输领域的新技术应用、信息化发展及其对区域交通运输效率与服务质量的影响。

四、研究方法

区域交通运输经济学的研究方法多样且综合，旨在通过科学的方法和手段揭示交通运输与区域经济发展的内在联系和规律，为政策制定和交通规划提供有力的支持。

（一）实证分析法

通过收集和分析实际数据，验证理论假设，揭示区域交通运输与区域经济发展的内在联系和规律。实证分析法可以通过统计分析、案例研究等手段，对区域交通运输系统的运行状况、经济效益等进行量化分析和评估。

（二）比较分析法

对不同地区、不同时期的区域交通运输经济现象进行比较分析，探讨其共性和差异，揭示区域交通运输经济发展的规律和趋势。比较分析法可以帮助我们发现不同地区区域交通运输系统的优劣之处，为政策制定和交通规划提供参考。

（三）系统分析法

将区域交通运输系统视为一个整体，分析系统内部各组成部分之间的相互作用和关系，以及系统与外部环境的交互作用。系统分析法有助于全面把握区域交通运输系统的特性和功能，为区域交通运输系统优化和决策提供支持。

（四）成本效益分析法

对区域交通运输项目的投入和产出进行量化分析，评估其经济效益和社会效益。成本效益分析法是制定区域交通运输政策、进行区域交通运输规划的重要工具，可以帮助决策者选择最优方案，实现区域交通运输资源的最优配置。

（五）模型分析法

运用数学模型、仿真模型等工具，对区域交通运输系统的运行状况进行模拟和预测。模型分析法可以帮助研究者深入探讨区域交通运输系统的内在机制和外部影响，为区域交通运输政策制定和区域交通运输规划提供科学依据。

（六）跨学科研究法

结合区域经济学、经济地理学、交通运输经济学、工程经济学、环境科学、社会学等多学科的知识和方法，对区域交通运输经济问题进行综合分析。跨学科研究法有助于拓宽研究视野，深化对区域交通运输经济现象的认识和理解。

（七）文献综述法

通过查阅和分析相关领域的文献资料，梳理前人的研究成果和研究动态，为本书的研究提供理论支撑和参考依据。文献综述法有助于把握区域交通运输经济学的研究方向和重点，避免重复劳动和走弯路。

◎ 本章小结

本章从全球化与区域经济一体化的大背景出发，阐述了交通运输作为区域经济联动发展的关键纽带所扮演的核心角色，并剖析了其对促进经济发展、降低物流成本、提升经济效率的重要作用。同时，面对科技进步和经济社会发展的新挑战，还强调了智能交通、绿色交通等新兴趋势带来的新机遇。通过对区域经济学、交通运输经济学及物流经济学的文献综述，构建了区域交通运输经济学的理论基础，明确了其研究范围涵盖区域经济、交通运输需求与供给、物流成本效益等方面。在研究方法上，介绍了实证分析法、比较分析法等科学手段，为区域交通运输系统的规划、优化及政策制定提供了系统的研究工具与路径。总体而言，本章为深入理解和推动区域交通运输经济学的发展奠定了坚实的基础，对区域交通运输经济的可持续发展具有重要的指导意义。

第二章　区域经济学的理论基础

区域经济学的理论基础是一个多元体系，包括区位理论、经济地理理论、要素禀赋与比较优势理论、空间经济理论和空间分析经济理论、马克思主义经典理论及其他相关学科的理论成果和方法论等方面。这些理论相互补充、相互支撑，共同构成了区域经济学的研究框架和分析工具。随着经济社会的发展和学科交叉融合的深入，区域经济学的理论基础还将不断丰富和完善。

一、区位理论

区域经济学的区位理论是关于人类经济活动的空间分布及其相互关系的学说，其研究的是人类经济行为的空间区位选择及空间区位内经济活动优化组合的理论。区位理论是区域经济学的核心理论基础，主要探讨人类经济活动的空间分布规律，以及如何在特定区域内优化资源配置。区位理论为区域经济学提供了分析框架和方法论，帮助研究者理解和解释不同区域间经济发展的差异和相互作用。

（一）古典区位理论

1. 农业区位论

（1）定义与背景。古典区位理论的起源可以追溯到 19 世纪初，以德国经济学家约翰·冯·杜能的农业区位论为代表。杜能在《孤立国同农业和国民经济的关系》一书中提出，农业土地利用类型和农业土地经营集约化程度不仅取决于土地的天然特性，更依赖其经济状况，尤其是其到农产品消费地（市场）的距离。农业区位论为区位理论的发展奠定了基础，揭示了经济活动空间分布的一般规律。农业区位论是研究农业景观空间形态的理论，主要探讨农业生产布局与地理位置之间的关系。

（2）理论与现实意义。农业区位论的意义不仅在于阐明市场距离对农业生产集约程度和土地利用类型的影响，更重要的是，农业区位论首次确立了土地利用方式（或农业类型）的区位存在客观规律性和优势区位的相对性。该理论为现代农业商品经济条件下农业生产体系的空间布局提供了理论基础，并对城乡土地利用优化、农业政策制定等方面具有重要的指导意义。然而，随着现代交通运输、罐头制造和冷藏技术的迅速发展，运费大幅下降，市场距离在决定土地利用方式中的影响日益减弱。而土壤、地形、气候等自然条件及技术经济条件的地区差别对农业的影响往往比市场距离更显著。因此，在实际应用中需要根据具体情况对农业区位论进行调整和补充。

农业区位论在实际中得到了广泛应用。例如，在一些大城市的郊区，可以看到类似同心圆状的农业分布模式。以北京市郊为例，近郊区主要发展蔬菜、鲜奶、蛋品等易腐保鲜农产品；远郊区内侧发展粮食和生猪生产；远郊区外侧发展粮食、鲜瓜果、林木等农产品；外围区以林业、放牧、干果为主。这些均是杜能农业区位论在实际中的应用体现。

2. 工业区位论

工业区位论是研究工业企业如何选择最优区位以达到成本最小化、利润最大化的理论。以德国经济学家阿尔弗雷德·韦伯的工业区位论为代表。

（1）韦伯在《工业区位论》一书中，系统阐述了工业区位选择的原则和方法，提出了区位因子的概念，并分析了运输成本、劳动力成本等因素对工业区位选择的影响。工业区位论为工业布局和区域经济发展提供了重要的理论指导。韦伯认为，运输成本和工资是决定工业区位的主要因素。此外，他还考虑了集聚和分散因素对工业区位的影响。

（2）核心要素。

第一，运输成本。韦伯提出了原料指数的概念，即原料重量与产品总重量的比值。原料指数决定了生产地应设在原料产地还是消费区。对于原料指数小于1的工业，产品运输量比原料大，厂址应选在消费区；原料指数大于1的工业，原料运输量比产品大，厂址应选在原料产地；原料指数等于1的工业，则厂址选在原料产地或消费中心均可。我们可以将运输成本公式细化为考虑不同运输方式、不同距离下的成本差异，同时考虑不同原料和产品特性对运输成本的影响。以下是一个简化的复杂运输成本公式示例：

$$TC_{\text{trans}} = \sum_{i=1}^{n} (Q_i + D_i + R_i + C_{ti}) + F \qquad (2-1)$$

其中，n 为运输段数（如从原料地到工厂、从工厂到市场等）；Q_i 为第 i 段运输的货物量；D_i 为第 i 段的运输距离；R_i 为第 i 段运输的货物密度或单位重量调整系数（考虑不同货物的运输特性）；C_{ti} 为第 i 段运输的单位距离成本（可能与运输方式、路况等有关）；F 为固定费用，如装卸费、保险费等，这些费用与运输距离无关。

第二，工资成本。在运输成本基础上，韦伯进一步分析了工资成本对工业区位的影响。如果某地区工资成本低廉，则可能会吸引企业将生产区位从运费最低点转移到工资成本最低点。

第三，集聚和分散因素。集聚因素包括企业间因相互协作、共同利用基础设施等而产生的经济效益。这种经济效益可能使运输和劳动力定向的区位产生偏离。地租上涨、环境污染等分散因素则可能导致企业选择远离集聚区。工资成本公式可以进一步细化，考虑不同地区的工资水平、生产效率、福利支出等因素。以下是一个复杂的工资成本比较公式示例：

$$TC_{labor} = \sum_{j=1}^{m} W_j \times L_j \times \left(1 + B_j\right) \times E_j \qquad (2\text{-}2)$$

其中，m 为不同技能水平的劳动力类别数；W_j 为第 j 类劳动力的时薪或月薪；L_j 为第 j 类劳动力的人数或工作时数；B_j 为福利支出比例（如社会保险、住房补贴等）；E_j 为第 j 类劳动力的生产效率系数（考虑技能水平、设备先进性等对产出的影响）。

总成本函数：

$$TC = TC_{trans} + TC_{labor} \qquad (2\text{-}3)$$

其中，TC_{trans} 为运输成本，可以视为原料指数、运输距离和单位运输成本的函数；TC_{labor} 为工资成本，可以视为地区平均工资水平和所需劳动力数量的乘积。

（3）理论发展与应用。

第一，理论发展。韦伯的工业区位论是抽象的、孤立因素分析的静态区位论。随着经济的发展和研究的深入，学者不断对韦伯农业区位论进行补充和完善。20 世纪 20 年代后，贸易边界区位理论、区际贸易和国际贸易理论等相继出现，为工业区位论的发展提供了新视角和新方法。

第二，应用实践。工业区位论是区域规划和城市规划的理论基础之一。通过应用工业区位论，可以科学合理地规划工业布局，促进区域经济的协调发展。在实际操作中，政府和企业可以根据工业区位论的原理和方法，结合当地的实际情况和资源禀赋，选择最优的工业区位以实现经济效益和社会效益的最大化。

工业区位论是研究工业企业空间位置选择的重要理论之一。它以运输成本和工资为主要考虑因素，并综合考虑集聚和分散因素的影响。通过应用工业区位论的原理和方法，可以科学合理地规划工业布局，促进区域经济的协调发展。同时，随着经济的发展和研究的深入，工业区位论也将不断得到完善和发展。

3.运输区位论

运输区位论是由美国经济学家埃德加·M.胡佛（Edgar M. Hoover）在 1948 年出版的《经济活动的区位》一书中提出的。该理论主要探讨了运输成本对工业区位选择的影响，并对产业布局产生了深远影响。运输区位论学派十分重视运输因素在区位选择中的作用。运输成本是影响产业布局的重要因素之一，运输区位论学派通过研究运输成本的变化规律，探讨产业布局的最优区位。

（1）理论概述。运输区位论认为，运输成本是影响企业区位选择的重要因素之一。胡佛将运输成本划分为两部分：终点费（或称站场费用）和运行费。终点费包括装卸费、仓库、码头、管理、保养维修等费用，这些费用与运输距离无关；运行费则包括线路维修、管理、运输工具磨损、动能消耗、保险费、运输工人工资等，这些费用与运输距离成正比。因此，随着运输距离的增加，每吨千米的运费会呈递减趋势。

（2）核心要素。

第一，运费结构。①终点费。与运输距离无关的费用，包括装卸、仓库、码头等作业和管理费用。②运行费。随运输距离增加而增加的费用，包括线路维修、运输工具磨损、动能消耗等。在收入递减模式下，两个生产者的市场地域界限如图2-1所示。

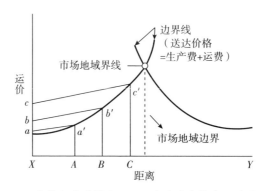

图2-1 在收入递减模式下，两个生产者的市场地域界限

第二，运输方式选择。胡佛认为，不同运输方式适用于不同的运输距离。例如，公路适合短途运输，铁路适合中长途运输，水路则适合长距离的大批量货物运输。企业在选择运输方式时，需要综合考虑终点费和运行费，以最小化总运输成本。各种运输方式总费用的比较如图2-2所示。

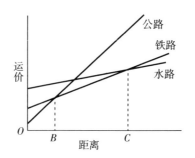

图2-2 各种运输方式总费用的比较

例如，敦豪速递公司(德国)在不同运输方式下的单位成本及总成本估算，涉及空运、海运(集装箱)及陆运(美国境内)三种主要运输方式，如表 2-1 所示。基于假设的货物总重量为 10 吨，案例展示了每种交通运输方式的成本范围及特点：空运成本最高，但速度快，适合高价值、急需货物；海运成本低，适合大宗、非急需货物的跨国长途运输；陆运作为美国境内的短途运输方式，成本相对较低。

表 2-1 敦豪速递公司(德国)在不同运输方式下的单位成本及总成本估算

运输方式	单位成本(估算)	总成本估算(基于假设货物总重量为 10 吨)	备注
空运	30~50 美元/千克	30000~50000 美元	速度快，适合高价值、急需货物的跨国长途运输。运输时间短，但成本较高
海运(集装箱)	2000~3000 美元/20 英尺集装箱(0.114~0.171 美元/千克)	假设一个 20 英尺集装箱可装载约 17.5 吨，此处按 1 吨计算，则分摊成本为 114~171 美元	成本低，适合大宗、非急需货物。运输时间长，但成本高
陆运(美国境内)	0.5~1.5 美元/千米，根据距离和服务等级(0.05~0.15 美元/千克)	假设从洛杉矶港口到最终目的地的距离为 100 千米，成本为 50~150 美元	美国境内的短途运输，成本相对较低，具体成本取决于运输距离和服务等级

第三，区位选择原则。企业布局时应尽可能避免原料和产品的多次中转，以减少站场费用和转运成本。在有直达运输线的情况下，企业布局在交通线的起点或终点最佳，因为这样可以减少站场费用。如果原料地和市场之间无直达运输线，则港口或其他转运点可能是最小运输成本区位。胡佛的制造业规模与市场末端送达价格如图 2-3 所示。

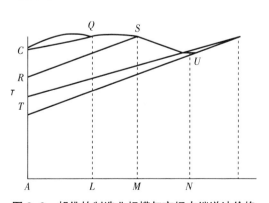

图 2-3 胡佛的制造业规模与市场末端送达价格

注：A、L、M、N 为不同的规模数值，C、R、T 为不同类型的成本，Q、S、U 为成本—规模曲线。

（3）理论意义与应用实践。

第一，理论意义。运输区位论揭示了运输成本与区位选择之间的内在联系，为产业布局提供了理论依据。运输区位论还推动了区位论的发展，引出了对市场区的研究，加速了古典区位论向现代区位论的转化。

第二，应用实践。许多国家利用胡佛的运费理论指导产业布局，取得了显著的经济效益和社会效益。企业通过应用运费递减律来扩大规模和提高地区专业化水平。例如，二战后日本利用海运运费随距离减少的特性，在环太平洋沿海地区搭建了专业钢铁生产区，从而省下了大量运费。发展集装箱运输是降低站场费用的关键。集装箱运输极大提高了运输效率，降低了装卸费用，成为现代运输方式的重要组成部分。

综上所述，运输区位论是研究运输成本对工业区位选择影响的重要理论之一，揭示了运输成本与区位选择之间的内在联系，为产业布局提供了理论依据和实践指导。

（二）现代区位理论

1. 市场区位论

市场区位论是一种将市场需求作为空间变量的区位理论，由德国经济学家廖什（Losch）在1940年出版的《区位经济学》一书中提出。市场区位论将空间均衡的思想引入区位分析，探讨了市场区位体系和工业企业最大利润的区位，研究了市场规模和市场需求结构对区位选择和产业配置的影响。市场区位论萌生于垄断资本主义时代，核心观点为产业布局必须充分考虑市场因素，尽可能将企业布局在利润最大的区位。市场区位论关注市场划分与市场网络合理结构安排等问题。

（1）理论核心。

第一，市场与区位的关系。市场区位论强调市场需求对区位选择的重要性，认为工业区位应选在能够获得最大利润的市场地域。区位的最终目标是寻求最大利润地点，即收入和费用差的最大点就是利润的最大点。

第二，企业竞争与最佳配置点。在一个地区内，往往不是单个企业存在，而是多个企业并存，企业之间处于持续竞争的状态。当竞争力量平衡时，各企业所在点就是其最佳配置点。廖什设计了总体区位方程，以求解企业的最佳配置点，实现了分析定量化。

第三，市场区与市场网络。市场区是企业力量扩大和缩小的表现，可以通过需求（销售）曲线求解市场区范围。每种货物总有一个最合适的市场区，在同一个地区内，由于各种货物可以运输的距离不同，其销售量也不同。在人口非连续分布情况下，每种货物可以根据其销售区的大小来辨认。将必要的市场区相等的货物归为一类，同类货物的市场区无缝地排列一起，形成蜂房状市场网络。各市场区的中心地，即同一级货物的供应（或生产）地，呈均匀分布状态。廖什的市场区与供求图的关系及廖什的市场区组织的发展过程如图2-4、图2-5所示。

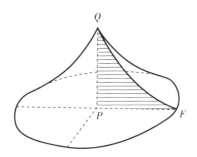

图2-4　廖什的市场区与供求圆的关系

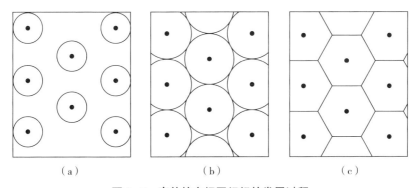

（a）　　　　　　　　（b）　　　　　　　　（c）

图2-5　廖什的市场区组织的发展过程

（2）理论特点。

第一，动态性。与克里斯泰勒的中心地理论相比，市场区位论考虑了经济、自然、人口、国境和政治因素差别的影响，属于动态区位理论。

第二，总体均衡。市场区位论不是从单个企业的角度来寻求最佳区位，而是把每个企业放入存在企业群体的体系中去考察，从总体均衡的角度揭示整个系统的配置问题。

第三，利润最大化原则。廖什把利润最大化原则与产品的销售范围联系起来，认为一个经济个体的区位选择不仅受其他相关经济个体的影响，还受消费者、供给者的影响。

（3）实践应用。市场区位论在多个领域有着广泛的应用，包括城市规划、地产开发和物流配送等。

第一，城市规划。城市规划者可以根据市场区位论的理论模型，合理规划城市的商业中心和居住区的布局,让市民能够更为便捷地获取各种服务和商品。通过综合考虑市场规模和交通成本等因素,城市规划者能够更加科学地确定城市的发展方向,合理配置城市资源,提高城市的整体效益。

第二,地产开发。开发商可以通过市场区位论的理论模型,选择合适的地段进行开发,以满足不同规模和功能的市场需求。合理规划地产开发项目的位置和规模,能够更好地吸引客户,提高收益,同时为城市的发展贡献一定的力量。

第三,物流配送。物流公司能够根据市场区位论的模型,选择合适的货物集散中心和配送中心的地理位置,以降低运输成本和提高运输效率。通过经营策略来优化配送路径和服务范围,以更好地满足客户的需求和提升市场竞争力。

综上所述,市场区位论是一个具有重要意义的理论,为多个领域提供了理论指导和实践参考。在实践中,我们需要不断拓展和深化相关领域的研究,以更好地应用市场区位论,推动经济社会的发展。

2. 成本—市场学派

成本—市场学派是在成本学派与市场学派理论的基础上发展并融合而成的一个经济学派别。成本—市场学派的核心主张是通过全面、综合分析各种区位因素,如成本、市场、资源、交通、劳动力等,来确定企业或产业在地理空间上的合理布局。这种布局不仅关注单个企业的最优位置选择,还进一步拓展到研究更大范围内的区域产业布局,乃至整个国家或地区的总体产业布局。成本—市场学派的研究范围广泛,旨在通过深入的理论分析和实证研究,为政府和企业提供科学的产业布局指导,以促进经济的有效发展和资源的优化配置。

(1)形成背景。成本—市场学派的形成标志着区位理论从宏观、综合角度的发展。这一学派不仅继承了成本学派关注生产成本的传统,还吸收了市场学派重视市场因素的观点,从而形成了更为全面和综合的分析框架。现代区位理论的形成以艾萨德的《区位与空间经济:关于产业区位、市场区、土地利用、贸易和城市结构的一般理论》等著作的出版为标志,而成本—市场学派在其中占据了重要地位。

(2)代表人物与贡献。成本—市场学派的主要代表人物为美国经济学家艾萨德。艾萨德从宏观、综合角度提出了成本—市场学派的理论框架,并对工业区位论进行了深入研究。艾萨德的贡献不仅在于提出了这一新的学派观点,还在于推动了区位理论在现代经济学中的应用和发展。

(3)主要观点与理论。

第一,综合分析区位因素。成本—市场学派强调在区位选择中应综合考虑多种因素,包括生产成本、市场需求、运输成本、自然资源、政策环境等。这些因素相互关联、相互影响,共同决定了区位选择的合理性和经济效益。龙哈德于

19 世纪后半叶提出了"区位三角形",龙哈德以钢铁工业为样本,M_1 表示铁矿石的产地,M_2 表示煤的产地,于是可找出一个点 P,在该处建厂最经济,即成本最低;又假设各点距 P 的距离分别是 r_1、r_2、r_k,F 代表运费率,生产 1 吨产品需铁 m_1 吨,煤 m_2 吨,如果使生产成本最低,就必须使总运费最小。其公式为:

$$F(m_1r_1 + m_2r_2 + r_kk) \tag{2-4}$$

龙哈德的区位三角形模型如图 2-6 所示。

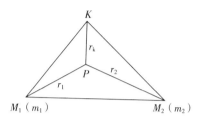

图 2-6 龙哈德的区位三角形模型

第二,追求最大利润。成本—市场学派认为,企业在进行区位选择时,应以追求最大利润为目标。这要求企业在考虑生产成本的同时,也要关注市场需求和价格变化,以便在竞争激烈的市场环境中占据有利地位。20 世纪末,德国经济学者谢费尔(Schaffle)首先采用牛顿万有引力公式来模拟生产地与消费地之间的联系程度,即

$$I_{ij} = K\frac{P_iP_j}{D_{ij}^2} \tag{2-5}$$

其中,I_{ij} 为 i 和 j 两地相互作用的当量(相对量);P_i、P_j 为两地的人口规模;D_{ij} 为两地距离;K 为经验常数。空间相互作用模型如图 2-7 所示。

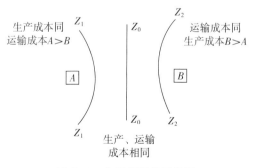

图 2-7 空间相互作用模型

第三，利用计量经济学方法。成本—市场学派还主张运用各种计量经济学方法来论证工业区位选择。这些方法包括比较成本分析、投入产出分析等，其有助于更精确地评估不同区位的经济效益和潜在风险。

（4）应用与影响。成本—市场学派的理论观点在实践中得到了广泛应用。企业在进行区位选择时，往往会参考这一学派的分析框架和方法，以便更全面地评估不同区位的优势和劣势。同时，成本—市场学派的理论观点对区域经济学、城市经济学等相关学科也产生了重要影响，推动了这些学科的发展和完善。

综上所述，现代区位理论中的成本—市场学派是综合了成本学派和市场学派优点的重要学派。其强调在区位选择中应综合考虑多种因素，追求最大利润目标，并运用计量经济学方法进行精确分析。这一学派的观点在理论和实践中均具有重要的意义和价值。

3. 行为学派

现代区位理论中的行为学派是一个极具重要性和独特性的分支。其在对传统区位理论进行深入反思的基础上，实现了理论视角的创新与突破。传统区位理论往往过分依赖对纯经济因素的分析，如成本、市场、资源等，而忽视了其他可能对区位选择产生重要影响的因素。行为学派则对此进行了重要的补充和修正，其将人的主观态度和行为作为核心关注点，深入探讨了这些因素如何影响企业和个人的区位选择。这一转变不仅丰富了区位理论的研究内容，也为我们更全面、更深入地理解区位选择的实际过程提供了新的视角和思路。行为学派的研究有助于我们更好地把握区位选择的复杂性，为实际的产业布局和区域发展提供更科学、更人性化的指导。

（1）概述。行为学派的主要思想是将人的主观态度和由其决定的人的行为视为影响产业布局的重要因素。行为学派认为，传统的区位理论过于强调成本、市场等客观因素，而忽视了决策者的主观意愿和行为模式对区位选择的重要影响。因此，行为学派致力于探索人的心理、文化、偏好等主观因素如何影响区位选择的过程和结果。行为学派重视心理文化、消费者偏好等因素对产业空间活动的影响，主张寻求最满意的区位而非最佳的区位。

（2）主要观点。

第一，主观因素影响区位选择。行为学派认为，区位选择不仅是对经济利益的权衡，还受决策者主观意愿和偏好的影响。决策者的知识背景、经验积累、心理状态、价值观念等会对其区位选择产生重要影响。史密斯收益性空间界限模型如图 2-8 所示。

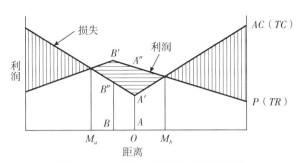

图 2-8 史密斯收益性空间界限模型

注：图中字母含义同图2-3。

第二，行为模式与区位决策。行为学派还关注人的行为模式如何影响区位决策，图 2-9 所示为行为矩阵和收益性空间界限。例如，决策者的风险偏好、信息的获取和处理方式、决策过程中的心理偏差等均会对其区位选择产生显著影响。因此，行为学派强调在区位研究中充分考虑人的行为因素。普雷德行为矩阵则是行为学派的具体代表（见图 2-10）。

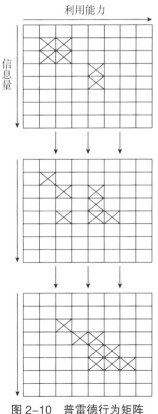

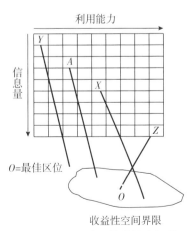

图 2-9 行为矩阵和收益性空间界限

图 2-10 普雷德行为矩阵

（3）研究方法。行为学派在研究方法上注重实证分析和案例研究。其通过收集和分析大量的区位选择案例，揭示人的主观态度和行为模式对区位选择的影响。同时，行为学派还运用心理学、社会学等相关学科的理论和方法，来深入探讨人的主观因素在区位选择中的作用机制。

（4）代表人物与贡献。行为学派的代表人物包括普雷德等。他们通过深入研究人的行为模式和主观因素对区位选择的影响，为区位理论的发展提供了新的视角和方法。普雷德等的研究成果不仅丰富了区位理论的内容体系，还推动了区位研究向更全面、深入的方向发展。

（5）应用与影响。行为学派的理论观点在实践中得到了广泛应用。在企业和政府的区位决策过程中，行为学派的研究成果为其提供了重要的参考依据。同时，行为学派的理论观点也对区域经济学、城市经济学等相关学科产生了深远的影响。它促使人们更加关注人的主观因素在区域经济发展中的作用和影响，进而推动了这些学科的进一步发展和完善。

综上所述，现代区位理论中的行为学派是一个重要的分支学派。它突破了传统区位理论的局限性，强调了人的主观态度和行为对区位选择的影响。随着研究的不断深入和实践的广泛应用，行为学派必将在区位理论的发展中发挥更加重要的作用。

4. 计量学派

（1）概述。计量学派强调使用定量的方法进行区位选择研究，以保障工业区位选择的可能性和精确性。理论核心在于运用数学模型、统计方法和计算机技术，对区位选择过程中的各种因素进行量化分析，以寻求最优的区位布局方案。计量学派认为，通过精确的量化分析，可以更加科学地指导区位选择实践，提高区位决策的科学性和准确性。计量学派通过构建数学模型和计量分析方法，对区位选择进行量化研究。

（2）代表人物与贡献。计量学派的代表人物有贝里、加里森等。他们通过深入研究区位选择的量化分析方法，为区位理论的发展作出了重要贡献。贝里等的研究成果不仅丰富了区位理论的内容体系，更推动了区位研究向更科学、精确的方向发展。

（3）主要特点。

第一，定量化分析。计量学派注重将区位选择过程中的各种因素转化为可量化的指标，如成本、收益、距离、时间等，并通过数学模型进行精确计算和分析。图2-11所示为1958年加里森、贝里研究某县的功能复制率。

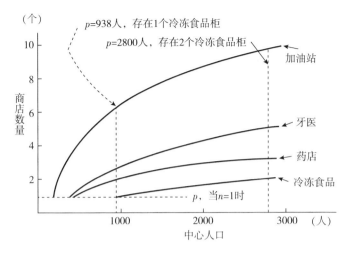

图 2-11 1958 年加里森、贝里研究某县的功能复制率

第二，数学模型构建。计量学派致力于构建各种区位选择的数学模型，如线性规划模型、多目标决策模型等，以模拟和预测不同区位布局方案的效果和优劣为加里森的现代长期增长模型（见图 2-12）。

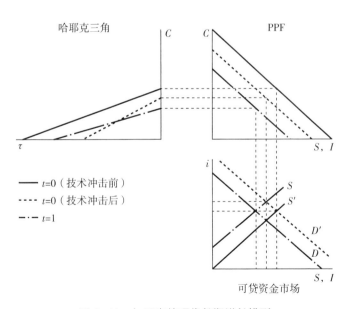

图 2-12 加里森的现代长期增长模型

第三，统计方法与计算机技术。计量学派还充分运用统计方法和计算机技术进行数据处理和分析，以提高区位选择的精确度和效率。

（4）应用与影响。计量学派的理论观点和实践方法在企业和政府的区位决策中得到了广泛应用。通过精确的量化分析，企业可以更加科学地选择生产布局和销售网络，以降低成本、提高效益；政府可以更加合理地规划区域经济发展布局，促进资源的优化配置和区域经济的协调发展。此外，计量学派的理论观点还对区域经济学、城市经济学等相关学科产生了深远影响，推动了这些学科的进一步完善和发展。

（5）发展趋势。随着大数据、人工智能等技术的不断发展，计量学派在区位选择中的应用将更加广泛和深入。未来，计量学派将更加注重数据的挖掘和分析，以及模型的优化和创新，以应对更加复杂多变的区位选择问题。同时，计量学派还将与其他学科进行更加紧密的交叉融合，共同推动区位理论的创新和发展。

5. 社会学派

（1）概述。社会学派强调政府干预在区域经济发展中的作用，并将政府及其政策视为区位选择的核心因素，主张通过政府干预来优化资源配置和产业布局。理论核心在于政府通过制定和实施相关政策来干预区域经济发展，以达到优化区位布局、达到区域协调发展的目的。社会学派认为，政府政策在区位选择过程中具有重要影响，合理的政策引导可以推动区域经济的高效、有序发展。

（2）代表人物与贡献。社会学派的代表人物有克拉克、劳斯贝等。他们通过深入研究政府干预在区域经济发展中的作用和机制，为区位理论的发展作出了重要贡献。克拉克等的研究成果不仅丰富了区位理论的内容体系，还推动了政府在区域经济发展中作用的重新认识和评估。

（3）主要观点。

第一，政府干预的必要性。社会学派认为，在市场经济条件下，由于存在信息不对称、外部性等问题，单纯依靠市场机制难以实现区位布局的最优化。因此，政府需要通过制定和实施相关政策来干预区域经济发展，以弥补市场机制的不足。

第二，政府政策对区位选择的影响。社会学派强调政府政策在区位选择中的重要作用。政府可以通过税收优惠、土地供应、基础设施建设等手段引导企业选择特定的区位进行投资和生产。同时，政府还可以通过制定区域发展规划、产业布局政策等优化区域产业结构和空间布局。

第三，区域协调发展的重要性。社会学派认为，区域经济的协调发展是实现整体经济发展的重要保障。因此，政府需要通过制定和实施区域协调发展战略和政策来促进区域间经济的互动和合作，实现资源的优化配置和共享。政府政策对区位的影响如图2-13所示。

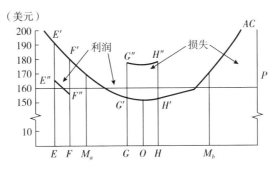

图2-13 政府政策对区位的影响

（4）应用与影响。社会学派的理论观点和实践方法在区域经济发展中得到了广泛应用。政府通过制定和实施相关政策来引导区域经济发展方向和优化区位布局已成为一种普遍现象。同时，社会学派的理论观点还对区域经济学、发展经济学等相关学科产生了深远影响，推动了这些学科的进一步完善和发展。

综上所述，现代区位理论中的社会学派强调政府干预在区域经济发展中的作用和机制，为区位选择提供了新的视角和方法。随着区域经济的不断发展和政府在经济发展中扮演的角色日益重要，社会学派的理论观点和实践方法将继续在区域经济发展中发挥重要的作用。

（三）新经济地理理论

新经济地理理论（New Economic Geography Theory，NEG）是20世纪90年代由保罗·克鲁格曼等开创的一门学科，其将空间因素纳入主流经济学的分析框架，并探讨运输成本的减少如何引发聚集经济、外部性、规模经济等问题。这些要素被融入企业区位选择、区域经济增长及其收敛与发散性问题中，从而得出了不同于传统区域经济理论的观点。

1.理论背景与兴起原因

（1）经济全球化与区域一体化。随着世界经济全球化和区域一体化的发展，主流经济学理论在解释现有经济现象时遇到越来越多的问题。因此，以克鲁格曼为代表的西方经济学家重新回归到经济地理学视角，以边际收益递增、不完全竞争与路径依赖为基础，拓展分析经济活动的空间集聚与全球化等经济现象。

（2）经济学理论的局限性。传统经济学理论往往忽视空间因素在经济活动中的作用，认为生产要素可以无成本地瞬间转移。然而，在现实世界中，运输成本是普遍存在的，且对经济活动区位选择具有重要影响。新经济地理学的发展为经济学家研究区位提供了一种新方法。

2. 主要研究内容

（1）新经济地理理论从运输成本的降低及由此引起的聚集经济、递增收益、规模经济性、外部性或溢出效应等角度探讨企业区位的选择及区域经济增长模式等。这一理论为区域经济学的区位理论提供了新的视角和方法论。

（2）报酬递增规律与产业集聚。克鲁格曼认为，新经济地理理论主要研究"报酬递增规律"如何影响产业的空间集聚。克鲁格曼提出，产业在空间上的分布不均匀性是"报酬递增"的结果。通过运用"核心—边缘"模型，克鲁格曼分析了一个国家内部产业集聚的形成原因，指出工业生产活动将趋向于空间集聚，以利用规模经济和降低运输成本。

（3）区位选择与区域经济增长。新经济地理理论将区位选择与区域经济增长紧密联系起来，认为企业的区位选择不仅受到市场需求、资源禀赋等传统因素的影响，还受运输成本、规模经济等现代经济因素的影响。这些因素共同作用于企业的区位决策，进而影响区域经济的增长和发展。

3. 核心原理与模型

（1）核心—外围模型。新经济地理理论的核心模型是"核心—外围"模型，该模型以中心和边缘为基本的结构要素，分析经济活动的空间分布和集聚现象。其中，"本地市场效应"和"价格指数效应"形成了集聚力，促使厂商的空间集聚；"市场拥挤效应"则形成了分散力，促使厂商的空间扩散。产业的集聚还是分散取决于这两种作用力的大小。1991年，克鲁格曼引入边际收益递增、规模经济、不完全竞争市场结构、路径依赖等概念，建立了多个模型，解释贸易和生产要素的流动性、城市经济规模，成功地用模型解释了经济活动空间集聚现象，后续深入研究更接近现实的模型也离不开"核心—边缘"模型这一最基本的框架。"核心—边缘"模型的基本形式是以下四个方程：

$$Y_i = \mu\lambda_i\omega_i + (1-\mu)\varphi_i \tag{2-6}$$

$$G_i = \left[\sum_j \lambda_j\left(\omega_j\tau_{ji}\right)^{1-\sigma}\right]^{\frac{1}{1-\sigma}} \tag{2-7}$$

$$\omega_i = \left[\sum_j Y_j\tau_{ij}^{1-\sigma}G_j^{\sigma-1}\right]^{\frac{1}{\sigma}} \tag{2-8}$$

$$W_i = \omega_i G_i^{-\mu} \tag{2-9}$$

其中：Y_i 为 i 点的总收入或总支出，即制造业收入 / 产出加上农业收入 / 产出；μ 为消费者支出中用于制造业产品的份额；λ_i 为 i 点制造业劳动力占 i 点和 j 点全部制造业劳动力的份额；φ_i 为 i 点农业劳动力的份额；σ 为任意两种制造业产品之间的替代弹性（$\sigma = 1/(1-\rho)$，$0 < \rho < 1$）；ρ 为消费者对制造业产品多样性的偏好，当 ρ 逼近 1 时，表示差异化产品几乎是完全替代的；G_i 为制造业产品的价格指数，是购买一单位制造业产品组合的最小成本；τ 为两地点之间的运输成本，其含义是在考虑运输成本的情况下，要使有 1 单位产品运送到目的地，则在生产地必须装运 τ 单位的该产品。在 CP 模型中，假设农产品的运输成本为零；ω_i 为制造业部门劳动力的名义工资，定义农业部门的名义工资 $\omega_A = 1$，ω_i 演化为对农业名义工资的比例；W_i 为制造业部门的实际工资，实际工资与名义工资成比例。

式（2-6）为地点 i 总收入方程，消费者将总收入在农产品和制造业产品间进行分配。式（2-7）为地点 i 价格指数方程，是消费者消费的制造业产品的指数，价格指数和数量组合相乘就等于支出，是购买一单位制造业产品组合的最小成本。式（2-8）为制造业部门劳动力名义工资方程。需要明确的是，从部门来看，原假设中的农业可以看作在完全竞争条件下运作的产业，而制造业是垄断的竞争性产业。式（2-9）为实际工资方程，由名义工资除以生活费用指数得到，由于各地农产品价格均为单位价格，通过比较实际工资差额能够判断劳动力是否流动。

（2）运输成本。运输成本是新经济地理理论中的一个重要概念。它认为，运输成本的减少会促进经济活动的空间集聚和区域经济增长。因为降低运输成本可以降低企业的生产成本和交易成本，从而提高企业的竞争力和市场占有率。

4. 影响与启示

（1）对区域经济政策的启示。新经济地理理论为区域经济政策制定提供了重要启示。它强调政府在促进区域经济发展中的作用，特别是在降低运输成本、优化产业布局、加强区域合作等方面。政府可以通过制定和实施相关政策来引导经济活动的空间集聚和区域经济增长。

（2）对国际贸易理论的影响。克鲁格曼通过建立各种模型将规模经济、不完全竞争市场结构引入国际贸易领域，成功解释了二战后国际贸易发展变化的新格局。新经济地理理论为国际贸易理论的发展提供了新的视角和方法。

综上所述，新经济地理理论是一门具有创新性和实用性的学科。它以运输成本为核心概念，将空间因素纳入经济分析框架中，为解释现代经济现象提供了有力的理论支持。随着全球经济的不断发展和变化，新经济地理学理论将继续发挥其重要作用并不断完善和发展。

二、经济地理学

经济地理学作为一门学科，其核心关注点聚焦于人类经济活动的地域系统。作为人文地理学的一个重要分支，它深入探讨了经济活动与地理环境之间复杂而微妙的相互关系。经济地理学不仅局限于对经济现象的表面描述，更致力于揭示经济活动在空间上的分布规律、地域系统的形成与演变机制等深层次问题。它与区域经济学之间存在密切的学术联系，为区域经济学提供了丰富的理论基础和实证支持。经济地理学的研究成果和方法论，如空间分析、地域系统理论等，对区域经济学的发展产生了深远的影响，不仅丰富了区域经济学的理论体系，也为其在实际应用中的政策制定和区域发展规划提供了有力的科学支撑。因此，经济地理学在推动区域经济学发展、促进地域经济繁荣方面扮演着不可或缺的角色。

（一）学科定义与研究内容

1. 定义

经济地理学主要研究经济活动区位、空间组织及其与地理环境之间的相互关系，关注经济活动在地域空间内的分布、组合、发展及其与自然环境、社会经济环境的相互作用。

2. 研究内容

（1）经济活动内容。包括第一产业（农业）、第二产业（工业）、第三产业（服务业）等的经济活动。

（2）经济活动区位。探讨经济活动（如工厂、商店、农场等）在何地发生，以及为何在此地发生的原因。

（3）经济活动空间组织。研究区域内不同企业、不同产业部门间的协调发展，以及区域间的经济差异、经济增长变化、经济分工与联合等问题。

（4）经济活动与环境的关系。分析经济活动与自然环境、社会文化环境、经济环境之间的相互作用和影响。

（二）学科性质与特性

1. 学科性质

经济地理学是一门介于自然、技术、经济三者之间的边缘科学。其研究对象的发展受这三个因素的制约。大多学者认为，经济地理学既具有社会科学的属性，又具有自然科学的特征，还需要运用技术手段进行分析和研究。

2. 特性

（1）地域性。经济地理学的根本特性。研究对象必须落实到具体的地表空间上，即地域上。地域分异规律是其核心问题。

（2）综合性。经济地理学要求对自然、技术、经济等条件进行综合研究；

对特定地域内的诸多条件进行综合；对产业布局的历史、现状与发展方向进行综合。

（三）发展历程

经济地理学的发展经历了从古代经济地理资料的积累、近代学科的形成和演化到现代经济地理学的成熟阶段。在古代，经济地理学主要关注自然资源的分布和可用性；在中世纪时期，经济地理学主要由基督教会主导，研究自然环境与人类活动的关系；在文艺复兴时期，随着人们对自然世界和人与自然关系的重新关注，经济地理学得到了显著发展；19世纪末和20世纪初，经济地理学在俄罗斯、德国和法国等国家逐渐成熟并成为一门独立学科。

（四）研究方法

经济地理学采用了多种科学研究方法，包括演绎法和归纳法等。同时，还运用了一些特殊的方法，如可持续转型的地理分析、数字化和数字地理学研究、技术复杂性分析等。这些方法有助于更深入地理解经济活动的空间格局和过程及其与地理环境的关系。

（五）作用与意义

经济地理学在理解区域经济发展、制定区域经济政策、促进区域协调发展等方面发挥着重要作用。通过研究经济活动的空间分布和组合规律及其与地理环境的关系，经济地理学能够为政府和企业提供科学的决策依据和政策建议，推动区域经济的可持续发展。

综上所述，经济地理学是一门具有广泛研究内容和重要实践意义的学科。它运用多种科学方法和手段研究人类经济活动的地域系统及其与地理环境的关系，为区域经济发展和规划提供了重要的理论支撑和实践指导。

三、马克思主义经典理论

在中国，马克思主义经典理论在区域经济学领域占据着举足轻重的地位，被视为该学科的重要理论基础之一。马克思主义关于空间生产的深刻论述，为我们理解经济活动如何在特定地域空间内展开提供了独特的视角；其关于分工的精辟见解，揭示了不同区域间经济发展差异和协作的内在逻辑；而关于城乡关系的系统阐述，更是为我们把握城乡区域发展一体化、加快城乡融合发展提供了重要的理论指导。这些马克思主义的经典理论不仅深刻解释了经济活动的空间属性，使我们能够更准确地把握经济活动在不同地域间的分布、流动和集聚规律，还深入揭示了区域经济发展的内在规律和动力机制，为我们认识和理解区域经济发展的本质特征、演变趋势及驱动因素提供了有力的理论武器。因此，在构建中国区域经济学理论体系的过程中，马克思主义经典理论发挥了至关重要的作用。

（一）生产力平衡分布理论

1.核心内容

生产力平衡分布理论是关于地区间生产力平衡分布的理论，重点涉及生产要素的平衡分布。马克思和恩格斯认为，生产力平衡分布是社会主义资源合理配置的关键。他们指出，资本主义社会的区域间发展不平衡，主要原因是地区间生产力分布的不平衡，从而导致总体生产力发展水平的降低。

2.实践意义

在社会主义条件下，通过有计划地均衡分布生产力，可以达到消灭城乡对立、实现区域协调发展的目标。这一理论为我国不同地区的经济发展提供了重要的理论依据，强调了区域间资源合理利用和生产力布局优化的重要性。

（二）空间分工理论

1.核心内容

空间分工理论强调了生产要素在空间上的不均衡分布和集聚。根据这一理论，生产要素在空间上的分工和集聚是由生产力发展水平、区域交通运输成本、市场需求等因素共同作用的结果。在社会主义条件下，合理的空间分工和区域协调发展可以更好地发挥各地区的比较优势，推动全国经济的协调发展。

2.主要影响因素

主要影响因素包括生产力发展水平、区域交通运输成本和市场需求。不同地区的生产力发展水平差异导致生产要素在空间上的不均衡分布，高生产力地区吸引更多生产要素集聚，形成规模经济。区域交通运输成本是影响生产要素流动的关键因素，低成本促进了生产要素的区域间流动和重新配置，有助于空间分工。市场需求变化同样驱动生产要素向需求集中地区流动。这些因素共同作用，推动生产要素的合理配置和区域经济的协调发展。

3.实践意义

空间分工理论为我国区域经济政策的制定和实施提供了重要的理论指导。通过优化空间布局和促进区域间生产要素的流动，可以实现资源的优化配置和经济效益的最大化。

（三）城市化理论

1.核心内容

城市化理论在马克思主义经济学中占据重要地位。城市作为生产要素的集聚地和交换中心，在促进生产要素流动、促进科技创新、提高生产效率等方面发挥着不可替代的作用。马克思和恩格斯认为，城市化是现代化进程的重要标志之一，也是城市与区域经济发展的重要动力。

2. 实践意义

在社会主义建设中，加强城市化进程、优化城市发展布局、提高城市功能布局的科学性和合理性，对推动我国经济的快速发展具有重要意义。同时，城市化进程也有助于缩小城乡差距、促进城乡融合发展。

（四）地租理论

1. 核心内容

地租是马克思主义经济学中的重要概念，也是城市与区域经济发展的重要影响因素。地租理论强调了土地在生产中的特殊地位和作用，指出了土地所有权对城市与区域经济发展的影响。在社会主义条件下，合理的土地利用政策和土地经营管理制度可以更好地发挥土地在经济发展中的作用，推动城市与区域经济的健康发展。

2. 实践意义

地租理论为我国土地制度改革和城市规划提供了重要的理论依据。通过完善土地市场、规范土地管理、促进土地资源的合理利用和集约利用，可以实现土地价值的最大化和社会经济的可持续发展。

综上所述，马克思主义区域经济学经典理论为我国区域经济的发展提供了重要的理论指导和实践依据。这些理论不仅揭示了区域经济发展的内在规律和动力机制，还为我国区域经济政策的制定和实施提供了科学的依据和方向。

四、其他相关理论

（一）发展经济学

区域经济学理论中的发展经济学是一个重要的组成部分，关注区域经济的动态发展过程及其与经济、社会、环境等多方面的相互作用。

1. 发展经济学的定义与背景

发展经济学是经济学的一个重要分支，主要研究贫困、落后的农业国家或发展中国家如何实现工业化、摆脱贫困、走向富裕的经济学。它关注经济发展规律、经济发展与社会发展相互关系规律，以及以经济发展为基础的社会发展规律。发展经济学强调经济发展的全面性、系统性和可持续性，旨在通过科学的方法和策略促进国家和地区的经济繁荣和社会进步。

2. 区域经济学与发展经济学的联系

区域经济学是研究区域经济活动的空间分布与协调发展的科学，而发展经济学关注经济发展的整体过程和策略。两者在研究对象、方法和目标上存在一定的交叉和互补关系。

（1）研究对象。区域经济学侧重研究特定区域内经济活动的空间分布、产业结构、资源利用等问题；发展经济学则更关注整个国家或地区的经济发展过程、动力机制和政策选择。然而，两者都关注经济发展中的区域差异和不平衡问题，以及如何通过政策实现区域协调发展。

（2）研究方法。区域经济学和发展经济学都采用了实证分析和规范分析相结合的方法。区域经济学注重运用空间分析、计量经济等手段研究区域经济活动的空间规律和特征；发展经济学更侧重采用宏观经济分析、制度分析等方法研究经济发展的整体趋势和影响因素。两者在方法论上的相互借鉴和融合，有助于更全面地揭示经济发展的内在规律和机制。

（3）研究目标。区域经济学和发展经济学的共同目标之一是促进经济的可持续发展和社会福祉的提升。区域经济学通过优化资源配置、促进产业协同等方式推动区域经济的健康发展；发展经济学则通过制定科学合理的经济发展战略和政策措施，促进国家和地区的整体经济繁荣和社会进步。两者在目标上的高度一致性，使它们在实践中相互支持、相互促进。

3. 区域经济学理论中的发展经济学应用

在区域经济学理论中，发展经济学的应用主要体现在以下几个方面。

（1）区域发展战略规划。发展经济学为区域发展战略规划提供了重要的理论依据和方法指导。通过深入分析区域经济发展的内外部条件、资源禀赋和比较优势等因素，可以制定出符合区域实际情况的经济发展战略和政策措施，推动区域经济实现跨越式发展。

（2）区域产业结构调整与升级。发展经济学强调产业结构优化升级对经济发展的重要性。在区域经济学中，运用发展经济学的理论和方法分析区域产业结构的现状和问题，可以制定出针对性的产业结构调整方案和政策措施，促进区域产业结构的合理化和高级化。

（3）区域协调发展政策制定。发展经济学关注经济发展的区域差异和不平衡问题。在区域经济学中，运用发展经济学的理论和方法研究区域间经济发展的相互关系和影响机制，可以制定出促进区域协调发展的政策措施和制度安排，缩小区域间经济发展差距，实现共同富裕。

4. 结论

区域经济学理论中的发展经济学是一个重要的组成部分。它关注区域经济发展的动态过程和策略选择，为区域经济活动的空间分布与协调发展提供了重要的理论依据和方法指导。在未来，随着全球经济一体化的深入和区域合作的不断加强，区域经济学与发展经济学的融合将更加紧密，共同推动区域经济的可持续发展和社会福祉的提升。

（二）制度经济学

制度经济学是区域经济学理论的一个重要组成部分，主要关注制度对区域经济发展的影响和作用。

1. 制度经济学的定义与范畴

制度经济学（Institutional Economics）是把制度作为研究对象的一门经济学分支。它研究制度对经济行为和经济发展的影响，以及经济发展如何影响制度的演变。制度在这里是指人际交往中的规则及社会组织的结构和机制，包括正式制度（如体制、法规、政策、组织、规划等）和非正式制度（如道德、伦理、观念、风俗习惯或文化传统、企业家精神等）。

2. 制度经济学在区域经济学中的应用

（1）制度对区域经济增长的影响。制度供给的有效性是影响区域经济增长速度及质量的重要因素。良好的制度环境能够降低交易成本，提高资源配置效率，从而促进区域经济的增长。非正式制度（如文化传统、价值观念等）也会对区域经济产生深远影响，其通过影响人们的行为方式和决策过程，间接作用于区域经济的发展。

（2）区域政策与制度设计。区域经济学中的制度分析强调，通过制定和实施合理的区域经济政策来推动区域经济的协调发展。这些政策可能包括产业政策、财政政策、金融政策等，旨在优化区域资源配置，提升区域竞争力。制度设计需要考虑区域的特殊性和差异性，因地制宜地制定符合区域实际情况的政策措施。

（3）产业集群与制度环境。产业集群的形成和发展与制度环境密切相关。良好的制度环境能够吸引企业集聚，形成规模效应和协同效应，进而推动区域经济的增长。制度经济学视角下的产业集群研究关注如何通过制度创新来优化产业集群的生态环境，提升产业集群的竞争力。

3. 制度经济学在区域经济学中的贡献

（1）理论贡献。制度经济学为区域经济学提供了新的理论视角和分析工具，丰富了区域经济学的理论体系。它强调了制度在区域经济发展中的重要作用，揭示了制度因素对区域经济增长的深层次影响。

（2）实践指导。制度经济学的研究成果为区域经济政策的制定和实施提供了重要的理论依据和实践指导。它有助于政策制定者更加全面地考虑制度因素在区域经济发展中的作用，从而制定出更加科学合理的政策措施。

综上所述，制度经济学在区域经济学中扮演着重要角色。它关注制度对区域经济发展的影响和作用，为区域政策的制定和实施提供了重要的理论依据和实践指导。未来，随着区域经济发展的复杂程度日益加大，制度经济学在区域经济学中的研究将更加深入和广泛。

（三）计量经济学

在区域经济学理论中，计量经济学是一个重要的分析工具和方法论基础。

1. 计量经济学的定义与特点

计量经济学（Econometrics）是以一定的经济理论和统计资料为基础，运用数学、统计学方法与电脑技术，以建立经济计量模型为主要手段，定量分析研究具有随机性特性的经济变量关系的一门经济学学科。它试图对理论上的数量接近和经验（实证）上的数量接近两者进行综合，使经济学对经济现象的研究从定性分析扩展到定量分析的新阶段。

2. 计量经济学在区域经济学中的应用

（1）经济模型构建。计量经济学为区域经济学提供了构建经济模型的方法论基础。通过对区域内经济变量的定量分析，可以建立反映区域经济发展规律和趋势的计量经济模型，为政策制定提供科学依据。例如，可以运用计量经济学方法（如资本投入、劳动力数量、技术水平等）分析区域经济增长的影响因素，进而构建区域经济增长模型，预测发展趋势。

（2）政策效果评估。在区域经济政策制定过程中，计量经济学方法可以用于评估政策实施的效果。通过对政策实施前后经济变量的变化进行定量分析，可以客观评价政策的成效，为政策调整和优化提供依据。例如，可以运用计量经济学方法分析税收政策、投资政策等对区域经济发展的影响，评估政策的实际效果。

（3）区域差异分析。区域经济学关注不同区域间的经济发展差异。计量经济学方法可用于分析造成这些差异的原因，揭示区域经济发展的内在规律。通过建立区域比较模型，可以定量比较不同区域在经济增长、产业结构、资源配置等方面的差异，为区域协调发展提供决策支持。

（4）空间分析。随着空间经济学的兴起，计量经济学在区域经济学中的应用拓宽到了空间分析领域。通过引入空间权重矩阵等概念和方法，可以分析区域经济变量的空间分布特征和空间相互作用关系。例如，可以运用空间计量经济学方法研究区域经济增长的空间溢出效应，即一个区域的经济增长如何影响周边区域的经济发展。

3. 计量经济学在区域经济学中的贡献

（1）提升研究精度。计量经济学方法的应用使区域经济学研究更加精确和深入。通过定量分析经济变量间的关系，可以揭示区域经济发展的内在机制和规律，提高研究的科学性和可靠性。

（2）拓展研究视野。计量经济学为区域经济学研究提供了新的视角和方法论工具。它不仅关注经济变量的数量变化，还注重分析这些变化背后的原因和机制，从而拓展了区域经济学的研究视野和深度。

（3）增强政策效果。通过运用计量经济学方法评估区域经济政策的效果，可以为政策制定者提供更加客观和科学的依据。这有助于增强政策的针对性和有效性，推动区域经济持续健康发展。

综上所述，计量经济学在区域经济学理论中扮演着重要角色。它不仅是构建经济模型、评估政策效果、分析区域差异和空间关系的重要工具，还为区域经济政策的制定和实施提供了科学依据和决策支持。随着计量经济学方法的不断发展和完善，其在区域经济学中的应用前景将更加广阔。

◎ 本章小结

区域经济学的理论基础是一个多元且不断丰富的体系，包含区位理论、经济地理理论、要素禀赋与比较优势理论、空间经济理论和空间分析经济理论、马克思主义经典理论及其他相关学科的理论成果和方法论。这些理论相互补充、相互支撑，共同构成了区域经济学的研究框架和分析工具，为理解不同区域间经济发展的差异和相互作用提供了坚实的理论基础。

在区位理论中，古典区位理论如农业区位论和工业区位论，为理解经济活动的空间分布提供了重要视角。运输区位论则进一步强调了运输成本在区位选择中的关键作用。现代区位理论（如市场区位论、成本—市场学派、行为学派、计量学派和社会学派）通过引入市场需求、行为因素、量化分析和政府干预等新视角，拓宽了区位理论的研究范畴和应用领域。

经济地理学作为人文地理学的一个重要分支，聚焦经济活动与地理环境之间的关系，揭示了经济活动在空间上的分布规律、地域系统的形成与演变机制。其与区域经济学密切相关，为区域经济学提供了丰富的理论基础和实证支持。

马克思主义经典理论在区域经济学中占据重要地位，尤其是生产力平衡分布理论、空间分工理论、城市化理论和地租理论，为理解社会主义条件下区域经济发展的内在规律和动力机制提供了独特视角。

此外，发展经济学、制度经济学和计量经济学等其他相关学科的理论和方法论，也为区域经济学的发展提供了重要支持。发展经济学关注区域经济的动态发展过程，制度经济学强调制度在区域经济发展中的作用，而计量经济学通过量化分析方法提高了区域经济研究的精确性和科学性。

随着经济社会的发展和学科交叉融合的加深，区域经济学的理论基础还将不断丰富和完善。未来的研究将进一步深化对区域经济现象的理解，推动区域经济政策的科学制定和区域经济的协调发展。

第三章　交通运输经济学的理论基础

交通运输经济学是一门具有广泛应用价值的学科，其研究内容涵盖交通运输经济的各个方面，是"交通经济学"和"运输经济学"的超级嫁接体，是一门研究交通运输产业及其对经济社会发展影响的应用经济学学科，为政府决策、企业经营管理及城市规划与土地利用等领域提供了重要的理论基础和实践指导。随着技术进步和经济社会的发展，交通运输经济学的研究也在不断深入。当前，交通运输经济学的研究正朝高效、绿色、智能化方向发展，低碳交通和智能化管理已成为新的研究热点和趋势。

一、交通运输经济学

（一）定义与研究对象

1. 定义

交通运输经济学是一门专门研究交通运输领域中的经济现象、经济关系和经济规律的学科。它深入探讨交通运输市场的供求关系、价格形成机制、资源配置方式，以及交通运输业的经济效益和社会效益，旨在揭示交通运输系统运作的内在规律，为政府和企业提供科学的决策依据，促进交通运输业的可持续发展。

2. 研究对象

交通运输经济学的研究对象涵盖交通运输市场的各个方面，从供求关系到价格机制，从资源配置到经济效益和社会效益，以及政府和企业的经济行为，旨在全面深入地理解交通运输系统的经济运作规律。具体包括交通运输市场的供求关系、交通运输价格形成机制、交通运输资源配置、交通运输业的经济效益和社会效益、交通运输政策与管理、交通运输企业的经济行为等方面。

（1）交通运输市场的供求关系。研究交通运输市场上旅客和货物的需求与供给间的平衡关系，分析影响供求关系的各种因素，如人口、经济、地理、政策等。

（2）交通运输价格形成机制。探讨交通运输价格的制定过程、影响因素及价格变动对交通运输市场的影响，包括票价、运费等。

（3）交通运输资源配置。研究如何有效配置交通运输资源，包括交通基础设施（如道路、铁路、港口、机场、管道等）、交通工具（如汽车、火车、飞机、船舶等）及交通运输服务，以实现交通运输系统的最优运行。

（4）交通运输业的经济效益和社会效益。分析交通运输业对经济发展的贡献，包括促进产业增长、提高就业率、推动区域经济发展等；同时研究交通运输对环境、社会、文化等方面的影响。

（5）交通运输政策与管理。研究政府如何通过制定和实施相关政策来管理和调控交通运输市场，以实现特定的经济和社会目标，包括交通规划、交通法规及交通税收政策等。

（6）交通运输企业的经济行为。分析交通运输企业的运营成本、收益、市场竞争策略等，以及这些因素如何适应市场变化和政策调整。

（二）学科特点

1.综合性

交通运输经济学涉及多个学科领域，如管理学、工程学、经济学、地理学及社会学等，需要综合运用这些学科的理论和方法进行研究。

（1）多学科交叉融合。交通运输经济学不是孤立存在的，其与管理学、工程学、经济学、社会学、地理学等学科有着紧密的联系。在研究过程中，需要综合运用这些学科的理论和方法，以全面、深入地分析交通运输领域的经济现象和问题。

（2）理论与实践相结合。交通运输经济学不仅关注理论层面的研究，还非常重视实践应用。其致力于将理论研究成果应用在交通运输行业的实际管理和发展中，为政府和企业提供科学的决策依据。这种理论与实践相结合的特点，使交通运输经济学更加具有实用性和针对性。

（3）宏观与微观相结合。交通运输经济学既研究交通运输市场的宏观现象，如整体供求关系、价格水平、资源配置等，也关注微观层面的经济行为，如交通运输企业的运营策略、成本控制、市场竞争等。通过宏观与微观相结合的研究，能够更加全面揭示交通运输系统的经济运行规律。

（4）定性与定量相结合。在研究方法上，交通运输经济学既采用定性分析方法，对交通运输领域的经济现象进行性质上的描述和解释；也采用定量分析方法，通过收集和处理数据，对交通运输系统的经济行为进行数量上的分析和预测。定性分析与定量分析相结合的研究方法，使交通运输经济学的研究更加准确和深入。

综上所述，交通运输经济学的综合性体现在其多学科交叉融合、理论与实践相结合、宏观与微观相结合，以及定性与定量相结合的特点上。这种综合性使交通运输经济学在研究和解决交通运输领域的经济问题时拥有更加全面和深入的视角和方法。

2. 应用性

交通运输经济学的研究成果可以直接应用于交通运输行业的实际管理和发展中，应用性较强，可为政府和企业提供决策支持。

（1）政策制定与调控。交通运输经济学的研究成果为政府制定交通运输政策提供了重要的理论依据。政府可以通过分析交通运输市场的供求关系、价格形成机制及资源配置效率等因素，制定出科学合理的交通运输政策，以优化交通运输结构、提高交通运输效率、降低运输成本，促进交通运输业的可持续发展。例如，政府可以根据交通运输经济学的分析，实施公共交通优先政策，鼓励绿色出行，缓解交通拥堵和减少环境污染。

（2）企业运营与管理。交通运输企业可以利用交通运输经济学的理论和方法，优化运营策略，提高经济效益。企业可以通过分析市场需求、竞争态势、成本结构等因素，制定合理的定价策略、市场开拓计划和成本控制措施。同时，企业还可以利用交通运输经济学的理论来评估不同运输方式的经济效益，选择最优的运输方案，降低运输成本，提高市场竞争力。

（3）项目论证与评估。在交通运输项目的规划、建设和运营过程中，交通运输经济学发挥着重要的作用。通过对项目的经济论证和评估，可以确保项目的经济效益和社会效益最大化。在项目论证阶段，可以利用交通运输经济学的理论和方法，对项目的市场需求、投资规模、建设周期、运营成本等进行全面分析，为项目决策提供科学依据。在项目运营阶段，可以通过对项目的经济效益进行持续评估，及时调整运营策略，确保项目的长期稳定发展。

（4）物流与供应链管理。交通运输是物流与供应链管理的重要环节之一。交通运输经济学的研究成果为物流企业优化物流流程、提高物流效率提供了有力支持。物流企业可以利用交通运输经济学的理论和方法，分析不同运输方式的成本和效益，选择最优的运输方案，降低物流成本。同时，物流企业还可以利用交通运输经济学的理论来优化供应链管理，提高供应链的响应速度和灵活性，满足市场需求的变化。

（5）环境保护与可持续发展。交通运输对环境的影响日益受到关注。交通运输经济学在研究过程中，也充分考虑了环境保护和可持续发展的要求。通过分析不同运输方式的环境影响和能耗情况，能够为政府和企业制定环保政策和技术创新提供理论依据。例如，政府可以鼓励采用绿色交通方式，缓解交通拥堵和减少空气污染；企业可以研发低能耗、低排放的交通工具和技术，降低运输过程中对环境的影响。

综上所述，交通运输经济学在多个领域有着广泛的应用，涉及政策制定与调控、企业运营与管理、项目论证与评估、物流与供应链管理，以及环境保护与可持续发展等方面。这些应用不仅有助于提高交通运输效率和经济效益，还有助于推动交通运输业的可持续发展和保护环境。

3. 地域性

（1）研究背景的地域差异。交通运输经济学的研究需要考虑不同国家和地区的具体国情和交通发展状况。不同地区的自然环境、经济条件、社会文化环境、政策导向等因素均会对交通运输系统的构建和运行产生影响。因此，交通运输经济学的研究必须紧密结合当地的实际情况，进行有针对性的分析和探讨。

（2）交通运输市场的地域性。交通运输市场具有明显的地域特征。不同地区的交通运输在市场需求、供给、价格水平等方面存在差异。这种差异既受当地经济发展水平、产业结构、人口分布等因素的影响，也受交通基础设施、交通工具、交通运输组织方式等技术条件的制约。因此，交通运输经济学在研究市场供求关系、价格形成机制等时，必须充分考虑地域因素的影响。

（3）交通运输政策的地域适应性。交通运输政策的制定和实施也需要考虑地域因素。不同地区的交通运输发展目标和重点不同，需要制定差异化的政策来引导和调控交通运输市场的运行。例如，一些地区可能更加注重公共交通的发展，以缓解城市交通拥堵；另一些地区则可能更加关注物流运输的便捷性和效率，以促进当地经济的发展。因此，交通运输经济学在研究政策制定和调控时，必须充分考虑地域适应性，确保政策的有效性和针对性。

（4）交通运输规划的地域性。交通运输规划是交通运输经济学研究的重要内容之一。在规划过程中，要充分考虑当地的经济社会发展需求、交通基础设施现状及未来发展趋势等因素。同时，还要结合当地的自然环境和地理条件进行科学合理的布局和设计。因此，交通运输规划具有明显的地域性特征，需要根据不同地区的实际情况进行有针对性的规划和设计。

综上所述，交通运输经济学学科的地域性是重要的学科特点之一。在研究过程中，需要充分考虑不同地区的实际情况和差异性，进行有针对性的分析和探讨，以揭示交通运输系统的内在规律和运作机制，为政府和企业提供科学的决策依据和理论支持。

（三）研究内容

1. 交通运输需求与交通运输供给

交通运输需求与供给是交通运输领域中的两个核心概念，两者共同构成了交通运输市场的基础。交通运输需求是指市场上对交通运输服务的需求量，受人口、经济、地理等因素的影响。交通运输供给是指能够提供的交通运输服务量，主要受交通基础设施、交通工具和交通管理的限制。交通运输需求与交通运输供给的平衡是交通运输系统正常运行的基础。

（1）交通运输需求。

第一，交通运输需求的定义与特点。交通运输需求是指社会经济生活中人与货物在空间位移方面的需求。其特点主要包括：①派生性。交通运输需求往往是由其他经济或社会活动派生出来的，如生产、消费、投资等。②多样性。不同交通运输对象对数量、质量、安全、迅速、方便、经济、舒适等方面有不同的需求。③时空特定性。交通运输需求在时间和空间上具有不均衡性，如某些时段或地区的需求更为集中。④部分可替代性。在某些情况下，不同的交通运输需求之间可以相互替代，如长距离输电可替代煤炭运输。

第二，交通运输需求的来源与分类。交通运输需求的来源主要包括生产、生活和其他经济活动。按交通运输对象，可分为客运需求和货运需求；按交通运输距离，可分为短途运输需求和长途运输需求；按交通运输方式，可分为公路运输需求、铁路运输需求、水路运输需求和航空运输需求等。

第三，影响交通运输需求的因素。影响交通运输需求的因素众多，主要包括经济发展水平、人口数量和分布、产业结构、资源分布、技术进步和政策法规等。其中，经济发展水平是影响交通运输需求的主要因素，人口数量和人口分布决定了交通运输需求的规模和空间分布。

（2）交通运输供给。

第一，交通运输供给的定义与特点。交通运输供给是指在一定时期和价格水平下，交通运输生产者愿意且能够提供的交通运输服务数量。其特点主要包括：①非储存性。交通运输产品不能脱离生产过程而单独存在，具有非储存性。②不平衡性。交通运输供给在时间和空间上存在不平衡性，如季节性高峰与低谷。③部分可替代性。不同交通运输方式和交通运输企业提供的交通运输服务在质量、价格等方面存在差异，具有一定的可替代性。

第二，交通运输供给的来源与分类。交通运输供给的来源包括交通运输企业自有的交通运输工具（如车辆、船舶、飞机等）、通过租赁方式获得的交通运输工具及公共交通运输工具（如公共汽车、地铁等）。按交通运输方式分类，可分为公路运输供给、铁路运输供给、水路运输供给、航空运输供给和管道运输供给等。此外，还可按交通运输范围，可分为城市内交通运输供给、城际间交通运输供给和国际交通运输供给。

第三，影响交通运输供给的因素。影响交通运输供给的因素主要包括技术、运输成本、政策与管理等。技术的进步可以提高交通运输效率和服务质量，降低成本；交通运输成本的高低直接决定了交通运输企业的营利能力和市场竞争力；政策与管理则通过制定相关法规和标准、调整价格等手段影响交通运输供给。

（3）交通运输需求与交通运输供给的关系。交通运输需求与交通运输供给是构成交通运输市场的两个基本方面。它们之间的关系主要体现在以下三个方面：①供需均衡。在市场机制的作用下，交通运输供给和交通运输需求会形成规律性的运动，出现某种量价关系的均衡状态。但这种均衡状态是动态的，会随时间、生产的发展而发生变化。②相互影响。交通运输需求决定交通运输供给的方向和规模，交通运输供给则满足交通运输需求并受其限制。交通运输供给的增加或减少会直接影响交通运输需求的满足程度。③政策调节。政府通过制定相关政策和法规来调节交通运输需求和交通运输供给之间的关系，以实现交通运输市场的平稳运行和可持续发展。

综上所述，交通运输需求与交通运输供给是相互依存、相互影响的两个方面。只有两者保持动态平衡，才能确保交通运输市场的健康发展和社会经济的稳定运行。

2. 交通运输成本与交通运输效益

交通运输成本与交通运输效益是评估交通运输系统效能的重要指标，直接关系到经济活动的效率和可持续性。交通运输成本包括直接成本和间接成本。其中，直接成本如票价和运输费用，间接成本如时间和心理成本。交通运输效益主要体现在运输效率的提高、时间和成本的节约及经济发展的促进方面。

（1）交通运输成本。

第一，交通运输成本的构成。

交通运输成本通常包括内部成本和外部成本两部分。内部成本主要是指交通运输企业内部的主体活动所负担的成本，包括使用者成本、交通运输服务成本和基础设施成本。①使用者成本。包括大型交通运输车辆的票价、交通运输设备购置费用、交通运输燃油消耗费用、停车费及车辆维修保养费用等。②运输服务成本。包括交通运输企业的固有成本（如司机成本）、车辆费用及企业的运营服务费用等。③基础设施成本。包括交通运输途中应用的基础设施建设成本及其运行成本，如基础设施的建设与维修等费用。外部成本通常是指交通运输活动所附带产生的成本消耗，如重型机械运输所占用的土地、排放的尾气及可能引发的事故等成本。

在定量分析交通运输成本时，总成本的计算确实涉及多个方面，包括直接成本和间接成本。式（3-1）是一个相对复杂且详尽的总成本计算公式，其涵盖多种成本要素：

总成本（TC）= 直接成本 + 间接成本　　　　　　　　　　　　　　（3-1）

其中，

直接成本 = 人力成本（HC）+ 车辆成本（VC）+ 设备成本（EC）+
燃油成本（FC）+ 物料成本（MC）+ 维修保养成本（RMC）+
税费与保险成本（TIC）+ 折旧成本（DC）　　　　　（3-2）

人力成本包括所有员工的薪资、福利、培训费用等。

$HC = \sum$（员工月薪 × 月份数 + 福利费 + 培训费）　　（3-3）

车辆成本包括车辆购置费、租赁费、分期付款利息等。

$VC =$ 车辆购置价 $+ \sum$（车辆租赁费 × 租赁月数）+ 分期付款总额　（3-4）

设备成本是指用于物流操作的各种设备（如起重机、叉车、包装机等）的购置、租赁和维护费用。

$EC = \sum$（设备购置价 + 设备租赁费 × 租赁月数 + 设备维护费）　（3-5）

燃油成本根据车辆行驶里程和燃油消耗率计算。

$FC =$ 行驶里程 × 平均燃油消耗率 × 燃油单价　　　　（3-6）

物料成本包括包装材料、标签、胶带等物料的费用。

$MC = \sum$（物料单价 × 物料数量）　　　　　　　　（3-7）

维修保养成本是指车辆和设备的定期保养与紧急维修费用。

$RMC = \sum$（定期保养费 + 紧急维修费）　　　　　　（3-8）

税费与保险成本包括车辆保险费、道路使用费、税费等。

$TIC = \sum$（保险费 + 道路使用费 + 税费）　　　　　（3-9）

折旧成本是按照资产折旧方法（如直线法、双倍余额递减法等）计算的折旧费用。

车辆和设备的折旧可分别用式（3-10）、式（3-11）计算：

$DC_{vehicle} =$（车辆原始价值 – 残值）/ 预计使用年限　　（3-10）

$DC_{equipment} =$（设备原始价值 – 残值）/ 预计使用年限　　（3-11）

间接成本包括管理费用、行政费用、市场费用等，这些费用不直接归属某一特定运输任务，但对整个运输业务运营是必要的。

间接成本 = 管理费用（AC）+ 行政费用（OA）+ 市场费用（MKT）+
其他费用（OC）　　　　　　　　　　　　　　　（3-12）

其中，

$AC =$ 员工薪资（管理层）+ 办公场地租赁 + 办公用品等　（3-13）

$OA =$ 行政人员工资 + 信息系统维护费 + 法律与审计费等　（3-14）

$MKT =$ 广告费 + 促销费 + 市场调研费等　　　　　（3-15）

$OC =$ 未归入上述类别的其他费用　　　　　　　　（3-16）

因此，总成本公式为：

总成本（TC）$= HC + VC + EC + FC + MC + RMC + TIC + DC + AC +$
$\qquad OA + MKT + OC$　　　　　（3-17）

式（3-17）涵盖了交通运输成本的主要方面，适用于对复杂运输业务进行全面成本分析。

第二，交通运输成本的主要类别。①人力成本。货物的装卸、包装、运输、配送等都需要投入大量的人力，工资、培训和保险等是人力成本的主要组成部分。②车辆成本。交通工具是物流运输的基础设施，包括卡车、飞机、火车和船舶等。车辆的购买和维护费用、燃油和能源成本是交通物流中不可忽视的一部分。③设备成本。物流操作需要使用各种设备，如起重机、叉车和打包机等，这些设备的购买和维护成本直接影响物流运作的效率和成本。④仓储成本。包括仓库租金、设备设施和库存管理费用等，仓储成本的高低直接关系到物流企业的效益。⑤物料采购成本。物流过程中需要采购各种原材料和物品，采购成本直接影响物流成本的高低。某公司各种运输成本构成的占比如表3-1所示。

表3-1　某公司各种运输成本构成的占比

序号	项目	占比（%）
1	工资	10.7
2	职工福利	1.7
3	燃料	24.6
4	轮胎	4.3
5	修理	17.1
6	折旧	11.7
7	运输管理费	1.6
8	税金	0.8
9	行车事故损失	1.9
10	其他	11.9
11	总计	100

第三，影响交通运输的因素。①道路条件。良好的道路条件可以节省燃油消

耗，减轻车辆零件磨损，缩短交通运输时间，提高交通运输效率。②经营管理模式。科学完善的经营管理方案有助于制定针对性的成本控制措施，提高整体交通运输效率。③人员数量和素质。合理的人员配置和高素质的员工队伍有助于降低人为错误和事故成本。

（2）交通运输效益。

第一，交通运输的经济效益。①降低物流成本。高效的交通运输系统能够优化物流网络，减少中转环节和缩短运输距离，从而降低物流成本。②提高生产效率。及时的物流服务可以减少生产线的等待时间，提高生产效率和竞争力。③增加就业机会。交通运输行业的发展直接和间接带来了大量的就业机会，包括运输、物流、仓储等领域。④促进区域经济发展。交通运输系统的发展能够加强地区间的经济联系，促进商品、资本和劳动力的流动，推动区域经济的发展。

第二，交通运输的社会效益。①促进文化交流。交通运输是不同地区、不同文化间交流的桥梁，有助于增进相互了解和友谊。②提升城市形象。发达的交通网络能够改善城市的形象和提高知名度，吸引更多的投资和人才。③优化资源配置。交通运输系统的发展使资源能够更加合理地配置到各个产业，提高整个社会的生产效率。

第三，交通运输的环境效益。①减少能源消耗。合理的交通规划和有效的交通管理可以缓解交通拥堵和缩短不必要的行驶距离，从而降低能源消耗。②降低空气污染。推广清洁能源和减少尾气排放的交通工具可以有效改善空气质量。③减缓城市热岛效应。良好的交通布局和绿化措施能够降低城市温度，减轻热岛效应对环境的影响。

因此，交通运输成本与效益是相互关联、相互影响的两个方面。通过优化交通运输系统、降低交通运输成本、提高交通运输效率和服务质量，能够显著提升交通运输的经济效益、社会效益和环境效益。同时，政府、企业和社会各界应共同努力，加强交通运输基础设施建设、推动技术创新和产业升级、加强行业监管和政策支持等措施的实施，以促进交通运输行业的可持续发展。

3. 交通运输网络优化

交通运输网络优化是一个复杂而重要的综合性过程，旨在提高交通运输系统的效率、安全性、可靠性和可持续性。通过调整交通运输网络的结构和流动方式，提高交通运输系统的效率和性能。它包括交通运输需求预测、路径选择、信号控制、调度和路网布局等方面。

（1）交通运输网络优化的重要性。交通运输网络是城市和经济发展的重要基础设施，其优化对于提升交通运输效率、缓解交通运输拥堵、降低物流成本、促进区域经济发展和提高居民出行质量具有至关重要的作用。通过优化交通运输网络，可以更高效地利用交通运输资源，缓解交通运输"瓶颈"，提高整体交通运输系统的运行效率和服务水平。

（2）交通运输网络优化的主要措施。

第一，加强交通规划与管理。①制定科学合理的交通运输规划，确保交通运输设施的建设与城市或区域发展相协调。②加强交通运输管理，利用智能交通运输管理系统实时监测交通流量、车辆位置和道路状况，提高交通运输管理的精细化和智能化水平。

第二，完善交通运输基础设施。①加快高速公路、铁路、港口、机场等交通运输基础设施的建设和改造升级。②完善城市道路网络体系，提高道路网的连通性和可达性。③加强交通运输枢纽节点的建设和管理，提高交通运输枢纽的集散能力和服务水平。

第三，优化交通运输网络布局。①根据城市或区域空间布局和交通需求特点，合理规划交通运输网络布局。②加强不同交通运输方式之间的衔接和配合，形成多式联运的优势。③注重交通运输网络与城市或区域其他基础设施的协调发展，提高整体运行效率。随着交通运输网络布局的不断优化，交通流量得到了有效分散，拥堵情况得到了显著缓解，从而提升了整体交通服务水平和公众出行满意度。

第四，推广智能交通运输技术。

首先，利用物联网、大数据、人工智能等先进技术，提升交通运输系统的智能化水平。

基于物联网的智慧交通系统总体采用分层架构，从下至上包括感知层、网络层、服务层和应用层。感知层主要包括射频（Radio Frequency Identification，RFID）标签、车载全球定位系统（Global Positioning System，GPS）定位模块、车载诊断设备（On-Board Diagnostics，OBD）、路侧磁感应线圈、视频监控设备及环境传感器等。这些终端设备能够实现对车辆、路况、信号灯及道路环境的多维度实时监测。例如，RFID标签识别车辆唯一ID；车载GPS终端提供5米精度定位，实时报告车辆具体位置；OBD设备获取车速、方向、油量等数据；路侧磁感应线圈精确检测路段交通流量，最高采集频率可达1000Hz；视频监控设备传回路段图像；环境传感器测量温度、湿度、气压等参数。

网络层通过ZigBee、5G和NB-IoT等无线通信技术、有线光纤通信构建自组网，实现海量物联网终端的接入与数据回传。考虑到系统的实时性需求，网络层需要提供小于5毫秒的时延抖动。服务层主要提供交通流服务、环境监测服务、车辆诊断服务、图像识别服务等。上述原子化服务通过表征状态转移（Representational State Transfer，REST）应用程序接口（Application Programming

Interface，API）方式对外开放访问。应用层则通过调用 API 获取多源异构数据，进行关联分析。例如，交通拥堵程度不仅与道路车流量有关，还与天气环境相关。应用层可以调用交通流服务与环境监测服务，获取相关实时数据，建立拥堵预测模型。

实时数据处理与分析引擎是智慧交通系统的核心组件。本系统设计采用大数据 Lambda 架构构建实时流处理和离线分析的混合框架。流处理链路将 Apache Kafka 作为数据中转，使用 Spark Streaming 进行实时计算。Spark 以内存方式处理数据，利用 Micro-Batching 技术每 500 毫秒对最近窗口数据进行一次计算，使复杂算法得以在（次秒级）准实时内完成，有助于支持交通事件检测与快速响应。同时，Kafka 系统提供数据复制功能，将实时流复制到 Hadoop 分布式文件系统（Hadoop Distributed File System，HDFS）中进行存储。

离线分析链路基于存储在 HDFS 中的历史数据构建运营数据仓库，使用 Presto、PySpark 等计算引擎进行复杂的机器学习、数据挖掘与预测分析算法，以指导交通策略调整与规划。例如，运用极度梯度提升树（Extreme Gradient Boosting，XGBoost）方法构建交通流量预测模型：

$$Y = w_0 + \sum_{i=1}^{n} w_i x_i \sum_{j=1}^{m} w_{sj} x_j^2 \qquad (3\text{--}18)$$

其中，Y 为未来一时段内的交通流量；x_i 和 x_j 分别为输入数据中的线性特征和二阶特征，该模型可实时训练并持续优化。两条计算链路互相协同，既可支持毫秒级延迟的实时决策，又可确保历史知识积累不受实时计算限制。

其次，实施智能交通信号控制系统，根据实时交通情况优化信号配置，提高道路通行效率。

通常情况下，在城市道路交通信号控制中，选取饱和流量作为衡量交通释放能力的参数指标。该指标的含义是单位时间内通过某一路口的最大交通流量。通过对大数据技术的应用，有关人员能够及时获取城市道路的饱和流量，进而判断绿色信号控制状态下车辆通行状况。该指标与城市道路交通条件和车辆状况存在密切关系，一般可通过获取现场数据得到。通常情况下，针对车道饱和流量的监控十分困难，因此本书构建了一种合理的计算方法，对饱和流量的值进行预测，将其作为交通信号控制的有效途径。通过使用饱和流量模型，还能够帮助相关人员及时获取道路交通拥堵数据信息，为交通指挥决策提供参考。

关于城市车道饱和流量的计算，曾有研究人员做了大量的试验研究，参考其试验研究成果，对交通信号车道饱和流量影响最大的因素是车道宽度，车道饱和流量与饱和流量、车道宽度之间存在一定的线性关系，即

$$Q_s = 525b \qquad\qquad (3-19)$$

其中，Q_s 为车道饱和流量（pcu/h）；b 为进口车道宽度（m）。

通过大数据对比可以发现，我国车道饱和流量较国外低 25%，我国城市道路交通信号的智能化控制水平也低于发达国家。鉴于此，在城市道路的交通控制中，我国特别重视大数据技术的应用，通过引入大数据技术驱动措施，能够为道路交通指挥提供数据参考，使城市交通拥堵状况得以缓解。上述技术场景的实现与大数据技术驱动存在联系，为提升智能交通信号控制水平，有关学者参考了国外车道饱和流量模型，并结合国内交通道路流量数据对模型进行了优化，所得交通流量饱和度模型如式（3-20）所示。

$$Q_s = 3992 - 1565b + 240b^2 \qquad\qquad (3-20)$$

其中，Q_s 为车道饱和流量（pcu/h）；b 为车道宽度（m）。

经过模型计算所得不同车道宽度下的车道饱和流量如表 3-2 所示。

表 3-2　不同车道宽度下的车道饱和流量

项目	车道 1	车道 2	车道 3	车道 4	车道 5
车道宽度 /m	3.75	4.00	4.25	4.50	4.75
车道饱和流量 /（pch/h）	1518	1492	1486	1532	1544

最后，推动自动驾驶技术的研发和应用，提升交通运输的安全性和效率。

第五，鼓励绿色交通运输方式。①加大对新能源汽车、公共自行车等绿色交通运输方式的推广力度。②建设和完善步行道、自行车道等慢行交通运输设施，提高慢行交通运输的舒适性和安全性。③通过政策引导，鼓励居民和企业采用低碳环保的出行和交通运输方式。

第六，实施交通运输需求管理。①通过限行、限购、拥堵收费等措施，合理引导交通运输需求，缓解交通拥堵。②推广弹性工作制、远程办公等新型工作模式，减少通勤需求。③加强公共交通运输优先政策，提高公共交通的吸引力和竞争力。

（3）交通运输网络优化的实施策略。

第一，政府主导，多方参与。①政府应发挥主导作用，制定相关政策和规划，引导交通运输网络优化发展。②鼓励企业、社会组织和居民积极参与交通运输网络优化的实施过程，形成共治共享的良好局面。

第二，注重科技创新。①加大科技研发投入，推动交通运输领域的科技创新和成果转化。②利用新技术、新材料、新工艺等提升交通运输设施的建设和管理水平。

第三，加强国际合作与交流。①借鉴国际先进经验和技术，加强与国际组织、其他国家和地区的合作与交流。②共同应对全球性交通运输挑战，推动交通运输网络的可持续发展。

综上所述，交通运输网络优化是一个长期而复杂的过程，需要政府、企业、社会组织和居民的共同努力。通过加强交通运输规划与管理、完善交通运输基础设施、优化交通运输网络布局、推广智能交通运输技术、鼓励绿色交通运输方式和实施交通运输需求管理等措施，可以不断提升交通运输系统的效率和服务质量，为城市或区域的可持续发展提供有力支撑。

4. 交通运输政策与交通运输管理

交通运输政策与交通运输管理是一个复杂且覆盖面宽泛的领域，涉及政策制定、实施、监督及交通运输系统的规划、组织、指挥、协调和监督等方面。研究交通运输政策的目标与手段，如提高运输效率、保障交通安全、降低运输成本、减少环境污染等，为政府制定交通运输发展方针、政策服务，为交通运输事业的发展和经济效益的提升提供支持。

（1）交通运输政策。交通运输政策是国家或地方政府为促进交通运输业发展、保障交通安全、提高运输效率、促进资源合理配置等而制定的一系列措施和规定。这些政策通常包括以下四个方面：

第一，公共交通政策。①票价政策。制定合理的票价政策，平衡公共交通企业的运营成本和乘客的出行需求。②优先发展公共交通。通过制定相关政策，鼓励和引导公众使用公共交通工具，减少私家车出行。③公交基础设施建设。加大对公交车站、公交专用道等基础设施的投入，提高公共交通的便利性和舒适性。

第二，道路安全政策。①安全设施建设。加强道路安全设施建设，如设置安全警示标志、建设防护栏等。②执法力度。加大对道路交通违法行为的处罚力度，增加交通违规成本。③安全宣传教育。开展交通安全宣传教育活动，提高公众的道路交通安全意识。

第三，节能减排政策。①鼓励使用新能源汽车。通过政策优惠，鼓励个人和企业购买和使用新能源汽车。②限制高排放车辆。限制高排放车辆进入市区，减少空气污染。③推广节能技术。鼓励交通运输企业采用节能技术，降低能源消耗和排放。

第四，物流运输政策。①优化物流运输结构。通过政策措施，降低物流企业的运营成本，提高物流效率。②降低物流成本。加大对物流基础设施建设的投入力度，推动物流业的发展。

（2）交通运输管理。交通运输管理是指政府和社会力量依法对交通运输活动进行的规划、组织、指挥、协调和监督等活动。其目标在于实现交通运输的安全、高效、便捷和可持续发展。

第一，规划管理。①制定交通运输发展规划，明确发展目标和方向。②合理规划交通运输网络布局，提高交通运输系统的整体效能。

第二，组织管理。①对交通运输企业进行资质管理和市场准入管理。②组织协调交通运输资源的配置和使用，确保交通运输活动的有序进行。

第三，安全管理。①建立和完善交通运输安全管理制度，确保交通运输活动的安全进行。②加强对交通运输从业人员的安全教育和培训。

第四，环保管理。①施行交通运输节能减排措施，减少交通运输活动对环境的负面影响。②推广绿色交通方式，鼓励使用环保型交通工具。

第五，法规监督。①制定和执行交通运输法规和标准，规范交通运输行为。②加大执法力度，对违反交通运输法规的行为进行严肃处理。

（3）交通运输政策与管理的实施与监督。交通运输政策与管理的实施与监督是确保其有效性和权威性的重要环节。具体措施包括以下四个方面。

第一，宣传与教育。通过各种媒体和渠道广泛宣传交通运输政策和法规，提高公众的认知度和理解力。

第二，教育培训。针对交通运输从业人员和相关管理人员开展政策与法规的教育培训，提高其遵守政策和法规的自觉性和能力。

第三，加大执法力度。通过对违反交通运输政策和法规的行为进行严肃处理，维护政策的权威性和法规的严肃性。

第四，监督机制。建立健全监督机制，通过内部监督和外部监督相结合的方式对交通运输政策和法规的执行情况进行全面监督。

（4）国际借鉴与合作。在国际层面，各国在交通运输政策与管理方面有着广泛的交流与合作。例如，欧盟注重促进内部市场的形成和加强交通运输网络的建设与维护；美国致力于提高交通运输效率和安全性；日本重点发展高效、安全、环保的交通运输系统并推广智能交通运输技术。这些国际经验为我国交通运输政策与交通运输管理提供了有益的借鉴。

综上所述，交通运输政策与管理是一个涉及多个方面的复杂系统。通过制定合理的政策、加强有效的管理、实施严格的监督及借鉴国际经验等措施可以推动我国交通运输业的持续健康发展。

5. 交通运输市场与竞争

交通运输市场与竞争是一个复杂而多元的话题，涉及多个方面。分析交通运输市场的结构、特征和竞争状况，研究市场竞争对运输价格、服务质量和企业效益的影响。

（1）交通运输市场的含义与特征。

第一，含义。交通运输市场是指交通运输服务的供应和需求之间的交换关系，包括各种交通运输方式的交通运输服务交易。它不仅是交通运输产品交换的场所，也是交通运输产品供求关系的总和，反映了在一定时空条件下对交通运输产品的需求（现实需求和潜在需求）。

第二，特征。①空间广泛性与位移具体性。交通运输市场的交易场所是四通八达的交通运输通道及其范围内的停靠场所，依靠这些场所将不同地理位置连通起来，形成相互连通的网络。②供需调节的特殊性。交通运输产品的生产与消费同步进行，不具备一般商品的保管、调配等环节。市场中的产品服务供给仅能以载运工具所代表的交通运输方式的自身能力表现，不存在以保管、调配等环节调节供需关系。③服务性与时间性。交通运输服务是在特定空间和时间内提供的，并且需要满足不同用户的需求。

（2）交通运输市场的参与者。交通运输市场的参与者主要包括运输需求者（如个人、企业、组织等具有潜在或现实交通运输需求的单位）、交通运输供给方（提供交通运输服务的各类交通运输企业，如公路运输企业、铁路运输企业、航空运输企业等）及市场监管机构（负责监管交通运输市场的政府机构或组织）。

（3）交通运输市场的竞争格局。中国交通运输行业的市场竞争格局复杂多样，主要包括以下四种形式。

第一，垄断竞争。由于交通运输行业的特殊性，部分企业拥有特定的技术、设备和资源优势，可以控制市场，形成垄断。

第二，全国性企业竞争。一些大型企业具有规模优势，可以在全国范围内提供客运、货运和特殊货物等服务，形成全国性竞争。

第三，行业竞争。各种交通运输企业间的竞争激烈，企业都会努力提升服务质量、提供更优惠的交通运输价格，以获得更多的市场份额。

第四，地域竞争。由于不同地区的经济发展水平有所差异，地域竞争会使企业在地域内争夺市场份额。

（4）交通运输市场的竞争趋势。

第一，技术驱动的竞争。随着自动驾驶、物联网和大数据等新技术的引入，交通运输市场正在经历深刻的变革。技术创新成为交通运输企业提升竞争力的关键因素。

第二，服务质量的竞争。随着消费者对交通运输服务要求的提高，企业越来越注重服务质量的提升，以吸引和留住客户。

第三，成本效率的竞争。在激烈的市场竞争中，交通运输企业需要通过优化交通运输流程、降低交通运输成本等方式来提高运营效率，以增强市场竞争力。

（5）交通运输市场的政策与法规。交通运输市场的政策与法规是国家为了规范和管理交通运输行业而制定的一系列法律、法规和政策的总称。这些政策与法规旨在保障交通运输市场的公平竞争、维护市场秩序、促进交通运输业的健康发展。政府通过制定相关法规、政策和标准对交通运输市场进行规范和管理，以确保市场的健康和可持续发展。这些政策与法规涵盖市场准入、服务质量监督、价格调控等方面。

第一，政策与法规的制定背景。随着交通运输行业的快速发展，市场竞争日益激烈，为保障市场的公平、公正和有序发展，政府需要制定一系列政策与法规来规范市场行为。这些政策与法规的制定依据是国家的法律法规、行业标准及市场需求等因素。

第二，主要政策与法规内容。①市场准入政策。设定运输企业的设立条件，包括注册资本、设备设施、人员资质等方面的要求。施行运输经营许可证制度，对符合条件的运输企业颁发经营许可证，允许其进入市场提供运输服务。②服务质量监督政策。制定运输服务质量标准，对运输企业的服务质量进行定期检查和评估。鼓励运输企业提升服务质量，对表现优秀的企业给予表彰和奖励。③价格调控政策。实行政府指导价或市场调节价相结合的定价机制，对部分运输服务价格进行调控。禁止运输企业间达成价格垄断协议，维护市场的公平竞争。④安全与环保政策。制定严格的安全生产法规，要求运输企业加强安全管理，确保运输过程中的安全。推广环保运输方式，鼓励使用清洁能源车辆，减少运输过程中的污染排放。⑤信息化与智能化政策。推动交通运输行业的信息化和智能化发展，提高运输效率和服务水平。支持运输企业采用先进的信息技术和智能设备，提升市场竞争力。

例如，《交通运输部2024年立法工作计划》明确了2024年交通运输立法工作的主要任务，包括构建现代综合交通运输体系、深化重点领域改革、提升安全应急保障水平等方面的立法项目。具体立法项目如交通运输法、国防交通法（修订）、收费公路管理条例（修订）等，旨在通过立法手段规范交通运输市场行为，保障市场的公平、公正和有序发展。

第三，政策与法规的实施效果。政策与法规的实施对于规范交通运输市场行为、维护市场秩序、促进交通运输业的健康发展具有重要意义。通过加大交通运输市场监管和执法力度，可以有效打击违法违规行为，保障合法经营者的权益。同时，交通运输政策与法规的引导和支持作用也有助于推动交通运输行业的创新与发展。

总之，交通运输市场的政策与法规是保障市场公平、公正和有序发展的重要手段。政府需要不断加强交通运输政策与法规的制定和实施力度，以适应交通运输行业的快速发展和市场变化的需求。

（四）研究方法

交通运输经济学的实证研究方法多样，旨在通过具体的数据分析和模型构建探索交通运输领域内的经济现象和规律。首先，实证分析方法。通过收集和分析实际交通数据来揭示交通运输系统的规律和特征，常用统计学和计量经济学的方法。其次，建模分析方法。通过构建交通运输系统的数学模型来模拟和预测交通运输系统的行为和效果，常用运输经济学、运输规划和运输工程等领域的理论和方法。

1. 定量分析方法

（1）多元线性回归模型。①应用场景。用于分析影响交通运输供给与需求的因素，如经济发展水平、人口数量、政策调控等。②方法介绍。以交通运输量（如公路运输量）为因变量，以经济发展水平、人口数量等为自变量，构建多元线性回归模型，通过回归分析探讨各因素对交通运输量的影响程度。例如，某研究选取某地区 2010~2019 年的公路运输量、经济发展水平、人口数量等数据作为样本，通过多元线性回归模型分析得出，经济发展水平对公路运输量的影响最为显著，其次为人口数量和政策调控。

（2）面板数据模型。①应用场景。用于分析不同时间点和不同区域间的交通运输与经济增长关系。②方法介绍。面板数据模型结合了横截面数据和时间序列数据的优点，能够更全面地反映变量之间的关系。通过面板单位根检验、面板协整、Granger 因果检验等方法，可以探讨交通运输与经济增长之间的动态关系。

（3）灰色关联度分析。①应用场景。用于研究交通运输指标(如铁路营业里程、旅客周转量、货物周转量)与经济增长(如人均 GDP)之间的关联度。②方法介绍。灰色关联度分析是一种基于灰色系统理论的分析方法，通过计算各因素之间的关联度，揭示它们之间的紧密程度。在交通运输经济学中，该方法常用于提出相应的投资发展策略。

2. 定性分析方法

（1）应用场景。集中在交通运输、资源和环境之间的关系，注重交通运输发展方向和模式的研究。

（2）方法介绍。定性分析通常不是依赖具体的数学模型和大量数据，而是通过专家访谈、文献综述等方式，对交通运输领域内的经济现象进行描述和解释。这种方法较少做交通运输和经济发展内在机制之间的动态研究，但有助于理解交通运输系统的整体框架和发展趋势。

3.综合方法

在实际研究中，往往需要将定量分析方法和定性分析方法相结合，以全面深入地探讨交通运输经济问题。例如，首先通过定性分析确定研究方向和框架，其次通过定量分析方法进行具体的数据分析和模型构建，最后结合定性分析对研究结果进行解释和讨论。

4.数据来源与处理技术

（1）数据来源。包括政府部门公布的统计数据、行业协会发布的市场报告、企业提供的运营数据等。

（2）数据处理技术。包括数据清洗（如去除异常值、缺失值处理等）、数据转换（如对数转换、标准化处理等）、数据挖掘（如关联规则挖掘、聚类分析等）等，确保数据的准确性和分析的有效性。

综上所述，交通运输经济学的实证研究方法多种多样，需要根据具体的研究问题和数据情况选择合适的方法。同时，随着计量经济学和数据科学的发展，新的研究方法和工具不断涌现，为交通运输经济学研究提供了更多的可能性。

（五）应用领域

交通运输经济学作为一门研究交通运输系统的运行规律及其与经济运行之间相互关系的学科，其应用领域广泛且重要。

1.交通运输规划与交通运输政策制定

（1）交通运输系统规划。交通运输经济学为交通系统的规划提供经济分析和决策支持，帮助决策者评估不同交通项目（如道路建设、公共交通系统升级等）的经济效益和社会效益。

（2）交通运输政策制定。研究交通运输政策对交通运输市场的影响，包括公共交通政策、交通运输市场监管和调控等，为政府制定交通运输政策提供科学依据。

2.交通运输市场分析

（1）交通运输需求与供给。分析交通运输市场的需求和供给状况，预测未来交通运输需求的变化趋势，为交通运输企业提供市场决策支持。

（2）市场竞争与定价。研究交通运输市场中的竞争结构、定价策略及不同交通运输方式之间的竞争关系，帮助企业制定有效的市场竞争策略。

3.交通运输成本管理

（1）交通运输成本分析。对各种交通运输方式的成本进行详细分析，包括人力成本、运营成本、燃料成本、保险成本、维护成本等，为企业降低交通运输成本提供指导。

（2）成本效益分析。评估不同交通运输项目或策略的成本效益，帮助企业选择最优的交通运输方案。

4. 物流管理与优化

（1）物流方案制定。交通运输经济学可以帮助物流公司分析并制定交通运输方案，规划货物流程，寻求最优的托运方式等，从而提高物流效率。

（2）供应链优化。结合交通运输经济学的原理和方法，优化供应链中的交通运输环节进行优化，降低物流成本，提高供应链的整体效率。

5. 环境保护与可持续发展

（1）绿色交通技术。研究绿色交通技术的应用和推广，评估其对环境保护的贡献，推动交通运输行业的可持续发展。

（2）碳排放管理。分析交通运输活动对环境的影响，特别是碳排放问题，为制定低碳交通运输政策提供依据。

6. 国际贸易与交通运输

（1）国际贸易交通运输管理。在国际贸易中，交通运输经济学帮助企业协调国际进出口货物的交通运输和配送，降低交通运输成本，提高贸易效率。

（2）多式联运优化。研究多种交通运输方式之间的协同作用，优化多式联运方案，提高国际贸易交通运输的整体效益。

7. 教育与科研

（1）学科教育与培训。交通运输经济学作为高等教育中的一个重要学科，可为培养交通运输领域的专业人才提供理论支持和实践指导。

（2）科研创新。推动交通运输经济学领域的科研创新，不断探索新的理论和方法，为交通运输行业的发展提供智力支持。

综上所述，交通运输经济学的应用领域广泛且深入，涵盖交通规划与政策制定、交通运输市场分析、交通运输成本管理、物流管理与优化、环境保护与可持续发展、国际贸易与交通运输及教育与科研等方面。这些应用领域的不断发展和完善，将进一步推动交通运输行业的进步和繁荣。

二、交通运输市场与供需分析

交通运输市场与供需分析是交通运输经济学中的重要内容，其涉及交通运输服务的供给与需求之间的平衡关系，以及这种关系如何影响市场运作和行业发展。

（一）交通运输市场

交通运输市场是指提供交通运输服务以满足货物或旅客空间位移需求的场所和领域。其涵盖多种交通运输方式，包括公路、铁路、航空、水运、管道等，每种方式都有其特定的服务范围和市场定位。交通运输市场是一个复杂而庞大的体系，涵盖多种交通运输方式（如公路、铁路、航空、水运等）和广泛的参与者（如政府、企业、个人等）。

1. 交通运输市场概述

交通运输市场是指提供运输服务以满足货物或旅客空间位移需求的场所和领域。随着经济全球化和区域一体化的深入发展，交通运输市场的重要性日益凸显。其不仅关系到国民经济的命脉和人民生活的便利，还直接影响到国家竞争力和可持续发展能力。

2. 交通运输市场的特点

（1）多样性。交通运输市场包括多种交通运输方式，每种交通运输方式都有其特定的服务范围和市场定位，满足了不同交通运输方式的需求。

（2）竞争性。交通运输市场竞争激烈，既有国有企业，也有民营企业、外资企业等类型的企业参与竞争。

（3）关联性。交通运输市场与国民经济各部门密切相关，其发展受经济、政策、技术等多方面的影响。

（4）动态性。随着科技进步和市场需求的变化，交通运输市场不断发展和演变，新的交通运输方式和服务模式不断涌现。

3. 交通运输市场需求分析

（1）旅客交通运输需求。旅客交通运输需求主要包括人们的日常出行、商务活动、旅游观光等方面。随着人们生活水平的提高和消费观念的转变，旅客运输需求呈多样化、个性化的特点。

（2）货物交通运输需求。货物交通运输需求主要源于工业生产、商业贸易、农业运输等领域。随着全球化和区域一体化的深入发展，货物交通运输需求不断增长，对交通运输效率和服务质量的要求也越来越高。

4. 交通运输市场供给分析

（1）供给主体。包括国有企业、民营企业、外资企业等类型的企业，它们提供不同层次的交通运输服务。

（2）供给能力。供给能力受交通运输基础设施（如道路、铁路、港口、机场、管道等）的制约。随着交通基础设施的不断完善和技术进步，供给能力逐步提高。

（3）供给策略。企业会根据市场需求和竞争状况调整供给策略，如优化交通运输路线、提高服务质量、降低交通运输成本等。

5. 交通运输市场发展趋势

（1）绿色化。随着环保意识的提高和技术进步，绿色交通将成为未来发展的重要方向。新能源汽车、智能交通系统等的应用将推动交通运输行业的绿色转型。

（2）智能化。智能交通系统、无人驾驶技术等的应用将提高交通运输系统的效率和安全性，推动交通运输市场的智能化发展。

（3）多式联运。为提高交通运输效率和降低交通运输成本，多式联运将成为未来货物交通运输的主要趋势。各种交通运输方式间的无缝衔接和协同作业将促进物流一体化的发展。

（4）个性化服务。随着人们生活水平的提高和消费观念的转变，个性化服务将成为旅客运输的重要发展方向。交通运输企业将通过提供定制化服务来满足不同旅客的需求。

6. 交通运输市场挑战与机遇

（1）挑战。①市场竞争加剧，企业需要不断提升服务质量和降低成本以获取竞争优势。②环保压力增大，企业需要加大研发绿色交通技术投入力度以满足环保要求。③技术更新换代快速，企业需要紧跟技术发展潮流以保持竞争力。

（2）机遇。①国家政策支持为交通运输市场提供了广阔的发展空间。②科技进步为交通运输市场带来了新的发展机遇，如智能交通系统、无人驾驶技术等的应用。③市场需求不断增长为交通运输市场提供了稳定的发展动力。

综上所述，交通运输市场是一个充满机遇与挑战的领域。企业需要密切关注市场动态和政策变化，结合自身实际情况和市场需求制定合适的发展战略以应对挑战，并抓住机遇实现可持续发展。

（二）交通运输需求分析

交通运输需求分析是一个复杂且多维度的过程，涉及交通流量、出行模式、交通设施需求等方面。

1. 交通运输需求分析的重要性

交通运输需求分析是交通规划与管理的基础，对优化交通资源配置、提升交通系统效率、缓解交通拥堵、减少环境污染等具有重要意义。通过准确的需求分析，可以科学预测未来的交通发展趋势，为交通基础设施建设和交通政策制定提供有力支撑。

2. 交通运输需求分析的方法

（1）交通量矩阵法。通过构建交通量矩阵，分析不同交通区域间的交通流动情况，从而了解交通需求的分布和变化规律。具体来说，交通量矩阵法涉及构建一个矩阵，该矩阵反映了不同交通起讫点（Origin and Destination，OD）间的交通流量。以下是对交通量矩阵法的详细解释。

第一，定义与概念。① OD 矩阵。OD 矩阵是交通规划中的核心概念，表示从各个起点（Origin）到各个终点（Destination）的交通出行量。在矩阵中，行代表起点，列代表终点，每个元素表示从某一起点到某一终点的交通量。②交通量矩阵法。交通量矩阵法是指利用 OD 矩阵来分析、预测和优化交通流量的方法。通过对 OD 矩阵的计算和处理，可以揭示交通流量的分布规律，为交通规划、管理和决策提供科学依据。

第二，主要应用。①交通需求预测。在交通规划过程中，需要根据历史数据和未来发展趋势预测未来的交通需求。交通量矩阵法可以通过构建未来的 OD 矩阵，预测不同起讫点间的交通流量，为道路设计、公共交通规划等提供依据。②交通流量优化。通过对 OD 矩阵的分析，可以识别出交通流量较大的路段或交叉口，进而采取相应措施（如拓宽道路、增设交通信号灯）完善交通流量，提高道路通行能力。③交通拥堵管理。利用交通量矩阵法可以预测可能发生的交通拥堵情况，为交通管理部门制定拥堵管理策略提供依据。例如，通过调整信号灯配时、实施交通管制等措施缓解拥堵。

第三，构建方法。交通量矩阵的构建通常基于大规模的交通调查数据。这些数据可能包括车辆出行调查、交通流量观测等。在获取足够的数据后，可以通过统计分析、模型预测等方法构建 OD 矩阵。此外，随着科技的发展，一些先进的交通数据收集和处理技术（如智能交通系统、大数据分析等）被应用于 OD 矩阵的构建中，提高了矩阵的准确性和实时性。

第四，基于 Wi-Fi 和蓝牙数据的公交客流 OD 分析。

公共交通是解决城市交通问题的重要途径，而公交 OD 数据是公交规划、调度及车内拥挤度计算的基础数据源。然而，传统的公交 IC 卡数据仅记录了乘客的上车时间，缺乏下车信息，导致下车人数推算精度不足。本节旨在通过结合 Wi-Fi 探针和蓝牙信号检测器数据，提出一种更加准确可靠的公交客流 OD 分析方法。

本节在公交站台安装 Wi-Fi 探针和蓝牙信号检测器，当车辆到达站台时，探针和检测器连续探测车辆上的设备，生成相关数据并上传至云服务器。通过对数据的预处理、融合和统计分析，计算出各站点的上下车客流，进而构建公交客流 OD 矩阵，并进行校正以确保数据的准确性。具体数据处理与分析流程如下。

第一，数据收集。利用 Wi-Fi 探针和蓝牙信号检测器收集公交车辆上的设备信息。

第二，数据预处理。剔除无效数据，包括非公交乘客、长时间停留人员及信号强度过低的数据。

第三，数据融合。通过比对 MAC 地址前六位，将 Wi-Fi 探针和蓝牙检测器数据融合，避免重复计数。

第四，客流统计。结合 IC 卡数据，通过公式计算各站点上下车的乘客数。

第五，OD 矩阵构建与校正。利用 SQL 数据库存储并查询统计公交 OD 矩阵，通过比例因子进行校正，确保数据平衡。每个站点上车的乘客数（On）、下车的乘客数（Dn）见表 3-3。

表 3-3　实际公交 OD 矩阵

站台号	1	2	3	4	…	上车
1	0	$X_{1.2}$	$X_{1.3}$	$Q_{1.4}$	…	O_1
2	0	0	$X_{2.3}$	$X_{2.4}$	…	O_2
3	0	0	0	$X_{0.4}$	…	O_3
4	0	0	0	0	…	O_4
…	…	…	…	…	…	…
下车	D_1	D_2	D_3	D_4	…	合计

本节成功构建了基于 Wi-Fi 和蓝牙数据的公交客流 OD 矩阵，相较于传统方法，显著提高了下车人数推算的精度，为公交规划与调度提供了更加可靠的数据支持。

（2）出行分布法。基于居民出行调查数据，分析出行起点、终点和出行方式的分布特征，进而预测未来的交通需求。

（3）交通分配法。将预测的交通量按照一定的规则分配到具体的交通网络上，以评估交通设施的承载能力和交通系统的运行效率。

交通分配的过程就是将微观层面中多个用户的路径选择行为进行模拟，进而在宏观层面实现的过程。现实中的交通分配问题具有复杂多变性，如交通需求的突然变化会造成交通网络的局部拥堵，甚至造成路网瘫痪。西安大唐芙蓉园、钟楼周围区域路网每逢节假日都会由于交通需求的突然增大造成附近路网拥挤程度增大。道路的通行能力也会受外部环境的影响，如雾霾天气会影响出行者的视距，进而影响出行者对道路信息的判断能力，车辆安全距离增大，道路的通行能力降低。出行者面对的交通状况越复杂，其进行随机性路径选择考虑的因素就越多。

随机用户平衡分配中用户的路径选择行为仍遵循 Wardrop 第一原理，此时用户选择的是自己估计阻抗最小的路径，用户的这种路径阻抗估计值存在一定的偏差。这是因为不同的用户由于学历、生活经验不同、性格不同等因素对事物的理解和判断能力不一样。用户如果选择了某 OD 对，那么用户对这条路径的感知阻抗在该 OD 对间所有可能路径的感知阻抗中为最小，发生这种情形的概率是一个条件概率，用 C_k^{rs} 为用户对路径的估计阻抗，C_l^{rs} 为用户对从 r 到 s 除路径 k 外其他路径 l 的估计阻抗，r 为起点，s 为终点，则出行者选择路径 k 的条件如式（3-21）所示。

$$P_k^{rs} = P_r \left(C_k^{rs} \leqslant C_l^{rs} \right), \forall l \neq k; \forall k, r, s \qquad （3-21）$$

这种情形是在平衡状态下，用户根据路径阻抗估计值确定的路径选择概率。在随机平衡状态下，用户的属性决定了其具有主观不确定性，一个 OD 对间所有被选用的路径中并不一定具有相同的实际阻抗。OD 对间交通量与某条路径被选择概率的乘积就是路径上分配的交通量，如式（3-22）所示。

$$f_k^{rs} = q_{rs} p_k^{rs}, \forall k, r, s \qquad （3-22）$$

其中，f_k^{rs} 为路径 rs 分配的交通量，q_{rs} 为 OD 对的交通量，p_k^{rs} 为路径 rs 被出行者选择的概率。由于出行者对路径阻抗的估计值和路径上的交通负荷有关，所以路径被选择的概率是路径交通量的函数，而路径选择概率与用户对路径的阻抗估计情况有关，用户对路径阻抗估计的大小与路径的交通负荷有关且为随机变量，如此循环，最终达到随机用户平衡状态。

（4）交通模型法。构建交通模型，综合考虑人口、经济、土地利用、交通政策等多种因素，对交通需求进行动态模拟和预测。

3. 交通运输需求分析的关键要素

（1）人口和经济增长。人口数量和经济增长速度是影响交通需求的重要因素。随着人口增加和经济发展，交通需求通常会相应增长。

（2）土地利用。土地利用模式直接影响交通需求的分布和强度。例如，商业区、居民区和工业区等不同区域的交通需求特征存在显著差异。

（3）出行模式。出行模式包括步行、自行车、公共交通、私家车等多种方式。不同出行方式的交通需求特点不同，对交通设施的需求也不同。

（4）交通政策。交通政策对交通需求具有引导和调控作用。例如，限制私家车使用、鼓励公共交通出行等政策可以降低对私家车的出行依赖，增加公共交通需求。

4. 当前交通运输需求趋势

（1）城市化进程加速。随着城市化进程的加速，城市人口不断增加，交通需求持续增长。特别是在早晚高峰时段，交通拥堵现象尤为严重。

（2）绿色出行理念普及。随着环保意识的提高，绿色出行理念逐渐普及。

越来越多的居民选择步行、自行车或公共交通等低碳出行方式，减少私家车的使用。

（3）智能交通系统发展。智能交通系统的发展为交通运输需求分析提供了新的手段和方法。通过大数据、云计算等先进技术，可以实时监测交通流量、路况信息等关键指标，为交通管理和决策提供有力支持。

5. 交通运输需求分析展望

未来交通运输需求分析将面临更多挑战和机遇。一方面，随着城市化进程的加速和人口老龄化的加剧，交通需求将更加复杂多变；另一方面，智能交通系统、新能源汽车等新技术的发展将为交通运输需求分析提供更加精准和高效的方法和工具。因此，未来需要不断加强交通运输需求分析的研究和实践，为构建更加安全、高效、绿色、便捷的交通运输系统贡献力量。

（三）交通运输供给分析

交通运输供给分析是一个复杂且多维度的过程，其涉及交通运输生产者在不同时间、空间及价格水平下愿意且能够提供的交通运输服务数量和质量。

1. 交通运输供给的概念

交通运输供给是指在一定时期和价格水平下，交通运输生产者愿意而且能够提供的交通运输服务的数量。这包括各种交通运输方式(如铁路、公路、水运、航空、管道)所能提供的服务，以及这些服务在时间和空间上的分布。

2. 交通运输供给的内容

（1）交通运输供给量。通常用交通运输工具的交通运输能力来表示，即能承运的货物和旅客的数量与规模。

（2）交通运输方式。交通运输方式指水运、铁路、公路、航空和管道五种不同的交通运输方式，每种方式都有其独特的技术经济特性和适用范围。

（3）交通运输布局。交通运输布局指各种交通运输方式的基础设施在空间的分布和活动设备的合理配置及其发展变化的情况。这包括交通运输线路、站点、枢纽的布局等。

（4）交通运输经济管理体制。交通运输经济管理体制指指导交通运输业发展所建立的交通运输所有制结构、交通运输企业制度、交通运输资源配置方式及相应的宏观调节机构、政策和法规等。这是交通运输软件的供给，对交通运输供给的效率和效果有重要影响。

3. 交通运输供给的特点

（1）非储存性。交通运输产品的生产和消费是同时进行的，不能脱离生产过程而单独存在。因此，交通运输业不能像工农业那样将产品储存起来，只能通过储存运力来适应市场需求变化。

（2）不平衡性。交通运输供给的不平衡性既表现在时间上，也表现在空间上。交通运输需求的季节性不平衡导致运输供给出现高峰与低谷；同时，由于经济和贸易发展的不平衡性及各地产业的不同特点，交通运输供给在不同国家和地区间也呈现一定的不平衡性。

（3）部分可替代性。不同的交通运输方式之间或同一交通运输方式中的不同交通运输服务间存在一定的替代性。这种替代性构成了交通运输业者间的竞争基础，但同时也受时间、空间限制及人们对交通运输服务经济性、方便性和舒适性要求等因素的制约。

4.影响交通运输供给的因素

（1）技术因素。技术的发展和进步直接影响交通运输生产者的生产能力和效率。例如，高速铁路、智能交通系统等技术的应用提高了铁路运输和公路运输的供给能力。

（2）经济因素。经济因素包括交通运输成本、交通运输价格、市场需求等。交通运输成本的高低直接影响交通运输生产者的供给意愿和能力，交通运输价格通过市场机制调节交通运输供给和需求间的关系，市场需求的变化则引导交通运输生产者调整供给结构。

（3）政策与管理因素。政府的政策导向和管理措施对交通运输供给有重要影响。例如，政府可以通过制定交通运输发展规划、实施交通运输补贴政策等方式引导和促进交通运输供给的增加；同时，通过加强市场监管、规范市场秩序等方式保障交通运输供给的质量和效率。

（4）其他因素。如自然条件、社会环境等也会对交通运输供给产生影响。例如，恶劣的自然条件可能导致交通运输线路中断或交通运输能力下降，而社会环境的稳定与否直接关系到交通运输生产者的生产安全和供给意愿。

综上所述，交通运输供给分析是一个涉及多个方面和因素的复杂过程。通过对交通运输供给量、交通运输方式、交通运输布局和交通运输经济管理体制等方面的分析，可以全面了解交通运输生产者的供给能力和意愿；同时，结合影响交通运输供给的各种因素的分析，可以预测和判断未来交通运输供给的变化趋势和发展方向。这对制定科学合理的交通运输政策和规划具有重要意义。

（四）交通运输供需平衡分析

交通运输供需平衡分析是一个复杂且重要的课题，其涉及交通运输系统的各个方面，包括交通运输基础设施、交通运输工具、交通运输能力、交通运输需求等。

1.交通运输供需平衡的概念

交通运输供需平衡是指交通运输供给与需求在数量、结构和时空分布上达到的一种相对稳定的状态。在理想情况下，交通运输供给应能够满足各种运输需求，同时避免过度供给造成的资源浪费。

2. 交通运输供给分析

（1）交通运输供给内容。①交通运输能力。交通运输能力是指各种交通运输方式在一定时间内能够完成的交通运输量，包括货物运量和旅客运量。②交通运输方式。交通运输方式主要包括公路、铁路、航空、水运和管道五种，每种方式都有其特定的技术经济特性和适用范围。③交通运输布局。交通运输布局是指交通运输线路、站点、枢纽等基础设施在空间上的分布和配置。④交通运输服务。交通运输服务包括交通运输时间、交通运输速度、交通运输成本、交通运输安全等方面的服务质量。

（2）交通运输影响因素。①技术因素。技术进步可以提高交通运输工具的效率和运载能力，从而影响供给。②经济因素。交通运输成本、交通运输价格、市场需求等直接影响交通运输生产者的供给意愿和能力。③政策与管理因素。政府的政策导向和管理措施对交通运输供给有重要影响，如交通运输发展规划、交通运输补贴政策等。

3. 交通运输需求分析

（1）需求特点。①多样性。交通运输需求多种多样，包括货物运输和旅客运输两大类，且每种需求都有其特定的要求和特点。②时空分布不均。交通运输需求在时间和空间上的分布是不均匀的，如节假日、旅游旺季等时段需求会大幅增加。③弹性。交通运输需求对价格、服务质量等因素的变化具有一定的敏感性，价格上升可能导致需求下降。

（2）影响因素。①经济发展。经济发展水平的提高会增加人们对交通运输服务的需求。②人口增长和城市化。人口增长和城市化进程加速会导致交通运输需求增加。③产业结构。不同产业对交通运输服务的需求不同，产业结构的变化会影响交通运输需求的结构和规模。

4. 交通运输供需平衡分析

（1）供需失衡的表现。①供给不足。在某些时段或地区，交通运输供给无法满足交通运输需求，导致交通拥堵、交通运输效率低下等问题。②供给过剩。在某些时段或地区，交通运输供给超过交通运输需求，导致资源浪费和交通运输效率低下。

（2）供需平衡的策略。①优化交通运输结构。通过调整不同交通运输方式间的比例，优化交通运输结构，提高整体交通运输效率。②加强基础设施建设。加大基础设施投资力度，提高交通运输能力和服务质量，满足日益增长的交通运输需求。③提高交通运输服务质量。通过提高交通运输时间、交通运输速度、交通运输成本、交通运输安全等方面的服务质量，增强交通运输供给的吸引力和竞争力。④实施需求管理。通过价格机制、政策引导等手段调节交通运输需求，使需求与供给保持相对平衡状态。

例如，随着城市化进程的加速和人口增长，城市公共交通需求不断增加。为缓解城市交通拥堵，许多城市加大了城市轨道交通的建设力度。通过合理规划线路布局、提高列车运行效率等措施，城市轨道交通有效提高了交通运输供给能力，满足了市民的出行需求，实现了供需平衡。

综上所述，交通运输供需平衡是保障交通运输系统高效运转的关键。未来，随着技术的不断进步和经济的持续发展，交通运输供给和需求将呈现新的特点和趋势。因此，需要密切关注市场动态和政策变化，及时调整运输结构和供给策略，以实现交通运输供需的长期平衡和可持续发展。同时，加强国际合作和交流也是推动交通运输行业发展的重要途径之一。

（五）交通运输未来的发展趋势

交通运输未来的发展趋势将受多种因素的驱动，包括技术创新、环境保护、政策法规、经济发展及人口变化等。

1. 电动化和智能化

（1）电动汽车的普及。随着电池技术的进步和充电基础设施的完善，电动汽车将在未来交通运输中占据越来越重要的地位。电动汽车具有零排放、低噪声等优点，有助于减少环境污染和改善城市空气质量。

（2）自动驾驶技术的发展。自动驾驶技术正在逐步成熟，未来将有更多自动驾驶车辆上路。自动驾驶技术可以提高交通运输效率、减少交通事故、降低驾驶疲劳发生率等，为交通运输带来革命性变化。

（3）智能交通系统。智能交通系统将集成各种先进的信息技术，如大数据、云计算、物联网等，实现交通信息的实时采集、处理和分析，为交通运输提供更加精准、高效的决策支持。

2. 公共交通优先

（1）地铁和高铁的发展。为缓解城市交通拥堵，各大城市将继续加大对地铁和高铁的投资力度。地铁和高铁具有运量大、速度快、准点率高等优点，将成为未来城市公共交通的主力军。

（2）公交系统的优化。公交系统将通过智能化调度、线路优化等措施提高运营效率和服务质量，吸引更多市民选择公交出行。

3. 绿色能源

（1）可再生能源的应用。交通运输行业将越发注重使用绿色能源，如太阳能、风能等。这些能源具有清洁、可再生的特点，有助于减少碳排放和其他污染物排放。

（2）氢能源的探索。氢能源作为一种清洁、高效的能源载体，在交通运输领域具有广阔的应用前景。未来将有更多的氢燃料电池汽车等氢能源交通工具投入使用。

4. 多元服务

（1）共享出行。共享单车、共享汽车、网约车等共享出行方式将继续发展壮大，为市民提供更加便捷、经济的出行服务。这些服务将有助于提高城市交通效率、减少私家车的使用。

（2）个性化出行。随着人们出行需求的多样化，未来交通运输将更加注重提供个性化出行服务。例如，定制化公交、无人驾驶出租车等个性化出行方式将逐渐普及。

5. 地下交通网络

为缓解城市地面交通拥堵，未来交通运输行业将不断探索地下交通网络的建设。例如，地下高速公路、地下轨道交通等将成为城市交通的重要组成部分。这些地下交通网络将有助于提高城市交通的承载能力和运行效率。

6. 政策支持与法规引导

（1）政策支持。政府将继续加大对交通运输行业的支持力度，通过财政补贴、税收优惠等政策措施推动交通运输行业的绿色化、智能化发展。

（2）法规引导。随着环保意识的提高和法律法规的完善，未来交通运输行业将更加注重遵守环保法规和标准。例如，限制高排放车辆上路、推广新能源汽车等措施将成为常态。

综上所述，交通运输未来的发展趋势将呈现电动化、智能化、公共交通优先、绿色能源、多元服务和地下交通网络等特点。这些趋势将共同推动交通运输行业可持续发展和转型升级。

三、交通运输成本与效益

交通运输成本与效益是交通运输经济学中的核心议题，其直接关系到交通运输系统的运行效率和经济可持续发展。分析交通运输成本的构成与计算方法，探讨交通运输项目的经济效益评价。

（一）交通运输成本

1. 定义

交通运输成本是指在交通运输过程中所产生的各种费用和支出的总和。这是交通运输企业完成客货运输所必需的经济代价，也是衡量交通运输工作质量和考核交通运输企业管理水平的重要指标。同时，交通运输成本还是合理制定交通运输价格的基础。这些费用包括但不限于交通运输工具相关的成本（如车辆保养维修成本、燃油消耗成本）、自然环境影响带来的成本（如道路折旧成本）及其他附加成本（如货物装卸成本）。

图 3-1 则是对交通运输成本等相关经济指标的可视化体现，展示了运输成本、资本、劳动力与经济产出的对数时间序列变化，可用于进一步分析交通运输成本与其他经济因素随时间的关联和变化趋势。其中，lnTC 为运输成本（Transportation Cost）的自然对数。lnL 为劳动力（Labor）相关指标的自然对数。lnK 为资本（Capital）相关指标的自然对数。lnGDP 为国内生产总值（Gross Domestic Product，GDP）的自然对数。

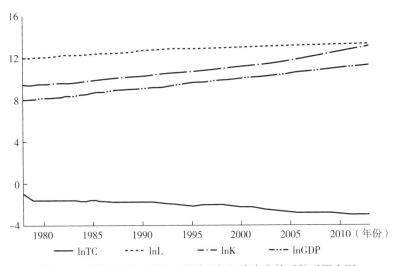

图 3-1　运输成本、资本、劳动力与经济产出的对数时间序列

2. 成本的构成

（1）人工费用。包括从事营运活动人员的薪酬、福利等支出。

（2）车辆维修费。车辆日常保养、维修及更换零部件的费用。

（3）燃料费。交通运输过程中消耗的燃油、润滑油、电费等。

（4）物料费。购买零部件、修理零部件等费用。

（5）物流费用。货物运输、搬运、仓储等费用。

（6）劳务费。与交通运输相关的劳务合同费用。

（7）部件费用。车辆部件的采购、检测和保养费用。

（8）保险费用。包括车辆保险、财产保险、伤害保险、健康保险等。

（9）安全装备费用。车辆安全装备的采购和检查费用。

（10）违章费用。因交通违章而产生的罚款等费用。

（11）税收费用。与运输活动相关的税收支出。

（12）固定资产折旧费、固定资产修理支出、过路费、过桥费、过隧道费、过渡费等费用。

3. 分类与特点

根据成本特性，交通运输成本可以分为固定成本和变动成本两大类。

（1）固定成本。固定成本是指在一定时期和一定业务量范围内，其总额基本保持不变的成本。如运输基础设施的折旧费、运输设备和工具的折旧费、运输企业的管理费、保险费等。虽然这些费用在短期内不随运输量的增减而变动，但又是维持运输活动所必需的。

（2）变动成本。变动成本是指随运输量的变动而变动的成本。如燃料费、物料费、直接生产工人的工资等。这些费用与每一次运送货物直接相关，通常按照每千米或每单位重量多少成本来衡量。

$$总成本 = 固定成本 + 变动成本 \times 运输量 \tag{3-23}$$

综上所述，交通运输成本是一个复杂且多维度的概念，涉及多个方面的费用和支出。在实际运营中，交通运输企业需要综合考虑各种因素，采取有效措施降低成本、提高效率。

4. 交通运输成本的影响因素

交通运输成本的影响因素是多方面的，这些因素共同作用于交通运输过程，决定了最终的成本水平。

（1）交通运输距离。交通运输距离是影响交通运输成本的最直接因素。一般来说，交通运输距离越长，所需的燃料、时间和劳动力就越多，从而导致成本增加。

（2）交通运输方式。不同的交通运输方式（如公路、铁路、水运、航空、管道）具有不同的成本特点，选择合适的交通运输方式能有效控制成本。例如，公路运输相对灵活但成本较高，水运成本低但速度较慢。

（3）货物属性。货物的种类、体积、重量和形状等属性会影响交通运输方式的选择和成本。例如，重货和轻货在交通运输过程中的成本差异显著，因为重货需要更多的燃料和劳动力来移动。

（4）交通运输环节的数量和复杂度。交通运输过程中的环节越多、越复杂，如多次中转、装卸等均会增加成本。这些环节不仅需要增加时间和劳动力，还可能增加货物损坏或丢失的风险。

（5）市场需求和竞争状况。市场需求的变化和竞争态势会影响交通运输价格的制定和成本的控制。在竞争激烈的市场中，交通运输企业可能会为了吸引客户而降低价格，从而压缩成本；当市场需求旺盛时，交通运输企业可能提高价格。

（6）能源价格。燃油等能源价格的波动直接影响交通运输成本。例如，油价上涨会导致公路运输成本增加。

（7）政策法规。政府的政策法规也会对交通运输成本产生影响。例如，对特定行业的税收优惠、对环保要求的提高等均可能增加或减少交通运输成本。

（8）技术进步与创新。技术进步和创新可以降低交通运输成本。例如，更高效的发动机、更轻的材料、更智能的物流管理系统等均可以减少交通运输过程中的能耗和劳动力需求。

（9）基础设施状况。交通运输基础设施的状况也会影响成本。例如，道路质量差可能导致车辆磨损增加和燃料消耗上升；港口或机场的拥堵可能增加等待时间和成本。

（10）环境因素。天气、地形等环境因素也可能对交通运输成本产生影响。例如，恶劣的天气条件可能导致交通运输延误和成本增加；崎岖的地形可能增加交通运输难度和成本。

综上所述，交通运输成本受多种因素的影响。为有效控制成本，交通运输企业需要密切关注这些因素的变化，并采取相应的应对策略。

5. 交通运输成本的控制策略

交通运输成本的控制策略是一个综合性的过程，旨在通过优化交通运输流程、提高交通运输效率及降低不必要的开支来减少成本。以下是一些具体的交通运输成本控制策略。

（1）优化运输路线和方式。

第一，设计最佳交通运输路线。利用大数据分析和GPS定位等技术，规划出最经济、最高效的交通运输路线，减少非必要的绕道行驶，缩短交通运输时间和里程数，从而降低交通运输成本。为了更直观地展示路径选择对成本的影响，不同路径选择下的成本和时间对比如表3-4所示。

表3-4 不同路径选择下的成本和时间对比

路径选择	运输公司	起点	终点	成本（元）	时间（小时）
路径A	顺丰速运			2000	12
路径B	中通快递	广州	上海	1800	15
路径C	圆通速递			2200	10
路径D	韵达快递		上海（优化）	1700	11

第二，合理选择交通运输方式。根据货物的性质、数量、距离和时效要求等因素，选择最合适的交通运输方式。例如，对于长距离、大批量的货物运输，可以选择铁路或水运以降低成本；对于急需且小批量的货物，可以选择公路或航空运输。

（2）加强库存管理和配送管理。①实施严格的库存管理。避免库存积压和货物过期，减少库存成本和损失。通过精准预测需求、合理设置库存量及采用先进的库存管理系统，确保库存水平保持在最优状态。②优化配送路线和频率。合理规划配送路线和配送频率，提高配送效率，缩短配送时间和减少成本。利用物流管理系统对配送过程进行实时监控和调整，确保配送任务的顺利完成。

（3）提高装载效率和货物保护。①合理装载。根据货物的性质和配送目的地，合理安排装载顺序和堆叠方式，确保货物在交通运输过程中保持稳定，减少因翻倒或破损而产生的额外成本。②采用适当包装。针对易碎或敏感货物，采用适当的包装材料和防护措施，减少交通运输过程中的振动和冲击，降低货损率。

（4）利用现代技术降低交通运输成本。①运用现代信息技术。构建信息化平台，实现各环节的数据共享与管理协同，提高交通运输效率和准确性。通过收集和分析交通运输数据，可以发现交通运输过程中的问题和优化点，为改进交通运输策略提供数据支持。②引入先进设备。定期检查、维护交通运输设备和车辆，确保其处于良好的工作状态。及时引入先进的交通运输设备和技术，以提高交通运输速度和安全性，降低交通运输成本。

（5）加强交通运输工具的管理。①合理拥有交通运输工具。根据企业的交通运输需求合理拥有适当数量的交通运输工具，避免车辆不足或闲置造成的浪费。②与专业交通运输商合作。与专业交通运输商建立长期稳定的合作关系，保证在交通运输需要时能迅速调用交通运输能力。同时，可以利用社会小型交通运输资源，通过挂靠、租赁等方式降低交通运输成本。

（6）实施成本控制制度。①事前控制。在交通运输活动或提供交通运输作业前对影响交通运输成本的经济活动进行事前的规划、审核，确定目标交通运输成本。②事中控制。在交通运输成本形成过程中，随时对实际发生的交通运输成本与目标交通运输成本进行对比，及时发现差异并采取相应措施予以纠正。③事后控制。在交通运输成本形成后，对实际交通运输成本的核算、分析和考核。通过实际交通运输成本和一定标准的比较，并进行深入分析，为日后的交通运输成本控制提出积极改进意见和措施。

（7）提高交通运输工具效率。如使用更节能的交通运输工具、合理安排交通运输时间等。

（8）发展多式联运。通过不同交通运输方式的组合优化，提高整体交通运输效率并降低成本。

（9）加强信息化管理。利用现代信息技术提高交通运输组织效率和管理水平。

综上所述，交通运输成本的控制策略需要从多个方面入手，通过优化交通运输流程、提高交通运输效率及加强管理和技术创新等措施来降低成本。这些策略的实施将有助于企业提高竞争力并实现可持续发展。

（二）交通运输效益

1. 定义

交通运输效益是一个综合性的概念，是指交通运输生产活动给交通运输企业、物资流通过程及国民经济带来的经济效益。交通运输效益包括交通运输企业的经济效益、物资流通过程的经济效益及国民经济效益三个方面：①交通运输企业的经济效益：以尽可能小的劳动消耗完成尽可能多的交通运输任务。②物资流通过程的经济效益：加速资金周转，提高资金利用效率。③国民经济效益：促进工农业生产的发展、边远地区的开发、文化交流和国防的巩固等。

（1）定义与内涵。交通运输效益是指通过交通运输活动所实现的经济成果和利益，包括直接效益和间接效益、内部效益和外部效益、有形效益和无形效益等方面。交通运输效益不仅包括交通运输企业因完成交通运输任务而获得的直接经济收益，还包括因加速资金周转、促进工农业生产发展、优化产业结构、增加就业等带来的间接经济效益和社会效益。图3-2所示为单位GDP运输量与物流占比。

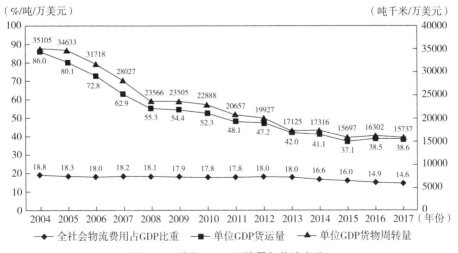

图3-2 单位GDP运输量与物流占比

（2）交通运输效益的具体表现。

第一，交通运输企业的经济效益。①以尽可能少的劳动消耗完成尽可能多的交通运输任务，提高交通运输效率和盈利能力。②优化交通运输组织和管理，降低运营成本，提高经济效益。所示车型比例与交通运输效益如图3-3所示。

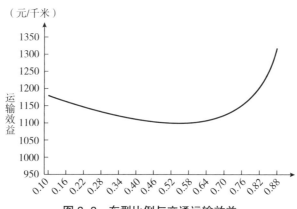

图3-3　车型比例与交通运输效益

第二，物资流通过程的经济效益。①加速资金周转，减少资金占用成本，提高资金使用效率。②通过高效、便捷的交通运输服务，降低物资流通环节的成本和缩短物资流通环节的时间，提升整体物流效率。

第三，国民经济效益。①促进工农业生产的发展，通过交通运输服务保障原材料和产品的及时供应，推动生产活动的顺利进行。②推动边远地区的开发，加强区域间的经济联系和合作，促进区域经济协调发展。③促进文化交流和国防巩固，通过交通运输服务加强不同地区间的文化交流和国防运输保障能力。

（3）交通运输效益的综合分析。交通运输效益的综合分析是一个复杂且多维度的过程，其不仅涉及经济层面的直接经济效益和间接经济效益，还涵盖社会、环境等方面的综合效益。

第一，经济效益。①直接经济效益。交通运输企业收入：交通运输活动为交通运输企业带来了直接的经济收入，这是通过提供交通运输服务获得的报酬。成本节约：通过优化交通运输路线、提高交通运输效率等措施，可以降低交通运输成本，增加企业的利润空间。②间接经济效益。促进工农业生产：交通运输的顺畅与否直接影响到原材料和产品的供应与流通，从而影响到工农业生产的顺利进行。高效的交通运输能够加速资金周转，减少资金占用成本，提高工农业生产效率。优化产业结构：交通运输的发展促进了区域间的经济联系和合作，有助于优化产业结构，推动经济转型升级。增加就业：交通运输业本身就是一个劳动密集型行业，其发展直接带动了相关行业的就业增长。同时，由于交通运输对经济发展的促进作用，也间接带动了其他行业的就业增长。

第二，社会效益。①国防安全。交通运输在国防安全中扮演着重要角色，其能够保障军事运输的顺利进行，提高国防运输的效率和安全性。②生态平衡与环境保护。随着绿色交通理念的推广和实践，交通运输在促进经济发展的同时，也注重生态平衡和环境保护。例如，推广清洁能源车辆、优化运输路线以减少对环境的影响等。③文化交流。交通运输的便利促进了不同地区间的文化交流，有助于增进人们的相互了解和团结。

第三，环境效益。①减少污染排放。通过采用清洁能源车辆、提高交通运输效率等措施，可以减少交通运输过程中的污染排放，改善空气质量。②节约资源。优化交通运输路线、提高交通运输效率等措施有助于节约交通运输资源，如减少燃油消耗、避免车辆磨损等。

第四，综合交通运输系统效益。①投资节约。通过科学合理的规划和建设综合交通运输系统，可以避免重复建设和资源浪费，实现投资节约。②交通运输费用成本节约。综合交通运输系统通过整合各种交通运输方式的优势资源，提供高效、便捷的交通运输服务，有助于降低总交通运输费用成本。③交通运输能力增加。综合交通运输系统能够充分发挥各种交通运输方式的潜力，增强整个交通运输系统的运输能力。④时间节约。高效的交通运输服务能够缩短旅客和货物的在途时间，提高交通运输效率。⑤安全性提高。综合交通运输系统注重安全管理和技术创新，有助于提高交通运输的安全性。

综上所述，交通运输效益的综合效益分析需要从经济、社会、环境等多个维度进行考量。通过科学合理的规划和建设综合运输系统，可以实现交通运输效益的最大化，为经济社会的持续健康发展提供有力支撑。

（4）交通运输效益的评估方法。交通运输效益的评估方法是一个复杂且系统的过程，其涉及对交通运输项目或系统的经济、社会、环境等方面效益的综合考量。为了准确评估交通运输效益，通常需要采用科学的方法和指标体系。包括定量分析和定性分析相结合的方法，如成本效益分析、投入产出分析、经济计量模型等。同时，还需要考虑不同利益相关者的需求和利益平衡，确保评估结果的客观性和公正性。

第一，经济效益评估。

首先，直接经济效益评估。①交通运输量指标，包括客运量、货运量、旅客周转量、货物周转量等，这些指标直接反映了交通运输系统的运营效率和能力。②交通运输收入与利润，评估交通运输项目的交通运输收入、交通运输利润及资金利税率等，以衡量项目的直接经济回报。③投资回收期，计算项目从开始投资到收回全部投资所需的时间，用于评估项目的投资效率。④净现值（NPV）与内部收益率（IRR），通过贴现现金流量的方法来评估项目的长期经济效益，NPV 大于 0 且 IRR 高于基准收益率的项目被认为是经济可行的。

净现值用于评估交通运输项目在未来各期产生的现金流量的净现值之和是否超过初始投资成本。如果 NPV 大于 0，则项目在经济上是可行的。计算公式为：

$$NPV = \sum_{t=0}^{n} \frac{CF_t}{(1+r)^t} - C_0 \tag{3-24}$$

其中，CF_t 为第 t 期交通运输项目产生的净现金流量（运营收入减去运营成本和其他相关费用）。注意：通常第一期的净现金流量会包括初始投资成本的负值。r 为折现率，代表资金的时间价值或投资者要求的最低回报率。n 为项目的生命周期（以年为单位）。C_0 为项目的初始投资成本；发生在项目开始的第一期，且通常为负值（表示资金流出）。t 为时间变量，从 0 开始计数，代表项目开始前的时期（通常设为 0）和项目开始后的各期。

内部收益率是使项目净现值等于零的折现率，其反映了项目内在的盈利能力，如果 IRR 大于资金成本或基准收益率，则项目在经济上是可行的。

其次，间接经济效益评估。促进经济发展：评估交通运输项目对区域经济发展的推动作用，如促进沿线地区的资源开发、产业布局优化等。降低交通运输成本：分析项目如何通过提升交通运输效率、缩短交通运输时间等方式降低社会整体的运输成本。时间节约效益：评估交通运输项目在节省客运和货运时间方面所带来的经济效益，特别是针对高价值货物的快速运输。

第二，社会效益评估。①加强文化交流。评估交通运输项目如何促进不同地区间的文化交流与融合。②巩固国防。分析交通运输项目在国防安全方面的作用，如提升战略物资运输的可靠性和效率。③提高居民生活质量。考察交通运输项目如何改善居民出行条件、提高生活质量，如缩短通勤时间、增加出行选择等。

第三，环境效益评估。①节能减排。评估交通运输项目在能源消耗和排放控制方面的表现，如采用清洁能源车辆、优化运输路线以减少碳排放等。②生态保护。分析项目对生态环境的影响，包括土地占用、水资源保护、生物多样性维护等方面。③环境改善。考察交通运输项目如何改善区域环境质量，如减少噪声污染、改善空气质量等。

综合评估方法。①多目标决策分析。将经济效益、社会效益和环境效益等目标纳入统一的分析框架中，通过权重分配和综合评价来选出最优方案。②敏感性分析。评估不同因素(如投资成本、运输量、价格等)变化对项目效益的影响程度,以确定项目的抗风险能力。③前后对比法与有无对比法。通过对比项目实施前后的变化及有项目与无项目情况下的差异来评估项目的真实效益。

数据来源与评估流程。①数据来源。包括工程设计参数、运营技术指标、材料能源消耗、工程造价和交通运输费用等,这些数据需要通过实地调查、统计报表、专家咨询等途径获取。②评估流程。确定评价对象:明确评估的具体项目或系统。收集情报资料:全面收集与评估对象相关的数据和信息。制定比较方案:根据评估目的提出多种设想和方案。投资效益计算:利用收集到的数据和信息进行经济效益和社会效益的计算。综合分析评价:结合经济效益、社会效益和环境效益等方面进行综合分析和评价。

综上所述,交通运输效益是一个复杂且多维度的概念,其涉及运输企业、物资流通过程及国民经济的多个方面。通过科学的方法和指标体系进行评估和分析,可以更加全面地了解交通运输活动所带来的经济效益,为相关决策提供依据和参考。

2. 交通运输效益提升的途径

提升交通运输效益的途径多种多样,涉及制度和政策创新、基础设施建设与优化、管理优化与技术创新促进物流降本增效、提升服务质量与效率等方面。

(1)制度和政策创新。

第一,深化体制机制改革。①加快改革部门分割多头管理的传统体制,逐步建立全国统一的交通运输管理机构。②制定全国和分区域的综合交通运输发展战略及总体布局规划,加强行业专项发展规划与地方经济社会发展规划的协调。③推动交通运输领域"大部制"机构改革,提高管理效率和政策执行力。

第二,优化政策法规环境。①加快建立和健全保障交通运输业健康发展的法规体系,打击价格垄断、超载超限运输、疲劳驾驶等违法违规行为。②加强市场诚信体系建设,促进交通运输企业守法经营、规范运作,形成优胜劣汰的市场竞争机制。

(2)基础设施建设与优化。

第一,完善交通网络布局。①加强道路、铁路、航空、水运等交通运输基础设施的建设和升级,提高整体运输能力。②优化交通运输枢纽布局,提升枢纽运营效率,实现多式联运的高效换乘和快速集散。③建设高速公路和快速路,缓解交通运输拥堵和减少延误,提高道路通行效率。

第二,推动城乡交通一体化。①加快城乡公交一体化建设,统筹协调相关职能部门,确保项目顺利实施。②加强不同城市和区域间的交通运输协同规划,打破行政壁垒,构建高效、畅通的区域交通网络。

（3）管理优化与技术创新。

第一，强化交通运输管理。①提升交通运输组织管理水平，优化交通运输资源配置，提高交通运输效率。②加强交通运输安全监管，确保交通运输过程的安全和顺畅。

第二，推进交通运输科技创新。①利用大数据、云计算、物联网等现代信息技术，提升交通运输智能化水平。②研发智能仓储系统、智能出行平台等，提高物流效率和出行便利性。③推广使用清洁能源车辆和环保技术，减少能源消耗和环境污染。

（4）促进物流降本增效。

第一，推动物流模式创新。①发展多式联运"一单制""一箱制"，提高物流运输效率和便捷性。②加快补齐城乡末端服务短板，提升国际物流供应链总体效率。

第二，加强要素资源保障。①持续推进减税降费政策，减轻企业负担。②完善配套产业发展政策，营造良好的市场环境。

（5）提升服务质量与效率。

第一，优化交通运输服务流程。①简化交通运输手续和环节，提高交通运输服务效率。②加强客户服务体系建设，提高客户满意度和忠诚度。

第二，发展专业物流。①推动快递"进企业""进行业"，提高物流服务的专业化和精细化水平。②在仓储、转运、装卸、运输方式衔接等方面提高效率，缩短货物在途时间。

综上所述，提升交通运输效益需要多方面的努力和配合。通过制度和政策创新、基础设施建设与优化、管理优化与技术创新、促进物流降本增效及提升服务质量与效率等途径，可以全面提高交通运输系统的效率和效益，推动交通运输行业的持续健康发展。

（三）交通运输效益提升的案例分析

交通运输效益提升的案例分析可以从多个角度进行，以下结合具体案例进行分析。

1.基础设施建设推动效益提升

（1）案例。全国铁路固定资产投资增长。

（2）背景。2024年上半年，全国铁路完成固定资产投资3373亿元，创历史同期新高，同比增长10.6%。

（3）措施。一批在建项目有序推进，如日兰高铁的庄寨至兰考段按图试运行，重庆至昆明高铁的重庆西至宜宾东段、杭州至温州高铁、梅州至龙岩高铁相继启动联调联试。

（4）效益。2024 年上半年累计新开通线路 979.6 千米，进一步完善了区域路网布局，客货运输的整体功能和效益稳步提升。全国铁路日均旅客列车开行数量超过 1 万列，同比增长 9.4%，单日客流创出历史新高。此外，新开通的货运线路提升了重点物资的运输效能，如新疆将军庙至淖毛湖铁路构筑起"疆煤外运"新通道。

2. 技术创新与管理优化提升效率

（1）案例。智能交通运输系统的应用。

（2）背景。随着物联网技术的发展，智能交通运输系统在物流运输中获得广泛应用。

（3）措施。通过数据分析预测物流路线和交通运输状况，提高车辆利用率，降低能源消耗。同时，提供实时监控功能，随时跟踪货物位置，避免货物丢失和损坏。

（4）效益。显著提高物流运输的效率和安全性，缩短运行时间和减少成本，提升客户满意度。

3. 政策与制度支持促进发展

（1）案例。多式联运政策的推动。

（2）背景。国家发展改革委等部门联合印发了《关于做好 2024 年降成本重点工作的通知》，指出大力发展多式联运。

（3）措施。支持引导多式联运"一单制"和"一箱制"发展，推动交通运输物流提质增效升级。

（4）效益。多式联运能够组合利用各种交通运输方式的突出优势，通过有效的资源协调提升各种交通运输资源利用率和物流运输综合效益。据测算，多式联运量占全社会货运量比重每提高 1 个百分点，可降低全社会物流总费用约 0.9 个百分点，节约成本支出约 1000 亿元。

4. 服务创新与品质提升

（1）案例。轨道交通运营服务品牌线路打造。

（2）背景。兰州打造轨道交通运营服务品牌线路，为各类群体提供安全便捷温馨的乘车环境。

（3）措施。优化服务流程、提升服务质量、加强安全管理等。

（4）效益。提升乘客满意度和忠诚度，增强公共交通的吸引力和竞争力，进而促进城市交通系统的整体效益提升。

例如，以沃尔玛在物流运输成本控制方面采取了多项有效措施。

（1）使用大型卡车。通过满载运输降低成本。

（2）自有车队。加强车队管理，提高车辆利用率和安全性能。

（3）采用全球定位系统。实现车辆精准调度和运输过程监控。

（4）灵活安排运输时间。利用夜间运输减少交通拥堵和成本。

综上所述，交通运输效益的提升是一个综合性的过程，需要基础设施建设、技术创新与管理优化、政策与制度支持及服务创新与品质提升等方面的共同努力。通过这些措施的实施，可以显著提升交通运输系统的效率和效益，推动交通运输行业持续健康发展。

第四章　物流经济学的理论基础

物流经济学的理论基础是多元化的，涉及多个学科的理论与方法。这些理论与方法共同构建了物流经济学的完整体系，为物流活动的优化和物流产业的发展提供了有力支持。物流经济学的研究目的主要在于解决物流活动中的经济问题，包括宏观经济问题和微观经济问题。宏观经济研究物流与国民经济和产业发展的关系，微观经济则侧重研究企业物流管理中的经济决策问题。通过研究可以提高物流企业管理者的水平，实现物流产业宏观管理科学化，并推动物流经济和物流产业科学发展。

一、物流经济学概述

物流经济学是物流学与经济学的交叉学科，其本质是经济学，以物流为研究对象，主要研究物流活动中如何遵循经济规律，依据经济目标对物流行为进行优化。

（一）定义与研究对象

物流经济学是研究一定的物流系统内，与物流活动有关的经济关系，是综合运用宏观经济学、微观经济学、产业经济学、工程经济学、物流学、运筹学等相关学科理论，研究物流资源优化配置、物流市场的供给与需求、宏观物流产业的发展、物流产业组织形态演变规律、物流产业增长等问题的一门应用科学。其核心内容是对各种物流实践（物流技术、物流管理、物流过程、物流政策等）的经济效果进行分析、评价、选优，其目标是物流总成本最低。

1. 物流经济学的定义

物流经济学是物流学与经济学的交叉学科，其本质是经济学，是以物流为研究对象的经济学。其主要研究物流活动中如何遵循经济规律，依据经济目标而对物流行为进行优化，是一门综合性、交叉性的应用经济学科。物流经济学综合运用宏观经济学、微观经济学、产业经济学、工程经济学、物流学、运筹学等相关学科理论，研究物流资源优化配置、物流市场的供给与需求、宏观物流产业的发展、物流产业组织形态演变规律、物流产业增长等问题。

物流经济学以深度分析宏观物流发展趋势及物流产业发展政策为特色，致力于探索和建立经济发展中的物流理论体系，研究物流产业发展政策及其同国家宏观经济政策的关系，对物流业发展提出决策建议。同时，物流经济学以微观经济学、技术经济学等为基础，关注微观物流活动的经济问题，为企业微观物流活动的科学化、合理化、最优化提供理论指导。

2. 物流经济学的研究对象

物流经济学的研究对象主要包含以下五个方面。

（1）物流资源优化配置。研究如何高效、合理配置物流资源，包括人力、财力、物力等，以实现最佳的物流经济效果。涉及物流资源的分配、利用和管理等层面。

（2）物流市场的供给与需求。分析物流市场的供求关系，预测市场趋势，为物流企业制定市场策略提供依据。物流市场的供求关系直接影响到物流企业的经营状况和未来发展。

（3）宏观物流产业的发展。研究物流产业的整体发展趋势，如物流产业的规模、结构、效益等。同时，探讨物流产业与国民经济其他产业间的相互关系，以及物流产业在国民经济中的地位和作用。

（4）物流产业组织形态演变规律。探讨物流产业组织的形成、发展和演变规律，分析不同组织形态对物流效率和经济效果的影响。这有助于物流企业选择适合自身发展的组织形态，提高运营效率和市场竞争力。

（5）物流产业增长。分析物流产业的增长动力、增长模式及增长潜力，为物流产业的可持续发展提供策略建议和方向指引。物流产业的增长不仅取决于市场需求和供给的变化，还受技术进步、政策环境等因素的影响。

此外，物流经济学还关注物流活动内在运行的规则、物流经济活动所反映的客观经济规律等微观层面的问题。通过对这些问题的研究，物流经济学为企业和政府提供了决策支持和理论指导，推动了物流产业的健康发展和国民经济的持续增长。

（二）物流经济学的学科特点

物流经济学的学科特点主要体现在以下几个方面。

1. 综合性

物流经济学作为物流学与经济学的交叉学科，其研究内容包含宏观经济学、微观经济学、产业经济学、工程经济学、物流学、运筹学等相关学科的理论与方法。这种多学科的综合运用，使物流经济学在研究物流活动中的经济问题时，能够全面、系统地进行分析和优化。

2. 系统性

物流经济学将物流系统视为一个整体，研究物流活动中各环节间的相互作用和相互影响。其不仅关注单个物流环节的经济效率，更注重整个物流系统的整体优化。通过系统分析物流系统中的各种资源和要素，物流经济学致力于实现物流系统的高效、协调运作。

3. 应用性

物流经济学是一门应用经济学，其研究目的在于解决物流活动中的实际问题。其通过研究物流市场的供求关系、物流资源的优化配置、物流成本的降低、物流效率的提高等问题，为物流企业和政府提供了决策支持和理论指导。物流经济学的应用性特点，使其研究成果能够直接应用于物流实践，推动物流产业的发展和进步。

4. 定量分析与定性分析相结合

物流经济学在研究方法上注重定量分析与定性分析的结合。一方面，通过定量分析，利用数学模型和统计方法对物流活动中的各种数据进行处理和分析，揭示物流经济活动的内在规律和特点；另一方面，通过定性分析，对物流活动中的各种现象和问题进行深入剖析和解释，提出相应的对策和建议。这种定量分析与定性分析相结合的方法，使物流经济学的研究更加深入、全面和准确。

5. 关注宏观与微观层面

物流经济学既注重宏观物流产业的发展趋势和政策环境，又注重微观物流活动的经济问题。从宏观层面来看，物流经济学致力于探索和建立经济发展中的宏观物流理论体系，研究物流产业发展政策及其同国家宏观经济政策的关系；从微观层面来看，物流经济学关注物流企业的资源配置、运作流程优化、物流网络设计等具体问题，为企业微观物流活动的科学化、合理化、最优化提供理论指导。

综上所述，物流经济学的学科特点包括综合性、系统性、应用性、定量与定性分析相结合及关注宏观与微观层面等方面。这些特点使物流经济学在物流产业的研究和发展中发挥关键作用。

（三）物流经济学的研究内容

物流经济学的研究内容综合运用了宏观经济学、微观经济学、产业经济学、工程经济学、物流学、运筹学等相关学科的理论与方法，对物流活动中的经济问题进行了全面、系统的研究。

1. 物流资源优化配置

物流资源包括人力、财力、物力等，是物流活动顺利进行的基础。核心内容是如何高效、合理地配置这些资源，以实现最佳的物流经济效果，是物流经济学的重要研究内容。通过优化资源配置，物流企业可以降低运营成本，提高运营效率和服务质量。

2. 物流市场的供给与需求

分析物流市场的供求关系，预测市场趋势，为物流企业制定市场策略提供依据。核心内容包括物流市场的需求预测、供给能力评估、市场均衡分析等。有助于物流企业把握市场机遇，规避市场风险，实现可持续发展。

3. 宏观物流产业的发展

涉及物流产业的整体发展趋势、规模结构、产业布局等方面。核心内容包括物流产业与国民经济其他产业的关系、物流产业政策分析、物流产业发展趋势预测等。物流经济学的研究成果可为政府制定物流产业发展政策提供理论依据和决策支持。

我国不同物流在全部运输中的占比如图4-1所示。

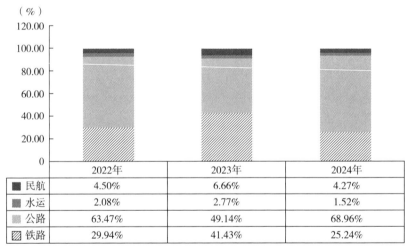

	2022年	2023年	2024年
■ 民航	4.50%	6.66%	4.27%
■ 水运	2.08%	2.77%	1.52%
公路	63.47%	49.14%	68.96%
铁路	29.94%	41.43%	25.24%

图4-1 我国不同物流在全部运输中的占比

4. 物流产业组织形态演变规律

探讨物流产业组织的形成、发展和演变规律。核心内容包括不同物流组织形态的特点、优缺点分析、组织形态演变的动力机制等。有助于物流企业选择适合自身发展的组织形态，提高运营效率和市场竞争力。

5. 物流产业增长

分析物流产业的增长动力、增长模式及增长潜力。核心内容包括物流产业增长的影响因素分析、增长路径选择、增长潜力评估等。为物流产业的可持续发展提供策略建议和方向指引。

2017~2023 年我国多式联运量及增速如图 4-2 所示。

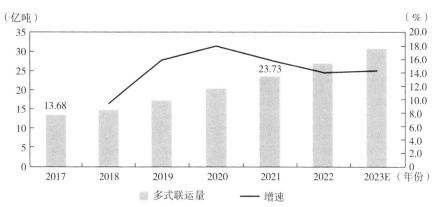

图 4-2 2017~2023 年我国多式联运量及增速

6. 其他相关内容

研究物流服务的概念与内容、物流效率的评价指标与提升途径等。物流成本分析包括物流成本的构成、计算方法、控制策略等。关注物流技术的最新进展及其在物流活动中的应用效果，以及物流创新对物流产业发展的推动作用。

（1）物流服务产品的生产决策分析。分析物流服务产品的生产决策过程，包括生产规模、生产方式、生产布局等。

（2）物流成本分析。研究物流成本的构成、计算方法和控制策略，以降低成本、提高经济效益。

（3）时间效益分析。分析物流活动的时间效益，即如何通过合理安排物流时间来提高物流效率和降低物流成本。

（4）空间效益分析。研究物流活动的空间布局和空间利用效益，以优化物流网络和提高物流效率。

（5）规模效益分析。分析物流企业规模与经济效益之间的关系，以确定最优的企业规模。

（6）创新效益分析。研究物流创新活动对经济效益的影响，鼓励企业进行技术创新和管理创新。

（7）物流宏观效果分析。从宏观角度分析物流活动对国民经济发展的影响和作用。

综上所述，物流经济学的研究内容包含物流资源优化配置、物流市场的供给与需求、宏观物流产业的发展、物流产业组织形态演变规律、物流产业增长等。这些研究内容相互关联、相互补充，共同构建了物流经济学的完整体系。通过深入研究这些内容，物流经济学为物流产业的发展提供了有力的理论支持和实践指导。

（四）物流经济学的研究意义

物流经济学研究对促进物流产业的健康发展和提高物流企业的经济效益具有重要意义。具体表现在以下五个方面。

1. 提高企业物流管理水平

（1）理性决策。物流经济学为企业物流管理者提供了科学的理论框架和分析工具，有助于管理者在制定决策过程中进行理性的思考和创新，提高决策的科学性和有效性。

（2）资源配置优化。通过研究物流资源的优化配置，物流经济学帮助企业合理调配人力、财力和物力资源，降低运营成本，提高物流效率和服务质量。

（3）成本控制。物流成本分析是物流经济学的重要内容之一，通过对物流成本的深入研究，企业可以找到成本控制的关键点，采取有效措施降低物流成本，提升竞争力。

2. 促进物流产业发展

（1）政策制定的依据。物流经济学的研究成果为政府制定物流产业发展政策提供了重要依据，有助于推动物流产业的健康、有序发展。

（2）市场趋势预测。通过对物流市场供求关系的分析，物流经济学可以预测市场趋势，为物流企业把握市场机遇、规避市场风险提供有力支持。

（3）产业组织优化。研究物流产业组织形态的演变规律，有助于物流企业选择适合自身发展的组织形态，提高运营效率和市场竞争力，进而促进物流产业优化升级。

3. 推动国民经济发展

（1）关联效应。物流产业具有很高的产业关联度和联动效应，物流经济学的研究有助于揭示物流产业与国民经济其他产业间的内在联系，促进产业间的协同发展。

（2）经济增长动力。物流作为现代经济的重要组成部分，其高效运作对推动国民经济增长具有重要作用。物流经济学的研究为挖掘物流经济增长潜力、培育新的经济增长点提供了理论支持和实践指导。

4. 提升物流经济效果

（1）时间效益与空间效益。物流经济学关注物流活动的时间效益和空间效益分析，通过优化物流网络布局、加快物流速度等措施，实现物流活动的最佳经济效果。

（2）规模效益与创新效益。研究物流活动的规模效益和创新效益，有助于企业扩大经营规模、采用先进技术和管理模式，提高物流活动的经济效益和社会效益。

5. 提供理论指导与决策支持

（1）理论指导。物流经济学作为一门综合性与交叉性的应用经济学，为企业物流活动的科学化、合理化、最优化提供了理论指导。

（2）决策支持。通过学习物流经济学知识，企业物流管理者可以更好地理解物流活动的经济规律和市场动态，为企业的战略规划和日常经营决策提供有力支持。

综上所述，物流经济学的研究意义不仅在于提高企业物流管理水平、促进物流产业发展、推动国民经济发展等，还在于提升物流经济效果、为企业提供理论指导与决策支持等。随着市场经济的不断发展和物流产业的持续壮大，物流经济学的研究将更加深入和广泛，为物流产业的繁荣和国民经济的发展作出贡献。

（五）物流经济学的发展趋势

随着物流业的快速发展和技术的不断进步，物流经济学的研究也在不断深入和拓展。物流经济学的发展趋势归纳为以下五个方面。

1. 数字化与智能化转型加速

随着大数据、云计算、物联网、人工智能等技术的快速发展，物流行业正经历着深刻的数字化与智能化转型。物流经济学将更多关注这些新兴技术在物流活动中的应用，研究如何通过数字化手段提高物流效率、降低物流成本、优化物流资源配置。例如，智能仓储、无人驾驶运输、智能调度系统等技术的应用，将极大改变物流行业的运作模式，物流经济学将对这些变化进行深入分析，为企业提供理论指导和实践建议。

智能物流全自动车辆管理系统框架如图4-3所示。

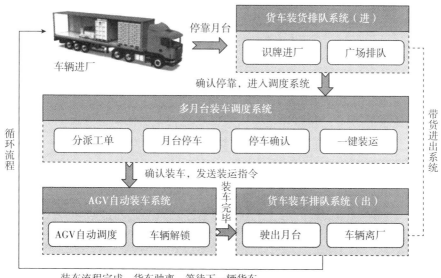

图4-3　智能物流全自动车辆管理系统框架

2. 绿色低碳物流成为重要研究方向

在全球气候变化和可持续发展背景下，绿色低碳物流成为物流经济学的重要研究方向。物流经济学将研究如何在保障物流效率和服务质量的前提下，减少物流活动对环境的负面影响，推动物流行业的绿色低碳发展。这包括研究绿色包装材料、节能减排技术、低碳运输方式等，以及探索建立绿色低碳物流评价体系和标准。

GML 指数是一个常用来衡量绿色全要素生产率（包含物流在内的一系列生产流程）的重要指标，该指数将全局参照法与 ML 指数相结合，利用整个考察时期所有数据确定生产最优前沿面，并对不同时期的决策单元进行测算，能够有效避免生产前沿向内偏移的问题，解决了模型中不可解问题和实现了跨周期可比较。将 GML 指数分解为绿色技术效率变化指数（Efficiency Change，EC）和绿色技术进步变化指数（Technological Change，TC），以此找到生产率变动的主要原因，表达式如式（4-1）所示。

$$
\begin{aligned}
GML_t^{t+1} &= \frac{1+D_0^G\left(x^t, y^t, b^t; y^t, -b^t\right)}{1+\bar{D}_0^G\left(x^{t+1}, y^{t+1}, b^{t+1}; y^{t+1}, -b^{t+1}\right)} \\
&= \frac{1+\bar{D}_0^G\left(x^t, y^t, b^t; y^t, -b^t\right)}{1+\bar{D}_0^t\left(x^{t+1}, y^{t+1}, b^{t+1}; y^{t+1}, -b^{t+1}\right)} \times \\
&\quad \frac{\dfrac{1+\bar{D}_0^G\left(x^t, y^t, b^t; y^t, -b^t\right)}{1+\bar{D}_0^t\left(x^t, y^t, b^t; y^t, -b^t\right)}}{\dfrac{1+\bar{D}_0^G\left(x^{t+1}, y^{t+1}, b^{t+1}; y^{t+1}, -b^{t+1}\right)}{1+\bar{D}_0^t\left(x^{t+1}, y^{t+1}, b^{t+1}; y^{t+1}, -b^{t+1}\right)}} \\
&= EC_t^{t+1} \times TC_t^{t+1}
\end{aligned}
\tag{4-1}
$$

核密度估计作为一种常见的随机变量的概率密度的非参数估计法，无须事先假定数据变量的分布，其原理是使用数据点集合来估计随机变量的分布密度函数，得到一系列概率密度曲线。表达式如式（4-2）、式（4-3）所示。

$$
f(x) = \frac{1}{Nh} \sum_{i=1}^{N} K\left(\frac{X_i - \bar{X}}{h}\right)
\tag{4-2}
$$

$$
K(x) = \frac{1}{\sqrt{2\pi}} \exp\left(-\frac{x^2}{2}\right)
\tag{4-3}
$$

其中，X_i 为独立同分布的样本，$\bar{X}$ 为样本的均值，N 为样本个数，h 为窗宽，$K(x)$ 为高斯核函数。

长江经济带物流业 GML 指数密度估计曲线如图 4-4 所示。

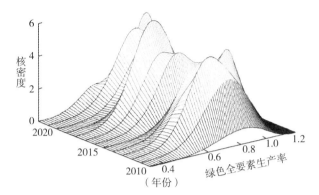

图 4-4 长江经济带物流业 GML 指数核密度估计曲线

2009~2022 年物流业 GMI 指数及其分解值如图 4-5 所示。

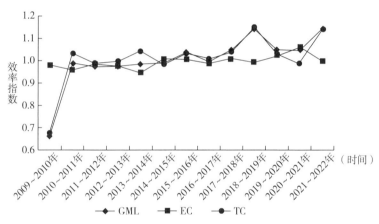

图 4-5 2009~2022 年物流业 GMI 指数及其分解值

3. 供应链协同与韧性提升

供应链协同与韧性提升是物流经济学关注的另一个重要领域。随着全球经济一体化的深入发展，供应链变得越发复杂和脆弱，如何提升供应链的协同能力和韧性成为物流企业面临的重要挑战。物流经济学将研究如何通过信息共享、流程优化、风险管理等手段，加强供应链各环节的协同合作，提高供应链的响应速度和抗风险能力。

4. 国际化与区域化并重

物流经济学的发展趋势还体现在国际化与区域化并重。一方面，随着全球化的深入发展，物流行业正逐步融入全球供应链体系，物流经济学将研究如何提升我国物流企业的国际竞争力，推动物流行业的国际化发展。另一方面，区域物流体系的建设也是物流经济学关注的重要方面，如何通过优化区域物流网络布局、提升区域物流服务水平，促进区域经济的协调发展，是物流经济学研究的重要内容。

5. 多学科交叉融合趋势加强

物流经济学作为一门交叉学科，其发展将越来越依赖多学科知识的交叉融合。未来，物流经济学将更加注重与经济学、管理学、工程学、计算机科学等相关学科的交叉融合，通过引入其他学科的理论和方法，拓展物流经济学研究的广度和深度。例如，与经济学相结合研究物流市场的供求关系、价格机制等；与管理学相结合研究物流企业的组织行为、战略管理等；与计算机科学相结合研究物流信息系统的设计与优化等。

综上所述，物流经济学的发展趋势将围绕数字化与智能化转型、绿色低碳物流、供应链协同与韧性提升、国际化与区域化并重及多学科交叉融合等方面展开。这些趋势将推动物流经济学研究的不断深入和发展，为物流行业的繁荣和可持续发展提供有力支持。

二、物流成本管理与控制

物流成本管理与控制是现代企业管理中的重要环节，其直接关系到企业的市场竞争力。

（一）物流成本的定义与构成

物流成本是指产品在空间位移（含静止）过程中所耗费的各种劳动和物化劳动的货币表现，具体表现为物流各个环节所支出的人力、物力和财力等的总和。它是企业物流活动中所消耗的物化劳动和活劳动的货币表现，包括货物在运输、储存、包装、装卸搬运、流通加工、物流信息、物流管理等过程中所耗费的人力、物力和财力的总和，以及与存货有关的流动资金占用成本、存货风险成本和存货保险成本。物流成本构成如图 4-6 所示。

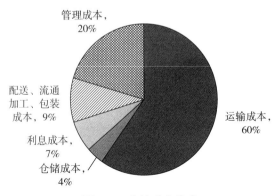

图 4-6　物流成本构成

1. 运输成本

运输成本是物流成本中最重要的组成部分，包括公路运输、铁路运输、水路运输、航空运输及管道运输等产生的费用。具体费用项目包括运输工具的选择、运输路线的确定、运输方式的选择、运输距离的远近及运输过程中发生的装卸搬运等费用。

2. 仓储成本

仓储成本包括仓库租金、仓库折旧、设备折旧、装卸费用、货物包装材料费用和管理费等。在仓储成本中，一部分是仓储设备和设施的投资，包括库房的建设、仓库的维护、修理和租赁费用等；另一部分是保管货物所开支的费用，包括保管货物的损耗、货物保险费及库房的人工费用等。

在探讨仓储成本控制时，经济订货量（EOQ）模型为我们提供了一个理论框架，用于优化订货批量以平衡订货成本与持有成本，从而实现总成本的最小化。经济订货量模型如式（4-4）所示。

$$Q = \sqrt{\frac{2DS}{H} \times \frac{1}{1 - \dfrac{d}{p} + \dfrac{A}{Q} + \dfrac{h(Q - EOQ_0)}{2Q}}} \qquad (4-4)$$

其中，D 为年需求量，表示每年对某种产品的需求量。S 为每次订货成本，包括下单、处理订单、运输等费用，但不包括产品的持有成本。H 为单位产品年持有成本，包括库存保管、保险、资金占用等费用。d 为年需求量变化率（小数形式，如果年需求量每年增长 10%，则 $d=0.1$）。考虑到市场需求可能随时间波动，d 反映了这种变化对订货量的潜在影响。如果需求增长，可能需要增加订货量避免缺货。p 为价格变化率（小数形式），反映订货量增加时可能获得的价格折扣。如果价格不随订货量变化，则 $p=0$。供应商可能会根据订货量的大小给予价格折扣。p 反映了这种价格折扣对订货决策的影响。A 为订货准备成本（固定成本），不随订货量变化，但在每次订货时都会产生。除了变动订货成本，每次订货还可能涉及一些固定成本，如订单处理费、系统录入费等。这些成本在每次订货时都会产生，但与订货量无关。h 为由于提前或延迟订货而产生的成本系数（如加急费、缺货损失等）。

EOQ_0 为基于原始的 EOQ 公式计算出的基本经济订货量，即不考虑需求变化、价格折扣等复杂因素的订货量。是使用最原始的 EOQ 公式计算出的结果，即 $EOQ_0 = \sqrt{\dfrac{2DS}{H}}$。

提前／延迟订货成本 $[h(Q - EOQ_0)]$：如果实际订货量与基本经济订货量存

在偏差(提前或延迟订货),则可能会产生额外的成本,如加急费、库存积压成本或缺货损失。h 为这种成本的系数,($Q - EOQ_0$)为订货量与基本经济订货量的偏差。

3. 流通加工成本

流通加工成本是指在流通加工环节所发生的各项支出,包括流通加工设备费用、流通加工材料费用、流通加工劳务费用及其他费用。这些费用支出构成流通加工成本,并计入产品成本。

4. 包装成本

包装成本是为了保护商品、方便储运、促进销售,按一定技术方法而采用的容器、材料及辅助物等的总体名称,也指为达到上述目的而采用容器、材料和辅助物的过程中施加一定技术方法等的操作活动。包装成本包括包装材料费用、包装机械费用、包装技术费用、包装人工费用等。

5. 装卸与搬运成本

装卸与搬运成本是指货物在装卸搬运过程中所支出费用的总和。装卸搬运是物流各环节连接为一体的关键,是运输、储存、包装、流通加工等物流活动得以顺利进行的根本保障。装卸搬运成本主要包括人工费用、资产折旧费、维修费、能源消耗费及其他相关费用。

6. 物流信息和管理费用

物流信息和管理费用包括企业为物流管理所发生的差旅费、交际费、办公费、职工教育费、劳动保险费、车船使用费等。这些费用支出均是为了物流管理的顺利进行,应计入物流管理的成本。

综上所述,物流成本是由多个环节和因素构成的复杂体系,涉及运输、仓储、流通加工、包装、装卸搬运及物流信息和管理等方面。为有效控制物流成本,企业需要对各环节进行精细化管理、优化物流流程、提高物流效率,从而降低物流成本。

(二)物流成本管理与控制的重要性

物流成本管理与控制的重要性主要体现在以下七个方面。

1. 降低成本提高利润

物流成本是企业运营成本的重要组成部分。通过有效的物流成本管理与控制,企业可以削减非必要的物流支出,从而减少整体运营成本,提高利润水平。

2. 增强竞争力

在激烈的市场竞争中,物流成本的控制能力直接影响到企业的市场竞争力。有效的物流成本管理与控制可以使企业在价格、服务质量等方面赢得优势,从而提高市场竞争力。

3. 优化资源配置

物流成本管理与控制不仅关注成本的降低，还注重资源的优化配置。通过合理的物流规划和资源配置，企业可以提高物流效率，减少资源浪费，实现可持续发展。

4. 提升客户满意度

物流成本的控制与物流服务的质量密切相关。通过优化物流流程、提高物流效率，企业可以为客户提供更快捷、更准确的物流服务，从而提升客户满意度和忠诚度。

5. 支持企业战略决策

物流成本管理与控制为企业提供了重要的决策支持。通过对物流成本的分析和监控，企业可以更准确地了解物流活动的经济效果，为制定和调整企业战略提供有力依据。

6. 提高经济运行质量

优化物流成本管控可以降低产品在物流活动中的损耗，提高资源利用率。

7. 调整产业结构

物流成本管理与控制是企业建设现代化物流体系的关键，有助于推动产业结构的合理调整。

综上所述，物流成本管理与控制对企业的运营和发展具有重要意义。它不仅关系到企业的经济效益和市场竞争力，还影响到企业的资源配置、客户服务及战略决策等方面。因此，企业应高度重视物流成本管理与控制工作，不断优化物流流程，降低物流成本，提高企业的整体运营水平。

（三）物流成本管理与控制存在的问题

物流成本管理与控制存在的问题是多方面的，这些问题不仅影响了企业的运营效率，也制约了企业的市场竞争力。

1. 对物流成本的认识不足

（1）定义模糊。很多企业对物流成本的定义和构成认识不清，往往将其局限于运输和仓储等显性成本，而忽视了包装、装卸、信息处理等隐性成本。

（2）重视不够。企业通常将经营重点放在生产和销售环节，对物流管理的重视程度不够，导致物流成本控制不力。

（3）企业内部物流成本核算不全面。部分与物流相关的费用被计入其他经营费用，使企业难以从外部正确把握实际的企业物流成本。

（4）物流成本计算和控制分散。各企业根据自己的理解和认识来把握物流成本，导致企业间无法就物流成本进行比较分析。

2. 物流成本核算体系不健全

（1）核算方法不科学。很多企业的物流成本核算方法落后，无法准确反映物流活动的真实成本。部分企业的物流成本常与企业的生产费用、销售费用、管理费用等相互混杂，不单独列出，导致物流成本信息失真。

（2）核算范围不全面。物流成本核算往往只关注直接成本，而忽视了间接成本和日常费用，使物流成本被低估或模糊。

（3）物流成本在财务会计制度中没有单独项目。导致企业难以对物流费用作出明确、全面的计算与分析。

（4）物流部门无法完全掌握的成本较多。如过量进货、过量生产等产生的费用。

（5）物流成本间各项目相互关联。某些项目成本的削减可能引起其他项目成本的增加。

因此，需要一个准确的物流成本核算公式，即

物流总成本 = 运输成本 + 存货持有成本 + 物流行政管理成本　　　　（4-5）

3. 信息化、标准化程度不高

（1）信息化水平低。物流信息化程度不足，导致物流信息传递不畅，难以实现物流活动的实时监控和高效协同。

（2）标准化缺失。物流标准化程度不高，不同企业间的物流活动难以对接，从而增加物流成本。

4. 流通效率低

（1）部门间协调不畅。企业内部各部门间缺乏有效的沟通与协调，导致物流活动流程受阻，效率低下。

（2）基础设施薄弱。物流基础设施如仓库、运输工具等相对落后，无法满足现代物流活动的需求。

5. 物流成本管理人才缺乏

（1）人才总量不足。我国物流管理人员水平相对较低，物流人才总量匮乏，结构失调，创新能力有限。

（2）专业素质不高。许多物流管理人员缺乏专业的物流知识和技能，无法有效进行物流成本管理和控制。

6. 外部因素的不确定性

（1）市场变化。市场需求的波动、竞争态势的变化等外部因素都会影响企业的物流成本管理和控制策略。

（2）政策环境。政策环境的变化也可能对企业的物流成本产生影响，如环保政策的实施可能导致包装成本的上升。

7. 信息不对称

在企业内部，不同部门可能使用不同的信息系统，导致数据采集方式和标准的差异。这种"信息孤岛"现象使企业在整合各环节数据时面临困难局面，阻碍了实现全面准确的成本核算。

针对上述问题，企业需要采取一系列措施来加强物流成本管理与控制。例如，提高对物流成本的认识、完善物流成本核算体系、加强信息化和标准化建设、提高流通效率、培养物流成本管理人才、灵活应对外部因素的不确定性及加强部门间的信息共享等。这些措施的实施将有助于企业降低物流成本、提高运营效率和市场竞争力。

（四）物流成本管理与控制策略

物流成本管理与控制策略是企业在面对物流成本挑战时采取的一系列措施，旨在降低物流成本、提高物流效率并增强企业的市场竞争力。物资成本管理与控制策略是企业提高经济效益和市场竞争力的关键，企业需结合自身实际情况，利用科学有效的策略来降低物流成本，提升物流效率和服务水平。

1. 提高对物流成本的认识

（1）明确物流成本定义。企业需要明确物流成本的定义和构成，包括运输、仓储、包装、装卸、信息处理等环节的成本。

（2）提高物流成本控制意识。将物流成本控制纳入企业的整体战略，提高全体员工对物流成本控制的重视程度。

（3）清晰物流成本管理战略。企业需结合现代物流产业发展现状，制定科学的物流成本管理战略，加大物流与供应链体系的建设力度。

2. 完善物流成本核算体系

（1）建立科学的核算方法。采用先进的物流成本核算方法，确保能够准确反映物流活动的真实成本。

（2）扩大核算范围。将直接成本和间接成本、日常费用等纳入物流成本核算范围，确保核算的全面性和准确性。

3. 加强信息化和标准化建设

（1）推进物流信息化建设。利用现代信息技术手段，如物联网、大数据、云计算等，实现物流信息的实时采集、传输和处理，提高物流活动的透明度和可追溯性。引进全球卫星定位、电子数据交换、互联网、大数据等技术，构建现代化、智能化、数据化的现代物流信息体系。

（2）加强物流标准化建设。推动物流设施、设备、操作流程等方面的标准化，降低物流活动中的沟通协调成本，提高物流效率。

4.优化物流流程

（1）合理规划物流路线。通过量化分析和运输距离测算，选择最具成本效益的运输路线，缩短运输时间和减少成本。

（2）优化仓库布局。合理规划仓库设施的位置和布局，提高仓库空间的利用率和货物的出入库效率。

（3）提升装卸效率。采用先进的装卸设备和技术，提高装卸效率，降低装卸过程中的损耗和成本。

优化前后的装卸现场布局如图4-7、图4-8所示。

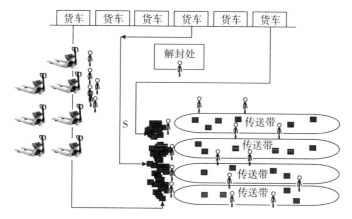

图4-7 装卸现场布局（优化前）

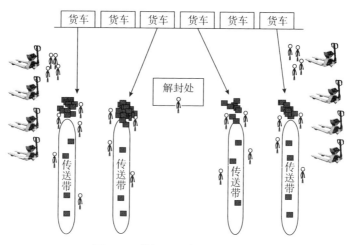

图4-8 装卸现场布局（优化后）

5.实施精细物流管理

（1）消除浪费。识别并消除物流活动中的非增值环节和浪费现象，如过度包装、重复运输等。

（2）持续改进。建立持续改进的机制和文化氛围，鼓励员工提出改进意见和建议，不断优化物流流程和管理方式。

江西 FT 物流有限公司精细物流模式如图 4-9 所示。

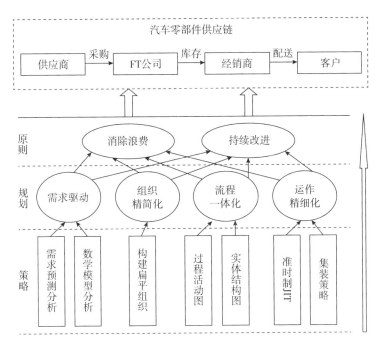

图 4-9　江西 FT 物流有限公司精细物流管理模式

（3）优化运输成本控制。通过商流和物流的分离、工厂直接运送、选择合理的运输线路、合理安排配车计划等措施降低运输成本。

江西 FT 物流有限公司精细物流管理的过程如图 4-10 所示。

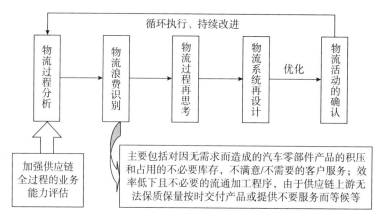

图 4-10　江西 FT 物流有限公司精细物流管理的过程

（4）加强仓储成本控制。设定合理的安全库存量、加强仓储管理、提高仓储作业效率、降低库存损耗。

（5）控制包装成本。采用价格便宜的包装材料、包装简易化、机械化作业、加强包装材料的回收与重复利用等

（6）优化管理层结构。对物流管理层结构优化，使物流的上层决策落实到位，使公司的决策与运作效率得到大幅提升。

江西 FT 物流有限公司精细化组织结构如图 4-11 所示。

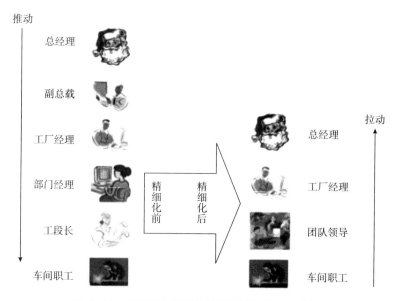

图 4-11　江西 FT 物流有限公司精细化组织结构

6.发展多式联运和绿色物流

（1）推动多式联运。大力发展多式联运，提高不同运输方式间的衔接效率，降低运输成本。多式联运发展示意图见图4-12。

图4-12 多式联运发展示意图

（2）推广绿色物流。采用环保包装材料、节能减排运输工具等绿色物流措施，减少物流活动对环境的影响和企业的环保成本。绿色物流示意图见图4-13。

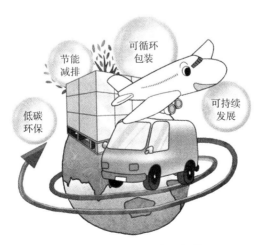

图4-13 绿色物流示意图

7. 培养物流成本管理人才

（1）加强人才培养。加大对物流管理人才的培养和引进力度，提高物流管理人员的专业素质和综合能力。

（2）建立激励机制。建立合理的激励机制和职业发展通道，吸引和留住优秀的物流管理人才。

8. 灵活应对外部因素变化

（1）关注市场动态。密切关注市场需求、竞争态势等外部因素的变化情况，及时调整物流成本管理策略。

（2）加强政策研究。深入研究国家和地方政府的物流政策导向和支持措施，积极争取政策优惠和支持。

9. 实施成本事前、事中、事后控制

事前控制包括物流配送中心建设、物流设施配备等；事中控制包括设备耗费、人工耗费等实际劳动耗费的控制；事后控制则通过定期对过去某段时间成本控制的总结、反馈来控制成本。

10. 开展物流增值服务

通过提供物流增值服务来增加企业收入来源，同时优化物流资源配置，提高物流效率。

综上所述，物流成本管理与控制策略需要从多个方面入手，包括提高认知、完善核算体系、加强信息化和标准化建设、优化物流流程、实施精益物流管理、发展多式联运和绿色物流、培养物流成本管理人才及灵活应对外部因素变化等。这些策略的实施将有助于企业降低物流成本，提高物流效率和市场竞争力。

三、物流系统优化

物流系统优化是指确定物流系统发展目标，并设计达到该目标的策略及行动的过程。分析物流系统的构成与运作机制，介绍物流网络设计、库存管理等优化技术。它依据一定的方法、程度和原则，对与物流系统相关的因素进行优化组合，以达到优化目的。

（一）物流系统优化的意义

1. 降低物流成本

优化仓储布局、装载方案、运输路线等，可以有效降低物流成本，包括运输成本、仓储成本、包装成本等。物流系统优化通过减少不必要的环节和浪费，提高资源利用效率，从而有效降低物流成本。包括运输成本、仓储成本、包装成本等，为企业节省大量开支。某公司物流系统流程如图 4-14 所示。

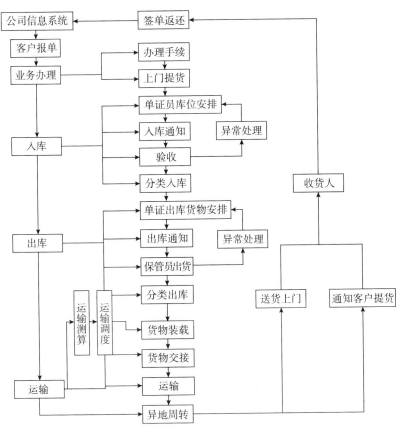

图 4-14 某公司物流系统流程

2. 提升物流效率

通过优化物流流程、减少中转环节、提高运输效率等措施，可以显著提升物流系统的整体运作效率。优化后的物流系统能够更快速、更准确地响应市场需求，提升物流运作效率。这不仅可以缩短交货周期，还可以提升客户满意度，增强企业的市场竞争力。

3. 增强物流企业竞争力

优化后的物流系统能够更好地适应市场变化，满足客户需求，从而增强企业在市场中的竞争力。物流系统的优化不仅能够降低成本、提高效率，还使企业能够更好地适应市场变化，快速响应客户需求。这种灵活性和响应速度是企业竞争力的重要组成部分。

4. 促进可持续发展

优化物流系统还可以减少对环境的影响，如通过缩短运输距离、采用环保包装等方式降低碳排放。这有助于企业履行社会责任，实现可持续发展。

5. 提升客户满意度

物流系统的优化往往伴随客户服务水平的提升。更快的交货速度、更准确的订单处理、更少的货物损失或损坏，均能显著提升客户满意度。通过提高配送速度、准确性及提供定制化的物流服务，可以显著提升客户满意度，提高企业竞争力。

6. 支持业务扩张

一个高效、优化的物流系统是企业业务扩张的重要支撑。它能够为新市场的开拓提供有力的物流保障，确保企业能够快速、有效地将产品和服务送达新客户。

7. 增强供应链韧性

通过优化物流系统，企业可以建立更加稳健、灵活的供应链。这有助于企业在面对突发事件或市场波动时，保持供应链的稳定性和连续性。

综上所述，物流系统优化对于企业而言具有多重意义，它不仅关乎成本控制和效率提升，还与企业竞争力、可持续发展、客户满意度及业务扩张等核心战略紧密相关。

（二）物流系统优化的主要方法

物流系统优化的主要方法多种多样，旨在提高物流效率、降低成本、增强企业竞争力和提升客户满意度。主要方法有以下九个：

1. 数据化管理

（1）信息采集与分析。利用信息化技术对物流数据进行采集、存储和分析，实现对整个供应链的实时监控和管理。

（2）实时监控。通过对物流数据的实时监控，企业可以及时发现并解决问题，提高运作效率。

（3）通过大数据分析及处理，解决物流系统的"瓶颈"问题，优化资源配置。大数据下物流库存优化管理如图 4-15 所示。

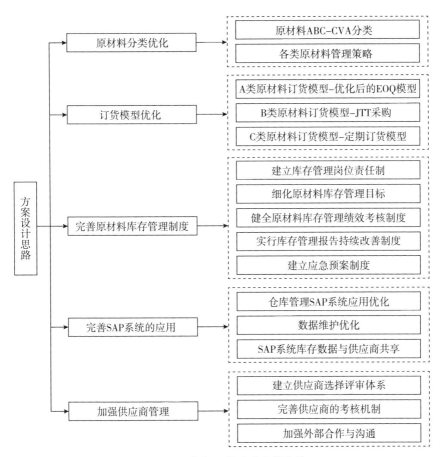

图 4-15 大数据下物流库存优化管理

2. 运输网络优化

（1）路线优化。选择最优的运输路线，缩短运输距离和时间，降低运输成本，提高物流效率。

（2）装载方案优化。合理安排装载顺序和方式，提高车辆装载率，减少空驶率。

（3）地理信息系统应用。借助 GIS 技术，实现运输路线的精准规划和优化。利用先进的算法（如遗传算法、动态规划等）进行配送路线优化，考虑道路拥堵、交通状况、送货时间窗口等因素，确定最佳线路。

3. 仓储管理优化

（1）智能化仓储。采用先进的仓储设备和管理系统，实现仓储作业的自动化和智能化，提高仓储效率（见图 4-16）。

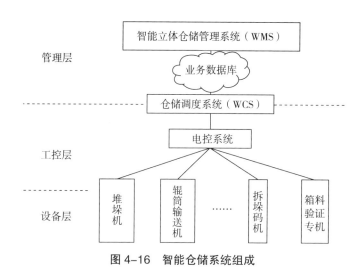

图 4-16　智能仓储系统组成

（2）合理布局。根据货物特性和存储需求，合理规划仓库布局，提高空间利用率。

（3）通过优化仓库布局、提高货物存取速度、减少库存积压等措施，降低仓储成本。

（4）库存控制。通过精确的库存管理系统，实现库存的实时监控和预警，减少库存积压和浪费。

此外，精确的库存管理系统也是必不可少的。通过实时监控库存情况并进行预警，我们可以确保库存水平始终保持在合理范围内，避免库存过多或过少导致的各种问题。在计算库存周转率时，我们需要考虑的因素也更加详尽且周密。库存周转率不仅反映了库存的流动速度，还是评估库存管理效率的重要指标。库存周转率计算公式为：

库存周转率 =（年度总销售额 – 销售退货额）/ 平均库存成本　　　　（4-6）

其中，年度总销售额是指企业在一年内通过销售产品所获得的总收入。包括所有已发货并确认收入的销售金额。

销售退货额是指年度内客户退回的产品所对应的销售额。退货会减少实际转化为现金的销售收入，因此在计算库存周转率时应予以扣除。

平均库存成本不是简单地取年初和年末库存价值的平均值，而是根据每个月（或更短的时间段）的库存成本来计算的加权平均值。这更能反映库存成本的动态变化。

平均库存成本的计算：

平均库存成本 = $\sum$（每月末库存成本 × 该月天数）/ 年度总天数　　（4-7）

如果库存成本数据按周或日记录，也可以采用类似的方法计算加权平均库存成本，以提高准确性。

4. 智能物流技术应用

利用物联网、人工智能等技术对物流过程进行智能化管理和优化，提高配送效率和服务质量。例如，利用传感器技术实时监测货物的位置、温度、湿度等信息，确保货物安全；利用智能分拣系统提高分拣效率和准确性。

（1）物联网技术。利用物联网技术追踪货物的实时位置、温度、湿度等信息，提高物流的可视性和可控性。

（2）大数据分析。对物流过程中产生的大量数据进行分析，发现潜在问题和优化空间，提高物流效率。

（3）人工智能技术。引入 AI 技术，如机器学习、自然语言处理等，实现物流过程的智能化决策和管理。

5. 供应链协同优化

（1）信息共享。通过信息共享平台，实现供应链各环节之间的信息实时共享和协同作业。通过信息共享、合作共赢的方式，强化整个供应链的协同配合，减少信息延迟和库存积压，提高整体物流效率。

（2）合作共赢。建立供应链合作伙伴关系，通过合作共赢的方式，共同优化供应链流程，提高整体效率。加强与供应商、客户等各方的紧密合作，共同制订和优化供应链计划，确保信息的及时共享和协调。

6. 客户体验优化

（1）定制化服务。以客户需求为导向，提供定制化的物流服务，如快速配送、便捷退换货政策等，提升客户满意度。

（2）提升服务质量。通过优化物流流程、提高服务响应速度等方式，提升客户满意度和忠诚度。通过实时跟踪信息、提供准确的送货时间和货物状态等服务，增强客户体验。

7. 规划论方法

（1）线性规划。运用线性规划等技术，描述物流系统的数量关系，取得最优决策。

（2）整数规划。适用于需要考虑整数解的优化问题，如车辆调度、人员排班等。

8. 模拟方法与启发式方法

（1）模拟方法。利用数学公式、逻辑表达式等抽象概念表示物流系统，通过计算机模拟试验取得改善信息。

（2）启发式方法。运用经验法则降低优化模型的精确程度，通过人为跟踪校正过程求取满意解。

9. 其他优化方法

（1）评分优化法。对物流系统中的各项因素进行评分，根据评分结果制定优化方案。

（2）优缺点比较法。对比分析不同优化方案的优缺点，选择最适合企业的方案。

（3）系统分析法。从系统整体出发，分析物流系统的各个环节和要素，制定全面的优化方案。

综上所述，物流系统优化的主要方法涉及数据化管理、运输网络优化、仓储管理优化、智能物流技术应用、供应链协同优化、客户体验优化，以及多种规划和分析方法。企业应根据自身的实际情况和需求选择合适的方法进行优化。

（三）物流系统优化的实施步骤

物流系统优化的实施步骤是一个系统性工程，旨在提高物流效率、降低物流成本并提升客户物流满意度。物流系统优化实施步骤有以下六个：

1. 分析现状

（1）全面评估。对现有的物流系统进行全面分析，包括资源配置、运输路线、仓储管理、订单处理、供应链规划、采购管理、售后服务及信息化管理等环节，找出存在的问题和"瓶颈"。

（2）数据收集。利用信息化技术采集物流运作过程中的各项数据，如运输时间、成本、库存周转率、订单响应时间等。

2. 识别问题

（1）问题诊断。通过数据分析，识别出物流系统中存在的不足，如物流配送时间长、配送范围窄、物流成本高、配送效率低等问题。

（2）需求调研。结合企业实际情况和客户需求，明确优化的重点和方向。

3. 制定优化方案

针对设定的目标制定详细的优化方案，包括采取的具体措施、所需资源、预期效果等。按照优化方案进行实施，逐步推进各项改进措施。

（1）目标设定。根据识别出的问题和需求，设定具体的优化目标，如提高配送效率、降低成本、增强客户体验等。根据分析结果设定具体的优化目标，如降低成本、提高效率、提升客户满意度等。

（2）方案制定。结合实际情况，制定一套可行的优化方案，方案内容可能包括物流绿色化、配送区域扩大、物流信息系统升级、运输效率提升、仓储管理优化等。

（3）物流绿色化。采用节能减排措施，使用环保包装材料，推广绿色配送方式。

（4）配送区域扩大。优化配送网络，增加配送站点，拓宽服务范围。

（5）物流信息系统升级。引入先进的物流管理系统，实现物流数据的实时采集、分析和处理。

（6）运输效率提升。优化运输路线，提高装载率，减少中转环节。

（7）仓储管理优化。合理规划仓库布局，采用自动化、智能化仓储设备和管理系统。

4. 实施优化方案

（1）预算与评估。对优化方案进行预算评估，确保方案的经济性和可行性。

（2）逐步实施。按照制定的方案，逐步实施物流系统的优化措施。这可能包括更新物流设施、升级信息系统、培训员工等。

（3）培训与沟通。加强员工培训，提高员工的专业技能和综合素质；同时，与相关部门和客户保持密切沟通，确保优化措施的顺利推进。

5. 监控与评估

对优化过程进行持续监控和评估，确保各项措施得到有效执行，并根据实际情况进行调整和优化。

（1）数据监测。利用科学的方法和工具，及时收集和分析物流运作数据，评估优化措施的实施效果。

（2）问题反馈。根据数据监测结果，及时发现并反馈存在的问题和不足。

6. 持续改进

（1）方案调整。根据监测评估结果，对优化方案进行调整和完善，确保其实现预期效果。

（2）持续优化。物流系统优化是一个持续的过程，需要不断关注市场变化、技术进步和客户需求变化，及时调整优化策略。

通过以上步骤，企业可以有效提升物流系统的运作效率和服务质量，降低物流成本，增强市场竞争力。同时，还需要企业具备高度的战略眼光和持续创新的精神，以适应不断变化的市场环境。

（四）案例分析

京东作为中国领先的自营电商和物流服务商，其物流系统的优化案例在行业内具有显著的借鉴意义。京东通过建立先进的智能仓储系统、优化运输路线、采用自动化分拣技术等措施，显著提高了物流效率和客户满意度。同时，京东还利用大数据技术对物流数据进行深度挖掘和分析，为优化决策提供有力支持。这些成功案例为其他企业提供了宝贵的借鉴和启示。

1. 智能化技术应用

（1）大数据与人工智能。①京东通过引入大数据和人工智能技术，对大量的订单数据进行分析，预测订单量、优化路线规划和仓储管理，从而提高物流配送的效率和准确性。②借助人工智能和机器学习技术，京东能够预测消费者需求、智能推荐商品、自动化订单处理等，进一步提升物流运作效率。

（2）自动化仓储设备。①京东物流自主研发的天狼系统是典型的自动化仓储解决方案，通过水平搬运的穿梭车、垂直搬运的提升机和集拣货、盘点于一体的工作站，实现了仓储的高效运作。②第三代天狼系统行走速度和加速度均达到国内领先水平，拣货效率提升 3~5 倍，拣货准确率高达 99.99%。

2. 物流网络优化

（1）分布式仓储网络。①京东采用分布式仓储网络，将商品分散存储在各地的仓库中，缩短商品与消费者之间的距离，加快订单响应速度。②京东在全国建立了约 1300 个仓库，仓储总面积约 2300 万平方米，覆盖 99% 的城市，确保快速配送服务。

（2）智能配送系统。①京东物流拥有全球领先的智能配送体系，结合大数据和人工智能技术，实现动态路径规划、智能调度和配送员优化，提高配送效率。②引入自动化货架、自动导引车（AGV）等先进设备，提高货物存储和搬运效率，降低人工操作错误率。

3. 配送模式创新

（1）多样化配送方式。①京东提供普通快递、京准达、京东物流直播间专配等多种配送方式，满足不同消费者的需求。②探索无人机、无人车等新型配送方式，突破交通拥堵等限制，提高配送速度和准确性。

（2）众包配送与智能快递柜。①采用众包模式进行"最后一公里"配送，降低配送成本，提高配送效率。②在居民区、办公楼等场所设置智能快递柜，方便用户自助取件，提高配送效率和用户满意度。

4. 绿色物流理念

（1）环保包装与回收利用。①京东积极采用可降解、可循环的环保包装材料，减少塑料污染。②建立完善的包装回收体系，鼓励消费者将废弃包装物回收再利用，促进资源循环利用。

（2）新能源车辆应用。大量采用新能源车辆进行配送，减少传统燃油车的碳排放，降低运输过程中的能源消耗和空气污染。

5. 协同与整合

（1）供应链协同。①与供应商建立协同库存管理机制，共同应对市场需求波动，降低库存风险和成本。②通过签订合作协议、建立高效的信息共享平台，实现与供应商间的实时数据交换，提高协同效率和加快响应速度。

（2）第三方物流合作。①加强与第三方物流的合作，通过共同配送、资源共享等方式，降低运营成本，提高物流效率。②覆盖全国的物流配送网络，包括仓储网络、综合运输网络、配送网络等，构建高度协同的物流体系。

京东物流通过智能化技术应用、物流网络优化、配送模式创新、绿色物流理念，以及供应链协同与整合等多方面努力，不断优化其物流系统，提升物流效率和服务质量。未来，随着技术的不断进步和市场需求的不断变化，京东物流将持续推进在物流信息技术、智能仓储和配送系统等方面的应用，推动物流行业的进一步发展，为全球消费者提供更加优质、高效的电商物流服务。

总之，物流系统优化是一个综合性的工程，需要各个环节的紧密配合和优化。通过先进的管理方法和技术手段，可以显著提升物流系统的运作效率和服务质量，为企业创造更大的价值。

◎**本章小结**

物流经济学作为物流学与经济学的交叉学科，其理论基础多元化，涵盖宏观经济学、微观经济学、产业经济学、工程经济学、物流学及运筹学等领域。这一综合性学科体系为物流活动的优化和物流产业的发展提供了坚实的理论支撑。

通过对物流经济学的深入研究，我们不仅了解了物流资源优化配置、物流市场供需关系、宏观物流产业发展趋势、物流产业组织形态演变规律及物流产业增长等核心问题，还掌握了物流成本的构成及控制策略、物流系统优化的方法与技术。物流经济学的研究不仅关注物流活动的微观经济决策，还从宏观层面探讨物流产业与国民经济的关系，为政府制定物流政策提供了理论依据。

在物流成本管理与控制方面，我们认识物流成本是企业运营成本的重要组成部分，直接影响企业的盈利能力和市场竞争力。通过精细化的成本管理和控制策略，企业可以有效降低物流成本，提高物流效率，从而在激烈的市场竞争中占据优势。

物流系统优化是提升物流效率、降低成本的重要途径。通过数据化管理、运输网络优化、仓储管理优化、智能物流技术应用等方法，企业可以显著提升物流系统的整体运作效率，满足市场需求，提升客户满意度。同时，物流系统优化还有助于企业适应市场变化，提高供应链的韧性和灵活性。

随着大数据、云计算、物联网、人工智能等技术的不断发展，物流行业正经历数字化与智能化转型。物流经济学将更多地关注新兴技术在物流活动中的应用，研究如何通过数字化手段提高物流效率、降低物流成本、优化物流资源配置。同时，绿色低碳物流、供应链协同与韧性提升、国际化与区域化并重及多学科交叉融合等趋势将成为物流经济学研究的重点方向。

总之，物流经济学作为一门应用科学，其研究成果不仅为企业和政府提供了决策支持和理论指导，还推动了物流产业的持续发展和国民经济的不断增长。未来，随着物流技术的不断进步和市场环境的不断变化，物流经济学的研究将更加深入，为物流产业的繁荣和国民经济的发展作出更大贡献。

第五章　区域交通运输需求分析

区域交通运输需求分析是一个复杂且重要的过程，其涉及多个方面，如区域经济发展、人口分布、经济社会发展、城市规划、交通基础设施状况、交通运输政策等。随着城市化进程的加快和新兴技术的发展，交通运输需求分析将更加注重数据的实时性和精确性，需要加强跨领域、跨部门的协同合作。我们要通过不断优化分析方法和分析工具，提高预测精度和科学性，为区域交通运输的可持续发展提供大力支持。

一、区域交通运输需求分析的重要性

区域交通运输需求分析对区域交通运输规划、政策制定、基础设施建设等具有重要意义。准确的区域交通运输需求分析有助于合理配置区域交通运输资源，提高区域交通运输效率，缓解交通运输拥堵，促进区域经济发展。

（一）区域交通运输需求分析是科学规划的基础

区域交通运输需求分析在区域交通运输规划中扮演着至关重要的角色，其是科学规划的基础和前提。通过深入分析区域交通运输运输需求，可以准确把握区域交通运输发展的方向和重点，为区域交通运输基础设施的布局、建设和优化提供有力依据。

1. 要明确发展方向和重点

通过深入分析区域交通运输需求，可以准确把握区域交通运输发展的方向和重点。区域交通运输需求分析能够帮助我们了解不同区域、不同时间段的区域交通运输需求特点，从而明确区域交通运输基础设施的布局、建设和优化的重点方向。这有助于确保区域交通运输规划的科学性和合理性，避免盲目建设和资源浪费。

2. 要提供数据支撑和依据

区域交通运输需求分析基于大量的数据和统计分析方法，能够为区域交通运输规划提供坚实的数据支撑和依据。通过收集、整理和分析区域交通流量、人口分布、经济发展等相关数据，可以更准确地预测未来的区域交通运输需求，为区域交通运输规划提供坚实的依据。

3. 要优化资源配置

在有限的资源条件下，区域交通运输需求分析有助于优化区域交通运输资源配置。通过了解不同区域和时段的区域交通运输需求，可以更合理地分配区域交通运输投资，确保区域交通运输资源的有效利用。这有助于避免资源浪费和重复建设，提高区域交通运输系统的整体效益。

4. 要增强规划的适应性和灵活性

区域交通运输需求分析考虑到了多种因素和变量，如经济发展、人口变化、政策调整等。使区域交通运输规划更具有适应性和灵活性，能够更好地应对未来的变化和挑战。通过区域交通运输需求分析，我们可以及时调整区域交通运输规划方案，确保其与区域经济社会发展的实际需求相匹配。

综上所述，区域交通能够帮助我们明确发展方向和重点，提供数据支撑和依据，优化资源配置，增强区域交通运输规划的适应性和灵活性。因此，在进行区域交通运输规划时，必须高度重视区域交通运输需求分析工作，确保区域交通运输规划的科学性和合理性。

（二）区域交通运输需求分析是资源合理配置的前提

区域交通运输需求分析在交通规划与资源配置中发挥着至关重要的作用，其是实现资源合理配置的前提和基础。在有限的资源条件下，通过区域交通运输需求分析可以确定区域交通运输投资的重点和优先顺序，确保区域交通运输资源的有效利用，避免浪费和重复建设。

1. 要准确把握区域交通运输需求

通过区域交通运输需求分析，可以深入了解不同区域、不同时间段的区域交通运输需求特点，包括交通流量、出行方式、出行目的等。这为我们准确把握区域交通运输需求提供了有力依据，使资源配置更加符合区域交通运输发展的需求。

2. 要优化资源配置决策

在有限的资源条件下，如何合理配置区域交通运输资源是一个关键问题。区域交通运输需求分析为我们提供了科学的数据支撑，使区域交通运输资源配置决策更加科学、合理。通过区域交通运输需求分析，可以确定区域交通运输投资的重点和优先顺序，确保区域交通运输资源的高效利用。

可以通过建立数学模型来优化资源配置。对模型中涉及的各类参数进行如下定义：假设 $i(i=1,2,\cdots,n)$ 为空车来源站，$j(j=1,2,\cdots,n)$ 为装车站，$k(k=1,2,\cdots,n)$ 为卸车站，$l(l=1,2,\cdots,m)$ 为区段；p_i 为第 i 空车来源站的空车数量；q_{jk} 为由装车站 j 至卸车站 k 的运输需求量；r_{jk} 为由装车站 j 至卸车站 k 的车均货运收入率；α_j 为装车站 j 的装车能力；β_k 为卸车站 k 的卸车能力；w_l 为区段 l 的通过能力；a_j 为装车站 j 的装车作业时间；b_k 为卸车站 k 的卸车作业时间；c_{ij} 为由空车来源站 i 至装车站 j 的区段运行时间；d_{jk} 为由装车站 j 至卸车站 k 的区段运行时间；x_{ij} 为由空车来源站 i 至装车站 j 的区段空车流量；y_{jk} 为由装车站 j 至卸车站 k 的区段重车流量。系统目标是实现日车货运收入最优，即全部货运收入与总车辆日数之比达最优值。货运收入可表示为 $\sum_{j=1}^{n}\sum_{k=1}^{n}y_{jk}r_{jk}$。车辆日数包括空车运行、装车、重车运行、卸车四个部分。其中，空车运行车辆日数可表示为 $\sum_{i=1}^{n}\sum_{j=1}^{n}x_{ij}c_{ij}$；装车车辆日数可表示为 $\sum_{j=1}^{n}\sum_{k=1}^{n}y_{jk}a_j$；重车运行车辆日数可表示为 $\sum_{j=1}^{n}\sum_{k=1}^{n}y_{jk}d_{jk}$；卸车车辆日数可表示为 $\sum_{k=1}^{n}\sum_{j=1}^{n}y_{jk}b_k$。

$$\max z = \frac{\sum_{j=1}^{n}\sum_{k=1}^{n}y_{jk}r_{jk}}{\sum_{i=1}^{n}\sum_{j=1}^{n}x_{ij}c_{ij}+\sum_{j=1}^{n}\sum_{k=1}^{n}y_{jk}a_j+\sum_{j=1}^{n}\sum_{k=1}^{n}y_{jk}d_{jk}+\sum_{k=1}^{n}\sum_{j=1}^{n}y_{jk}b_k} \tag{5-1}$$

约束条件如下：

车站装车能力约束：$\sum_{k=1}^{n}y_{jk}\leqslant a_j$；$j=1,2,\cdots,n$。

车站卸车能力约束：$\sum_{j=1}^{n}y_{jk}\leqslant \beta_j$；$k=1,2,\cdots,n$。

空车排送站空车能力约束：$\sum_{j=1}^{n}x_{ij}\leqslant p_i$；$i=1,2,\cdots,n$。

装车站到达空车数约束：$\sum_{i=1}^{n}x_{ij}\leqslant \alpha_j$；$j=1,2,\cdots,n$。

到达空车数与装车数相等条件约束：$\sum_{i=1}^{n}x_{ij}=\sum_{k=1}^{n}y_{jk}$；$j=1,2,\cdots,n$。

需求量约束：$y_{jk}\leqslant q_{jk}$；$j,k=1,2,\cdots,n$。

到达空车数小于等于需求量约束：$\sum\limits_{i=1}^{n} x_{ij} \leqslant \sum\limits_{k=1}^{n} q_{jk}$；$j=1,2,\cdots,n$。

装车总量与卸车总量相等约束：$\sum\limits_{j=1}^{n}\sum\limits_{k=1}^{n} x_{ij} = \sum\limits_{k=1}^{n}\sum\limits_{j=1}^{n} y_{jk}$。

装车总量与排送空车总量相等约束：$\sum\limits_{i=1}^{n}\sum\limits_{j=1}^{n} x_{jk} = \sum\limits_{j=1}^{n}\sum\limits_{k=1}^{n} y_{jk}$。

节点站区域内排空车约束（取本节点站空车分布和装车数的最小值）：

$$\sum\limits_{i=1}^{n} x_{ii} = \min_{i=1,2,\cdots n}\left(p_i, \sum\limits_{k=1}^{n} y_{jk} \right)。$$

区段能力约束：$\sum\limits_{j}\sum\limits_{k}(y_{jk}+x_{jk}) \leqslant w_l$；$\sum\limits_{j}\sum\limits_{k}(y_{kj}+x_{kj}) \leqslant w_l$。

整数条件约束：p，α，β，w，x，y，q 分别取整数。

3. 要避免资源浪费和重复建设

没有准确的区域交通运输需求分析，区域交通运输资源的配置可能变得盲目和随意，导致资源浪费和重复建设。而区域交通运输需求分析可以帮助我们识别真正的区域交通运输需求，避免在非必要的项目上投入过多资源，从而确保资源的合理配置和有效利用。

4. 要提高区域交通运输系统的整体效益

通过区域交通运输需求分析，可以更加精准地配置区域交通运输资源，提高区域交通运输系统的整体效益。包括提高区域交通运输设施的使用效率、缓解交通拥堵、降低交通成本等，从而为经济社会发展带来更大效益。

综上所述，区域交通运输需求分析是实现资源合理配置的前提和基础。其帮助我们准确把握区域交通运输需求，优化区域交通运输资源配置决策，避免区域交通运输资源浪费和重复建设，提高区域交通运输系统的整体效益。因此，在进行区域交通运输规划和资源配置时，我们必须高度重视区域交通运输需求分析工作。

（三）区域交通运输需求分析是提高区域交通效率的关键

通过了解不同区域、不同时间段的交通需求，可以优化交通信号控制、调整公交线路和班次、优化道路通行条件等，从而提高区域交通运输系统的整体运行效率。

1. 区域交通运输需求分析的重要性

（1）明确需求方向。通过对区域交通运输需求进行深入分析，可以明确区域交通运输需求的主要方向和特点，为制定科学合理的交通规划提供重要依据。城市早晚高峰出行需求特征如图 5-1 所示。

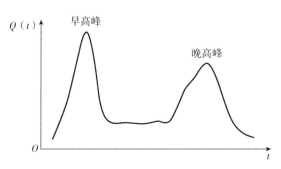

图 5-1　城市早晚高峰出行需求特征

（2）优化资源配置。了解区域交通运输需求，可以更好地配置交通资源，确保交通供给与需求相匹配，避免资源浪费。某城市优化资源配置后预测分担率如图 5-2所示。

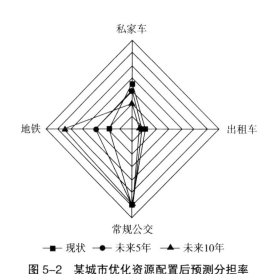

图 5-2　某城市优化资源配置后预测分担率

2.区域交通运输需求分析对交通效率的影响

（1）提升运输组织效率。通过对区域交通运输需求进行分析，可以优化运输组织方式，减少不必要的等待时间和中转环节，提高运输效率。如图 5-3 所示。

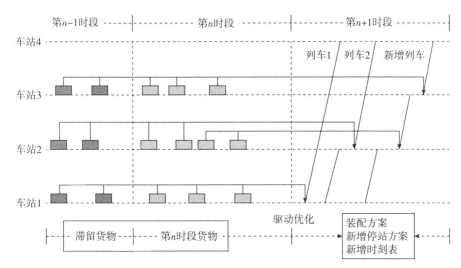

图 5-3　某地根据运输需求分时段优化货物运输示意图

（2）缓解交通拥堵。通过对区域交通运输需求进行深入分析，可以更有针对性地制定缓解交通拥堵的措施，如优化交通信号控制、建设新的交通通道等。杭州市交通需求预测后管理实施效果如图 5-4 所示。

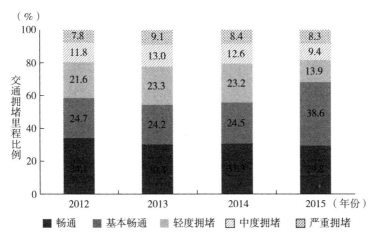

图 5-4　杭州市交通需求预测后管理实施效果

（3）促进交通模式创新。了解不同区域、不同时间段的交通需求特点，可以推动交通模式的创新，如共享出行、定制公交等，进一步提高区域交通运输效率。

3. 实施区域交通运输需求分析的策略

（1）数据收集与分析。利用大数据、人工智能等技术手段，收集并分析区域交通运输的相关数据，包括交通流量、出行时间、交通方式选择等。

（2）公众参与。鼓励公众参与区域交通运输需求分析过程，通过调查问卷、公众听证会等方式，收集公众对区域交通运输的需求和意见。

（3）跨部门协作。区域交通运输需求分析涉及多个部门和领域，需要建立跨部门协作机制，共同推动区域交通运输需求分析工作的深入开展。

综上所述，区域交通运输需求分析是提高交通效率的关键。通过深入分析区域交通运输需求，可以明确需求方向、优化资源配置，进而提升运输组织效率、缓解交通拥堵、促进交通模式创新。因此，在制定交通规划和政策时，应充分重视并深入分析区域交通运输需求。

（四）区域交通运输需求分析是缓解交通拥堵的有效手段

交通拥堵是当前城市面临的严重问题。通过区域交通运输需求分析，可以识别区域交通拥堵的成因，进而采取有针对性的措施进行治理，如建设新的区域交通运输设施、优化区域交通运输组织等，有效缓解交通拥堵。区域交通运输需求分析作为缓解交通拥堵的有效手段，其重要性体现在以下几个方面。

1. 准确识别交通拥堵成因

（1）揭示"瓶颈"与问题。通过对区域交通运输需求进行深入分析，可以准确识别造成交通拥堵的成因，如道路容量不足、交通信号设置不合理、公共交通服务便捷性不足等。

（2）定位热点区域。区域交通运输需求分析还能帮助定位交通拥堵的热点区域和高峰时段，为后续的区域交通运输规划和管理提供精确的数据支持。

2. 制定精准缓解措施

（1）优化道路网络。基于区域交通运输需求分析的结果，可以制订针对性的道路扩建、改建计划，优化道路网络布局，提高道路通行能力。

（2）优化交通管理。通过调整交通信号控制策略、设置合理的交通标志标线、实施交通拥堵收费等措施，优化交通管理，减少交通拥堵现象。

（3）提升公共交通服务。需求分析还能指导公共交通服务的优化，如增加公交线路、增加公交发车频率、建设公共交通换乘枢纽等，吸引更多市民选择公共交通出行，减少私家车的使用，从而缓解交通拥堵。

3. 预测未来交通需求趋势

（1）科学规划。区域交通运输需求分析不仅关注当前的交通状况，还能预测未来的区域交通运输需求趋势，为长期区域交通运输规划提供科学依据。

（2）提前应对。通过预测未来的区域交通运输增长，政府和相关部门可以提前规划和准备，如预留道路用地、建设新的交通设施等，有效应对未来区域交通运输的增长，避免或减少新的交通拥堵点的出现。

4. 促进公众参与和跨部门协作

（1）公众参与。区域交通运输需求分析过程中，鼓励公众参与，收集公众对区域交通运输的需求和意见，使交通规划和管理更加贴近市民的实际需求。

（2）跨部门协作。区域交通运输需求分析涉及多个部门和领域，需要建立跨部门协作机制，共同推动交通拥堵缓解工作的深入开展。

综上所述，区域交通运输需求分析在缓解交通拥堵方面具有重要作用。其不仅能够准确识别交通拥堵的成因和热点区域，还能制定精准的缓解措施，预测未来的区域交通运输需求趋势，并促进公众参与跨部门协作。区域交通运输需求分析在交通规划、资源配置、提高区域交通运输效率、缓解区域交通运输拥堵及促进区域经济发展等方面均有极其重要的作用。因此，政府和相关部门应重视并加强这一领域的分析和研究工作。

二、区域交通运输需求分析的主要内容

区域交通运输需求分析的主要内容包括对区域内交通运输需求的全面、深入探究，旨在明晰当前交通需求的特征、趋势及未来的变化，为交通规划和政策制定提供科学依据。以下是区域交通运输需求分析的主要内容。

（一）交通需求现状分析

1. 交通流量分析

通过对区域内各交通路段、交叉口等关键节点的交通流量进行监测和分析，了解当前交通流量的分布、变化规律和拥堵状况。

在区域交通运输需求分析中，交通流量分析是一个关键组成部分，其通常涉及对特定时间段和区域内交通流量的监测、统计和分析。然而，直接提供一个"交通流量分析公式"可能并不完全准确，因为交通流量的分析方法和模型可以根据具体需求和数据可用性而有所不同。不过，可以从四个角度来理解和构建与交通流量分析相关的公式或模型。

（1）基本交通流量统计。交通流量分析最基本的是统计特定时间段内通过某一断面（如路口、路段）的车辆数。这通常不涉及复杂的公式，但可以通过以下方式表达：

交通流量 = 观测时间内的车辆总数　　　　　　　　　　　　　　　　（5-2）

在实际应用中，这个总数通过计数设备（如地感线圈、视频检测器等）自动获得或者通过人工观测记录。

（2）交通流量预测模型。对需要预测未来交通流量的场景，可以使用时间

序列分析、回归分析等统计方法进行建模。例如，利用自回归积分滑动平均（ARIMA）模型进行交通流量预测时，会涉及一系列复杂的数学表达式。

ARIMA 模型：

$$\left(1-\sum_{i=1}^{p}\varphi_i L^i\right)(1-L)^d X_t = \left(1+\sum_{j=1}^{q}\theta_j L^j\right)\varepsilon_t \qquad (5-3)$$

其中，X_t 为时间序列数据，L 为滞后算子，d 为差分阶数，p 和 q 分别为自回归和移动平均项的阶数，φ_i 和 θ_j 为模型参数，ε_i 为误差项。

然而，ARIMA 模型或其他时间序列模型在具体应用时需要根据实际数据调整参数，并且通常通过统计软件进行拟合。

（3）交通流量与影响因素的关系模型。交通流量不仅受时间因素影响，还可能与经济发展水平、人口分布、土地利用模式等因素相关。在分析这些因素对交通流量的影响时，可以使用回归分析等统计方法。

多元线性回归模型：

$$Y = \beta_0 + \beta_1 X_1 + \beta_2 X_2 + \cdots + \beta_k X_k + \varepsilon \qquad (5-4)$$

其中，Y 为交通流量，$X_1, X_2, \cdots, X_k$ 为影响交通流量的各种因素（如 GDP、人口数量、道路面积等），$\beta_0, \beta_1, \cdots, \beta_k$ 为回归系数，ε 为误差项。

（4）交通流量分配模型。在交通网络分析中，交通流量分配模型用于将起讫点（OD）间的交通需求分配到具体的交通网络上。这类模型通常基于用户平衡（UE）或随机用户平衡（SUE）原则。

用户平衡模型中的流量分配通常涉及复杂的迭代算法，而不是单一的公式。这些算法旨在找到一种流量分配方式，使每个路段上的旅行时间与该路段上的流量成正比。

2. 出行特征分析

分析出行者的出行目的、出行方式、出行时间等特征，以及这些特征对交通需求的影响。例如，通勤出行、休闲出行等不同出行目的对交通流量的影响。

（1）出行生成模型（回归分析示例）。出行生成模型通常使用回归分析方法，将出行生成量（Y）与影响因素（如人口、就业等）进行关联。一个线性回归模型公式如下：

$$Y = \beta_0 + \beta_1 X_1 + \beta_2 X_2 + \cdots + \beta_n X_n + \varepsilon \qquad (5-5)$$

其中，Y 为出行生成量（如日出行次数）；β_0 为截距项；$\beta_1, \beta_2, \cdots, \beta_n$ 为回归系数，分别对应自变量 $X_1, X_2, \cdots, X_n$（如人口数量、就业岗位数等）的影响程度；ε 为误差项，表示模型中未考虑到的其他因素对 Y 的影响。

（2）出行分布模型（重力模型示例）。重力模型是一种常用的出行分布模型，其基本思想是出行量与出发地和目的地之间的人口、就业等因素成正比，与两地间的距离成反比。一个简化的重力模型公式如下：

$$T_{ij} = K \frac{P_i^a \cdot A_j^b}{d_{ij}^c} \qquad (5\text{-}6)$$

其中，T_{ij} 为从区域 i 到区域 j 的出行量；K 为比例常数；P_i 为区域 i 的人口或就业数；A_j 为区域 j 的吸引力指标（如就业岗位数）；d_{ij} 为区域 i 和区域 j 间的距离；a，b，c 为模型参数，需要通过数据拟合来确定。

3. 交通方式分析

研究区域内各种交通方式（如私家车、公共交通、步行、骑行等）的使用情况，以及它们之间的比例关系。这有助于了解不同交通方式在区域交通体系中的地位和作用。对出行方式可以建立以下模型。

Logit 模型是离散选择模型中的一种，常用于分析出行者在不同交通方式间的选择行为。其基本形式是一个概率选择模型，对于每个出行者 n 而言，选择方式 j 的概率 P_{nj} 可以表示为：

$$P_{nj} = \frac{e^{V_{nj}}}{\sum_{k \in C_n} e^{V_{nk}}} \qquad (5\text{-}7)$$

其中，C_n 为出行者 n 可选择的所有交通方式集合；V_{nj} 为出行者 n 选择方式 j 的效用函数的确定项部分，通常包含出行时间、费用、舒适度等因素的线性组合，即 $V_{nj} = \beta_0 + \beta_1 x_{1nj} + \cdots$。

（二）交通需求影响因素分析

1. 经济因素

区域交通运输需求分析中的经济因素是多方面的，其直接或间接地影响交通运输的需求量和需求结构。以下是对这些经济因素的详细分析。

（1）经济发展水平。经济发展水平是区域交通运输需求的基础。随着经济的增长，区域内的生产、消费、贸易等活动都会增加，对交通运输的需求也随之增长。随着经济发展水平的提高，会对区域交通需求产生以下三个具体影响。

第一，生产活动。经济增长意味着更多的生产活动，这些活动需要原材料和产品的运输，从而增大了对交通运输的需求。

第二，消费活动。随着居民收入的增加，消费水平提高，消费者对商品和服务的需求也增加，进而促进了交通运输需求的增长。

第三，贸易活动。区域间贸易和国际贸易的增长需要更高效的交通运输系统支持商品的流通。

（2）区域经济的整体水平与规模。

第一，经济增长与区域交通运输的需求。区域经济的整体增长是推动区域交通运输需求增加的关键因素。随着地区经济的不断发展，生产、消费等活动越发密集，对区域交通运输的需求也随之增加。

第二，经济规模与区域交通运输量。经济规模直接决定了区域交通运输量。经济规模较大的地区，其生产、流通和消费活动更加活跃，对区域交通运输的需求也相应更大。

第三，经济要素的空间分布与流动。自然资源的分布特点对运输量和区域交通运输干线网的分布格局有重要影响。例如，矿产资源丰富的地区往往需要大量的运输服务将资源运往加工或消费地。

（3）经济全球化的影响。

第一，国际贸易与区域交通运输的需求。随着经济全球化的深入发展，国际贸易日益频繁，对国际运输的需求也随之增加。这要求区域交通运输系统具备更强的国际运输能力和服务水平。

第二，外资引入与区域交通运输服务。外资的引入不仅带来了资金和技术支持，也增加了对高质量区域交通运输服务的需求。这要求区域交通运输系统不断提升服务质量、降低成本、提高效率以满足外资企业的需求。

综上所述，区域交通运输需求分析中的经济因素包括经济发展水平、产业结构等方面。这些因素相互作用、相互影响，共同构成了区域交通运输需求的基础和动力。在进行区域交通运输需求分析时，需要综合考虑这些因素的作用和影响。

2. 人口因素

区域交通运输需求分析中的人口因素是一个重要方面，其直接关系到交通运输需求的规模、结构和特性。在区域交通运输需求分析中人口因素的主要有以下五个。

（1）人口规模与区域交通运输的需求总量。人口规模是影响区域交通运输需求总量的直接因素。一个地区的人口数量越多，其日常出行、生产活动、物资交流等所需的区域交通运输服务也就越多。因此，人口规模的增长往往伴随着交通运输需求的增加。

（2）人口分布与区域交通运输的需求分布。人口的地理分布特点对区域交通运输需求的分布格局具有重要影响。例如，在人口密集的城市区域，由于居民日常出行频繁，对公共交通、出租车等客运服务的需求较大；在人口相对分散的农村地区，对长途客运、货运等运输服务的需求则更为突出。此外，随着城市化进程的加快，人口向城市集中，这也将推动城市间、城乡间的区域交通运输需求的增长。

（3）人口流动与区域交通运输的需求动态变化。人口流动是区域交通运输需求动态变化的重要驱动力。人口流动包括季节性流动（如节假日探亲访友、旅游出行等）和长期性流动（如农民工进城务工、学生异地求学等）。这些人口流动现象均带来大量的交通运输需求，尤其是客运需求。同时，人口流动还可能导致货运需求增加，如随迁人口的行李托运、异地购物等。

（4）人口结构与区域交通运输的需求多样化。人口结构不同也会对区域交通运输需求产生多种影响。例如，不同年龄层次的人群对运输服务的需求存在差异。老年人可能更注重出行的安全性和舒适性，对公共交通、无障碍设施等有特殊需求；年轻人则可能更倾向选择快捷、便利的出行方式，如高铁、航空等。此外，不同性别、职业、收入水平的人群对运输服务的需求也存在差异，这要求交通运输系统提供更加多元服务以满足不同人群的需求。

（5）人口增长趋势与区域交通运输的需求预测。人口增长趋势是预测未来区域交通运输需求的重要基础。通过对人口增长趋势的分析，可以预测未来区域交通运输需求的规模、结构和变化趋势。例如，如果一个地区的人口持续增长，那么该地区未来的区域交通运输需求也就将保持持续增长态势；如果一个地区的人口增长放缓或出现负增长，那么区域交通运输需求的增长速度也就可能会相应放缓或出现下降。

综上所述，人口因素在区域交通运输需求分析中扮演着重要角色。通过深入分析人口规模、分布，可以更加准确地把握区域交通运输需求的特点和变化规律，为制定科学合理的区域交通运输发展规划和政策提供有力支持。

3. 政策因素

区域交通运输需求分析中的政策因素是一个重要方面，其直接影响了交通运输需求的变化趋势和特征。在区域交通运输需求分析中政策因素主要体现在以下三个方面：

（1）政策对交通需求的影响机制。

第一，引导交通方式选择。政策可以通过税收优惠、补贴、限制等措施，引导公众选择更加环保、高效的交通方式。例如，鼓励公共交通出行和绿色出行（如步行、骑行），减少私家车的使用，从而降低交通需求总量。

第二，优化交通资源配置。政策可以指导区域交通运输基础设施的建设和维护，确保资源的高效配置。通过合理的区域交通运输规划，政策可以促进区域交通运输网络的均衡发展，提高区域交通运输系统的整体效率。

第三，调节交通需求分布。通过实施限行、限购、拥堵收费等政策，政府可以调整特定区域或时间段的区域交通运输需求分布，缓解区域交通运输拥堵。这些政策有助于平衡交通供需关系，提升区域交通运输系统的运行效率。交通需求管理政策的调节能力及实施难度比较如表 5-1 所示。

表 5-1　交通需求管理政策的调节能力及实施难度比较

类型		措施	交通需求调节能力与实施难度	
			交通需求调节能力	实施难度与复杂性
非经济措施		单双号通行管理	★★★★（整体）	★
		每周少开 1 天车	★	★★
经济措施	调整车辆运用	进一步提高停车收费	★★	★★
		实行拥挤收费	★★★★（收费范围）	★★★★
	抑制车辆拥有	机动车上牌额度管理	★★	★★
		征收高额车辆注册附加费	★	★★★

（2）具体政策因素分析。

第一，城市规划与区域交通运输规划政策。城市规划政策决定了城市的发展方向和空间布局，进而影响了区域交通运输需求的空间分布。交通规划政策则直接针对交通系统的建设和管理，包括道路网络规划、公共交通系统规划等。这些政策共同作用于区域交通运输需求，引导其合理发展。

第二，土地利用政策。土地利用政策决定了不同区域的土地使用性质和开发强度，从而影响了区域交通运输需求的产生和分布。例如，商业区、住宅区、工业区等不同类型的区域对交通需求有不同的影响。通过合理的土地利用规划，可以减少非必要的交通出行，降低区域交通运输需求总量。

第三，环保与节能政策。随着环保意识的提高和能源危机的加剧，政府越来越重视区域交通运输领域的环保与节能问题。通过实施新能源汽车推广政策、绿色出行鼓励政策等，政府可以引导公众选择更加环保、节能的交通方式，降低交通运输领域的碳排放和能源消耗。

第四，区域交通运输管理政策。交通管理政策包括限行、限购、拥堵收费等措施，旨在调节特定区域或时间段的区域交通运输需求分布，缓解交通拥堵。这些政策通过经济手段或行政手段干预区域交通运输需求，实现区域交通运输系统的有序运行。

（3）政策因素对区域交通运输需求分析的意义。通过分析政策因素可以预测未来交通需求的变化趋势和特征，为交通规划和政策制定提供科学依据。同时，政策因素是交通需求管理的重要手段之一，通过合理的政策干预可以引导交通需求合理发展，提升交通系统的整体效率和服务水平。

综上所述，政策因素是区域交通运输需求分析中不可忽视的重要方面。在制定区域交通运输规划和政策时，应充分考虑政策对区域交通运输需求的影响机制和作用效果，以实现区域交通运输系统的可持续发展。

4. 交通基础设施状况

区域交通运输需求分析中的交通基础设施状况是一个至关重要的方面，其直接关系到区域交通运输的效率、成本及满足需求的能力。区域交通运输需求分析的交通基础设施状况因素是多方面的，这些因素直接关系到交通运输的效率、容量和可持续性。关键因素有以下四个。

（1）基础设施的规模和布局。

第一，规模。区域交通基础设施的规模，包括公路、铁路、航道、港口、机场等的长度、面积或容量，直接影响区域交通运输的能力。例如，公路网的总长度和等级分布决定了能够承载的交通流量。

第二，布局。基础设施的布局是否合理，也直接影响区域交通运输的效率和便捷性。合理布局可以缩短运输距离、提高运输效率、降低运输成本。

（2）设施的技术水平和质量。

第一，技术水平。包括交通设施的设计、建造和维护的技术含量。例如，高速铁路、智能公路等现代化交通设施的应用，可以显著提高运输速度和安全性。

第二，质量。设施的质量直接关系到其使用寿命和安全性。高质量的基础设施可以减少维修频率、降低维护成本、提高运输效率。

（3）设施的互联互通性。

第一，网络连通性。不同交通方式间的互联互通程度，如公路与铁路、港口与内陆运输的衔接，直接影响区域交通运输的整体效率。

第二，区域协同。不同区域间的交通基础设施协同发展水平，也影响跨区域的交通运输需求。

（4）设施的维护和更新。

第一，维护状况。区域交通运输基础设施的维护状况直接影响其使用性能和安全性。定期维护和及时修复损坏设施，可以延长使用寿命，保持运输效率。

第二，更新改造。随着技术进步和社会发展，区域交通运输基础设施需要不断更新改造，以适应新的运输需求和环境变化。

区域交通运输需求分析的交通基础设施状况因素是多方面的，需要综合考虑基础设施的规模、布局、技术水平、质量、互联互通性、维护和更新这些因素相互关联、相互影响，共同构成了区域交通运输需求分析的交通基础设施状况框架。

综上所述，区域交通运输需求分析模型多样化，每种模型均有其独特的优势和适用范围。在实际应用中，需要根据具体的研究目的和数据条件选择合适的模型进行分析。同时，随着大数据和智能交通技术的不断发展，区域交通运输模型将更加智能化、动态化和实时化，为区域交通运输规划和管理提供更加有力的支持。

（三）区域交通运输需求预测

基于历史交通数据和当前交通状况，可以运用多种统计模型和时间序列分析方法。以下介绍的是指数平滑法。

指数平滑法认为，对象指标未来的发展与它过去的和现今的状况密切相关，故可以用历史数据预测未来值。在用预测对象指标的历史数据进行预测时，对各个时间阶段的数据并不同等看待，而是赋予近期数据较大的权值，事实上，这是切合实际的，有利于提高预测的精度。根据这一思想构造的指数平滑公式为：

$$S_t^{(1)} = aXt + (1-\alpha)S_{t-1}^{(1)} \qquad (5-8)$$

其中，$S_t^{(1)}$ 为一阶平滑值，上标（1）为平滑的阶数，以后还有二阶、三阶；X_t 为对象指标的第 t 期的观测值；α 为平滑系数，$0 < \alpha < 1$，一般取 0.3~0.8。

将式（5-8）进行递推展开：

$$S_t^{(1)} = \alpha X_t + (1-\alpha)S_{t-1}^{(1)} \qquad (5-9)$$

其中，观测值的期数离 t 越近，权重就越大。权数的通式为 $\alpha(1-\alpha)^{t-1}$，指数平滑法因此得名。

另外，式（5-9）的最后一项 $S_t^{(1)}$ 称为"初始条件"，它是未知的，需要人为设定。由于其系数很小，究竟取何值其实无关紧要，一般地，可取 $S_0^{(1)} = X_1$，或 $S_0^{(1)} = (X_1 + X_2 + X_3)/3$。

利用指数平滑模型进行预测必须满足以下两个假设前提。

（1）决定客货运量过去发展的因素在很大程度上决定客货运量的未来发展趋势。

（2）客货运量发展过程是渐近式，而不是跳跃式。

运用指数平滑模型进行客货运量预测工作具有以下三个优点。

（1）无须了解影响客货运量的主要因素，减少了对历史数据的收集与整理工作。

（2）预测中只需要考虑客货运量与时间的关系。

（3）短期预测精度较高。

指数平滑预测模型仅将时间作为预测目标，不能揭示客货运量与各影响因素间的关系，其缺点主要体现在以下两个方面。

（1）指数平滑模型比较适合运输业发展平稳的地区或城市，但其只考虑时间对客货运量的影响，在某些情况下不能反映实际情况。

（2）在运用指数平滑法进行预测时，由于近年来我国交通建设发展速度较快，因此很难从现有数据中得出较为准确的预测模型，若仍参照过去的数据外推未来的趋势，易使预测结果偏小，甚至严重失真。

1. 情景分析

考虑不同的经济、社会、政策和技术情景，分析这些情景下交通需求的可能变化。情景分析有助于评估不同政策方案对交通需求的影响。可以利用下述模型对情景进行分析：

回归模型：使用多元线性回归或其他形式的回归模型，将交通需求与GDP、人口增长、政策变量等解释变量关联起来。模型形式可能如下：

$$D_t = \alpha + \beta_1 GDP_t + \beta_2 Pop_t + \beta_3 Policy_t + \varepsilon_t \qquad （5-10）$$

其中，D_t 为第 t 期的交通需求；GDP_t、Pop_t、$Policy_t$ 分别为第 t 期的 GDP、人口数量和政策变量；ε_t 为误差项。

2. 敏感性分析

分析关键影响因素（如经济增长率、人口增长率等）对交通需求预测结果的影响程度，以提高预测结果的稳健性。

在区域交通运输需求预测中，敏感性分析是一种重要的工具，用于评估特定参数或变量的变化对预测结果的影响程度。虽然敏感性分析不依赖单一的数学公式，但其通常与统计模型或经济模型相结合来进行。以下是一个简化的示例。

构建一个基本的预测模型用于估算未来的区域交通运输需求（D），该模型依赖多个变量，如经济增长率（GDP_growth）、人口增长率（Pop_growth）和交通政策效果（$Policy\_effect$）等。模型可以表示为以下形式的函数：

$$D = f(GDP\_growth, Pop\_growth, Policy\_effect, \cdots) \qquad （5-11）$$

（四）区域交通运输需求管理策略

1. 优化交通结构

通过调整不同交通方式的比例关系，优化交通结构，提高交通系统的整体效率。例如，发展公共交通、鼓励绿色出行等。

2. 完善交通设施

根据交通需求预测结果，合理规划和建设交通设施，如道路、桥梁、停车场等，以满足未来交通需求。

3. 制定交通政策

基于交通需求分析结果，制定有针对性的交通政策，如限行、限购、拥堵收费等，实现交通需求的合理分配。

综上所述，区域交通运输需求分析是一个复杂且系统的过程，涉及交通现状、影响因素、预测和管理策略等方面。通过全面的需求分析，可以为交通规划和政策制定提供科学依据，促进区域交通运输系统的可持续发展。

三、区域交通运输需求分析的方法

（一）数据收集

1. 区域交通运输的官方统计数据

（1）政府部门发布的区域交通运输相关统计数据，如交通运输部、国家统计局等发布的年报、季报、月报等。

（2）这些数据通常包括区域交通运输流量、乘客数量、货物运量、区域交通运输基础设施状况等。

2. 区域交通运输的调查数据

（1）通过专门的区域交通运输调查获取的数据，如乘客出行调查、货物运输调查等。

（2）这些调查可以提供更详细、更具体的区域交通运输需求信息。

3. 区域交通运输的企业运营数据

（1）区域交通运输企业的运营数据，如公交公司、铁路公司、航空公司等提供的客运量、货运量、票务收入等数据。

（2）这些数据可以反映企业的运营状况和市场需求。

4. 区域交通运输的社会经济数据

（1）与区域交通运输需求相关的社会经济数据，如区域经济发展水平、人口分布、产业结构、就业状况等。

（2）这些数据可以帮助分析区域交通运输需求的社会经济背景和影响因素。

5. 区域交通运输应用新技术的数据

（1）利用新技术收集的数据，如智能区域交通运输系统、手机信令数据、社交媒体数据等。国家发展改革委定义的三大类新基建全面涵盖了智能交通的各类基础技术、典型应用和创新设施，引领行业跨越升级。腾讯交通研究院认为，新技术下的交通基础设施建设如图 5-5 所示。

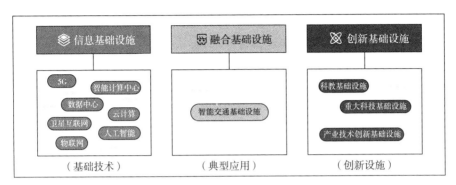

图 5-5　新技术下的交通基础设施建设

（2）这些数据可以提供更实时、更全面的区域交通运输需求信息，并有助于发现新的需求趋势和规律。

在收集数据时，需要确保数据的准确性、完整性和时效性。同时，还需要对数据进行清洗、整理和分析，以提取有用的信息并用于区域交通运输需求的分析和预测。

（二）统计分析

运用回归分析、时间序列分析等统计方法，对历史数据进行分析，预测未来的区域交通运输需求。

1. 描述性统计分析

（1）基本统计量。计算区域交通运输需求的基本统计量，如均值、中位数、众数、标准差等，以描述需求的集中趋势和离散程度。

均值是所有观测值的算术平均数，用于描述数据的中心趋势。计算公式为

$$\bar{x} = \frac{1}{n} \sum_{i=1}^{n} x_i \tag{5-12}$$

其中，$\bar{x}$ 为均值，x_i 为每个观测值，n 为观测值的数量。

中位数是将一组数据从小到大排列后，位于中间位置的数。如果数据量是奇数，则中位数就是正中间的数；如果数据量是偶数，则中位数就是中间两个数的平均值。

众数是一组数据中出现次数最多的数。注意：一组数据中可能有一个或多个众数，也可能没有众数。

标准差是衡量数据离散程度的统计量，表示各观测值到均值的平均距离。计算公式为：

$$SD = \sqrt{\frac{1}{n}\sum_{i=1}^{n}(x_i - \overline{x})^2}$$ （5–13）

（2）频率分布。频率分布是描述数据分布的一种方法，其将数据分成几个区间（或类别），并计算每个区间内的观测值数量（频数）。频率分布通常通过直方图来展示。

虽然频率分布本身不直接涉及复杂的数学公式，但计算每个区间的频数及累计频数（到当前区间为止的总频数）是理解频率分布的关键。

进行描述性统计分析的步骤有以下四个：

1）计算均值：将所有观测值相加，然后除以观测值的总数。

2）计算中位数：首先将数据从小到大排序，其次找到中间位置的数（或中间两个数的平均值）。

3）识别众数：找出出现次数最多的数。

4）计算标准差：首先对每个观测值与均值的差求平方、求和；其次除以观测值数量（对于样本标准差）或观测值数量减一（对于总体标准差）；最后开方。

注意：①在实际分析中，可能需要根据数据的具体情况选择合适的统计量描述其特征。②当数据存在极端值或偏态分布时，中位数或较均值更能代表数据的中心趋势。③标准差的大小反映了数据的离散程度，标准差越大，说明数据点越分散；标准差越小，说明数据点越集中。

2. 相关性分析

利用相关系数（如皮尔逊相关系数、斯皮尔曼等级相关系数等）分析区域交通运输需求与社会经济因素（如 GDP、人口数量、产业结构等）间的相关性，以揭示需求背后的驱动因素。

在进行相关性分析时，我们通常会利用相关系数来衡量两个变量间的线性关系强度和方向。对区域交通运输需求与社会经济因素间的相关性分析，常用的相关系数有皮尔逊相关系数（Pearson Correlation Coefficient）。

皮尔逊相关系数衡量的是两个变量之间的线性相关程度，其值介于 –1 和 1。计算公式如下：

$$r = \frac{\sum_{i=1}^{n}(X_i - \overline{X})(Y_i - \overline{Y})}{\sqrt{\sum_{i=1}^{n}(X_i - \overline{X})^2}\sqrt{\sum_{i=1}^{n}(Y_i - \overline{Y})^2}}$$ （5–14）

其中，X_i 和 Y_i 分别为两个变量的观测值，$\bar{X}$ 和 $\bar{Y}$ 分别为两个变量的均值，n 为观测值的数量。

当 $r > 0$ 时，表示两个变量正相关；

当 $r < 0$ 时，表示两个变量负相关；

当 $r = 0$ 时，表示两个变量之间没有线性相关关系。

3. 回归分析

建立回归分析模型，以社会经济因素为自变量、区域交通运输需求为因变量，预测未来区域交通运输需求的变化趋势。常用的回归分析方法有线性回归、多项式回归、岭回归等。

4. 时间序列分析

对历史区域交通运输需求数据进行时间序列分析，识别需求变化的周期性、季节性、趋势性等特征。常用的时间序列分析方法包括指数平滑法、ARIMA 模型等。

5. 灰色系统模型

对于信息不完全或不确定的区域交通运输需求系统，可以采用灰色系统模型进行预测和分析。灰色系统模型能够处理小样本、贫信息系统的预测问题，提供较为准确的预测结果。

灰色系统模型特别是灰色预测模型 GM(1，1)(Grey Model with One Variable and One Order of Accumulation)，是处理小样本、不完全信息预测问题的有效工具。在区域交通运输需求预测中，当历史数据有限或存在不确定性时，GM(1，1)模型可以提供一个相对准确的预测结果。GM(1，1)模型的基本构建过程分为以下几个步骤。

（1）数据累加生成。原始数据序列进行一次累加生成得到新序列：

$$X^{(1)} = \sum_{i=1}^{k} x^{(0)}(i) \tag{5-15}$$

（2）建立白化方程。

第一，定义 $Z^{(1)}$ 为紧邻均值生成序列，其中：

$$z^{(1)}(k) = 0.5\left[x^{(1)}(k) + x^{(1)}(k-1)\right], \quad k = 2,3,\cdots,n \tag{5-16}$$

第二，灰色预测模型 GM(1，1)的白化方程(也称影子方程)为

$$\frac{\mathrm{d}x^{(1)}}{\mathrm{d}t} + ax^{(1)} = u \tag{5-17}$$

其中，a 和 u 为待估参数，分别称为发展系数和灰作用量。

（3）参数估计。参数 a 和 u 可以通过最小二乘法估计得到。定义数据向量 $Y_N = [x^{(0)}(2), x^{(1)}(3), \cdots, x^{(0)}(n)]^{\mathrm{T}}$ 和数据矩阵 $\boldsymbol{B}$：

$$\boldsymbol{B} = \begin{pmatrix} -z^{(1)}(2) & 1 \\ -z^{(1)}(3) & 1 \\ \vdots & \vdots \\ -z^{(1)}(n) & 1 \end{pmatrix} \tag{5-18}$$

则参数向量 $\hat{\boldsymbol{\theta}} = [a, u]^{\mathrm{T}}$ 可以通过 $\left(\boldsymbol{B}^{\mathrm{T}}\boldsymbol{B}\right)^{-1}\boldsymbol{B}^{\mathrm{T}}\boldsymbol{Y}_N$ 计算得到。

（4）时间响应函数。

第一，解白化方程，得到时间响应函数（累加数据的预测模型）：

$$\hat{x}^{(1)}(k+1) = \left(x^{(0)}(1) - \frac{u}{a}\right)\mathrm{e}^{-ak} + \frac{u}{a}, \quad k = 0, 1, 2, \cdots, n \tag{5-19}$$

第二，通过累减还原得到原始数据的预测值：

$$\hat{x}^{(0)}(k+1) = \hat{x}^{(1)}(k+1) - \hat{x}^{(1)}(k), \quad k = 1, 2, 3, \cdots, n-1 \tag{5-20}$$

这里给出的公式和步骤是基于 GM（1，1）模型的标准形式。在实际应用中，可能需要根据数据的具体情况进行模型检验（如残差检验、关联度检验等），以确保模型的预测精度和适用性。

6. 注意事项

（1）数据质量。确保收集到的数据质量高、准确可靠，避免使用错误或误导性的数据进行分析。

（2）方法选择。根据研究目的和数据特点选择合适的统计分析方法，避免方法不当导致分析结果不准确。

（3）结果解释。对统计分析结果进行合理解释和说明，避免过度解读或误读分析结果。

（4）政策建议。基于统计分析结果提出有针对性的政策建议，为区域交通运输规划和管理提供科学依据。

（三）交通模型

区域交通运输需求分析的交通模型是理解和预测未来区域交通运输的关键工具。这些模型通常基于复杂的数据集和多种分析方法，以提供对区域交通运输运行的深入洞察。以下是区域交通运输需求分析中常用的交通模型。

1. 四阶段模型

四阶段模型是交通规划领域最经典的分析框架，包括出行生成（Trip Generation）、出行分布（Trip Distribution）、方式划分（Mode Split）和交通分配

（Traffic Assignment）四个阶段。

（1）出行生成。①分析区域内各交通小区（如居住区、商业区等）的出行产生和吸引量。②通常使用回归分析等方法，考虑人口、就业、土地利用等因素。

（2）出行分布。①将出行生成阶段得到的出行量分配到各个交通小区间，形成 OD 矩阵（Origin-Destination Matrix）。②常用的方法有增长系数法和重力模型等。

（3）方式划分。①分析出行者在不同交通方式（如公交、地铁、私家车等）之间的选择行为。②通常使用离散选择模型（如 Logit 模型）等方法，考虑出行时间、费用、舒适度等因素。

（4）交通分配。①将 OD 矩阵中的出行量分配到具体的交通网络上，以评估网络性能。②常用的分配方法包括用户平衡法（UE）、随机用户平衡法（SUE）等。

2. 非集计模型

与四阶段模型中的集计分析不同，非集计模型直接基于个体出行者的选择行为进行分析。

（1）特点：能够更精确地反映个体差异和微观行为特征。

（2）应用：在预测低频次、非日常的区域出行方面具有优势。

3. 区域交通运输仿真模型

交通仿真模型通过模拟区域交通运输流和区域交通运输网络中的动态行为，来评估区域交通运输系统的性能。

（1）类型：包括微观仿真模型、中观仿真模型和宏观仿真模型。

（2）应用：可以模拟不同区域交通运输管理策略下的交通状况，为区域交通运输规划和管理提供决策支持。

4. 大数据驱动模型

随着大数据技术的发展，越来越多的交通模型开始利用大数据进行驱动。

（1）数据来源：包括手机信令数据、GPS 轨迹数据、社交媒体数据等。

（2）特点：能够实时、动态地反映交通状况，提高模型的准确性和时效性。

（四）新兴技术应用

利用人工智能和大数据技术，对移动互联网数据和 GPS 定位数据进行分析，实时获取出行信息和交通状况，提高预测精度。

区域交通运输需求分析的新兴技术应用主要体现在智能交通系统、大数据分析、人工智能、物联网及共享出行平台等方面。这些技术的引入，不仅提高了区域交通运输系统的效率和安全性，还为人们提供了更加便捷和个性化的出行服务。具体的新兴技术应用包括以下五个方面。

1. 智能交通系统(ITS)

智能交通系统通过集成先进的传感器、数据分析和通信技术,实现了对交通信息的全面感知、有效整合和智能处理。在区域交通运输需求分析中,智能交通系统具有以下特点。

(1)实时区域交通运输监测。利用交通摄像头、雷达等设备实时收集交通流量、速度、密度等数据。

(2)区域交通运输预测与优化。基于大数据分析,预测未来交通状况,优化交通信号控制、路线规划和交通引导,从而缓解交通拥堵。

(3)区域交通运输出行信息服务。为出行者提供实时路况、公共交通信息、停车位查询等服务,帮助出行者作出更明智的出行决策。

2. 大数据分析

大数据分析在区域交通运输需求分析中发挥着至关重要的作用。通过对海量交通数据的挖掘和分析,可以揭示交通出行的规律、特征和趋势,为区域交通运输的规划和管理提供科学依据。大数据分析的应用包括以下几个方面。

(1)OD 矩阵构建。基于手机信令、GPS 轨迹等大数据,构建更加精确的区域出行 OD 矩阵。

(2)出行特征分析。分析不同时段、不同区域的出行需求特征,如通勤出行、休闲出行等。

(3)区域交通运输政策评估。评估不同区域交通运输政策对出行需求的影响,为政策制定提供数据基础。

3. 人工智能

人工智能技术在区域交通运输需求分析中的应用日益广泛。通过深度学习、机器学习等算法,人工智能可以实现对交通系统的智能决策和优化。具体应用包括以下几个方面。

(1)自动驾驶技术。目前,虽然自动驾驶技术主要应用于车辆控制层面,但其背后的算法和决策机制对提高交通系统效率、减少交通事故具有重要意义。

(2)智能调度系统。利用人工智能技术优化公共交通车辆的调度方案,提高车辆运行效率和乘客满意度。

(3)交通管理决策支持。通过人工智能技术分析区域交通运输数据,为区域交通运输管理者提供决策支持,如信号灯控制策略优化、交通管制措施制定等。

4. 物联网

物联网技术通过实现物物相连,为区域交通运输需求分析提供了丰富的数据来源。在交通运输领域,物联网技术可以应用于如下方面。

（1）智能基础设施。如智能交通信号灯、智能路灯等，通过物联网技术实现互联互通和数据共享。

（2）车辆监控与管理。利用物联网技术对车辆进行实时监控和管理，提高车辆运行效率和安全性。

（3）货物追踪与物流优化。通过物联网技术追踪货物运输状态，优化物流路线和配送方式，提高物流效率。

5.共享出行平台

共享出行平台通过整合个人车辆、公共交通工具等资源，实现了出行需求的共享和优化配置。在区域交通运输需求分析中，共享出行平台具有以下三个作用。

（1）提供出行数据。共享出行平台积累了大量的出行数据，为交通规划和管理提供了宝贵的数据支撑。

（2）反映出行需求变化。通过分析共享出行平台的订单数据，可以实时反映区域出行需求的变化趋势。

（3）优化出行资源配置。共享出行平台通过智能调度算法优化出行资源配置，提高出行效率和服务质量。

未来新技术交通概念如图5-6所示。

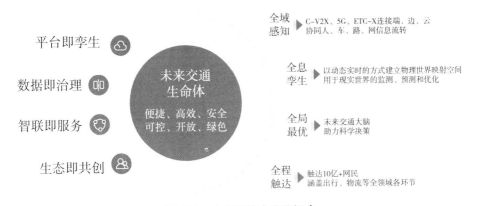

图5-6　未来新技术交通概念

综上所述，新兴技术在区域交通运输需求分析中的应用越发广泛和深入。这些技术的应用不仅提高了区域交通运输系统的效率和安全性，还为人们提供了更加便捷和个性化的出行服务。随着技术的不断进步和创新，未来区域交通运输需求分析将更加智能化、精准化和高效化。

四、区域交通运输需求分析面临的挑战与对策

（一）区域交通运输需求分析面临的挑战

数据获取和处理难度大，需要投入大量时间和成本。传统预测方法难以应对新的因素和突发事件的影响。新兴技术的应用需要专业人才和适应性较强的算法。

区域交通运输需求分析面临的挑战涉及多个层面，这些挑战不仅涉及技术层面，还包括经济、社会、环境等多个维度。

1. 技术层面

（1）数据收集与处理难度。区域交通运输数据呈现海量、异构、动态变化等特点，如何高效、准确收集和处理这些数据，是当前面临的一大挑战。数据的质量直接影响到需求分析的准确性和可靠性。

（2）智能分析技术不足。虽然人工智能、大数据等新兴技术在区域交通运输领域的应用日益广泛，但在实际应用中，这些技术的智能化程度和分析能力仍有待提高。如何构建更加精准、高效的智能分析模型，是当前亟须解决的问题。

2. 经济层面

（1）资金保障不足。区域交通运输基础设施建设和维护需要大量的资金投入，而当前一些地区存在资金保障不足的问题。资金短缺不仅影响了区域交通运输基础设施的完善，也制约了需求分析工作的深入开展。

（2）市场竞争激烈。随着区域交通运输市场的不断开放和竞争的加剧，企业面临更大的市场竞争压力。如何在激烈的市场竞争中保持竞争优势，满足多样化的区域交通运输需求，是企业需要面对的重要挑战。

3. 社会层面

（1）需求多样化。随着经济社会发展和人民生活水平的提升，人们对交通运输的需求日益多样化。如何准确把握这些多样化的需求，提供个性化的区域交通运输服务，是当前面临的一大难题。

（2）公众参与度低。在区域交通运输需求分析过程中，公众的参与度往往较低。这可能导致需求分析结果与实际需求间存在偏差。提高公众的参与度，增强需求分析的民主性和科学性，是当前需要努力的方向。

4. 环境层面

（1）环保压力增大。随着环保意识增强和环保政策的日益严格，区域交通运输行业面临更大的环保压力。如何在满足区域交通运输需求的同时，减少环境污染和资源消耗，是当前需要解决的重要问题。

（2）气候变化影响。气候变化对区域交通运输行业的影响日益显著。极端天

气的频发不仅影响了区域交通运输的正常运行，也增加了需求分析的不确定性。如何适应气候变化带来的挑战，增强区域交通运输系统的韧性和稳定性，是当前面临的重要课题。

5. 其他挑战

（1）区域发展不平衡。区域经济发展不平衡导致区域交通运输需求分布不均。在一些经济欠发达地区，区域交通运输基础设施建设滞后，难以满足当地经济社会发展的需求。如何平衡区域交通运输发展，缩小地区差距，是当前需要关注的问题。

（2）安全风险增加。随着区域交通运输量的增加和运输方式的多样化，交通安全风险也在不断增加。如何加强区域交通运输安全管理，提高区域交通运输系统的安全性，是当前亟须解决的问题。

综上所述，区域交通运输需求分析面临多方面的挑战。为应对这些挑战，需要政府、企业和社会各界共同努力，加强技术创新、资金投入、公众参与和环保措施等方面的工作，推动区域交通运输行业的可持续发展。

（二）区域交通运输需求分析面临的挑战与对策

面对区域交通运输需求分析中的挑战，可以从技术、经济、社会、环境等维度提出相应的对策。

1. 技术层面

（1）加强数据收集与处理能力。①引入先进的数据采集技术，如物联网、移动互联网等，实现交通数据的实时、全面收集。②建立高效的数据处理平台，运用大数据、云计算等技术手段，提高数据处理的速度和准确性。③加强数据质量控制，确保数据的真实性和可靠性，为需求分析提供坚实基础。

（2）提升智能分析技术水平。①加大在人工智能、机器学习等领域的研发投入力度，构建更加精准、高效的智能分析模型。②推动区域交通运输领域的数字化转型，实现区域交通运输系统的智能化管理和优化。③加强与科研机构、高校等单位的合作，共同推进智能分析技术的研发和应用。

2. 经济层面

（1）加大资金投入力度。①政府应加大对区域交通运输基础设施建设和维护的资金投入，确保区域交通运输系统的顺畅运行。②鼓励社会资本参与区域交通运输领域的投资，拓宽融资渠道，降低融资成本。③优化资金使用结构，确保资金向重点项目和薄弱环节倾斜。

（2）促进市场竞争与合作。①建立健全的市场竞争机制，鼓励区域交通运输企业加强技术创新和服务创新，提高市场竞争力。②推动区域交通运输企业间的合作与联盟，实现资源共享和优势互补，共同应对市场挑战。

3. 社会层面

（1）准确把握多样化需求。①通过问卷调查、座谈会等方式，深入了解公众对区域交通运输的需求。②运用大数据分析技术，挖掘潜在需求和市场机会，为区域交通运输服务提供创新方向。

（2）提高公众参与度。①建立公众参与机制，鼓励公众积极参与区域交通运输规划和决策过程。②加强宣传教育，提高公众对区域交通运输重要性的认知和支持度。

4. 环境层面

（1）加强环保措施。①推广绿色低碳的区域交通运输方式，如公共交通、新能源汽车等，减少环境污染和资源消耗。②加强区域交通运输基础设施的环保设计和建设，确保区域交通运输系统与生态环境的和谐共生。

（2）应对气候变化挑战。①加强气象监测和预警系统建设，提高应对极端天气的能力。②优化区域交通运输网络布局和运输组织方式，提高区域交通运输的韧性和稳定性。

5. 综合措施

（1）推动区域协调发展。①加强区域交通运输规划和协调，确保区域间交通运输系统的顺畅衔接和协同发展。②加大对经济欠发达地区的区域交通运输支持力度，缩小地区差距，促进区域协调发展。

（2）加强安全管理。①建立完善的安全管理制度和应急响应机制，确保区域交通运输系统的安全运行。②加强交通安全宣传教育，提高公众的安全意识和自我保护能力。

面对区域交通运输需求分析中的挑战，需要从技术、经济、社会、环境等多个维度出发，采取综合措施加以应对。这些措施的实施将有助于提升区域交通运输系统的效率和服务水平，满足多样化的区域交通运输需求，促进经济社会的可持续发展。

综上所述，区域交通运输需求分析是一个复杂而系统的过程，需要综合考虑多个因素和方法。通过准确的需求分析，可以为区域交通运输规划、政策制定和基础设施建设提供有力支持，促进区域交通运输的可持续发展。

五、案例分析

（一）北京市交通拥堵治理——区域交通运输需求分析视角

1. 背景

北京市作为中国的首都和政治、文化、国际交往中心，一直面临严重的交通拥堵问题。随着城市化和机动化的快速推进，交通需求急剧增长，道路交通压力与日俱增，对市民出行和城市经济发展造成了严重影响。

2. 区域交通运输需求分析

（1）交通流量分析。①数据来源与处理。利用交通监控摄像头、车辆检测器等设备实时收集主要道路和交叉口的交通流量数据。通过大数据处理技术，对数据进行清洗、整合和分析。②时空分布特征。分析结果显示，早晚高峰时段（7:00—9:00 和 17:00—19:00）交通流量显著增加，部分关键路段长期处于饱和甚至超饱和状态。此外，在周末和旅游旺季，随着旅游活动的增加，部分景区周边的交通流量也会出现显著波动。

（2）出行特征分析。①通勤出行需求。通勤出行是北京市交通需求的主要组成部分，占比超 60%。分析发现，通勤者大多选择私家车作为主要出行方式，导致早晚高峰时段道路拥堵加剧。②旅游与商务出行。随着北京市作为旅游目的地的吸引力不断增强，旅游出行需求逐年增加。同时，商务活动频繁，也对交通需求产生了显著影响。这些出行需求在时间和空间上分布不均，给交通系统带来额外压力。

（3）交通方式分析。①私家车出行。私家车是北京市市民出行的主要方式之一，占比约 40%。私家车的大量使用加剧了道路拥堵和停车难问题。②公共交通出行。地铁和公交作为公共交通的主要组成部分，在高峰时段承载压力巨大。尽管地铁网络不断完善，但部分线路仍面临运能紧张的问题。虽然公交系统覆盖广泛，但受道路拥堵影响，运行效率下降。③非机动车与步行。自行车和步行等绿色出行方式在短途出行中占一定比例，但由于道路空间有限和骑行条件较差，其发展受到一定限制。

3. 治理措施

针对交通拥堵问题，结合区域交通运输需求分析结果，北京市采取了以下治理措施。

（1）优化交通结构。①大力发展公共交通。提高地铁和公交的覆盖率和准点率，增加运力投放，缓解高峰时段运输压力。实施公交专用道、信号优先等措施，提升公共交通运行效率。②鼓励绿色出行。通过建设和完善自行车道、步行道等慢行交通设施，改善骑行和步行环境，鼓励市民选择绿色出行方式。

（2）完善交通设施。①增加停车设施。建设更多公共停车场和立体停车库，解决停车难问题。同时，实施差异化停车收费政策，引导车辆合理使用停车资源。②改善道路基础设施。对拥堵严重的路段进行拓宽改造或建设下穿隧道、高架桥等立体交通设施。优化交叉口设计，提高通行能力。

（3）实施交通政策。①限行与限购。实施机动车尾号限行措施，减少高峰时段上路车辆数量。同时，实施小客车指标调控政策，控制私家车增长速度。②拥堵收费。在拥堵严重的区域实施拥堵收费政策，利用经济手段调节交通需求分布。通过收费收入建设公共交通设施和改善交通环境。

4. 效果评估

通过实施一系列治理措施，北京市的交通拥堵状况得到了一定程度的缓解。

（1）公共交通分担率提升。公共交通系统服务水平的提升和绿色出行方式的推广，使公共交通分担率显著提高，减少了私家车的使用量。

（2）道路通行能力增强。交通设施的完善和政策措施的实施，有效提高了道路通行能力，缓解了高峰时段的拥堵状况。

（3）市民出行体验改善。交通拥堵的缓解和公共交通服务质量的提升，使市民出行时间缩短、出行体验改善。同时，绿色出行方式的推广也促进了城市环境的改善。

综上所述，通过对北京市交通拥堵问题的区域交通运输需求分析，结合科学合理的治理措施和政策支持，有效缓解了交通拥堵状况，提升了城市交通系统的整体效能和市民的出行体验。

（二）上海市浦东新区综合交通规划——区域交通运输需求分析视角

1. 背景

近年来随着经济的快速发展和城市规模的持续扩大，上海市浦东新区作为中国经济最具活力的地区之一，交通需求呈快速增长的趋势。为应对日益增长的交通压力，满足多样化的出行需求，浦东新区启动了综合交通规划工作，旨在构建一个高效、便捷、可持续的综合交通体系。

2. 需求分析

（1）交通流量预测。基于历史交通数据和未来经济社会发展趋势的综合分析，浦东新区交通规划团队对未来交通需求进行了预测。预测结果显示，未来交通需求将保持快速增长态势，尤其是在商业区和交通枢纽周边区域。这些区域由于经济活动密集、人员流动量大，对交通基础设施和服务提出了更高的要求。

（2）出行特征分析。出行特征分析显示，浦东新区的出行需求呈现多样化的特点。除了传统的通勤出行，商务出行和旅游出行也占据了相当大的比例。通勤出行主要集中在早晚高峰时段，对交通的便捷性和准时性要求较高；商务出行更注重交通服务的舒适性和效率；旅游出行对交通网络的覆盖范围和信息服务提出了更高的要求。

（3）交通方式选择。随着地铁网络的不断完善和地面公共交通的优化，公共交通在浦东新区市民出行中的占比逐步提高。地铁以其快捷、准时、环保的特点成为市民长途出行的首选；而公交、出租车和共享单车满足了市民短途出行的需求。此外，私家车出行虽然仍占一定比例，但随着交通拥堵问题的日益严重和公共交通服务质量的提升，部分市民开始转向公共交通出行。

3. 规划措施

（1）构建多层次交通体系。浦东新区在综合交通规划中注重构建多层次、一体化的交通体系。通过地铁、公交、出租车、共享单车等多种交通方式的有机结合，实现了各种交通方式的无缝衔接和优势互补。这种多层次交通体系不仅能够满足市民多样化的出行需求，还能够有效缓解交通拥堵，提高交通系统的整体效率。

（2）优化交通网络布局。根据区域发展需求和交通需求预测结果，浦东新区合理规划了道路网络和公共交通线路。在道路网络方面，加强了主干道和次干道的建设和改造，提高了道路通行能力；在公共交通方面，根据市民出行需求和区域特点优化了公交线路和站点设置，提高了公共交通的覆盖面和服务质量。

（3）推广智能交通系统。浦东新区积极利用大数据、云计算等现代信息技术提升交通系统的智能化水平。通过建设智能交通管理系统和信息服务平台，实现了对交通流量的实时监测和预测分析；同时，开发了多种便捷的出行信息服务应用，为市民提供了实时路况、公交到站时间、共享单车分布等多元信息服务。这些智能化措施不仅提高了交通管理的效率和精度，还提升了市民的出行体验和满意度。

4. 实施效果

浦东新区综合交通规划的实施取得了显著成效。通过构建多层次交通体系、优化交通网络布局和推广智能交通系统等一系列措施的实施，浦东新区的交通系统整体效能得到了显著提升。交通拥堵问题得到了有效缓解；公共交通服务质量不断提高；市民出行更加便捷高效。同时，综合交通规划的实施浦东新区的经济社会的持续繁荣奠定了坚实的基础。

（三）伦敦拥堵收费区——区域交通运输需求分析视角

1. 背景

伦敦作为英国的政治、经济和文化中心，以及全球金融市场的关键枢纽，其区域交通运输系统长期承受巨大压力。随着城市化的加速和人口的不断增长，交通拥堵问题日益严峻，不仅影响了城市交通的运行效率，还显著降低了居民的生活质量。为有效应对这一挑战，伦敦市政府于2003年创新性地引入了拥堵收费区（Congestion Charge Zone，CCZ）政策。这一政策的成功实施，离不开深入、细致的区域交通运输需求分析，其为政策的科学制定提供了坚实的数据支撑和理论依据。

2. 需求分析

（1）交通流量分析。伦敦市中心的交通流量监测数据显示，高峰时段的道路通行能力严重受限，车流量激增导致交通拥堵现象频发。通过对历史数据的深入分析，伦敦市政府精准识别出私人汽车出行是造成交通拥堵的主要因素。这一发现为政府调控交通流量、优化出行结构给出了明确的方向。

（2）出行特征分析。伦敦市民的出行需求多样化，涵盖了通勤、商务、休闲购物等方面。随着城市规模的扩大和人口的增长，传统的私人汽车出行方式已难以满足市民对高效、环保出行的需求。市民更加倾向选择便捷、快速且环保的出行方式，这为公共交通和非机动车出行方式的发展提供了广阔的空间。

（3）交通方式分析。在拥堵收费区政策实施前，私人汽车在伦敦市民的出行方式中占据主导地位，但这种出行方式加剧了交通拥堵和空气污染问题。相比之下，公共交通（如地铁、公交）和非机动车（如自行车、步行）的出行比例相对较低。通过详细的交通方式分析，伦敦市政府意识到必须通过政策调整，引导市民减少私家车使用，提升公共交通和非机动车的出行比例，以减轻城市交通压力。

3. 治理措施

基于区域交通运输需求分析的结果，伦敦市政府采取了一系列行之有效的治理措施。

（1）实施拥堵收费政策。通过划定拥堵收费区，对进入该区域的车辆（包括出租车和部分货车）收取费用。这一经济手段有效调控了交通流量，减少了不必要的私人汽车出行。同时，引入电子收费系统实现了自动扣费功能，提升了政策执行的效率和便捷性。

（2）推广公共交通和非机动车出行。政府加大了对公共交通的投资力度，提升了地铁和公交的服务质量和覆盖面。此外，还建设了更多的自行车道和步行道，为市民提供了安全、便捷的绿色出行环境。通过推出公共交通折扣券、自行车租赁服务等优惠措施，进一步鼓励市民采用环保出行方式。

（3）加强交通管理和执法。利用摄像头和智能交通系统实时监控拥堵收费区内的交通流量和车辆行驶情况。对违反拥堵收费政策的车辆依法进行处罚，确保了政策的有效执行。同时，通过优化交通信号控制、加强交通疏导等措施，进一步提升了道路通行效率。

4. 效果评估

（1）交通拥堵显著缓解。拥堵收费政策的实施取得了显著成效，拥堵收费区内的交通流量明显减少，道路通行速度大幅提升。市民出行更加顺畅便捷，生活质量得到了显著改善。

（2）公共交通分担率提高。随着拥堵收费政策的推进和公共交通服务的不断优化升级，伦敦市民对公共交通的依赖度显著增加。地铁和公交的乘客数量显著上升，公共交通分担率得到了有效提升。这不仅优化了出行结构，还有效降低了私人汽车出行的比例。

（3）空气质量明显改善。交通拥堵的缓解和私人汽车出行的减少有效降低了尾气排放和空气污染问题。伦敦的空气质量得到了显著改善，市民的生活环境更加宜居。这一变化对提升城市形象、吸引投资和人才等方面都具有积极意义。

（4）经济效益显著提升。尽管拥堵收费政策对部分车主造成了一定经济负担，但整体上对伦敦的经济发展产生了积极影响。交通拥堵的缓解提高了城市运行效率，降低了企业的物流成本和时间成本，促进了商业活动的繁荣。政府通过拥堵收费获得的收入部分用于公共交通和环保项目的投资，进一步促进了城市的可持续发展。

综上所述，伦敦拥堵收费区的成功案例充分展示了区域交通运输需求分析在政策制定中的关键作用。通过科学的交通流量分析、出行特征分析和交通方式分析，政府能够准确把握城市交通面临的问题和挑战，从而制定出更加精准、有效的治理措施。这不仅有助于缓解交通拥堵、提升居民生活质量，还能促进城市交通的可持续发展和城市的整体繁荣。

（四）纽约市智能交通系统——区域交通运输需求分析视角

1. 背景

纽约市作为全球最大的城市之一，其交通系统因庞大、复杂而闻名。随着城市人口持续增长和交通需求的急剧增加，纽约市面临交通拥堵、环境污染及安全隐患等多重挑战。为有效应对这些挑战，纽约市政府基于深入的区域交通运输需求分析，积极引入智能交通系统（ITS），旨在通过科技手段优化城市交通管理，提升交通效率和安全性。

2. 区域交通运输需求分析

（1）交通拥堵缓解。①需求分析。纽约市的交通拥堵问题尤为严重，尤其是在高峰时段，道路拥堵显著影响了市民的出行效率和城市的经济发展。②目标设定。通过科技手段缓解交通拥堵，提升道路通行能力，确保市民出行顺畅。

（2）环境保护。①需求分析。随着环保意识的提升，减少尾气排放、改善空气质量成为迫切需求。②目标设定。利用智能交通技术促进绿色出行，降低私家车使用频率，从而减少空气污染。

（3）提升交通安全性。①需求分析。交通安全是城市交通管理的关键环节，减少交通事故、保障市民生命安全是重要目标。②目标设定。通过智能交通技术提升交通监管水平，及时发现并处理交通安全隐患。

3. 治理措施与区域交通运输需求分析的结合

（1）交通信号控制系统升级。①措施。引入先进的交通信号控制系统，通过实时数据分析优化信号配时。②需求分析结合。根据交通流量的实时变化自动调整信号灯时长，有效缓解因信号灯不合理配置导致的交通拥堵。

（2）智能交通信息中心建设。①措施。建立智能交通信息中心，集成多种交通数据来源进行实时监测和分析。②需求分析结合。通过大数据分析提供交通管理决策支持，及时应对突发交通事件，确保交通系统的稳定运行。

（3）推广公共交通智能调度。①措施。利用智能交通技术优化公共交通调度，提高公交、地铁等公共交通工具的准点率和运行效率。②需求分析结合。通过实时监控和数据分析，合理调配车辆资源，缩短乘客等待时间，从而鼓励更多市民选择公共交通出行，进一步缓解交通拥堵。

（4）鼓励绿色出行方式。①措施。政策引导与技术支持相结合，推广步行、骑行和公共交通等绿色出行方式。②需求分析结合。建设完善的自行车道和步行道，提供便捷的共享单车与电动车租赁服务，降低私家车使用率，满足市民对环保出行的需求。

（5）加强交通安全监管。①措施。利用智能交通技术进行交通安全监管，包括违章行为抓拍、事故预警等。②需求分析结合。通过数据分析识别高风险路段和时段，加大巡逻和执法力度，提高交通安全水平，保障市民的生命财产安全。

4. 效果评估与区域交通运输需求分析的验证

（1）交通拥堵缓解。智能交通系统的实施显著提升了道路通行能力，市民出行更加顺畅，验证了区域交通运输需求分析中缓解交通拥堵措施的有效性。

（2）环境保护成效。绿色出行方式的推广和智能交通技术的应用有效减少了尾气排放和空气污染，进一步改善了城市环境质量，符合区域交通运输需求分析中环境保护的目标。

（3）交通安全性提升。智能交通技术的应用显著提高了交通监管水平，减少了交通事故的发生，保障了市民的生命财产安全，实现了区域交通运输需求分析中提升交通安全性的目标。

综上所述，纽约市智能交通系统的成功案例充分展示了科技引领城市交通优化的巨大潜力。通过深入的区域交通运输需求分析，结合科学的治理措施和先进的智能交通技术应用，纽约市成功缓解了交通拥堵、改善了城市环境质量、提升了交通安全性和经济效益。这一案例为其他城市在智能交通系统建设方面提供了宝贵的经验和启示，强调了区域交通运输需求分析在推动城市交通发展中的重要性。

六、结论与展望

（一）结论

本章深入探讨了区域交通运输需求分析在区域交通运输规划与管理中的重要性、内容、方法及面临的挑战与对策，得出以下五个结论。

1. 区域交通运输需求分析是科学规划与政策制定的基础

准确的需求分析为区域交通运输规划提供了数据支撑和科学依据，确保规划的科学性和合理性。通过把握交通需求的特征与趋势，能够更精确地制定交通政策和优化资源配置。

2. 区域交通运输需求分析是实现资源合理配置的关键

在资源有限的条件下，通过需求分析明确区域交通运输需求的重点与方向，可以确保资源的高效利用，避免浪费和重复建设。同时，通过识别交通拥堵"瓶颈"和热点区域，为基础设施建设提供精准指导。

3. 智能交通技术的应用提升了区域交通运输效率

随着大数据、人工智能等技术的不断发展，智能交通系统在区域交通运输管理中的应用日益广泛。这些新兴技术不仅提升了交通管理的精度和效率，还推动了交通模式的创新，为缓解交通拥堵、提高运输效率提供了新的解决方案。

4. 绿色交通与低碳交通成为未来发展方向

面对环保压力与气候变化的挑战，推广绿色交通方式和低碳技术是区域交通运输可持续发展的必然选择。清洁能源交通工具、智能交通系统及绿色基础设施的建设将促进区域交通运输行业的绿色转型。

5. 跨区域合作与政策协调是区域交通运输发展的关键

在区域经济一体化背景下，跨区域交通运输合作与政策协调成为推动区域交通运输发展的关键。通过加强区域间的合作与交流，打破行政壁垒，实现交通基础设施的互联互通和运输服务的无缝衔接，促进区域经济的协同发展。

（二）展望

未来，区域交通运输需求分析将面临更多新的挑战与机遇。

1. 技术创新将持续驱动区域交通运输变革

随着自动驾驶、大数据、物联网等技术的不断成熟，智能交通系统将更加普及和智能化。这将显著提升区域交通运输系统的效率、安全性和环保性，为区域交通运输的可持续发展提供强有力的技术支持。

2. 绿色交通与低碳交通将成为主导趋势

随着环保意识的提高和绿色技术的发展，绿色交通和低碳交通将成为区域交通运输发展的主导趋势。政府将出台更多激励政策，鼓励清洁能源交通工具的普及和低碳技术的应用，推动交通运输行业的绿色转型。

3. 区域交通运输合作将进一步深化

在区域经济一体化和全球化背景下，区域交通运输合作将更加紧密。政府将加强政策协调与规划对接，推动跨区域交通运输网络的互联互通和运输服务的无缝衔接。同时，跨国界交通运输合作也将不断拓展，促进全球经济的共同繁荣。

4. 综合交通运输体系将更加完善

未来，区域交通运输体系将更加注重多种运输方式的协同发展。通过优化交通网络布局、完善基础设施、提升信息化水平等措施，构建高效、便捷、绿色、安全的综合交通运输体系，以提升区域交通运输系统的整体效能和服务水平。

5. 公众参与度将不断提高

随着社会发展，公众在区域交通运输规划与管理中的参与度将不断提高。政府将更加注重听取公众意见和需求，确保交通规划与政策的民主化、科学化和人性化。这将有助于增强公众对交通运输系统的认同感和满意度，促进区域交通运输的可持续发展。

第六章　区域交通运输供给分析

区域交通运输供给分析是一个复杂且多维的、综合性的分析过程，涉及对特定区域内交通运输系统的全面分析和评估，需要综合考虑区域交通运输基础设施、服务供给、技术创新、政策规划、社会经济影响及面临的挑战与机遇。通过分析，可以为制定有效的区域交通运输发展策略提供科学依据。

一、区域交通运输供给的定义与概述

区域交通运输供给是指在特定区域内，交通运输生产者愿意并且能够提供的交通运输服务的数量和质量。这一供给状况受多种因素的影响，并直接关系到该区域的经济社会发展水平。区域交通运输供给是一个复杂而重要的概念，其直接关系到区域经济社会的发展水平和人民群众的切身利益。因此，需要高度重视并采取有效措施来完善提升区域交通运输供给能力，以满足经济社会发展的需求。

（一）区域交通运输供给分析的定义与分析维度

区域交通运输供给分析是一个综合性、系统性的研究过程，其深入探究特定区域内各种运输方式（包括公路、铁路、水路、航空、管道运输等）在特定时期和价格水平下所能提供的运输服务总量、结构、质量、效率、成本，以及区域交通运输网络的布局、运输能力的利用情况和对经济社会发展的影响。区域交通运输分析不仅关注各种运输方式的物理供给能力，还涉及运输服务的可达性、便捷性、舒适性、安全性、环境友好性等多维度的考量，是一个全面评估区域交通运输系统性能和潜力的过程。

1. 区域交通运输供给总量与结构分析

区域交通运输供给总量与结构分析是理解一个地区交通运输能力及其构成的重要方面。

（1）区域交通运输供给总量分析。区域交通运输供给总量是指在一定时期内，特定区域内所有交通运输方式所能提供的总运输能力，包括公路、铁路、水路、航空及管道等多种交通运输方式所能承载的货物和人员的总量。2022 年，我国货物运输量和旅客运输量如图 6-1、图 6-2 所示。

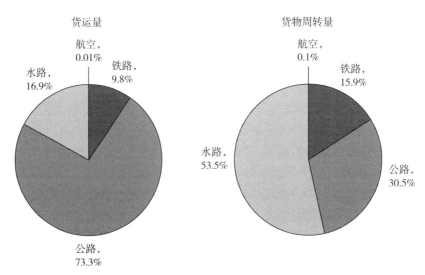

图 6-1　2022 年我国货物运输量

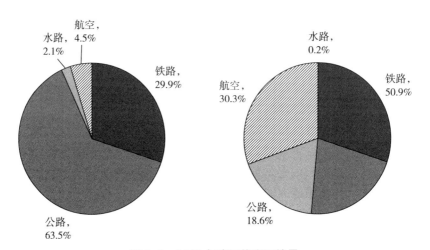

图 6-2　2022 年我国旅客运输量

在区域交通运输供给分析中，区域交通运输供给总量的公式并非一个简单的、统一的数学表达式，因为其受多种因素的影响，如经济发展水平、政策导向、技术进步等。然而，我们可以尝试构建一个简化的模型来表示供给总量与各影响因素间的关系。

一个简化的线性回归模型可以用来表示区域交通运输供给总量(S)与其主要影响因素(如经济发展水平、政策导向、技术进步等)的关系。但需注意,这只是一个示例模型,实际情况可能更加复杂:

$$S = \beta_0 + \beta_1 E + \beta_2 P + \beta_3^T + \cdots + \varepsilon \tag{6-1}$$

其中, β_0 为常数项; β_1 、 β_2 、 β_3 等为各影响因素的系数,表示各因素变化对供给总量的影响程度; E 为经济发展水平,可以用 GDP、人均收入等指标来衡量; P 为政策导向,可以量化为政府投资、财政补贴、税收优惠等政策的实施力度; T 为技术进步,可以通过运输效率提升比例、新技术的应用程度等指标来衡量; ε 为随机误差项,用于捕捉模型未能涵盖的其他随机波动。

第一,区域交通运输供给总量的增长。随着经济的持续增长和城市化进程的加速,区域交通运输需求不断增加,推动了供给总量的持续增长。政府加大对交通运输基础设施的投资,增强了供给能力。例如,2017~2022 年我国固定交通基础设施投资规模连续多年保持在高位,为交通运输行业的持续发展提供了有力支撑(见图 6-3)。

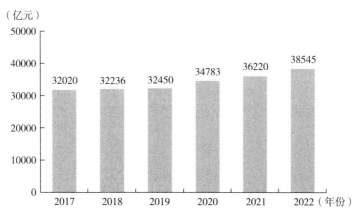

图 6-3 2017~2022 年我国固定交通基础设施投资规模

资料来源:《2022 年交通运输行业发展统计公报》。

第二,区域交通运输供给总量增长的影响因素。①经济发展水平。经济发达的地区往往有更多的资金用于交通运输基础设施建设,从而增加供给总量。②政策导向。政府政策对交通运输供给具有重要影响,通过制定发展规划、提供财政补贴等措施,可以促进供给总量的增加。③技术进步。区域交通运输技术的进步可以提高运输效率,从而在现有基础设施条件下增加供给总量。如图 6-4 所示。

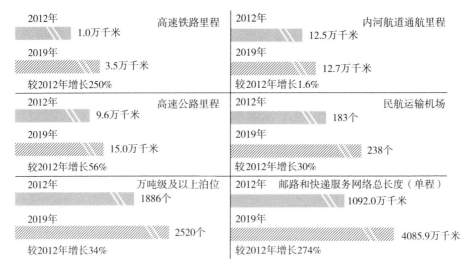

图 6-4　经济发展水平、政策导向、技术进步：驱动交通供给增长的"三驾马车"

资料来源：2012~2019 年《交通运输行业发展统计公报》。

（2）区域交通运输供给结构分析。区域交通运输供给结构是指各种交通运输方式在总供给量中所占的比例及其相互关系。这反映了区域交通运输体系的多样性和协调性。

第一，区域交通运输方式的结构。①公路运输。因其灵活性和便捷性，在短途运输和城市客运中占据重要地位。②铁路运输。在中长途货运和客运中具有显著优势，尤其是高速铁路的发展极大提升了铁路运输的速度和舒适度。③水路运输。适用于大宗货物的长距离运输，具有成本低、运量大的特点。④航空运输。在长途客运和国际货运中具有不可替代的优势，速度快但成本相对较高。⑤管道运输。主要用于液体和气体货物的运输，如石油、天然气等。

我们可以定义每种运输方式的供给量为 $S_i(i=1,2,\cdots,n)$，其中 n 是运输方式的种类数。那么，区域交通运输供给总量 S 为

$$S = \sum_{i=1}^{n} S_i \tag{6-2}$$

供给结构则可以通过每种运输方式供给量 S_i 占总供给量 S 的比例表示，即

$$P_i = S_i / S \tag{6-3}$$

其中，P_i 为第 i 种运输方式在总供给量中所占的比例。

第二，区域交通运输方式的结构特点。①多样性。区域交通运输供给结构通常包含多种运输方式，以满足不同货物和人员的运输需求。②协调性。各种运输

方式间需要相互协调、相互配合，以形成高效运转的交通运输网络。③适应性。供给结构应适应区域经济社会发展的需求变化，随着需求的变化而不断调整和优化。区域交通运输方式的结构特点如图6-5所示。

指标/运输方式	航空运输	水路运输	铁路运输	公路运输
运量	最小	最大	较大	灵活
运价	最高	最低	较低	中等
速度	最快	最慢	较快	灵活
连续性	受天气影响大	受自然条件影响大	连续性强	机动灵活
典型物资	高附加值/紧急物资	大宗货物/气体能源	中长距离货物	短途/末端配送

图6-5　区域交通运输方式的结构特点

第三，区域交通运输方式优化策略。①根据区域经济社会发展的需求特点，合理明确各种交通运输方式的发展比例和方向。②加强不同交通运输方式间的衔接和配合，提高综合运输效率。③推动交通运输技术创新和应用推广，提升运输效率和服务质量。2019年我国不同运输方式优化前后对比如图6-6所示。

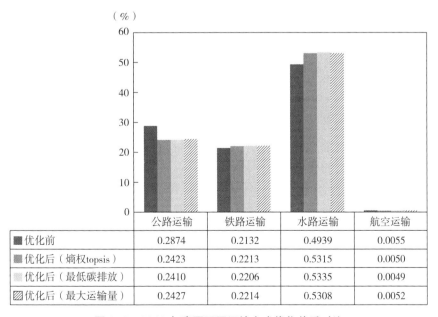

图6-6　2019年我国不同运输方式优化前后对比

综上所述，区域交通运输供给总量与结构分析是评估一个地区交通运输能力的重要方面。通过深入分析供给总量和结构的特点及其影响因素，可以为制定科学合理的交通运输发展规划提供有力支持。

2. 区域交通运输供给服务质量与效率评估

（1）服务质量。我国客运量每年上升，因此要确保服务质量。考察区域交通运输服务的及时性、可靠性、安全性及客户满意度等关键指标，旨在全面评估区域交通运输供给服务的整体质量水平，确保区域交通运输服务能够满足客户需求并达到预期的服务标准。2012 年和 2019 年旅客运输服务对比如图 6-7 所示。

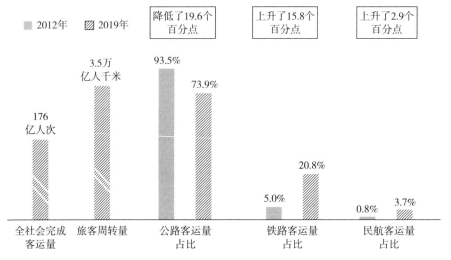

图 6-7 2012 年和 2019 年旅客运输服务对比

资料来源：2012 年、2019 年《交通运输统计年鉴》。

我们构建一个服务质量评价的综合指标模型。这个模型可能会结合多个单项指标，每个单项指标都有其特定的计算方式或评价标准，然后通过加权求或其他综合方法来得到最终的服务质量评分。

假设选取以下四个单项指标来评价服务质量：及时性（T）、可靠性（R）、安全性（S）和客户满意度（C）。每个指标都有其对应的评价值，且这些评价值可以通过问卷调查、数据统计等方式获得。此外，每个指标的重要性可能不同，因此我们会为每个指标分配一个权重（W_t、W_r、W_s、W_c），这些权重反映了指标在服务质量评价中的相对重要性。

那么，服务质量（Q）的综合评价公式可以表示为

$$Q = W_t \times T + W_r \times R + W_s \times S + W_c \times C \tag{6-4}$$

（2）运输效率。分析区域交通运输供给过程中的时间消耗、中转环节、装载率等关键因素，旨在全面评估区域交通运输活动的效率表现，识别潜在的时间延误、中转"瓶颈"和装载不足等问题，为优化区域交通运输流程和提高整体区域交通运输供给提供有力支持（见图6-8）。

我们可以尝试从三个关键指标出发，构建一个评价运输效率的框架。

时间效率（*TE*）：反映运输过程中时间的利用情况，可以用单位时间内的运输量来衡量。时间效率越高，表示在相同时间内能够运输的货物或人员越多。

中转效率（*TEF*）：反映货物或人员在运输过程中的中转情况，中转次数越少、中转时间越短，表示中转效率越高。

装载效率（*LE*）：反映运输工具的装载情况，装载率越高，表示每次运输能够充分利用运输工具的装载能力，减少空驶和浪费。

基于这些关键指标，我们可以构建一个运输效率的综合评价公式：

$$运输效率(E) = \alpha \times TE + \beta \times TEF + \gamma \times LE \tag{6-5}$$

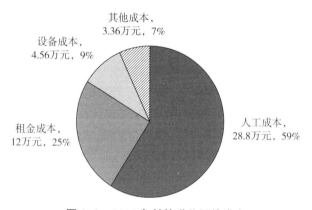

图6-8　2016年某快递公司的成本

资料来源：快递行业深度报告：成本优化的结构与空间分析［EB/OL］. https://www.vzkoo.com/read/7537 a8066009befd24c95d0659fdee28.html.

3. 区域交通运输供给成本效益分析

（1）成本构成。详细分析区域交通运输供给服务的成本构成，包括固定成本（如基础设施投资、设备购置费用等）和变动成本（如燃料消耗、维护费用、人力成本等），旨在全面把握区域交通运输供给服务的成本结构和成本驱动因素，为成本控制和效益提升提供科学依据。

（2）效益评估。通过对比区域交通运输供给的收益与成本，全面评估其经济效益，同时深入探讨成本节约和效益提升的具体途径，旨在为优化区域交通运输供给服务、提高经济效益提供科学依据和实践指导。

交通运输供给建设项目投资大、周期长，而且交通运输供给自身的效益仅仅是其社会经济效益中很小的一部分，因此交通运输供给的间接经济效益的计算极其重要。作为中间产品的交通运输供给，对国民经济其他部门起着重要的纽带作用。这种作用体现在交通运输供给对国内生产总值的完全贡献上，其完全经济贡献等于直接经济贡献与间接经济贡献之和。

一般地，设 D_i、L_i、G_i 分别为 i 部门每万元投入对国内生产总值的直接贡献、间接贡献与完全贡献。

$$D_i = L_i + G_i \qquad\qquad (6-6)$$

$$G_i = D_i + \sum_{k=1}^{n} (G_k \cdot h_{ik}) \qquad\qquad (6-7)$$

其中，h_{ik} 为 i 部门的中间产品分配系数向量中的第 k 个元素，表示 i 部门产出中被 k 部门用作中间产品的数量占 i 部门总产出的比率。其计算公式为

$$h_{ik} = X_{ik} / X_i;\ i,k = 1,2,3,\cdots \qquad\qquad (6-8)$$

写成矩阵式：

$$\boldsymbol{G} = \left(G_1, G_2, \cdots, G_n \right)^{\mathrm{T}} \qquad\qquad (6-9)$$

$$\boldsymbol{H} = \begin{pmatrix} h & h & \cdots & h \\ h & h & \cdots & h \\ \vdots & \vdots & \vdots & \vdots \\ h & h & \cdots & h \end{pmatrix} \qquad\qquad (6-10)$$

$$(1 - \boldsymbol{H}) = \boldsymbol{G} \qquad\qquad (6-11)$$

$$\boldsymbol{G} = (1 - \boldsymbol{H})^{-1} \boldsymbol{D} \qquad\qquad (6-12)$$

因此，交通运输供给 1 个单位投入对国内生产总值的完全贡献 G_t 与当交通运输的产值增量为 ΔX_t 时的总效益增量 ΔT_t 如下：

$$\boldsymbol{G} = \left(G_1, G_2, \cdots, G_t, \cdots, G_n \right)^{\mathrm{T}} \qquad\qquad (6-13)$$

$$\boldsymbol{G} = (1 - \boldsymbol{H})^{-1} \boldsymbol{D} \qquad\qquad (6-14)$$

$$\Delta T_t = G_t \times \Delta X_t \qquad\qquad (6-15)$$

4. 区域交通运输供给网络布局与能力利用

（1）网络布局。研究区域内交通运输网络的布局特点、覆盖范围及节点间的

连接状况，旨在深入评估这些因素对区域交通运输供给的影响，揭示区域交通运输供给网络结构与区域交通运输供给能力之间的内在联系，为优化区域交通运输供给网络布局提供科学依据。

（2）能力利用。分析区域交通运输设备（如车辆、船舶、飞机等）和运输设施（如道路、港口、机场等）的利用情况，重点关注利用率、满载率等关键指标，旨在深入揭示区域交通运输供给能力的实际发挥程度，为优化资源配置、提高区域交通运输供给效率提供科学依据。

5. 区域交通运输供给经济社会影响分析

（1）产业关联。探讨区域交通运输供给与区域内相关产业的关联关系，深入分析区域交通运输供给对产业布局、产业链整合的影响，旨在揭示区域交通运输在促进区域经济发展、优化产业结构中的重要作用，为制定科学合理的区域交通运输政策和产业规划提供理论支撑。2016 年美国交通运输与产业关联效果如图 6-9 所示。

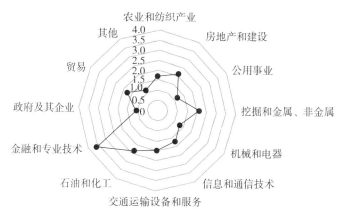

图 6-9　2016 年美国交通运输与产业关联效果

（2）城市发展。研究区域交通运输供给对城市空间结构、人口流动、经济发展等方面的推动作用，深入评估其对城市综合竞争力提升的贡献程度，旨在揭示区域交通运输供给在城市发展中的重要地位，为制定城市发展战略、优化城市空间布局提供科学依据。

6. 区域交通运输供给可持续性分析

（1）环境影响。分析区域交通运输供给活动对区域环境的影响，涵盖排放污染、生态破坏等关键方面，旨在全面评估区域交通运输供给的环境友好性，识别其对环境的潜在负面影响，为制定绿色交通政策、推动可持续发展提供科学依据。

（2）资源利用。考察区域交通运输供给过程中的资源消耗情况，重点关注能源消耗、土地资源占用等方面，旨在深入探讨提高资源利用效率的有效途径，以实现区域交通运输供给的可持续发展，为制定节能减排政策、优化资源配置提供科学依据。

（3）长期趋势。预测未来区域交通运输供给的发展趋势，深入分析技术革新、政策导向等关键因素对区域交通运输供给模式的影响，旨在为长期规划提供科学参考，确保区域交通运输供给系统能够适应未来需求变化，实现可持续发展。

7. 区域交通运输供给政策与市场机制分析

（1）政策环境。研究国家及地方政府的交通运输政策、法规对供给的影响，深入评估政策的实施效果，旨在揭示政策在调节区域交通运输供给、优化资源配置中的作用机制，为政策制定与调整提供实证依据，促进区域交通运输行业的健康发展。

（2）市场机制。分析市场竞争、价格机制等因素对区域交通运输供给的调节作用，深入探讨如何通过市场机制优化资源配置，揭示市场力量在提升区域交通运输供给效率、促进区域交通运输服务质量改善中的重要作用，为构建更加公平、高效的区域交通运输市场提供理论依据。英国三个小镇及周边地区在积极性政策干预期间及取消政府干预情况下公交使用水平变化，如图6-10所示。

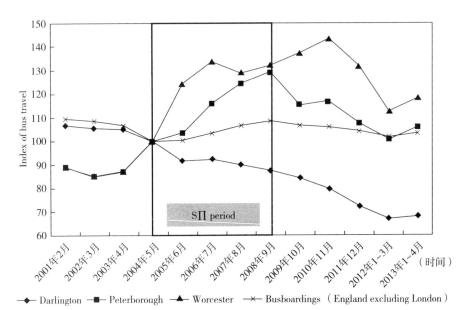

图6-10 英国三个小镇及周边地区在积极性政策干预期间及取消政府干预情况下公交使用水平变化

资料来源：英国交通运输部. 可持续出行城镇：长期影响评估。

8. 区域交通运输供给技术创新与发展趋势

（1）技术创新。关注区域交通运输领域的新技术、新材料、新工艺等创新成果的应用情况，深入评估其对供给能力的提升作用，旨在揭示创新在推动区域交通运输行业进步、增强供给能力方面的重要作用，为行业技术创新和升级转型提供科学指导。

（2）发展趋势。预测未来区域交通运输供给领域的发展趋势，重点关注智能化、绿色化、网络化等关键发展方向，旨在为前瞻性规划提供科学指导，确保区域交通运输供给能够适应未来需求变化，实现可持续发展和转型升级。

通过以上分析可知，区域交通运输供给分析能够为决策者提供全面、深入的信息支持，有助于制定科学合理的区域交通运输规划、政策和管理措施，帮助区域交通运输供给系统持续健康发展。

（二）区域交通运输供给分析的概述与重点关注方面

区域交通运输供给分析是区域经济发展规划中的核心环节，对优化区域资源配置、提升区域竞争力、促进区域经济社会全面发展及实现可持续发展目标具有重要意义。通过对区域内各种交通运输方式的供给能力进行全面、系统、深入的分析，可以准确把握区域交通运输供给的现状、问题、发展潜力及面临的挑战，为制定科学合理的区域交通运输供给发展规划提供有力支撑。在区域交通运输供给分析中，需要重点关注以下四个方面。

1. 区域交通运输供给方式的多样性分析

（1）深入剖析区域内各种交通运输供给方式的发展状况、技术特点、市场优势、适用范围，识别并分析存在的问题和挑战，旨在全面把握各交通运输供给方式的发展现状和未来趋势，为制定科学合理的区域交通运输供给发展策略提供全面深入、科学合理的依据。区域城市群交通发展综合指数对比如图6-11所示。

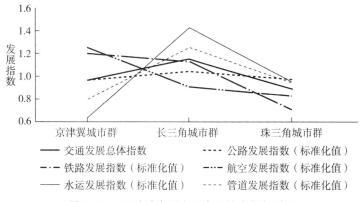

图6-11 区域城市群交通发展综合指数对比

（2）评估各种区域交通运输供给方式对区域经济发展的支撑作用和潜在贡献，深入分析其对产业布局、城市空间结构、人口流动等方面的影响，旨在全面揭示区域交通运输供给在推动区域经济发展中的重要地位和作用，为科学制定区域交通发展战略和政策提供有力依据。

（3）综合比较和分析各种区域交通运输供给方式的运输能力、覆盖范围、运营效率、成本效益及环境友好性等方面的特性，旨在全面评估各区域交通运输供给的综合优势与劣势，为优化区域交通运输供给结构、提升整体交通运输效能提供科学依据。

2. 区域交通运输供给能力的综合评估

（1）评估区域交通运输设备的数量、质量、技术水平及更新换代情况，深入分析其对区域交通运输供给能力的影响，旨在全面把握设备状况与区域交通运输供给间的内在联系，为优化设备配置、提升运输能力提供科学依据。1990~2008 年上海市道路设施建设情况及 1991~2008 年上海市道路设施增长率情况如图 6-12、图 6-13 所示。

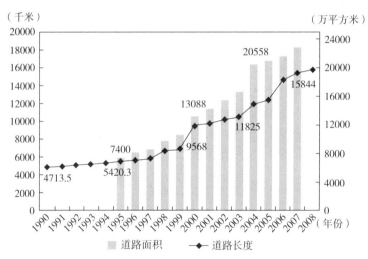

图 6-12　1990~2008 年上海市道路设施建设情况

资料来源：上海市交通发展研究中心。

（2）分析基础设施的完善程度、运行状态及扩建和升级的可能性，深入评估其对区域交通运输供给的支撑作用，旨在揭示基础设施在保障和提升区域交通运输供给能力中的重要地位，为科学规划基础设施建设和优化区域交通运输供给结构提供有力依据。

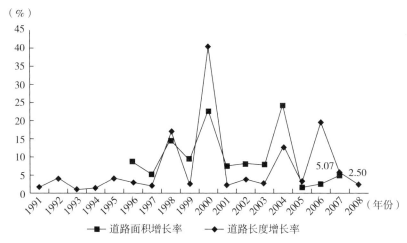

图 6-13　1991~2008 年上海市道路设施增长率情况

资料来源：上海市交通发展研究中心。

（3）研究人员的专业素质、技术能力及培训和发展情况，深入评估其对区域交通运输供给的保障作用，旨在揭示人力资源在提升运输供给效率和服务质量中的关键作用，为加强员工队伍建设、优化区域交通运输供给提供科学依据。

（4）考察组织管理的科学性、有效性及创新和发展情况，深入分析其对区域交通运输供给的提升作用，旨在揭示组织管理在优化区域交通运输供给结构、提高区域交通运输效率和服务质量中的关键作用，为科学制定区域交通运输供给发展策略、推动区域交通运输行业进步提供有力支撑。

3. 区域交通运输供给平衡的深度分析

（1）将区域交通运输供给与区域交通运输需求进行对比分析，找出供需间的不平衡点和矛盾点，深入剖析其产生的原因。

（2）分析区域交通运输需求的总量、结构、时空分布等的特点，以及区域交通运输供给与需求间的匹配程度和协调性。

（3）研究供需平衡的调整机制和政策措施，深入探讨其在促进区域交通运输可持续发展中的作用，提出相应的解决策略和建议，旨在优化区域交通运输资源配置，提高区域交通运输效率和服务质量，推动区域交通运输供给实现长期稳定发展。

4. 区域交通运输供给发展趋势的科学预测

（1）结合区域经济发展趋势、产业结构变化、人口增长、城市化进程及科技进步等因素，科学预测区域交通运输供给的变化趋势和发展方向。

（2）预测各种交通运输方式的发展趋势、运输需求的增长潜力，深入分析区域交通运输供给与需求间的动态平衡关系，旨在为科学制定区域交通运输发展规划、优化区域交通运输资源配置、实现供需平衡提供有力依据。

（3）分析未来区域交通运输供给面临的挑战和机遇，深入探讨其影响因素和发展趋势，提出针对性的应对策略和建议，旨在推动区域交通运输实现可持续发展，提升区域交通运输效率和服务质量，为区域经济发展和社会进步提供有力支撑。

综上所述，区域交通运输供给分析是一个复杂而多维的过程，其涉及多种交通运输方式、多种影响因素及供给与需求间的动态平衡关系。通过深入分析和研究，可以为区域交通运输的可持续发展提供有力的理论支撑和实践指导，推动区域经济社会全面、协调、可持续发展，实现经济、社会和环境的和谐共生。

二、区域交通运输供给分析的影响因素

区域交通运输供给分析涉及多个影响因素，这些因素共同作用于区域交通运输系统的供给能力，从而决定了一个区域的交通运输效率和服务质量。区域交通运输供给分析的影响因素主要包括以下五个方面。

（一）技术因素

区域交通运输技术的进步直接影响区域交通运输供给效率和成本，从而影响供给能力。例如，高速铁路、自动化码头、智能物流系统等技术的应用，显著提高了区域交通运输供给水平。区域交通运输供给受技术因素的影响体现在多个方面，这些因素共同促进了交通运输系统的效率提升、成本降低及服务质量的改善。

1. 交通工具的技术进步

（1）车辆/船舶/飞机性能提升。随着科技进步，交通工具的性能不断提升，包括速度、载重能力、燃油效率等的改善。这些技术进步直接增强了区域交通运输的供给能力，使单位时间内能够运输更多的货物和人员。

（2）自动化与智能化。自动驾驶技术、智能交通系统的应用，提高了区域交通运输的安全性和效率。通过优化路线规划、减少人为错误，自动化和智能化技术显著提升了区域交通运输的供给质量。

2. 基础设施建设与维护技术

（1）建设技术。先进的施工技术和设备使基础设施建设更加高效、精确。例如，使用高精度测量仪器、大型机械化设备进行施工，可以缩短建设周期，提高工程质量。

（2）维护技术。区域交通运输设施的维护对保障其长期稳定运行至关重要。

现代维护技术包括远程监控、故障诊断、预防性维护等，这些技术的应用可以及时发现并解决问题，减少因设施故障导致的供给中断。

3. 信息与通信技术

（1）物流信息平台。通过建设物流信息平台，实现区域交通运输资源的优化配置和高效调度。平台可以整合货源、车源信息，为货主和承运人提供精准的匹配服务，从而提高区域交通运输效率，降低空驶率。

（2）智能交通系统。智能交通系统利用信息技术对区域交通流进行实时监控和管理，包括交通信号控制、路况信息发布、紧急事件处理等。这些措施有助于缓解交通拥堵，增强道路通行能力，从而增加区域交通运输的供给量。

4. 新能源与环保技术

（1）新能源应用。在区域交通运输领域推进使用新能源技术，如电动汽车、氢能汽车等，有助于减少对传统能源的依赖，降低排放污染。新能源技术的应用不仅优化了区域交通运输的环保性能，还促进了区域交通运输能源结构的优化和可持续发展。

（2）环保材料与技术。在区域交通运输设施的建设和维护过程中采用环保材料和技术，可以减少对环境的破坏和污染。例如，使用可降解材料、推行节能建筑技术等措施有助于提升区域交通运输的环保供给能力。

综上所述，区域交通运输供给受技术因素的影响是多方面的，这些技术因素共同推动了区域交通运输供给系统的现代化和智能化发展，提高了区域交通运输的供给能力和服务质量。

（二）成本因素

区域交通运输供给成本包括固定成本和变动成本，成本的高低直接影响区域交通运输生产者的供给意愿，降低成本是提高供给能力的重要途径。区域交通运输供给受成本因素影响主要包括以下四个方面。

1. 运输工具相关成本

（1）车辆保养维修成本。运输工具的定期保养和维修是确保区域交通运输顺利进行的基础，这部分成本直接影响区域交通运输供给的稳定性。

（2）道路养护成本费用。良好的道路条件是保障区域交通运输效率的前提，道路养护成本的高低直接关系到区域交通运输供给的可靠性和安全性。

（3）燃油消耗成本费用。燃油是区域交通运输过程中的主要消耗品，其价格波动直接影响运输成本，进而影响区域交通运输供给的经济性。

2. 运输距离与载货量

（1）运输距离。运输距离越远，运输成本通常越高，因为涉及更多燃油消耗、驾驶员工资和车辆磨损等费用。这可能导致长距离运输供给相对较少，而短距离运输供给相对充足。

（2）载货量。载货量的多少直接影响区域交通运输的规模效应。一般来说，载货量越大，单位货物的运输成本越低，因此区域交通运输供给可能更倾向大批量货物的运输。

3. 其他运输成本因素

（1）自然环境影响。如地形、气候等自然条件会影响区域交通运输工具的行驶速度和安全性，进而增加运输成本。例如，山区道路崎岖不平会增加燃油消耗和车辆磨损，恶劣天气则可能导致运输中断或延误。

（2）装卸搬运成本。装卸搬运是区域交通运输过程中的重要环节，其效率高低直接影响运输供给的及时性和准确性。如果装卸搬运效率低下，将增大运输成本并降低运输供给的吸引力。

（3）责任与风险成本。区域交通运输过程中可能发生的货物损坏或丢失风险需要承运人承担相应责任，并通过投保等方式进行风险转移，这部分成本会影响到运输供给的决策。

4. 综合区域交通运输体系完善程度

（1）基础设施短板。如铁路货运能趋紧、水运资源开发不足等问题会限制特定区域交通运输方式的供给能力，从而影响整体区域交通运输供给的平衡性。

（2）集疏运体系协调性。集疏运体系的不完善可能导致区域交通运输过程中的衔接不畅，增加中转和等待时间，从而提高运输成本并降低运输供给效率。

综上所述，区域交通运输供给受成本因素影响是多方面的，这些因素相互作用，共同影响区域交通运输供给的总量和结构。

（三）政策与管理因素

政府政策、行业规范、管理体制等均会对区域交通运输供给产生影响。例如，政府补贴、税收优惠、市场准入政策等会影响区域交通运输生产者的供给行为。区域交通运输供给受政策与管理因素影响主要包括以下几个方面。

1. 国家政策支持

国家政策对区域交通运输供给具有直接的推动作用。例如，在区域轨道交通系统的规划和建设过程中，国家和地方的政策起到了至关重要的作用。政府通过出台相关规划和政策，明确了交通基础设施的发展方向和重点，如《铁路中长期路网规划》推动了区域内交通运输供给的增长。这些政策不仅为交通运输项目提供了资金支持和政策保障，还通过优化资源配置和推动技术创新，提高了区域交通运输供给的质量和效率。

2. 土地规划与环保政策

土地规划和环保政策是影响区域交通运输供给的重要因素。土地规划政策决定了区域交通运输设施的建设用地和布局，对区域交通运输供给的规模和结构产生直接影响。同时，环保政策要求交通运输项目在建设和运营过程中必须遵守环保法规，采取有效措施减少污染和排放。这可能导致部分交通运输项目因环保要求而调整建设方案或增加环保投入，进而影响区域交通运输供给的成本和效益。

3. 管理体制与运营效率

管理体制和运营效率是影响区域交通运输供给内部因素的关键。一个高效的管理体制能够确保区域交通运输供给设施的正常运行和高效利用，增强区域交通运输供给的可靠性和稳定性。同时，通过优化运营流程、提高员工素质和加强技术创新等措施，能够提升区域交通运输的运营效率和服务质量，进一步增强区域交通运输供给的吸引力和竞争力。

4. 政策对特殊地区的倾斜

在某些特殊地区，如民族地区或国家保密地区，国家政策可能会对这些地区的区域交通运输供给给予特殊支持。这些支持可能包括提高交通运输设施的建设标准、增加财政投入和优先安排项目等。这些政策倾斜有助于提升这些地区的区域交通运输供给能力，促进区域经济的均衡发展。

5. 政策对运输方式结构的影响

政策还会通过引导区域交通运输方式结构的优化来影响区域交通运输供给。例如，政府可能通过鼓励低碳、环保的运输方式（如公共交通、铁路和水运）减少对高能耗、高排放运输方式（如私家车、航空）的依赖。这种政策导向有助于推动交通运输行业的绿色发展和可持续发展，也可能改变区域交通运输供给的结构和布局。

综上所述，区域交通运输供给受政策与管理因素影响是多方面的，这些因素相互作用，共同塑造了区域交通运输供给的现状和未来发展趋势。

（四）市场需求因素

市场需求是区域交通运输供给的重要驱动力。随着区域经济的发展和居民生活水平的提升，运输需求不断增加，进而推动区域交通运输供给的提升。区域交通运输供给受市场需求因素影响，主要包括以下几个方面。

1. 经济增长与人口流动

（1）经济增长。随着区域经济的不断增长，商品和服务的流动需求也随之增加。企业间的贸易往来、原材料与产品的运输需求都会上升，进而推动区域交通运输供给的增加。

（2）人口流动。人口的增长和流动也是影响区域交通运输需求的重要因素。城市化进程的加速导致大量人口向城市聚集，增加了城市间的交通需求。同时，旅游业的繁荣也推动人们出行频率的增加，进一步推动区域交通运输供给的发展。

2. 产业结构与区域贸易

（1）产业结构。不同产业的交通运输需求存在差异。例如，农业对农产品外运的需求较大，工业对原材料和成品运输的需求旺盛，服务业则可能更多地依赖人员的流动和信息的传播。因此，区域产业结构的变化会直接影响区域交通运输需求的结构和规模。

（2）区域贸易。区域间贸易的发展也是推动区域交通运输需求增长的重要因素。随着区域经济一体化的加深，区域间的商品流通更加频繁，对区域交通运输需求也随之增加。

3. 电子商务与物流发展

（1）电子商务。随着互联网技术的普及和电子商务的快速发展，线上购物成为人们日常生活中不可或缺的一部分。电子商务的繁荣推动了快递物流行业的迅猛发展，对区域交通运输的需求急剧增加。

（2）物流发展。现代物流业的高效运作离不开区域交通运输的支持。物流企业对区域交通运输效率、成本和服务质量的需求日益增长，推动了区域交通运输供给的优化和升级。

4. 旅游与出行方式多样化

（1）旅游业发展。旅游业的繁荣带动了区域交通运输需求的增长。随着人们生活水平的提高和休闲方式的多样化，越来越多的人选择外出旅游，对区域交通运输的需求也随之增加。

（2）出行方式多样化。随着科技的进步和人们出行习惯的变化，出行方式日益多样化。除了传统的公路、铁路、航空运输和管道运输，共享单车、网约车等新兴出行方式逐渐得到普及，为区域交通运输供给带来了新的挑战和机遇。

综上所述，区域交通运输供给受市场需求因素影响是多维度的，这些因素相互作用，共同推动了区域交通运输供给的发展和优化。

（五）资源与环境因素

资源分布、环境条件等会对区域交通运输供给产生影响。例如，某些地区受地理位置偏远、资源匮乏等因素的影响，区域交通运输供给能力相对较弱。区域交通运输供给受资源与环境因素影响，主要包括以下两个方面。

1. 资源因素

（1）自然资源分布。自然资源的分布直接影响区域交通运输的货流方向和运输量。例如，煤炭、矿石等大宗货物的运输需求往往与这些资源的分布密切相关。资源丰富的地区对区域交通运输的需求更大，从而推动区域交通运输供给的增加。

（2）基础设施资源。区域交通运输基础设施的建设和完善是保障区域交通运输供给的基础。例如，道路、桥梁、港口、机场、管道等基础设施的建设和维护均需要大量的资金投入和土地资源，这些资源的充足与否直接影响区域交通运输供给的能力和效率。

（3）技术资源。现代交通运输的发展离不开先进技术的支持。技术创新可以提高区域交通运输工具的效率和安全性，降低运营成本，从而增加区域交通运输供给的吸引力和竞争力。因此，技术资源的丰富程度是影响区域交通运输供给的重要因素之一。

2. 环境因素

（1）自然环境条件。自然环境条件对区域交通运输供给具有直接的制约作用，地形、地貌、气候、水文等自然条件均会影响区域交通运输线路的选择和建设成本。例如，山区地形复杂、建设成本高、运输难度大，限制了区域交通运输供给能力；平原地区则相对容易建设和维护交通运输设施，有利于区域交通运输供给的增加。

（2）环境保护要求。随着环保意识的提高，环境保护要求对区域交通运输供给也产生了重要影响。交通运输工具的运营会产生噪声、尾气等污染，对周围环境造成影响。因此，在区域交通运输供给的过程中，需要充分考虑环境保护要求，运用有效措施减少污染排放，保护生态环境。

（3）城市环境与规划。城市区域交通运输供给还受城市环境和规划的限制。城市中心地区往往交通拥堵严重，土地资源紧张，对区域交通运输供给提出了更高的要求。因此，在城市交通运输规划中，需要充分考虑交通需求、土地资源和环境保护等因素，合理布局区域交通运输设施，提高区域交通运输供给的效率和可持续性。

综上所述，区域交通运输供给受资源与环境因素的多方面影响。在推动区域交通运输发展的过程中，需要充分考虑资源条件的制约和环境保护的要求，合理规划区域交通运输设施的建设和维护，以实现区域交通运输供给与经济社会的协调可持续发展。

三、区域交通运输供给结构

区域交通运输供给结构是指在一个特定区域，各种交通运输方式（如公路、铁路、水路、航空、管道等）在供给方面的组成和比例关系。这种结构不仅反映了区域交通运输系统的整体布局和发展水平，还直接影响到区域经济社会的发展和居民生活的便利性。

（一）区域交通运输供给方式的多样性

区域交通运输供给结构首先体现在供给方式的多样性上。一个完善的区域交通运输系统应该包含多种交通运输方式，以满足不同货物和旅客的交通运输需求。这些交通运输方式各具特色、优势互补，共同构成了一个高效运转的交通运输网络。

1. 公路运输

公路运输作为区域交通运输供给结构中不可或缺的一部分，借助高度的灵活性、广泛的覆盖面及强大的适应能力，在短途运输领域发挥着主力军作用，同时也是长途运输的重要补充方式。其不仅能够满足紧急和特殊的交通运输需求，还能够加强城乡、区域间的货物运输和人员流动，对促进区域经济发展、优化资源配置，以及推动产业协同发展等方面发挥积极作用。为进一步提升公路运输的供给能力和服务质量，我们需要不断加强基础设施建设，提高公路等级和通行能力，完善公路网络布局；需要积极推动技术创新，引入智能化、绿色化的交通运输装备和技术手段，以提高交通运输效率，实现节能减排；需要加强行业监管，规范市场秩序，保障公平竞争和消费者权益，推动公路运输行业的健康有序发展。通过这些措施的实施，可以进一步优化公路运输供给结构，提升其在区域交通运输供给体系中的地位。

2. 铁路运输

铁路运输作为区域交通运输供给结构中的重要一环，凭借运输量大、经济性强、安全性高、绿色环保等显著特点，在长途大宗货物运输领域具有主力军作用。铁路运输不仅能够有效保障国家能源供应，促进区域间贸易往来，还在推动区域经济发展、优化资源配置及支撑国家战略实施等方面发挥着至关重要的作用。为进一步提升铁路运输的供给能力和服务质量，我们需要不断加强基础设施建设，特别是针对中西部地区和交通"瓶颈"地段的铁路建设，以提高铁路运输网络的覆盖范围和通行能力。同时，也要积极推动技术创新，引入智能化、自动化的交通运输装备和技术手段，以提高交通运输效率，确保交通运输安全。此外，完善多式联运体系，加强铁路与其他交通运输方式的衔接和转换，也是提升铁路运输整体效能和服务水平的关键环节。加强行业监管，规范市场秩序，保障公平竞争和消费者权益，也是推动铁路运输行业健康有序发展的重要保障。

3. 水路运输

水路运输作为区域交通运输供给结构中的重要组成部分，凭借运量大、成本低、绿色环保等显著特点，在大宗散货的长距离运输中具有不可替代的作用。水路运输不仅能够有效保障国家能源供应，促进区域间贸易往来和经济合作，还在推动综合交通运输体系发展，加强区域经济紧密联系等方面发挥着至关重要的作用。为进一步提升水路运输的供给能力和服务质量，需要不断加强航道基础设施建设，改善航道条件，提高航道通航能力和安全性，以满足日益增长的水路运输需求。同时，推动港口现代化建设，提升港口吞吐能力和集疏运效率，优化港口布局和功能定位，也是适应水路运输发展需要的重要举措。此外，发展多式联运，加强水路运输与其他运输方式的衔接和转换，提高综合运输效率和服务水平，同样是优化水路运输供给结构的关键环节。加强行业监管和安全管理，建立健全水路运输行业的监管机制和安全管理体系，确保水路运输的安全、有序进行，也是水路运输行业健康发展的重要保障。

4. 航空运输

航空运输作为区域交通运输供给结构中的高端体现，凭借速度快、灵活性强、提供高端服务等显著特点，在促进区域间经济联系、支持高端产业发展及提升城市竞争力等方面发挥着至关重要的作用。航空运输不仅能够迅速连接远距离的城市和地区，缩短旅行时间，还能够满足多样化的交通运输需求，为高端产业提供快速、高效的交通运输服务。同时，航空运输通常提供高品质的服务，包括舒适的客舱环境、便捷的地面服务等，满足高端旅客的需求，进一步提升了城市的吸引力和竞争力。为进一步优化航空运输供给结构，提升其支撑作用，需要加强机场基础设施建设，提高机场的吞吐能力和服务水平，以满足日益增长的航空运输需求。同时，优化航线网络布局，提高航班的覆盖率和运营效率，也是适应航空运输市场发展需要的重要举措。此外，推动航空运输服务创新，提升旅客的出行体验和服务满意度，增强航空运输的竞争力，同样是优化航空运输供给结构的关键环节。加强行业监管和安全管理，建立健全航空运输行业的监管机制和安全管理体系，确保航空运输的安全、有序进行，保障旅客和航空公司的合法权益，也是推动航空运输行业健康发展的重要保障。通过这些综合措施的实施，可以进一步优化航空运输供给结构，充分发挥其在区域经济社会发展中的支撑和引领作用，并顺应绿色化、智能化、个性化等发展趋势，迎来更广阔的发展前景。

5. 管道运输

管道运输是利用管道作为交通运输工具的一种长距离输送液体和气体物资的交通运输方式。它主要用于石油、天然气、煤浆、矿石浆等流体和类流体物资的运输。在区域交通运输供给结构中，管道运输是不可或缺的一部分，与其他交通运输方式（如铁路、公路、水运、航空等）共同构成了多元交通运输体系。管道运输有运量大、占地少、连续性强、安全性高、经济性佳等特点，发展趋势表现为运输能力不断提升、运输物资种类不断扩展、智能化水平不断提高。管道运输在能源、化工等领域具有不可替代的作用，特别是在石油、天然气的长距离运输方面的优势尤为明显。随着技术进步和需求的增长，管道运输将继续发展壮大，

为区域交通运输供给结构的优化和完善作出更大的贡献。

（二）区域交通运输供给能力的匹配性

区域交通运输供给结构还需考虑各种运输方式供给能力的匹配性。这包括不同交通运输方式间的运力分配、交通运输网络的衔接及交通运输设施的建设规模等。只有各种交通运输方式的供给能力相互匹配，才能确保整个区域交通运输系统的顺畅运行。区域交通运输供给能力的匹配性及其运力分配是确保区域交通运输供给系统高效运行的关键。

1. 供给能力与需求的匹配性

（1）区域交通运输供需平衡的重要性。区域交通运输供给能力与区域经济社会发展需求相匹配，以确保交通运输服务的高效、安全、便捷。供需失衡可能导致区域交通运输能力浪费或运输"瓶颈"，影响整体区域交通运输效率。

（2）供需匹配机制。建立健全供需匹配机制，通过市场调节和政府引导相结合，实现区域交通运输供给资源的优化配置。例如，根据区域交通运输需求变化动态调整运力分配，提高区域交通运输效率。

2. 运力分配策略

（1）区域交通多元运输方式协同。充分利用铁路、公路、水路、航空、管道等多种交通运输方式的优势，实现交通运输资源的互补和协同。例如，在大宗货物运输中优先使用铁路和水路运输，以降低成本；在长途快速客运中则更多依赖航空运输。

（2）区域交通运输的区域差异化分配。根据不同区域的经济发展水平、产业结构、人口分布等因素，制定差异化的运力分配方案。例如，在经济发达地区加强高速铁路和航空运输网络建设，以满足高密度、高速度的交通运输需求；在经济相对落后地区则更注重公路交通运输网络的完善，以提高交通运输覆盖面和可达性。

（3）区域交通运输的季节性调整。针对季节性交通运输需求变化，灵活调整运力分配。例如，在旅游旺季增加旅游热点地区的交通运输供给，以满足旅游客运需求；在农产品收获季节则加强农村地区的交通运输保障，以支持农业生产。

（4）区域交通运输的应急运力储备。建立应急运力储备机制，以应对突发事件和自然灾害等特殊情况下的交通运输需求。例如，在地震、洪水等灾害发生时迅速调集应急运输力量，确保救援物资和人员能够及时到达灾区。

综上所述，区域交通运输供给能力的匹配性及其运力分配是一个复杂而重要的课题。通过建立健全供需匹配机制、实施多元交通运输方式协同、制定差异化运力分配方案等措施可以有效提高交通运输系统的整体效能和运行效率。

（三）区域交通运输供给结构的优化调整

随着区域经济社会发展和交通运输需求的不断变化，区域交通运输供给结构也需要进行优化调整，包括优化交通运输方式结构、完善交通运输网络布局及提升交通运输服务质量等方面。区域交通运输供给结构的优化调整是一个复杂而系统的工程，旨在提升交通运输效率、降低物流成本、促进节能减排，并支撑区域经济的可持续发展。

1. 优化区域交通运输供给结构

（1）推动多式联运发展。①大力发展铁路、水路、管道等中长途运输方式，减少公路运输在区域交通运输供给结构中的占比，形成公路、铁路、水路、管道等多种交通运输方式协调发展的格局。②推广多式联运"一单制"，实现货物在不同交通运输方式的无缝衔接，提高区域交通运输效率。③加强多式联运示范工程建设，总结推广成功经验，带动区域多式联运整体发展。

（2）加快区域交通运输基础设施建设。①完善铁路网布局，提高铁路货运能力和效率，特别是加强铁路专用线建设，推动铁路进港口、进园区、进企业。②加强港口、机场等综合交通运输枢纽建设，提升货物集散和中转能力。③推进公路网升级改造，提高公路运输的便捷性和通达性。④加强管道建设，提高管道的通达率。

（3）促进区域交通运输组织模式创新。①推动区域交通运输企业向规模化、集约化方向发展，提高运输组织效率和服务水平。②鼓励区域交通运输企业采用先进的运输技术和装备，提高运输效率和安全性。③加强区域交通运输市场监管，规范市场秩序，保障公平竞争。

2. 提升区域交通运输供给能力

（1）增加有效供给。①根据区域经济发展需求，合理规划交通运输项目，增加有效供给，满足交通运输需求增长。②加大对交通运输领域的投资力度，支持区域交通运输基础设施建设和技术创新。

（2）提高交通运输效率。①通过优化交通运输组织模式、提升基础设施联通水平等手段，提高交通运输效率，降低物流成本。②推广智能化、信息化技术在交通运输领域的应用，提高区域交通运输管理的精细化水平。

（3）强化区域交通运输安全保障。①加强交通运输安全监管，完善安全管理制度和应急预案，确保交通运输安全。②加大对交通运输领域的安全投入力度，提升安全设施和技术装备水平。

运输供给能力通常用供给量来描述，运输供给量是指在一个地区、在一定的时间和条件下运输生产者愿意且能提供的运输服务数量。"一定的条件"是指影响运输供给的诸多因素（如政府对运输业的政策、运输服务的价格、技术水平）的变化等。因此，运输供给量可以表示为影响其诸多因素的函数。

$$Q_s = f(x_1, x_2, \cdots, x_n) \qquad\qquad (6-16)$$

其中，Q_s 为运输供给量；x_1，x_2，$\cdots$，x_n 为影响运输供给量的因素。

3. 优化区域交通运输供给能力的实施策略与措施

（1）加强政策引导和支持。①制定和完善相关政策法规，为区域交通运输供给结构优化调整提供制度保障。②加大财政、税收、金融等政策支持力度，鼓励企业和社会资本参与区域交通运输供给基础设施建设和技术创新。

（2）推进市场化改革。①深化交通运输领域市场化改革，打破行业壁垒和地域限制，促进公平竞争和优胜劣汰。②推动交通运输企业建立健全现代企业制度，提升经营管理水平和市场竞争力。

（3）加强区域合作与协调。①加强区域间交通运输领域的合作与协调，推动跨区域交通运输基础设施互联互通和资源共享。②建立区域交通运输协同发展机制，共同推进区域交通运输供给结构优化调整工作。

（4）推动绿色低碳发展。①加大对绿色低碳交通方式的支持力度，推广新能源汽车、清洁能源车辆等低碳交通运输工具。②加强区域交通运输供给领域的节能减排工作，降低区域交通运输对环境的影响。

综上所述，区域交通运输供给结构优化调整需要从多个方面入手，包括推动多式联运发展、加快基础设施建设、促进交通运输组织模式创新等。同时，还需要加强政策引导和支持、推进市场化改革、加强区域合作与协调，以及推动绿色低碳发展等措施的实施。

（四）影响区域交通运输供给结构的政策与管理因素

政策与管理因素对区域交通运输供给结构具有重要影响。政府通过制定相关政策和规划，引导交通运输行业的发展方向，优化区域交通运输供给结构。同时，加强行业监管和市场调控，确保交通运输市场的公平竞争和有序发展。区域交通运输供给结构、供给能力的优化调整在很大程度上受政策与管理因素的影响。

1. 政策因素

（1）国家及地方政策导向。①国家出台的一系列鼓励区域交通运输业发展的政策，如减税降费、财政补贴等，直接促进了区域交通运输基础设施的建设和运输效率的提升。②地方政府根据区域经济发展需求，制定具体的区域交通运输发展规划，优化交通布局，提高交通效率。例如，加强区域交通规划、推进多层级一体化综合交通枢纽建设等。

（2）法规完善与监管加强。①区域交通运输行业法规的不断完善，加强了对行业的监管，提高了市场准入门槛，有助于规范市场秩序，保障公平竞争。②法规的完善促进了区域交通运输行业的绿色发展，如推动低碳交通、绿色出行等政策的实施。

（3）产业结构调整政策。①产业结构调整对区域交通运输业产生深远影响。例如，电商物流的快速发展促进了公路运输的需求增长，而政府对绿色经济的推动引导了低碳交通运输方式的发展。②政策通过制度调整、运价、信贷和税收等经济杠杆，对区域交通运输结构进行直接或间接的调控。

2. 管理因素

（1）行业治理与营商环境优化。①深化区域交通运输领域改革，推进综合交通执法更加公正文明规范高效。②整治营商环境，如简化审批流程、提高行政效率等，有助于吸引更多社会资本投入区域交通运输基础设施建设和技术创新。

（2）应急管理体系建设。①加强基础设施安全防护，强化安全监管效能，建立健全应急管理体系，确保区域交通运输系统的安全稳定运行。②应急管理体系的完善有助于应对突发事件，减少区域交通运输中断的风险，保障区域交通运输供给的稳定性。

（3）科技创新与智慧交通。①推动科技创新力度，提高区域交通运输科技创新能力，大力发展智慧交通，如智能交通系统、自动驾驶技术等。②智慧交通的发展有助于提升区域交通运输效率、降低物流成本、减少环境污染，从而提升区域交通运输供给的整体能力。

（4）区域合作与协调。①加强区域交通运输领域的合作与协调，推动跨区域交通运输基础设施互联互通和资源共享。②区域合作有助于打破地域限制，实现交通运输资源优化配置，提高区域交通运输供给整体效能。

政策与管理因素在区域交通运输供给结构、供给能力的优化调整中发挥着至关重要的作用。通过制定科学合理的政策、完善法规体系、加强行业治理与营商环境优化、推动科技创新与智慧交通发展及加强区域合作与协调等措施，可以有效提升区域交通运输供给结构的优化调整水平，为区域经济的可持续发展提供有力支撑。

综上所述，区域交通运输供给结构是一个复杂而动态的系统，涉及多种交通运输方式的组成和比例关系及供给能力的匹配性等。通过优化调整供给结构、完善交通运输网络布局和提升交通运输服务质量等措施，可以推动区域交通运输行业的健康发展，为经济社会发展和居民生活提供有力保障。

四、区域交通运输供给能力分析

区域交通运输供给能力是指在一定时期内和一定条件下，区域交通运输系统所能提供的最大运输服务量。区域交通运输供给能力分析是一个复杂而多维的过程，需要综合考虑多种因素的影响，如运输方式、基础设施、组织管理等。

（一）定义与概述

区域交通运输供给能力是指在一定时期和价格水平下，区域交通运输系统所能提供的满足社会经济活动所需的人与货物空间位移的服务能力，包括铁路、公路、水运、航空、管道等运输方式，以及与其相关的设施、设备、人员和管理等。

（二）区域交通运输供给能力的影响因素

区域交通运输供给能力受多种因素影响，主要包括以下五个方面。

1. 基础设施状况

包括区域交通运输线路（如铁路、公路、航道、航线、管道）、站场（如车站、港口、机场）等基础设施的建设规模、技术水平和维护状况。区域交通运输基础设施的完善程度直接决定了区域交通运输系统的供给能力。

2. 运输设备与技术

区域交通运输设备的数量、类型、性能及区域交通运输技术的先进性对供给能力具有重要影响。例如，高速铁路、智能交通系统等技术的应用可以显著提高区域交通运输效率和服务质量。

3. 组织管理水平

有效的组织管理和调度能够优化资源配置，提高区域交通运输效率，从而增强区域交通运输系统的供给能力。

4. 政策与法规

政府政策、行业法规对区域交通运输供给能力具有引导和规范作用。合理的政策支持和法规保障可以促进区域交通运输业的发展，提高供给能力。

5. 经济与社会发展水平

区域经济发展水平和产业结构决定了区域交通运输需求的大小和结构，进而影响区域交通运输供给能力的配置和优化。

（三）区域交通运输供给能力的分析方法

在分析区域交通运输供给能力时，可以采用以下三种方法。

1. 定量分析

通过收集区域交通运输相关数据，如运输量、运输距离、运输时间等，运用统计学和运筹学等方法进行量化分析，评估区域交通运输系统的供给能力。

2. 定性分析

结合区域经济发展规划、政策导向、市场需求等因素，对区域交通运输供给能力进行定性判断和描述。

3. 综合分析法

将定量分析和定性分析相结合，综合考虑多种因素，对区域交通运输供给能力进行全面、深入的分析和评价。

（四）区域交通运输供给能力的提升策略

提升区域交通运输供给能力可采取以下五个策略。

1. 加强基础设施建设

加大投资力度，完善区域交通运输线路和站场等基础设施，提高区域交通运输技术水平和维护质量。

2. 推进技术创新与应用

鼓励和支持区域交通运输技术的研发和应用，推广智能交通系统、绿色交通技术等先进技术，提高供给效率和服务质量。

3. 优化组织管理与调度

加强区域交通运输行业的组织管理和调度工作，提高资源利用效率和服务水平。

4. 完善政策与法规体系

制定和完善相关政策和法规，为区域交通运输业的发展提供有力保障和支持。

5. 促进区域交通运输协调发展

加强区域间的交通运输合作与协调，推动区域交通运输资源的共享和优化配置，提高区域交通运输供给能力的整体水平。

综上所述，区域交通运输供给能力是一个复杂且多维的概念，受多种因素的影响。通过科学的分析方法和有效的提升策略，可以不断提高区域交通运输供给能力，满足社会经济发展的需求。

五、区域交通运输供需平衡分析

区域交通运输供给与需求的平衡是保障区域经济发展的重要前提。区域交通运输供需平衡分析是一个复杂且多维度的过程，受多种因素的综合影响，包括交通基础设施的供给与区域内交通需求的匹配程度等。

（一）区域交通运输供需平衡的定义

区域交通运输供需平衡是指区域交通运输基础设施和服务（供给）与区域内人或物进行位移的需求达到的一种相对稳定的状态。在这种状态下，区域交通运输设施的总容量能够满足或接近满足区域交通运输出行的需求，从而实现区域交通运输系统的有效运行。

（二）区域交通运输供给分析

区域交通运输供给主要包括道路、车辆、车站、各种交通组织和服务等基础设施和服务。在分析区域交通运输供给时，需要考虑以下三个方面。

1. 区域交通运输基础设施规模

区域交通运输基础设施规模是一个综合反映地区交通发展水平的重要指标，其涵盖公路、铁路、桥梁、隧道、机场、港口、航道等多种交通方式的基础设施建设情况。

（1）总体规模。中国交通基础设施经过长期持续不懈的建设，已形成较大规模。截至 2024 年，中国交通基础设施网络更加完善，综合交通网络总里程超过 600 万千米。其中，公路、铁路、民航、水运等领域的基础设施建设均取得了显著成就。

第一，公路。①网络覆盖。以国家高速公路为主体的高速公路网络已经覆盖了 98.8% 的城区人口 20 万以上城市及地级行政中心，连接了全国约 88% 的县级行政区和约 95% 的人口。②里程数。截至 2021 年底，国家高速公路已建成 11.7 万千米，普通国道通车里程达 25.77 万千米。全国公路总里程持续增长，为区域经济发展提供了坚实的交通保障。

第二，铁路。①高速铁路。中国高速铁路营业里程持续增长，成为世界上高速铁路运营里程最长的国家之一。高速铁路网络的不断完善，极大缩短了城市间的时空距离，促进了区域经济的协同发展。②普速铁路。普速铁路作为铁路运输的重要组成部分，承担着大量的客货运输任务。随着铁路基础设施的不断升级改造，普速铁路的运输能力和服务质量也得到了显著提升。

第三，桥梁与隧道。中国在桥梁和隧道建设方面取得了举世瞩目的成就。众多世界级桥梁和隧道的建成通车，不仅提高了交通基础设施的通行能力，还成为展示中国工程技术和建设实力的亮丽名片。

第四，机场与港口。①机场。中国民用航空运输体系不断完善，机场布局更加合理。各大枢纽机场和支线机场的建设和运营，为国内外旅客提供了便捷的航空服务。②港口。中国港口基础设施建设快速发展，沿海和内河港口吞吐量持续增长。港口的现代化建设和智能化升级，提高了港口作业效率和服务水平，为区域经济发展和国际贸易提供了有力支撑。

第五，航道。内河航道作为水路运输的重要组成部分，其建设和维护对促进区域经济发展具有重要意义。中国内河航道里程不断增加，航道等级和通航条件不断改善，为内河航运的发展提供了有力保障。

（2）发展趋势。未来，中国区域交通运输基础设施规模将继续扩大和完善。随着新型城镇化、区域协调发展战略的深入实施及"一带一路"倡议的稳步推进，区域交通运输基础设施将更加注重区域间的互联互通和高效协同。同时，信息化、智能化等新技术的应用将进一步提升区域交通运输基础设施的服务水平和运营效率。

综上所述，中国区域交通运输基础设施规模庞大且不断完善，为区域经济发展提供了坚实的交通保障。未来随着各项战略的实施和新技术的应用，区域交通运输基础设施规模将进一步提升并发挥更大的作用。

2. 区域交通运输设施结构

区域交通运输设施结构是一个复杂且多元的系统，涵盖多种交通运输方式和相关设施，以满足区域内及区域间的客货交通运输需求。

（1）区域交通运输的主要方式。区域交通运输设施结构主要包括以下五种方式：①公路交通运输。公路交通运输的特点为机动灵活、周转速度快、装卸方便、适应性强；具体设施有公路网络、桥梁、隧道、收费站、服务区等；作用是承担短途及中长途客货运输，连接城市和乡村，是区域交通运输的基础。②铁路交通运输。铁路交通运输的特点为运量大、速度快、运费较低、受自然条件的影响小、连续性好；具体设施有铁路线路、车站、编组站、信号系统等；作用是承担大宗货物的长距离运输及长途旅客运输，是区域交通运输的主力军。③水路交通运输。水路交通运输的特点为投资少，运量大，成本低，但速度较慢，受自然条件影响大；具体设施有港口、航道、船舶等；作用是主要承担大宗散货的运输，如煤炭、矿石等，对沿海和沿江地区的经济发展具有重要作用；④航空交通运输。航空交通运输特点表现为速度快、运输效率高、但运量小、能耗大、运费高；具体设施有机场、跑道、塔台、航管系统等；作用是承担长途和高价值货物的快速运输，以及长途旅客的快速出行。⑤管道交通运输。管道交通运输的特点表现为运输气、液，损耗小、连续性好、运量大、方便管理，但需要铺设专门的管道；具体设施有管道网络、泵站、储罐等；作用是主要承担石油、天然气等能源的运输，对能源供应和区域经济发展具有重要意义。

（2）区域交通运输设施结构的特点。①层次性。区域交通运输设施结构具有层次性，包括广域交通运输通道、区域交通运输通道和城市内部交通运输通道等不同层次。这些层次相互联系，共同构成整体的交通运输网络骨架。②综合性。区域交通运输设施结构是多种交通运输方式的综合体现，各种交通运输方式既有竞争又有合作，共同满足区域内的客货运输需求。③适应性。区域交通运输设施结构需要根据区域经济发展的需求进行不断调整和优化，以适应不断变化的交通运输需求和市场环境。④可持续性。在构建区域交通运输设施结构时，需要考虑环境保护和可持续发展的问题，采用绿色交通技术和设施，减少对环境的影响。

（3）区域交通运输设施结构的发展趋势。随着科技的不断进步和区域经济的发展，区域交通运输设施结构将呈以下四个发展趋势：①智能化。利用物联网、大数据、人工智能等先进技术，提高区域交通运输设施的智能化水平，实现区域交通运输过程的自动化、信息化和智能化管理。②绿色化。推行绿色区域交通技术和设施，减少区域交通运输过程中的能源消耗和环境污染，实现区域交通运输的可持续发展。③一体化。加强各种交通运输方式的衔接和配合，实现区域交通运输过程的无缝衔接和一体化管理，提高区域交通运输效率和服务质量。④网络化。构建更加完善的区域交通运输网络体系，实现区域内及区域间的互联互通和资源共享，促进区域经济的协调发展。

综上所述，区域交通运输设施结构是一个复杂而多元的系统，其需要根据区域经济发展的需要进行不断优化和调整以适应不断变化的区域交通运输需求和市场环境。同时，随着科技的不断进步和可持续发展理念的深入人心，区域交通运输设施结构将呈智能化、绿色化、一体化和网络化发展趋势。

3. 区域交通运输服务水平

区域交通运输服务水平是一个综合性的概念，涉及交通运输的安全性、便利性、舒适性、环保性及政务服务的效率等。例如，交通组织、交通管理、交通信息服务等服务水平的提升可以增强交通系统的整体效能。

（1）安全性。安全性是交通运输服务的首要目标。区域交通运输服务水平的高低，直接体现在其能否有效保障旅客和货物的安全。具体评估指标包括以下三个：①事故率。记录发生在交通运输过程中的交通事故数量与频率，从而评估其安全性。②安全设施。评估交通运输服务提供商是否具备必要的安全设施，如车辆的防护措施、安全带和安全出口等。③人员培训。考察交通运输服务提供商是否为从业人员提供足够的培训，确保其熟悉紧急处理程序和应急措施。

（2）便利性。便利性是考察区域交通运输服务水平的重要指标之一。具体体现在以下三个方面：①网络覆盖。评估交通运输服务的覆盖范围，以及交通运输线路的密度和频率，以满足旅客和货物的不同需求。②准点率。记录交通运输服务的准点情况，包括发车时间和到达时间，反映服务提供商对时间管理的有效性。③预订服务。考察交通运输服务是否提供线上预订和购票服务，以及预订和购票的方便程度。

（3）舒适性。舒适性对旅客体验和满意度有直接的影响。具体评估方面包括三个：①车辆内部环境。评估车厢内的空气质量、噪声水平和温度控制等因素，以提供一个舒适的乘坐环境。②座椅设计。考察座椅的舒适度、调整能力，以及腿部空间和扶手的设计，以满足不同旅客的需求。③服务质量。评估交通运输服务提供商的服务态度、礼仪和旅客投诉处理情况，确保提供优质的乘坐体验。

（4）环保性。随着环境保护意识的提升，区域交通运输服务的环保性也成为评估指标之一。具体体现在：①排放标准。评估区域交通运输服务提供商是否符合国家和地区的排放标准，以保护环境和旅客的健康。②节能措施。考察区域交通运输服务是否采用节能措施，如使用高效发动机、轻量材料和燃料经济型车辆等。③废物处理。评估区域交通运输服务提供商的废物处理措施，确保废物的安全处理和循环利用。

（5）政务服务效率。政务服务效率也是衡量区域交通运输服务水平的重要指标。具体体现在以下三个方面：①网上办理。积极推行网上审批服务，实现区域交通运输行政许可事项的网上办理，提高办事效率。②简化流程。对审批流程进行简化，减少环节、材料和时限，提升政务服务效能。③改善营商环境。主动对接区域交通运输企业，帮助区域交通运输企业排忧解难，开展政务窗口服务延伸、延时服务、特殊群体代办服务等，打造公平、便利的营商环境。

综上所述，区域交通运输服务水平是一个综合性的概念，需要从安全性、便利性、舒适性、环保性及政务服务效率等方面进行全面评估。通过不断提升这些方面的服务质量，可以有效提高区域交通运输的整体服务水平，满足人民群众日益增长的出行需求。

（三）区域交通运输需求分析

区域交通运输需求分析是一个复杂且系统的过程，需要综合考虑多个方面的因素，包括区域社会经济状况、人口分布、交通基础设施、交通政策及新兴技术等。通过科学的方法和有效的措施，可以更准确地预测和分析区域交通运输需求，为合理规划和管理区域交通运输系统提供有力支持。

1. 区域社会经济状况与人口分布

（1）社会经济状况。区域交通运输需求与社会经济发展水平密切相关。随着经济增长，人们的出行需求、货物运输需求都会相应增加。因此，在进行需求分析时，需要充分考虑区域的社会经济发展状况，包括 GDP、产业结构、人均收入等因素。

（2）人口分布。人口分布也是影响区域交通运输需求的重要因素。人口密集的区域，如城市中心地带，通常会有更高的出行需求。同时，人口流动的方向和规模也会影响区域交通运输需求，如通勤、旅游、探亲等出行需求。

2. 区域交通运输基础设施与交通政策

（1）区域交通运输基础设施。区域交通运输基础设施的完善程度直接影响区域交通运输能力。公路、铁路、航空、水路、管道等交通运输方式的网络布局、线路等级、运输能力等均会对区域交通运输需求产生影响。因此，在进行需求分析时，需要充分了解区域交通运输基础设施的现状和发展规划。

（2）区域交通运输政策。政府的区域交通运输政策也会对区域交通运输需求产生重要影响。例如，鼓励公共交通出行的政策会增加公共交通的出行需求，限制私家车使用的政策可能会增加公共交通的出行需求。

3. 新兴技术的影响

随着科技进步，新兴技术在区域交通运输领域的应用越来越广泛，如智能交通系统、自动驾驶技术、新能源汽车等。这些新兴技术的应用不仅提高了区域交通运输的效率和安全性，还转变了人们的出行方式和出行习惯。因此，在进行区域交通运输需求分析时，需要充分考虑新兴技术的应用产生的影响。

4. 具体分析方法

（1）数据收集。收集足够的数据是进行区域交通运输需求分析的基础。区域交通运输需求分析数据包括人口数据、就业数据、城市规模、公共交通线路、交通流量等。这些数据可以通过政府统计数据、移动互联网数据、传感器监测等多种途径获取。

（2）统计分析。通过对历史数据的统计分析，可以揭示区域交通运输需求的规律和趋势。常用的统计模型包括回归分析、时间序列分析等。需要注意的是，传统的统计方法可能无法完全考虑新的因素和突发事件对区域交通运输需求的影响。

（3）交通模型。交通模型是一种基于仿真的预测方法，可以模拟和预测区域交通运输系统的运行情况。常用的交通模型包括四步法模型、离散选择模型和微观仿真模型等。这些模型可以综合考虑各种因素的影响，提供更为精准的预测结果。

（4）新兴技术的应用。利用移动互联网数据和 GPS 定位数据等实时获取出行信息和交通状况，可以更准确地预测区域交通运输需求。同时，人工智能算法可以通过对大数据的分析发现隐藏的规律和趋势，为预测区域交通运输需求提供有力支持。

5. 在进行区域交通运输需求分析时面临的挑战

在进行区域交通运输需求分析时面临的挑战是多方面的，如数据获取与处理、预测方法与技术、外部因素与不确定性及跨学科与综合性等。为应对这些挑战，需要不断增强数据收集和处理能力、探索新的预测方法和技术、关注政策和社会经济变化及加强跨学科合作与综合分析。

（1）数据获取与处理挑战。①数据稀缺性。部分区域可能缺乏足够的区域交通运输数据，尤其是偏远或欠发达地区，数据收集工作更为困难。②数据质量。即使数据可得，其质量和准确性也可能存在问题。错误或不相符的数据会严重影响分析结果的可靠性。③数据处理难度。大数据技术的应用虽然带来了更多数据源，但也增加了数据处理的复杂性。如何有效整合、清洗和预处理这些数据是一个技术难题。

（2）预测方法与技术挑战。①传统方法局限性。传统的统计分析方法可能无法充分捕捉区域交通运输需求的复杂性和动态性，尤其是在面对新兴交通模式和突发事件时。②模型选择与参数设定。选择合适的交通模型并准确设定参数是一个挑战。不同的模型可能适用于不同的场景和数据集，但选择不当可能导致预测结果偏差较大。③技术更新迅速。区域交通运输领域的技术和方法不断更新，如智能交通系统、自动驾驶等，如何将这些新技术融入需求分析是一种考验。

（3）外部因素与不确定性挑战。①政策变化。政府的区域交通政策、规划调整等均会对区域交通运输需求产生重大影响，但这些政策变化往往难以预测。②社会经济波动。经济周期、就业市场变化等社会经济因素也会影响区域交通运输需求，但这些因素同样具有不确定性。③突发事件。自然灾害等突发事件可能对区域交通运输系统造成重大冲击，这些事件难以事先预测并纳入需求分析中。

（4）跨学科与综合性挑战。①跨学科知识需求。区域交通运输需求分析涉及交通工程、城市规划、经济学、管理学、工程经济学、数据科学等学科领域，需要跨学科的知识和方法。②综合性分析难度。除了考虑区域交通系统内部的复杂性，还需综合考虑外部环境、社会经济、人口分布等多种因素，这使分析过程更加复杂和具有挑战性。

（四）区域交通运输供需平衡分析

区域交通运输供需平衡分析是一个复杂而持续的过程，需要综合考虑多种因素和影响。通过科学的供需平衡分析，可以发现交通系统中的供需矛盾和问题，为制定有效的区域交通运输规划和管理策略提供有力支持。同时，随着城市化进程的加速和区域交通运输技术的不断发展，供需平衡分析也需要不断跟进和调整以适应新的变化和挑战。

1. 区域交通运输供需平衡的基本概念

区域交通运输供需平衡是指在特定区域内，交通运输的供给能力（如道路容量、公共交通车辆数、交通设施等）与交通运输需求（如出行人次、货物运量等）达到一种相对稳定的状态。这种状态既不过度供给造成资源浪费，也不过度需求导致区域交通运输拥堵和服务质量下降。

2. 区域交通运输供需平衡分析的主要内容

（1）区域交通运输需求预测。①出行需求。分析区域内居民的出行特征，包括出行目的、出行方式、出行时间等，预测未来出行需求的变化趋势。②货运需求。根据区域内经济发展状况、产业结构特点等，预测未来货物运输需求的变化趋势。

（2）区域交通运输供给评估。①道路设施。评估区域内道路网的规模、等级结构、布局结构等，以及道路设施的服务水平和通行能力。②公共交通。分析公共交通车辆数、线路布局、服务质量等，评估公共交通系统的供给能力。③交通管理。考虑交通信号灯设置、交通标志标线、交通执法等因素对区域交通运输供给的影响。

（3）区域交通运输供需平衡状态分析。①总量平衡。比较区域交通运输总供给与总需求间的数量关系，判断是否存在供需缺口。②结构平衡。分析不同区域交通运输方式、不同时间段、不同区域的供需平衡状况，识别供需矛盾突出的领域和环节。

3. 影响区域交通运输供需平衡的因素

（1）人口增长与城市化进程。随着人口的增长和城市化的推进，区域交通运输需求不断增加，对区域交通运输供给提出更高要求。

（2）经济发展与产业结构调整。经济发展促进货物运输需求增长，同时改变居民出行方式和出行需求结构。

（3）政策与规划。区域交通运输政策、城市规划等对区域交通运输供需平衡具有重要影响，如公共交通优先政策、道路建设规划等。

（4）技术进步与创新。智能交通系统、自动驾驶等新技术的发展有望提高区域交通运输供给效率和服务质量，同时改变区域交通运输需求特征。

4. 区域交通运输实现供需平衡的策略

（1）优化区域交通运输规划。合理规划道路、铁路、民航、水路、管道网络布局，提高区域交通运输通行能力；优化公共交通线路布局和服务质量，提升公共交通分担率。

（2）加强交通管理。完善区域交通运输信号控制系统，提高道路通行效率；加强区域交通运输执法力度，规范交通行为；利用大数据、人工智能等技术手段提高区域交通运输管理水平。

（3）推动技术创新。鼓励智能交通系统、自动驾驶等新技术的研发和应用，提高区域交通运输供给效率和服务质量；通过技术创新引导区域交通运输需求向更加绿色、低碳的方向发展。

（4）实施需求管理。通过价格机制、停车管理、限行限购等措施调节区域交通运输需求总量和结构；引导居民使用更加环保、高效的出行方式。

5. 区域交通运输的运输供给适度性衡量方法

供给适度性反映运输供给与国民经济的适应程度，用运输供给与运输需求的比值来反映运输供给相较于运输需求是过剩、适度还是不足。这里的运输供给是考虑了通行能力、运输工具运用情况的总运输供给，运输需求是考虑了潜在运输需求的总运输需求。

供给适度性分析的目的是判断运输与社会经济产生运输需求的适应程度。因此，该指标评价的立足点是运输供给与运输需求的适应性。

运输供给适度性衡量方法为

$$\eta = S / D \tag{6-17}$$

其中，η 为运输供给适度系数；D 为运输需求，包括运输量和潜在运输需求；S 为运输供给，$S=365TLGIK$，其中 T 为实际或预测车辆的载质量；L 为平均每辆车的日行程，$L=V \times t$（V 为技术速度；t 为平均每日的运营时间）；G 为工作率；I 为实载率；K 为营运车辆系数。

当 $\eta=1$ 时，说明供给与需求相适应；当 $\eta > 1$ 时，说明实际供给出现结构性过剩，也就是说，有一部分运输供给与需求不相适应，以至于未能被利用；当 $\eta < 1$ 时，说明运输供给不足，以至于超强使用实际供给能力。

（五）促进区域交通运输供需平衡的措施

促进区域交通运输供需平衡是提升交通运输效率、优化资源配置、缓解交通拥堵、减少环境污染的关键措施。促进区域交通运输供需平衡是一个系统工程，需要政府、企业和社会各界的共同努力。未来，随着政府对新型基础设施建设的投入和科技创新的推动，区域交通运输行业的供给能力将进一步提升。同时，随着人们出行方式的多样化和环保意识的增强，区域交通运输行业的需求结构也将发生深刻变化。因此，应持续加强基础设施建设和技术创新，推动区域交通运输方式的绿色低碳转型，促进区域交通运输行业的可持续发展。

1. 区域交通运输需求管理

（1）需求预测。①短期预测。基于历史数据和实时数据，利用数学模型、大数据分析、人工智能等技术手段，预测短期内（如日、周、月）的交通需求变化趋势。②中长期预测。根据经济发展、人口增长、城市规划等因素，预测未来几年或更长时间的区域交通运输需求，为规划提供科学依据。

（2）政策引导。①制定相关政策，如拥堵收费、错峰上下班等，引导出行者选择合适的出行方式，减轻高峰时段的区域交通运输压力。②鼓励公共交通、骑行、步行等低碳出行方式，减少私家车出行。

（3）信息发布。及时发布区域交通运输信息，如路况、公交时刻表、停车位等，帮助出行者合理安排出行计划，提高出行效率。

2. 区域交通运输供给管理

（1）区域交通运输供给能力规划。根据城市发展需求和区域交通运输需求预测，制定合理的区域交通运输供给能力规划，包括道路网络布局、铁路网络布局、民航网络布局、水路网络布局、管道网络布局、交通枢纽设置、公共交通设施建设等。明确建设时序和投资规模，确保规划的有效实施。

（2）区域交通运输供给设施建设与维护。完善道路、桥梁、港口、机场、管道等基础设施，提高区域交通运输能力。定期对区域交通运输基础设施进行检查和维护，确保设施的安全和正常运行。根据技术进步和区域交通运输需求变化，对现有设施进行更新改造，提高设施的使用效率和安全性。

（3）区域交通运输供给调度与优化。运用信息技术手段，对区域交通运输车辆、船舶和飞机等进行实时监控和调度，确保区域交通运输过程的顺畅。根据区域交通运输需求变化，及时调整运输线路、班次和运力，提高区域交通运输供给的适应性。

3. 供需平衡调控政策与手段

（1）价格机制。通过调整区域交通运输价格，反映区域交通运输市场的供求关系，引导区域交通运输资源的合理配置。实施差别定价策略，根据不同时间、不同方式的区域交通运输服务制定不同的价格，调节需求分布。

（2）政府宏观调控。在市场失灵的情况下，政府需采取措施进行干预，如制定区域交通运输政策、规划区域交通运输网络等，以保障区域交通运输的稳定和安全。通过政府投资、税收优惠等手段，鼓励或限制某些区域交通运输方式的发展，调节区域交通运输供需关系。

（3）多元运输模式发展。鼓励铁路、公路、水路、航空、管道等多种区域交通运输方式协调发展，发挥各自优势，提高整体区域交通运输效率。合理规划区域交通运输结构，优化不同交通运输方式的分工与协作，实现区域交通运输资源的优化配置。

4. 案例与经验借鉴

（1）城市交通拥堵治理。北京、上海等大城市的区域交通运输拥堵治理案例表明，通过建设公共交通系统、优化道路交通网络、加强交通管理等方式，可以显著提高城市交通运行效率，缓解区域交通运输拥堵。

（2）铁路运输供需平衡。中国铁路总公司在春运、暑运等高峰期通过增开临时列车、优化列车运行图、推行网络购票等方式，有效提升了铁路运输能力和服务水平，满足了旅客出行需求。

综上所述，区域交通运输供需平衡分析是一个涉及多方面因素的复杂过程。通过加强交通基础设施建设、优化交通结构、提升交通服务水平和实施交通需求管理等措施，可以有效促进供需平衡的实现，为区域经济社会发展提供有力的交通保障。

六、案例分析

（一）四川省成都市的共享单车供给模式创新——成都区域交通运输供给的深度剖析

1. 背景

作为中国西南地区的重要城市，近年来成都经历了快速的城市化进程，在此过程中不可避免地出现了交通拥堵、环境污染等一系列问题。为有效应对这些挑战，成都市政府积极探索并创新交通解决方案，其中共享单车的引入成为关键一环。此举不仅旨在缓解城市交通压力，还希望通过推行绿色出行方式，促进城市的可持续发展。

2. 措施

（1）政府引导与支持：构建完善的政策框架与市场环境。①政策激励。成都市政府通过制定和发布一系列政策文件，为共享单车企业提供了明确的市场准入条件和服务质量标准，并辅以财政补贴、税收优惠等实质性激励措施。这些政策不仅降低了企业的运营成本，还激发了市场活力。②沟通协调。政府与企业建立了紧密的沟通协调机制，通过定期会议、现场调研等方式，及时了解企业运营状况和面临的困难，并提供必要的支持和帮助。同时，政府还积极引导企业间开展公平竞争，维护良好的市场秩序。

（2）合理规划停放区域：优化空间布局与提升用户体验。①精准选址。政府依据城市交通流量、人口分布等数据，科学规划了共享单车的停放区域。在市中心、商业区、地铁站等人员密集区域设置了合理的停车点，既满足了市民的出行需求，又避免了车辆的无序停放。②空间优化。在规划停放区域时，政府充分考虑了空间的合理利用和用户体验。通过划定专用停车位、设置清晰的标识和指引等方式，提高了停车点的可见性和可达性，为市民提供了便捷、有序的共享单车使用环境。

（3）智能化管理平台：提升运营效率与服务质量。①实时监控。政府引入了智能化管理平台，对全市范围内的共享单车进行实时监控。该平台能够实时收集车辆位置、使用状态等信息，为政府和企业提供了全面、准确的数据支持。②数据分析。利用大数据分析技术，对共享单车的使用数据进行深入挖掘和分析。通过分析用户行为、使用习惯等，政府和企业能够精准把握市民的出行需求，为优化车辆投放、提升服务质量提供科学依据。③动态调整。基于数据分析结果，政府和企业能够灵活调整车辆的投放数量和分布区域。在高峰时段或热门区域增加车辆投放，满足市民的出行需求；在低谷时段或偏远地区减少车辆投放，避免资源浪费。这种动态调整机制确保了共享单车的高效利用和市民的便捷出行。

3. 效果

（1）显著缓解交通拥堵。共享单车的普及有效减少了私家车的使用频率，进而减轻了城市交通压力。市民短途出行更倾向选择共享单车，这不仅缩短了出行时间，还有效缓解了道路拥堵。

（2）推广绿色出行理念。共享单车作为一种低碳环保的出行方式，得到了广大市民的积极响应。其推广促进了绿色出行理念的普及，推动了城市交通向更加环保、可持续的方向发展。

（3）提升城市形象。整齐划一的共享单车停放区域、智能化的管理平台及良好的市场秩序共同提升了成都的城市形象。共享单车成为城市的一道亮丽的风景线，吸引了更多游客和投资者的关注。

（4）带动相关产业发展。共享单车的快速发展带动了车辆制造、智能锁研发、运维服务等相关产业的协同发展。这些产业的发展为当地经济注入了新活力，推动了经济结构的优化和升级。

（5）提高区域交通运输供给效率。通过政府引导、合理规划停放区域及智能化管理平台的运用，成都的共享单车供给模式显著提高了区域交通运输供给效率。共享单车作为公共交通系统的重要补充，与公交、地铁等构建了一个更加完善、高效的交通运输网络。

综上所述，成都的共享单车供给模式创新在缓解城市交通拥堵、推广绿色出行、提升城市形象等方面取得了显著成效。从区域交通运输供给分析的角度来看，这一模式不仅优化了空间布局和资源配置，还通过智能化管理手段提高了运营效率和服务质量。成都的成功经验为其他城市在推广共享单车供给模式方面提供了借鉴和参考。

（二）浙江省杭州市的地铁网络快速扩张——杭州区域交通运输供给的深度剖析

1. 背景

杭州作为浙江省的省会城市，近年来经济蓬勃发展，人口持续涌入，导致城市交通压力急剧上升。为有效缓解地面交通拥堵，提升市民出行效率和舒适度，杭州市政府审时度势，将地铁网络建设作为城市交通发展的重要战略方向，大力推进地铁线路的规划、建设和运营。

2. 措施

（1）快速扩张地铁线路，构建综合交通网络。①规划先行。杭州市政府根据城市发展规划和人口分布特点，科学制定了地铁网络规划。通过合理布局线路，确保地铁网络能够覆盖城市的主要区域和重要交通枢纽，满足市民多样化的出行需求。②加快建设。在地铁网络规划确定后，杭州迅速启动了地铁线路的建设工作。通过加大资金投入力度、引进先进技术、优化施工组织等方式，确保了地铁线路建设的快速推进。近年来，地铁线路从最初的单条线路发展到多条线路交织成网，构建了便捷、高效的地铁交通网络。

（2）强化与周边城市的互联互通，促进区域一体化发展。①跨区域合作。杭州市在推进地铁网络建设的同时，还积极与周边城市开展轨道交通的互联互通合作。通过与嘉兴、绍兴等城市的地铁规划对接，共同推动区域轨道交通网络的建设，旨在实现更大范围内的资源共享和协同发展。②一体化运营。通过跨区域的轨道交通网络，杭州与周边城市实现了交通资源的有效整合和优化配置。这不仅提升了区域交通运输的整体效能，还为市民提供了更加便捷、高效的出行选择，促进了区域经济一体化发展。

（3）提升服务质量，增强乘客出行体验。①设施完善。杭州在地铁车站内增设了自助售票机、提升了安检效率、优化了乘车环境等。这些措施的实施有效提升了地铁服务的便捷性和舒适度。③人性化服务。杭州市地铁系统还注重提供人性化服务。例如，通过发布实时地铁运营信息、提供无障碍设施等方式，确保各类乘客享受到安全、便捷、舒适的地铁出行服务。

3. 效果

（1）显著减轻地面交通压力。地铁网络的快速扩张减轻了杭州的地面交通压力。通过分流地面交通流量，缓解了道路交通拥堵，提高了道路通行效率。同时，地铁作为大容量公共交通工具，有效满足了市民长距离、高频次的出行需求。

（2）提高市民出行效率。地铁以快速、准时的特点，成为市民出行的首选方式之一。地铁网络的完善使市民通勤时间大幅缩短，提高了出行效率。此外，地铁还与公交、出租车等其他公共交通方式形成了有效衔接，为市民提供了多样化的出行选择。

（3）促进绿色出行，减少碳排放。地铁作为绿色出行方式之一，其运营过程中产生的碳排放远低于私家车等私人交通工具。随着地铁网络的不断完善和市民出行习惯的改变，杭州交通碳排放量得到了有效控制。这不仅有助于改善城市空气质量，还为城市的可持续发展奠定了坚实的基础。

（4）提升城市形象，促进经济发展。地铁网络的快速扩张不仅提升了杭州的城市形象，还促进了区域经济发展。便捷的地铁交通条件吸引了更多企业和人才入驻杭州，为城市的经济增长注入了新活力。同时，地铁沿线的商业开发和土地利用也得到了有效推动，为城市的经济繁荣贡献了新的增长点。

综上所述，从区域交通运输供给分析的角度来看，杭州地铁网络的快速扩张充分体现了政府在优化交通资源配置、提升交通供给能力方面的决心和成效。通过科学规划、加快建设、强化互联互通和提升服务质量等措施的实施，杭州成功构建了一个高效、便捷、绿色的地铁交通网络。这一网络不仅有效减轻了城市交通压力、提高了市民出行效率和生活质量，还促进了城市的可持续发展和经济的繁荣兴旺。杭州的成功经验为其他城市在推进地铁网络建设方面提供了有益的借鉴和参考。

（三）德国柏林的公共交通供给创新——德国区域交通运输供给的深度剖析

1. 背景

柏林作为德国的首都，不仅是政治中心，还是欧洲的文化和经济枢纽。随着城市化进程的加速和人口的不断增长，柏林面临着日益严峻的交通压力。为应对这一挑战，柏林市政府采取了一系列创新措施，优化公共交通系统供给，旨在提升市民的出行体验和生活质量。

2. 公共交通供给创新措施

从区域交通运输供给分析的角度来看，柏林市政府在公共交通领域的创新实践体现在以下三个方面。

（1）公交网络优化。公交网络是公共交通系统的基石。柏林市政府对公交线网进行了全面优化，主要措施包括：①减少重复线路。通过科学分析，识别并取消了多条重复或低效的公交线路，避免了资源的浪费。②优化停靠站点。根据市民出行需求和道路状况，调整了公交线路的停靠站点，减少了不必要的停靠，提高了公交车的运行效率。③增加夜间和周末班次。针对夜间和周末市民出行需求增加的特点，合理调配运力，增设了夜间和周末的公交班次，满足了市民多样化的出行需求。

（2）新型公交车辆推广。车辆是公共交通系统的关键组成部分。柏林市政府在车辆更新方面采取了以下两项措施：①引入了大量低地板、无障碍设计的公交车辆，这些车辆不仅提升了乘坐的舒适度，还方便了老年人、残障人士等特殊群体的出行，体现了公共交通的人文关怀。②积极推广电动公交车，减少了尾气排放和噪声污染，促进了城市环境的改善。同时，电动公交车的运营也降低了能耗成本，提升了公共交通系统的经济效益。

（3）智能调度系统建设。智能化是现代公共交通系统的重要发展方向。柏林市政府建立了智能公交调度系统，实现了公交车辆运营的智能化管理：①实时监测。通过 GPS 等定位技术，实时监测公交车辆的位置和运行状态，为调度提供了准确的数据支持。②动态调整。根据实时监测的数据，动态调整公交班次和运力分配，确保公交系统的平稳运行。在高峰时段增加班次和运力，满足市民的集中出行需求；在低峰时段适当减少班次，避免资源浪费。③应急处理。智能调度系统还具备应急处理能力，在突发事件发生时能够迅速调整公交运营方案，保障市民的出行需求。

3. 效果分析

柏林市政府的公共交通供给创新措施取得了显著成效。

（1）服务质量和运营效率提升。公交网络的优化和新型公交车辆的推广，使市民出行更加便捷和舒适。智能调度系统的应用进一步增强了公交系统的响应速度和应急处理能力，提升了整体运营效率。

（2）环保效益显著。电动公交车的推广显著减少了尾气排放和噪声污染，改善了城市环境质量。这不仅提升了市民的生活质量，也为柏林的可持续发展奠定了基础。

（3）社会效益显著。公共交通系统的优化创新，使更多市民愿意选择公共交通出行，减少了私家车的使用量，缓解了城市交通拥堵。同时，公共交通系统的完善也提升了城市的整体竞争力，吸引了更多的人才和投资。

（4）政策支持与公众参与。柏林市政府在公共交通供给创新过程中，积极出台相关政策支持公共交通的发展。同时，通过宣传教育等手段提高了市民对公共交通的认识和支持度，增强了市民的参与感和满意度。

综上所述，柏林的公共交通供给创新实践，为区域交通运输供给分析提供了丰富的案例和经验。从公交网络优化、新型公交车辆推广到智能调度系统建设等方面入手，柏林市政府全面提升了公共交通系统的服务质量和运营效率。未来，随着科技的不断进步和政策的持续支持，柏林的公共交通系统有望进一步完善和发展，为市民提供更加便捷、高效、环保的出行服务。

同时，柏林的案例也为其他城市提供了有益的借鉴。在区域交通运输供给过程中，政府应加强对公共交通系统的规划和投入，推动公共交通的创新发展；同时，鼓励市民参与和支持公共交通的发展，共同构建绿色、低碳、高效的交通出行环境。

（四）美国旧金山湾区的快速交通系统（BART）——美国区域交通运输供给的深度剖析

1. 背景

旧金山湾区作为美国西海岸的经济与文化中心，面临人口密集、经济活动高强度等多重挑战，交通拥堵问题尤为突出。为应对这一挑战，旧金山湾区于1972年开创性地建设了湾区快速交通系统（BART），不仅成为美国首个现代化大容量轨道交通系统，还为全球城市交通运输供给提供了宝贵的经验和示范。

2. BART 系统的核心建设措施

从区域交通运输供给的维度来看，BART 系统的建设采取了多维度、深层次的措施，以全面优化区域交通结构，提升运输供给能力。

（1）大容量轨道交通设计。BART系统采用了电气化铁路技术，确保列车以高速、大运量的方式运行。这一设计不仅提高了列车的运输效率，还显著降低了噪声污染，为市民提供了更为环保、舒适的出行环境。通过电力驱动，BART系统有效减轻了地面交通压力，成为缓解交通拥堵的重要力量。

（2）广泛覆盖的网络布局。BART系统精心规划了多条线路和站点，广泛覆盖了旧金山湾区的主要城市和交通枢纽。这种网络布局不仅实现了区域内的高效互联互通，还方便了市民和游客的出行，无论身处旧金山湾区的哪个角落，乘客都能轻松乘坐BART快速到达目的地。

（3）无缝衔接的多式联运体系。BART系统并非孤立运行，而是与区域内的公交、轮渡、自行车等多种交通方式实现了无缝衔接。这种多式联运体系提高了出行的便捷性和灵活性，使乘客可以根据实际需求轻松换乘不同的交通工具，实现一站式出行体验。

（4）先进的服务与管理设施。为提升乘客的出行体验和管理效率，BART系统引入了先进的票务系统和安检措施。乘客可以通过便捷的购票方式快速进站乘车，而全面的安全监控确保了车站和列车的安全运行。这些设施不仅提高了BART系统的运营效率，也增强了乘客的出行信心。

3. BART系统的效果分析

BART系统的成功建设为旧金山湾区带来了显著的交通改善和发展推动。

（1）有效缓解交通拥堵。作为大容量轨道交通系统，BART有效分流了地面交通流量，显著缓解了城市交通拥堵问题。特别是在高峰时段，BART系统以快速、准时的特点吸引了大量乘客，有效减轻了地面道路的交通压力。

（2）提升出行效率与质量。BART系统以快速、准时、高效的特点，显著提升了市民和游客的出行效率。乘客乘坐BART可以迅速到达目的地，缩短通勤和旅行的时间。同时，舒适的乘车环境和优质的服务也提升了乘客的出行体验。

（3）促进区域经济发展。通过覆盖广泛的网络布局和与其他交通方式的无缝衔接，BART系统促进了旧金山湾区的经济一体化和区域发展。BART系统不仅方便了居民的日常出行，还促进了区域内企业间的交流与合作，为旧金山湾区经济的持续增长提供了有力支撑。

（4）推动绿色出行理念。作为电气化铁路系统，BART具有低噪声、低污染的特点。BART系统的运行减少了尾气排放和噪声污染，为居民提供了更加环保的出行方式。同时，BART系统的成功建设也推动了绿色出行理念在旧金山湾区的普及和实践，引导市民更加注重环保和可持续发展。

综上所述，旧金山的BART系统作为美国区域交通运输供给的现代典范，充分展示了大容量轨道交通在城市交通管理中的重要作用。通过建设先进的轨道交通系统、实现与其他交通方式的无缝衔接，以及引入先进的服务与管理设施，BART系统成功缓解了旧金山湾区的交通拥堵、提升了出行效率和质量、促进了区域经济发展。

随着城市化进程的加速和人口增长的压力不断增大，更多的城市需要借鉴旧金山的经验，加强区域交通运输建设。通过推广大容量轨道交通、优化交通网络布局、实现多式联运体系及引入先进的服务与管理设施等措施，推动城市交通的可持续发展，为居民提供更加便捷、高效、环保的出行环境。

七、结论与展望

（一）结论

区域交通运输供给分析是保障区域经济发展的重要环节。随着科技的不断进步和政策的不断完善，区域交通运输供给能力将不断提升，以满足日益增长的区域交通运输需求。同时，加强区域间的合作与交流实现资源共享和优势互补，也是提升区域交通运输供给能力的重要途径。

（二）展望

区域交通运输供给分析显示，近年来，我国不断完善区域交通运输基础设施，构建了较为完善的综合交通运输体系，供给能力逐步提升，为经济社会发展提供了有力支撑。然而，在部分地区和特定时间段，区域交通运输供给与需求间仍存在失衡现象，如节假日、旅游旺季等时期的交通拥堵和票价上涨问题。同时，新兴技术的应用正在推动区域交通运输行业的信息化、智能化水平提高，为供给创新提供了新的可能性。未来，随着政府对新型基础设施建设的持续投入和科技创新的不断推动，区域交通运输行业的供给能力将进一步增强，供给结构将更加合理，注重各种交通运输方式间的有机衔接和协调发展。绿色低碳转型将成为区域交通运输行业的重要发展趋势，推动行业向更加环保、可持续的方向发展。此外，区域协调发展战略的深入推进，也将促进区域交通运输供给在区域间的均衡分布，缓解局部供需失衡问题。总之，未来区域交通运输行业将继续发展壮大，为区域经济社会发展提供更加有力、高效、绿色的支撑和保障。

第七章 区域交通运输系统分析

交通运输作为区域经济发展的重要支撑和基础设施，不仅直接关联着区域内部及区域间的物资流动和人员往来，更深刻影响区域经济的结构布局和发展速度。随着全球化的深入发展和区域经济一体化的加速推进，区域交通运输系统的效率、可靠性和可持续性愈加重要。因此，深入分析区域交通运输系统的组成、特点及其与区域经济的相互关系，对优化区域交通运输资源配置、提升系统效能、促进区域经济协调发展具有重要意义。本章将从区域交通运输系统的基本组成入手，探讨其特性、需求分析、供给分析、系统结构等方面，旨在为区域交通运输系统的规划、建设和管理提供科学的理论依据和实践指导。

一、区域交通运输系统的组成

区域交通运输系统的组成是一个复杂而多元的结构，主要包括以下几个部分。

（一）区域交通运输系统工具系统

区域交通运输系统是一个复杂且多层次的体系，由多种区域交通运输方式和相关设施共同构成，旨在满足区域内及区域间的客货运输需求。在区域交通运输系统中，交通运输工具系统是其核心组成部分，承担着客货运输任务。这些工具是完成区域交通运输任务的主要载体，具体来说，区域交通运输工具系统可以分为以下五种类型。

1. 公路运输工具

公路运输工具主要包括各种类型的汽车，如客车、货车、特种车辆等，具有灵活性强、覆盖面广等特点，适用于中短途客货交通运输。

2. 铁路运输工具

铁路运输系统涵盖机车、客车与货车，凭借运量大、速度快、成本低及高安全性等优势，在长途交通运输领域占据核心地位，其中机车为动力核心，客车与货车分别服务旅客与货物运输需求。

3. 水路运输工具

水路运输工具主要包括各种船舶，如客船、货船、油轮、集装箱船等。水路运输具有运量大、成本低、能耗少等优点，特别适用于大宗货物的长途运输。不同类型的船舶根据交通运输需求和货物特性进行设计和选择。

4. 航空运输工具

航空运输工具主要包括各种类型的飞机，如客机、货机等。航空运输以速度快、效率高、安全性好等特点，在长途客运和紧急货物运输中发挥着重要作用。

5. 管道运输工具

管道运输是一种特殊的运输方式，主要用于液体和气体的长距离输送。管道运输工具主要包括各种类型的管道及其附属设施，如泵站、储罐等。管道运输具有连续性强、运输量大、成本低等优点，特别适用于石油、天然气等的运输。

综上所述，交通运输工具是区域交通运输系统的重要组成部分，包括公路、铁路、水路、航空和管道等多种运输方式的客货承载工具。这些工具各具特点、相互补充，共同构成了区域交通运输系统的运输能力，满足了区域内及区域间的客货运输需求。

（二）区域交通运输线路设施系统

区域交通运输系统是一个复杂而庞大的系统，其组成部分多样且相互关联。其中，线路设施系统是区域交通运输系统的重要组成部分，包括天然的线路（如海上航线、内河航道、航空航路）和人工建设的线路（如公路、铁路）。这些线路为运输工具提供了运行的路径，是实现客货运输任务的基础。

构建关于区域交通运输线路设施系统的数学公式时，通常包含诸多难以直接量化的因素。不过，我们可以设计一个简化的模型，其中涉及几个关键的可量化指标。

以下是一个简化的数学公式示例：

$$SCEI = \alpha \cdot \left(\frac{C_{NE}}{L_{NE}} \right) + \beta \cdot \left(\frac{C_{ME}}{L_{ME}} \right) + \gamma \cdot IF + \delta \cdot MF \qquad (7\text{--}1)$$

其中，$SCEI$ 为系统综合效能指数；α、β、γ、δ 均为权重系数，且 $\alpha + \beta + \gamma + \delta = 1$，这些系数反映了不同部分在系统综合效能中的相对重要性；C_{NE} 和 L_{NE} 分别为天然线路的容量（或通行能力）和长度，比值 $\frac{C_{NE}}{L_{NE}}$ 为衡量单位长度天然线路的效率；C_{ME} 和 L_{ME} 分别为人工线路的容量和长度，比值 $\dfrac{C_{ME}}{L_{ME}}$ 为衡量单位长度人工线路的效率；IF 为配套设施完善度的量化指标，可能是一个基于多个因素（如桥梁数量、隧道长度、安全设施等）的加权平均得分；MF 为维护设施有效性的量化指标，可能是一个基于维护频率、维护质量、故障率等因素的综合评分。

区域交通运输线路设施系统主要包括以下几个方面。

1. 天然线路

这些线路是自然形成的，如海上航线、内河航道、航空航路等。这些天然线路为水上运输和航空运输提供了基础条件，使船舶和飞机能够在特定的水域和空域内安全、高效地运行。

2. 人工线路

与天然线路相对应，人工线路是通过人类工程活动建设而成的，主要包括公路、铁路、管道等。这些线路具有明确的走向和规格，为汽车、火车等交通运输工具提供了固定的运行通道。人工线路的建设需要考虑地形、地质、气候等多种因素，以确保线路的安全性和稳定性。

3. 线路配套设施

除了基本的线路，线路设施系统还包括一系列配套设施，如桥梁、隧道、涵洞、防护设施等。这些设施的建设是为了解决线路在特殊地形或环境下的通行问题，提高线路的通行能力和安全性。例如，桥梁可以跨越河流、海峡等自然障碍，隧道可以穿越山岭等复杂地形，涵洞可以排水并保护线路不受水害影响。三峡船闸如图 7-1 所示。

图 7-1　三峡船闸

4.线路维护设施

为确保线路设施系统的正常运行和延长使用寿命，还需要建设一系列维护设施。这些设施包括养护站、工区、巡检设备等，用于对线路进行定期检查、维修和保养。通过及时的维护和保养，可以及时发现并修复线路上的病害和隐患，确保线路设施系统的完好性和安全性。

（1）维护监测系统。维护监测系统是交通 CBTC 系统的统一运维平台，是反映设备运用质量、提高设备维护效率、加强结合部管理的重要信号设备。MSS 系统日常维护数据源自 CBTC 各子系统的自诊断数据，MSS 子系统提供信号设备故障模式影响分析，主要包括分析对象、设备功能、故障模式、故障现象、故障影响范围、影响行车程度和故障处置建议等。

MSS 系统由分布在设备集中站、车辆段 / 停车场的站机设备，非设备集中站、控制中心、维修工区的采集设备，维修中心的服务器及各维护工区的维护工作站设备等组成；实现对信号机、转辙机、电源等基础信号设备的监控；接收计算机联锁（CI）、列车自动监控系统（ATS）、数据通信系统（DCS）、无线通信系统（LTE）、计轴、区域控制器（ZC）、列车自动驾驶系统（ATO）、列车自动防护系统（ATP）等子系统的运维信息；实现系统数据的统一存储、处理及分析，并在各级维护工作站中可视化展示故障报警信息。MSS 系统架构如下：

采用灰色关联度及卷积神经网络算法对设备间的关联度进行分析，以发现各子系统间的相关性及隐藏的故障规律。MSS 系统对每种设备的报警分布进行数据窗口划定，即神经元；设定神经元的大小为 60s，即 1 天内某设备的报警可划分为 1440 个神经元，有颜色的方块表示该单元内存在报警；2 种设备按照同一神经单元进行划分，颜色有重叠表示 2 种设备在同一时间段内都存在报警，这些报警可能存在关联性，颜色块重叠得越多，表示 2 个设备的关联度越高，反之则越低。设备 A、设备 B 的关联度计算式为

$$\mathrm{Cof}(A \to B) = \frac{\mathrm{Sup}(A \cup B)}{\mathrm{Cot}(A)} \qquad (7\text{-}2)$$

其中，$\mathrm{Sup}(A \cup B)$ 为神经元内设备 A、B 同时报警的次数；$\mathrm{Cot}(A)$ 为设备 A 报警出现在神经元内的总次数。$\mathrm{Cof}(A \to B)$ 仅表示 A 与 B 的关联度和因果关系，不表示设备 B 与设备 A 的关联度和因果关系，关联度介于 0~1，越接近 1 表示设备间的关联度越高。

在设备出现故障时，MSS 系统输出设备关联分析报告，并自动提示既有设备的关联数据，辅助维护人员分析故障发生的根本原因，提高维护检修效率。

（2）设备健康监测系统。设备健康度是设备运行状态的直观体现，也是道路

使用、检修规程制定的重要参考数据。依据交通设备服役状态的健康指数评价，指导进行预防性维修，提升运维质量。系统从设备生命周期、未恢复报警、总报警数量、模拟量偏差、设备检修五个维度对设备的健康度进行评判，按照重要程度预先设定权重，五项权重相加为 1，使用设备健康度分值将设备分为三种状态：健康、亚健康和故障，可反映设备形态与性能由量变到质变的动态过程。

$$设备健康度分数 = \sum_{n=1}^{维护数量}（维度\,n\,分值 \times 维度\,n\,权重） \tag{7-3}$$

设备生命周期维度。采用基于统计的设备寿命评估法，根据设备的上道时间、使用年限、配件及易损件的检修更换情况，计算设备生命周期分值。按照设备上道时间与使用年限的比例进行减分操作。

未恢复报警维度。该参数是分析设备当前工作状态是否正常的重要指标。在分析周期内，依据设备报警类型、报警等级等参数做减分操作，如一级报警减10 分，二级报警减 5 分，三级报警减 2 分。设备未恢复报警维度的权重应占总权重的 50% 及以上。

总报警数量维度。该参数统计了设备的已恢复报警和未恢复报警的数量，是设备在使用过程中是否可靠运行的重要指标。如果设备报警较多，那么说明该设备运行不可靠，存在故障的可能性。通过设定每种报警类型数量对应的减分值来计算该维度的分值。

模拟量偏差维度。在分析周期内，以设备的模拟量日报表数据为基础，计算当前模拟量平均值与历史经验平均值的偏差比例，根据预设的偏差比例扣分值计算该维度分值。如当前偏差比例为 5% 时的预设扣分值为 5 分，则该项计算分值为 95 分；如果维度权重为 10%，那么该维度计入设备健康度的分值为 9.5 分。对无模拟量的设备，该项维度权重为 0，则计入健康度的分值也为 0。

设备检修维度。在计算设备检修维度时，应考虑计划检修及故障预防检修两种情况。系统内可预设设备的检修时间，对超过检修周期的设备以天为单位进行扣分。

综上所述，线路设施系统是区域交通运输系统的重要组成部分，是实现客货运输任务的基础。通过不断完善和优化线路设施系统，可以提高区域交通运输系统的整体运行效率和服务水平。

（三）区域交通运输辅助设施系统

区域交通运输系统辅助设施系统是确保整个运输系统正常运行和高效服务的关键组成部分。这些设施主要为区域交通运输系统提供必要的支持、保障和服务功能。

1. 区域交通运输辅助设施系统概述

区域交通运输辅助设施系统包含各种场站与枢纽、检查检测设施、连接线、监控通信设施、维修搬运设备等，它们共同构建了区域交通运输系统的基础设施网络，为区域交通运输任务的顺利完成提供了全方位的支持。

2. 具体组成部分

（1）场站与枢纽。①场站。包括汽车站、火车站、港口码头、机场等，是旅客和货物集散的重要场所，提供候车、候船、候机等服务设施。②枢纽。作为多种区域交通运输方式转换的节点，如综合交通枢纽，实现了铁路、公路、航空等多种区域交通运输方式的无缝衔接，提高了区域交通运输效率。

（2）检查检测设施。这些设施用于对区域交通运输工具、货物及旅客进行安全检查、卫生检疫等，确保区域交通运输过程的安全和卫生。例如，车站的安检设备、港口的卫生检疫站等。

（3）连接线。连接线是连接不同区域交通运输线路或场站的重要通道，包括公路连接线、铁路联络线等，它们使区域交通运输网络更加完善，提高了区域交通运输系统的灵活性和可达性。

（4）监控通信设施。包括区域交通运输监控系统、通信网络等，用于实时监控运输系统的运行状态，确保信息的及时传递和处理。这些设施对应对突发事件、保障区域交通运输安全具有重要意义。智能交通监控设施如图7-2所示。

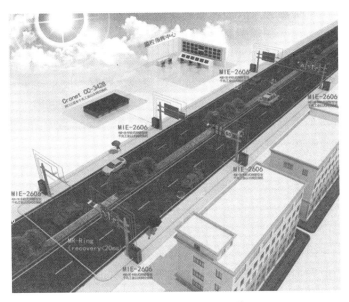

图7-2 智能交通监控设施

（5）维修搬运设备。包括各种维修机械、搬运设备等，用于对区域交通运输工具进行定期维护和紧急抢修，以及对货物进行装卸搬运。这些设备保障了区域交通运输工具的正常运行和货物的安全运输。

3. 作用与意义

区域交通运输辅助设施系统在区域交通运输系统中起着至关重要的作用。其不仅能提高区域交通运输系统的运行效率和安全性，还能促进不同区域交通运输方式间的有效衔接和协同发展。同时，这些设施的建设和完善也是推动区域经济发展、提升人民生活水平的重要保障。

综上所述，区域交通运输系统的运输辅助设施系统是一个复杂而重要的组成部分，涵盖场站枢纽、检查检测设施、连接线、监控通信设施及维修搬运设备等方面。这些设施共同为区域交通运输系统的正常运行和高效服务提供了有力支持。

（四）区域交通运输管理系统

区域交通运输管理系统是确保整个运输系统高效、有序运行的核心部分，涵盖多个层面和环节，如组织、规划、管理及政策法规的制定和执行，确保区域交通运输系统的有序运行，如安全监管、交通流量管理、运输服务质量控制等。

1. 区域交通运输管理系统的组成

（1）区域交通运输规划管理。①功能。负责区域交通运输系统的长远规划和战略部署，包括交通网络布局、交通运输方式选择、设施建设规划等。②作用。为区域交通运输系统的发展提供方向性指导，确保系统建设的科学性和合理性。

（2）区域交通运输组织管理。①功能。负责区域交通运输任务的分配、调度和执行，包括运输工具的选择、运输路线的规划、运输计划的制订等。②作用。确保区域交通运输任务的顺利完成，提高运输效率和服务质量。

（3）区域交通运输指挥系统。①功能。在区域交通运输过程中进行实时指挥和调度，应对突发事件和异常情况，确保区域交通运输的安全和顺畅。②作用。提高区域交通运输系统的应急响应能力和整体运行效率。

综合交通运输调度和应急指挥系统以"综合运行监测、协同调度指挥、宏观决策支持、信息共享开放"为主要业务框架，旨在构建省级一体化综合交通运输运行监测和指挥调度平台。

系统在纵向连接部、省、市三级应急业务系统，接入省属交通行业重点企业相关数据，在横向融合公安、气象、应急及各重点交通领域相关系统及数据，做到上下贯通、横向联动、高效协同，实现综合交通关键业务数据采集的自动化、系统监测的综合化、分析预测的智能化、功能需求的多样化、运营管理的便利化。

综合交通运输调度和应急指挥系统总体架构共分为六个层面：①展示层。展示层通过 PC 端浏览器、移动设备 App、可视化大屏提供系统具体展示和应用。②应用层。应用层主要集成覆盖省级综合交通运输调度和应急指挥系统业务职能相关的多个应用子系统。③应用支撑层。应用支撑层为应用层系统提供开发、配置和运行支撑等基础服务，实现服务构件的平台化。④数据层。数据层建设省级交通行业数据中台，通过基于 ETL、数据治理等相关技术搭建数据中台，对交通运输行业物联感知数据、业务数据、互联网数据等进行汇聚、治理、标准化和入库存储，沉淀交通数据资产，为不同业务系统、不同部门提供数据支撑。⑤基础设施支持层。基础设施支持层是整个系统基础的软硬件底层支撑，包括部署在省级政务云服务端的各类服务器、存储设备、网络资源和安全设备等。⑥感知层。依托云服务网络接入平台实现前端摄像机、各类传感设备等终端设备的接入，实现感知设备数据的实时采集。

区域交通指挥系统总体构架如图 7-3 所示。

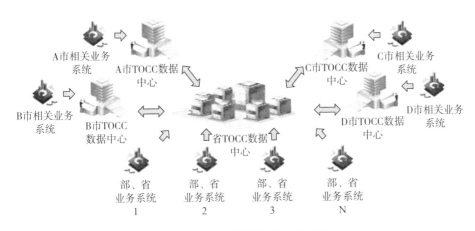

图 7-3 区域交通指挥系统总体构架

（4）区域交通运输协调机制。①功能。协调不同区域交通运输方式、不同部门间的利益关系和工作配合，促进区域交通运输系统的整体协调发展。②作用。减少区域交通运输过程中的冲突和矛盾，增强系统的整体效能。

区域交通运输协调涉及政府、同行企业、公众三个方面。其中，政府：支撑行业监管和精细化管理，提高政府服务、决策和应急处置能力；同行企业：支撑行业企业间数据共享、协调联动，提高企业服务水平和运行效率；公众：支撑政府与公众的沟通、互动，为公众提供超前的服务。

（5）区域交通运输控制系统。①功能。通过信息技术手段对区域交通运输过程进行实时监控和控制，包括区域交通运输流量控制、信号灯控制、车辆调度等。②作用。提高区域交通运输系统的智能化水平，缓解区域交通运输拥堵和减少事故发生。

（6）区域交通运输监督与评估。①功能。对区域交通运输系统的运行情况进行监督和评估，包括服务质量、安全性能、经济效益等方面的评估。②作用。为区域交通运输系统的改进和优化提供依据，推动系统持续健康发展。

2. 区域交通运输管理系统的作用与意义

（1）区域交通运输管理系统在整个区域交通运输系统中具有至关重要的作用。不仅能够确保区域交通运输任务的顺利完成和提高运输效率，还能够促进不同交通运输方式间的协调发展和整体优化。同时，通过实时的监控和评估机制，区域交通运输管理系统能够及时发现和解决问题，提高区域交通运输系统的安全性和可靠性。

（2）随着信息技术的不断发展和应用，区域交通运输系统的管理系统也在不断向智能化、信息化方向迈进。通过引入先进的信息技术手段和设备设施，区域交通运输管理系统能够实现更加精准、高效的交通运输控制和调度功能，为区域交通运输系统的可持续发展提供有力支撑。

（3）区域交通运输系统的管理系统是确保整个区域交通运输系统高效、有序运行的核心部分。涵盖多个层面和环节的功能和作用，对推动区域交通运输系统的健康发展具有重要的意义。

综上所述，区域交通运输系统由区域交通运输工具系统、区域交通运输线路设施系统、区域交通运输辅助设施系统和区域交通运输管理系统等构成，这些部分相互依存、相互支持，共同构建了一个复杂而高效的区域交通运输网络。

二、区域交通运输系统的特点

区域交通运输系统作为区域社会经济大系统的一个重要组成部分，具有以下四个特点。

（一）区域交通运输系统的开放性

区域交通运输系统的开放性是其显著特点之一，主要表现在以下三个方面。

1. 系统内部的开放性

区域交通运输系统内部各组成部分间是相互连接、畅通的。这意味着以系统中的任何一个点为起点，经过一种或多种不同的区域交通运输方式组合所搭建的运送通道，均可到达其他点。这种内部的开放性确保了区域交通运输过程的连续性和高效性。

2. 与区域经济的开放性

（1）与区域社会经济子系统的联系。区域交通运输系统不仅是区域社会经济大系统的一个有机组成部分，还为区域的政治、经济、文化的发展服务，与区域经济的其他子系统（如工业、农业、商业等）有密切的联系，通过提供区域交通运输服务促进这些子系统之间的物质、能量和信息交换。

（2）促进区域经济开放。区域经济是一个开放的系统，需要与外界进行物质、能量和信息的交换。区域交通运输系统作为这种交换的重要载体，通过其开放性实现了区际间的物质、能量和信息的顺畅流通，从而推动了区域经济的开放和发展。

3. 与其他区域及国际的开放性

（1）区域间连通。区域交通运输系统不仅局限于本区域内，还与其他区域的交通运输系统实现连通。这种连通性打破了地域限制，使区域内的货物和人员能够顺畅地流动到其他区域，促进了区域间的经济交流和合作。

（2）国际连通。随着全球化的发展，区域交通运输系统还与国际交通运输系统实现连通。这种开放性为区域内的经济主体提供了更广阔的市场和资源来源，促进了国际的经济交流和合作。

4. 重要意义

区域交通运输系统的开放性对区域经济的发展具有重要意义，不仅能够降低物流成本、提高经济效率，还能够促进资源的优化配置和产业结构的调整升级。同时，开放性也是衡量一个区域交通运输系统发展水平的重要指标。一个开放的区域交通运输系统能够更好地适应市场变化和经济发展的需求，为区域经济的持续健康发展提供有力支撑。

综上所述，区域交通运输系统的开放性体现在系统内部、与区域经济、与其他区域及国际等方面。这种开放性是区域交通运输系统的重要特性，对于区域经济的发展具有不可忽视的作用。

（二）区域交通运输系统的复杂性

区域交通运输系统的复杂性主要体现在其组成要素的多样性和相互关系的复杂性上。区域交通运输系统由多种运输方式（如铁路、公路、水路、航空、管道等）、运输工具、线路设施、辅助设施及管理系统等组成，这些部分相互依存、相互影响，构建了一个复杂的网络结构。同时，区域交通运输涉及政策法规、技术标准、市场需求等方面，因此增加了系统的复杂性。这种复杂性体现在以下五个方面。

1. 系统组成的多样性

区域交通运输系统通常由多种交通运输方式组成，包括公路、铁路、航空、水运和管道等。每种交通运输方式都有其独特的技术特性、运营规则和管理体系。这种多样性使系统在设计、建设和运营过程中需要综合考虑各种因素，增加了系统的复杂性。

2. 系统结构的层次性

区域交通运输系统是一个多层次的递阶系统。从宏观层面来看，区域交通运输系统由不同的区域交通运输通道和线路构成；从微观层面来看，每个区域交通运输通道都是由多种运输方式组合而成的。这种层次性使系统内部存在复杂的相互关系和制约因素，需要进行精细的协调和调度。

3. 系统运行的动态性

区域交通运输系统的运行受多种因素的影响，包括自然环境、社会经济条件、政策法规等。这些因素的变化均会对系统的运行状态产生影响，使系统具有动态性。此外，区域交通运输需求也随时间和空间的变化而变化，这要求系统必须具备灵活性和适应性，以应对各种不确定性和变化。

4. 系统管理的综合性

由于区域交通运输系统涉及多个部门、多个利益主体和多种区域交通运输方式，因此其管理具有综合性。管理系统需要协调各方利益，制定科学合理的规划和政策，确保系统的正常运行和持续发展。同时，区域交通运输管理系统还需要具备应对突发事件和异常情况的能力，以保障系统的安全性和可靠性。

5. 技术发展的快速性

随着科技的进步和交通运输技术的发展，区域交通运输系统也在不断升级和改造。新技术、新设备和新方法的不断涌现使系统技术更新换代的速度加快。这种快速性要求系统必须具备创新能力和持续学习能力，以适应区域交通运输技术发展的需求。

综上所述，区域交通运输系统的复杂性体现在其系统组成的多样性、系统结构的层次性、系统运行的动态性、系统管理的综合性和技术发展的快速性等方面。这种复杂性使区域交通运输系统的设计和运营需要综合考虑各种因素和挑战，以确保系统的正常运行和持续发展。

（三）区域交通运输系统的深入性

区域交通运输系统深入区域经济的各个层面和环节，对区域经济的发展起着重要的支撑作用。区域交通运输不仅是物资流动的基础，也是人员流动和信息传递的重要渠道。通过区域交通运输系统，区域内部和区域间的经济联系得到加强，促进了资源优化配置和经济协调发展。区域交通运输系统的深入性主要体现在以下四个方面。

1. 广泛覆盖与深入渗透

区域交通运输系统能够深入区域内的各个角落，广泛覆盖各个经济点。这种深入性不仅体现在地理空间上的广泛分布，还表现在对不同经济领域和活动的深入渗透。无论是城市中心还是偏远乡村，无论是大型企业还是小型商户，区域交通运输系统均能提供必要的交通运输服务，满足其物流需求。

2. 多种交通运输方式的深入应用

在区域交通运输系统中，多种交通运输方式(如公路、铁路、航空、水运、管道等)被深入应用，以满足不同货物和旅客的交通运输需求。这些区域交通运输方式在各自的适用领域发挥着重要作用，共同构建了区域交通运输系统的整体框架。例如，在水网发达地区，水运成为深入各经济点的重要交通运输方式；在铁路专用线密集地区，铁路专用线则实现了货物运输的深入性和高效性。

3. 深入促进区域经济发展

区域交通运输系统的深入性还体现在对区域经济发展的促进作用上。通过提供便捷、高效的区域交通运输服务，区域交通运输系统能够降低物流成本、提高经济效率、推动区域经济快速发展。同时，区域交通运输系统的深入布局还能够促进区域内资源的优化配置和产业结构的调整升级，为区域经济的可持续发展奠定了坚实基础。

4. 深入连接各经济点

区域交通运输系统不仅连接了区域内的各个经济点，还实现了与其他区域乃至国家区域交通运输系统的深入连接。这种连通性使区域内的货物和旅客能够顺利地进入更广阔的市场中，同时也为区域外部资源和信息的引入提供了便利条件。这种深入连接促进了区域经济一体化和全球化发展。

综上所述，区域交通运输系统的深入性是其重要特点之一，体现在广泛覆盖与深入渗透、多种交通运输方式的深入应用、深入促进区域经济发展及深入连接各经济点等方面。这种深入性不仅提高了区域交通运输系统的整体效能和服务水平，还为区域经济的可持续发展提供了有力支撑。

(四)区域交通运输系统的连通性

区域交通运输系统的连通性是其核心特性之一，主要表现在以下三个方面。

1. 系统内部的连通性

(1)全面覆盖。区域交通运输系统通过不同的交通运输方式(如公路、铁路、航空、水运、管道等)构建了一个全面的区域交通运输网络，确保系统内的任何一个起讫点均能够通过这一网络通达到其他起讫点。这种连通性不仅体现在地理空间上的覆盖，还涵盖了区域交通运输需求的多样性。

(2)无缝衔接。如果存在两个起讫点间无法通过一种交通运输方式直接通达的情况，系统通常能够通过多种区域交通运输方式的接力实现通达。这种无缝衔接的能力极大提升了区域交通运输效率，降低了区域交通运输成本。

2. 与区域内经济点的连通

区域交通运输系统深入区域内的各个经济点，为这些经济点提供了便捷的区域交通运输服务。无论是工业生产、商业贸易还是居民出行，均能够依托这一系统实现货物的快速流通和人员的便捷移动。这种与经济点的紧密连通促进了区域内经济的繁荣和发展。

3. 与其他区域及国际交通运输系统的连通

（1）区域间连通。区域交通运输系统不仅局限于本区域内，还与其他区域的交通运输系统实现连接。这种连通性使区域内的货物和人员能够顺利地进入其他区域，促进区域间的经济交流和合作。

（2）与国际连通。随着全球化的发展，区域交通运输系统还与国际交通运输系统实现连通。这种连通性为区域内的经济主体提供了更广阔的市场和资源来源，同时也为国际的经济交流和合作提供了便利条件。

4. 区域交通运输连通的重要性

区域交通运输系统的连通性对区域经济发展具有至关重要的作用，不仅能够降低物流成本、提高经济效率，还能够促进资源的优化配置和产业结构的调整升级。同时，连通性也是衡量一个区域交通运输系统发展水平的重要指标。

由此可知，区域交通运输系统的连通性是其核心特性之一，其体现在系统内部、与区域内经济点、与其他区域及国际交通运输系统等的连通上。这种连通性对区域经济发展具有重要意义。

综上所述，区域交通运输系统具有开放性、复杂性、深入性和连通性等特点。这些特点决定了区域交通运输系统在区域经济社会发展中具有重要的地位和作用。

三、区域交通运输与区域经济的关系

区域交通运输与区域经济间存在密切而复杂的关系，两者相互依存、相互促进。

（一）区域交通运输对区域经济的影响

1. 区域交通运输是推动区域经济多元化与均衡发展的关键力量

（1）促进区域经济专业化协作。①区域交通运输作为区域经济专业化协作的手段，使区域内的生产要素能够自由流动，促进了产业间的分工与合作。②通过公路、铁路、民航、水运、管道等区域交通运输方式，企业可以更方便地从原材料产地获取资源，并将产品运往销售市场，从而提高了生产效率和经济效益。

（2）突出区域经济特色。①区域交通运输有助于突出区域经济的特色，通过便捷的区域交通运输网络将区域内的特色产品推向更广阔的市场。②这不仅提高了特色产品的知名度，还带动了相关产业的发展，提升了区域经济的竞争力。

（3）区域交通运输实现区际间经济互补。①区域交通运输使不同区域间的经济联系更加紧密，促进了资源、技术、人才等要素的跨区域流动。②这种流动有助于实现区际间的经济互补、优化资源配置、提高整体经济效益。

（4）区域交通运输影响区域经济布局。①区域交通运输对区域经济布局具有重要影响。区域交通运输网络的布局和规划往往与区域经济的发展战略密切相关。②通过合理的区域交通运输布局，可以引导产业向优势区域集聚，形成产业集群效应，推动区域经济快速发展。

（5）区域交通运输推动区域均衡发展。区域交通运输的发展有助于消除地区经济发展差异，推动区域均衡发展。通过改善欠发达地区的区域交通运输条件，可以吸引更多的资金、技术和人才流入这些地区，进而带动其经济发展。

2. 区域交通运输是多元驱动区域经济持续健康发展的核心引擎

（1）区域交通运输促进区域均衡发展，消除地区经济发展差异。区域交通运输的发展有助于打破地理界限，促进资源、技术、人才等要素在区域间的流动，进而推动区域经济的均衡发展。通过区域交通运输网络的不断完善，可以使发达地区的资金、技术、管理经验等向欠发达地区扩散，带动欠发达地区经济发展，缩小地区间的经济发展差异。

（2）区域交通运输改变产业布局，促进结构升级。区域交通运输的发展会改变原有的产业布局，促进产业结构的升级。新的区域交通运输方式和运输工具的出现，提高了流通效率，降低了运输成本，使工业、农业、商业等部门能够更加便捷地进行物资交流，加速资金周转，提高生产效率。同时，区域交通运输的发展也促进了高新技术的扩散和应用，推动了新兴产业发展和传统产业转型升级。

（3）区域交通运输提高系统组织效率，促进资源合理配置。区域交通运输系统的发展提高了区域经济系统的组织效率，促进了资源的合理配置。通过区域交通运输系统，可以打破区域封锁和市场分割，实现资源的跨区域流动和共享。这不仅有助于降低企业的生产成本和交易成本，提高经济效益，还有助于优化资源配置，提高资源利用效率。

（4）区域交通运输加快小城镇建设，促进农村经济发展。区域交通运输的发展对加快小城镇建设和促进农村经济发展具有重要意义。发达的农村客运网和公路网可以缩短农产品和鲜活产品的储运时间，保障农用物资的及时调入，扩大农业信息交流，提高农民的综合素质和生活水平。同时，区域交通运输的改善也有助于吸引城市居民到乡村旅游，开发农村旅游资源，拓宽农民增收致富的渠道。

（5）区域交通运输降低企业的交易成本，提高市场竞争力。区域交通运输的发展可以降低企业的交易成本，提高企业的市场竞争力。通过便捷的区域交通运输网络，企业可以更加便捷地获取原材料、销售产品，降低区域交通运输成本和仓储成本。同时，区域交通运输的改善有助于企业及时获取市场信息，调整产品结构和经营策略，提高市场响应速度。

（6）区域交通运输催生新兴产业，推动沿线土地升值。区域交通运输的改善还会催生一批与区域交通运输相关的新兴产业，如物流、仓储、旅游等，为区域经济注入了新活力。

综上所述，区域交通运输对区域经济的影响是多方面的。通过促进区域均衡发展、改变产业布局、提高系统组织效率、加快小城镇建设、降低企业交易成本及催生新兴产业等方式，区域交通运输为区域经济的持续健康发展提供了有力保障。

（二）区域经济对区域交通运输的影响

1. 区域经济发展水平决定交通运输发展程度

（1）区域经济发展水平作为区域交通运输系统发展的基石，其重要性不言而喻。随着区域经济的不断增长，社会生产活动日益频繁，对人员流动和物资交流的需求也随之增加。这种需求的变化不仅体现在区域交通运输量的简单增长上，更体现在对区域交通运输效率、运输质量及运输多样性的更高要求上。企业和市场追求的是更快、更安全、更便捷、更环保的区域交通运输服务，以适应日益激烈的市场竞争和不断变化的消费者需求。因此，区域经济的发展水平直接决定了区域交通运输系统的发展规模和水平。

在经济发展水平较高的地区，通常拥有更为完善、高效的区域交通运输系统，能够满足多样化的区域交通运输需求，支撑复杂的经济活动。这些地区往往投资于先进的区域交通运输基础设施，如高速公路、高速铁路、现代化港口和机场等，同时积极引入和应用新的区域交通运输技术和管理模式，以提高运输效率和服务质量。

在经济发展水平较低的地区，区域交通运输系统的发展可能相对滞后，无法满足日益增长的区域交通运输需求，这可能会制约当地经济的进一步发展。因此，为促进区域经济的持续健康发展，必须重视区域交通运输系统的发展，不断提高其规模和水平，以适应经济发展的需求。

（2）区域经济发展水平与区域交通运输系统的发展密切相关，两者相互促进、相互影响。区域经济发展推动了区域交通运输系统不断升级和完善，而高效的区域交通运输系统又为区域经济的进一步繁荣提供了有力支撑。

2.区域经济发展为区域交通运输提供了资金和技术支持

（1）区域经济发展为区域交通运输提供了坚实的资金和技术支持，是推动区域交通运输业不断前行的重要力量。随着区域经济的持续繁荣，政府和企业能够投入更多的资金用于区域交通运输基础设施的建设和维护，包括道路、桥梁、隧道、港口、机场、管道等各类区域交通设施。这些资金的注入不仅改善了区域交通运输的硬件条件，还增强了区域交通运输的承载能力和提高了运行效率。

（2）区域经济发展促进了区域交通运输技术的不断创新和进步。为满足日益增长的区域交通运输需求，交通运输行业需要不断引进和应用新技术、新设备，增强区域交通运输工具的性能和安全性。区域经济的繁荣为区域交通运输技术的研发和推广提供了广阔的市场和充足的资金支持，推动了区域交通运输技术的快速发展和应用。

（3）在资金和技术的双重支持下，交通运输业得以持续健康发展。区域交通运输效率的提升和安全性的增强，不仅降低了物流成本，提高了市场竞争力，还为区域经济的进一步发展创造了更加有利的条件。因此，区域经济的发展与区域交通运输的进步是相互依存、相互促进的，二者共同推动社会的繁荣和进步。

3.区域经济发展水平引导区域交通运输发展方向

（1）区域经济的发展方向在很大程度上引导着区域交通运输的发展方向，两者之间存在密切的互动关系。随着区域经济结构的不断优化和升级，特别是向高新技术产业和现代服务业的转型，区域交通运输业也面临新的发展机遇和挑战。在这种背景下，区域交通运输业需要积极适应区域经济发展的新需求，向智能化、绿色化方向发展。智能化意味着要充分利用现代信息技术，如大数据、云计算、人工智能等，提升区域交通运输的管理和运营效率，实现区域交通运输流量的智能调度和车辆路径的优化规划。这不仅可以提高区域交通运输的效率和安全性，还能有效缓解交通拥堵，提升城市交通的运行质量。

（2）绿色化是区域交通运输发展的重要方向。随着环保意识的不断提高和可持续发展理念的深入人心，区域交通运输业需要积极推广清洁能源和环保技术，减少区域交通运输过程中的碳排放和环境污染。例如，鼓励使用电动汽车、氢能源汽车等新能源车辆，建设绿色交通基础设施，如充电桩、氢能站等，以实现交通运输绿色转型。

因此，区域经济的发展方向对交通运输业的发展具有重要的引导作用。交通运输业需紧跟区域经济发展的步伐，不断创新和升级，以适应新的经济发展需求，实现与区域经济的良性互动和共同发展。

4.区域经济发展水平推动区域交通运输基础设施建设

（1）区域经济的发展需要完善的交通运输网络来支撑。为促进区域间的物资流通和人员往来，政府和企业会加大对区域交通运输基础设施的投资力度，包括修建公路、铁路、港口、机场、管道等。这些基础设施建设不仅改善了区域交通运输条件，还提高了区域经济的整体运行效率。

（2）区域经济发展是一个复杂而多维的过程，其中区域交通运输网络扮演着不可或缺的角色。为促进区域间的物资流通和人员往来，确保经济活动的顺畅进行，政府和企业通常会加大对区域交通运输基础设施的投资力度。如修建和扩建公路、铁路、港口、机场、管道等交通设施，构建一个高效、便捷的区域交通运输网络。

这些基础设施的建设对区域经济的发展具有深远的意义。首先，基础设施建设显著改善了区域交通运输条件，使物资和人员能够更加快速、安全地流动。这不仅缩短了区域间的时空距离，还促进了各种经济要素的优化配置和高效利用。其次，完善的区域交通运输网络提高了区域经济的整体运行效率。基础设施建设降低了物流成本，加快了市场响应速度，使企业能够更加灵活地应对市场变化，从而提升了整个区域的经济竞争力。此外，区域交通运输基础设施的建设还带动了相关产业的发展，如建筑业、制造业、服务业等，进一步促进了区域经济的多元化和繁荣。同时，这些设施也为区域居民提供了更加便利的出行条件，提升了他们的生活质量和幸福感。

综上所述，政府和企业对区域交通运输基础设施的投资是推动区域经济发展的重要举措。通过完善区域交通运输网络，不仅可以改善区域交通运输条件，提高经济运行效率，还能带动相关产业的发展，提升居民生活质量，为区域经济的持续、健康发展奠定坚实的基础。

5. 区域经济发展水平促进区域交通运输技术创新

（1）随着区域经济的不断发展，企业和市场对区域交通运输的要求也日益提高。这种要求不仅体现在区域交通运输量的增加上，更体现在对区域交通运输效率、服务质量及环保性能的全方位提升上。为满足这些日益增长且多样化的需求，区域交通运输行业必须不断进行技术创新，探索新的区域交通运输模式，优化运输流程，以提高整体的区域交通运输效率和服务质量。

（2）区域经济的持续发展为区域交通运输技术创新提供了坚实的资金支持和广阔的市场需求。随着经济的繁荣，政府和企业有更多的资金投入区域交通运输的研发和创新，推动新技术、新设备的不断涌现。同时，市场对高效、便捷、环保的区域交通运输服务的需求日益增长，为区域交通运输技术创新提供了明确的方向和动力。

（3）在资金和市场需求的双重推动下，区域交通运输领域的新技术、新设备得到广泛应用。例如，智能化交通运输系统的引入，使交通流量管理更加高效，缓解了道路拥堵；新能源汽车和清洁能源技术的应用，降低了区域交通运输对环境的影响，推动了绿色交通的发展；物联网和大数据技术的运用，加大了物流信息的透明度和可追溯性，提升了供应链的整体效率。

综上所述，区域经济发展为区域交通运输技术创新提供了必要的资金支持和市场需求，推动了新技术、新设备在区域交通运输领域的广泛应用。这不仅满足了企业和市场对区域交通运输的高要求，也推动了区域交通运输行业的持续发展和升级，为区域经济的进一步繁荣创造了更加有利的条件。

6. 区域经济发展优化了区域交通运输结构

（1）区域经济发展是一个动态的过程，它不断推动着区域交通运输结构的优化与升级。在经济发展的初期阶段，由于资源有限、需求相对单一，往往依赖某种或几种交通运输方式来满足基本的物资流动和人员往来需求。这一时期，公路运输因其灵活性强、建设周期短等特点，成为推动区域经济发展的重要力量。

（2）随着经济的不断发展和区域间经济联系的日益紧密，单一的交通运输方式已难以满足日益增长的交通运输需求和多样化的经济活动。此时，铁路运输、水路运输、航空运输、管道运输等交通运输方式的重要性逐渐凸显。铁路运输以其大运量、长距离、低成本的优势，成为连接区域经济的重要纽带；水路运输以其低廉的运输成本和环保特性，在大宗货物运输和国际贸易中发挥着不可替代的作用。

（3）为了降低区域交通运输成本、提高运输效率，更好地适应区域经济发展的需求，政府和企业开始着手优化区域交通运输结构。通过政策引导、资金投入和技术创新等手段，推动多种交通运输方式的协调发展，实现区域交通运输资源的合理配置和高效利用。这种优化不仅提高了区域交通运输系统的整体效能，还增强了区域经济的竞争力和可持续发展能力。

综上所述，区域经济发展会促使区域交通运输结构不断优化与升级。从依赖单一交通运输方式到多种交通运输方式的协调发展，这一转变不仅满足了日益增长的交通运输需求，还推动了区域经济向更高层次、更高质量的发展阶段迈进。

7. 区域经济发展提升了区域交通运输服务水平

区域经济的发展是一个多维度、全方位的进程，对区域交通运输服务水平提出了更高的要求。随着市场经济深入发展和区域经济联系的日益紧密，区域交通运输不再仅仅是简单的物资和人员流动，而是成为支撑区域经济繁荣、推动产业升级的关键力量。因此，为满足日益增长且多样化的市场需求，区域交通运输行业必须不断提升服务质量，确保运输的安全性、准时性和舒适性。

（1）安全性。在安全性方面，区域交通运输行业需要加大对基础设施的投资和维护力度，确保交通运输网络的畅通无阻和安全可靠。同时，还需要加强交通运输法规的制定和执行，增强区域交通运输参与者的安全意识，共同营造安全有序的交通环境。

（2）准时性。在准时性方面，区域交通运输行业需要优化区域交通运输组织和管理，提高区域交通运输工具的调度效率和运行准点率。通过引入先进的信息化技术和智能交通系统，实现对区域交通运输过程的实时监控和调度，确保货物和人员能够按照预定的时间节点准时到达。

（3）舒适性。在舒适性方面，区域交通运输行业需要关注乘客和货主的体验，提供更加人性化、便捷化的服务。这包括改善区域交通运输工具的乘坐环境，提供舒适的座椅、空调和娱乐设施；优化区域交通运输网络的布局和衔接，缩短换乘和等待时间；提供更加灵活多样的区域交通运输方式选择，满足不同人群的出行需求。

此外，为更好地服务区域经济发展，区域交通运输行业还需要加强与其他行业的合作。通过与制造业、物流业、旅游业等产业深度融合，提供更加便捷、高效的物流服务，推动产业链上下游的无缝衔接和协同发展。这种跨行业的合作不仅有助于提升区域交通运输行业的整体竞争力，还能为区域经济的发展注入新的活力和动力。

因此，区域经济的发展对区域交通运输服务水平提出了更高的要求。为满足市场需求和推动区域经济繁荣，区域交通运输行业需要不断提升服务质量，加强与其他行业的合作与协同，为区域经济的发展提供有力支持。

综上所述，区域经济对区域交通运输的影响是多方面的。区域经济水平决定了区域交通运输的发展程度，推动了区域交通运输基础设施的建设和技术创新，优化了区域交通运输结构，提升了区域交通运输服务水平。这些因素共同促进了区域交通运输系统的不断完善和发展。

（三）区域交通运输与区域经济协调发展

为了实现区域交通运输与区域经济协调发展，需要采取以下四项措施。

1. 加强规划协调

加强区域交通运输规划与区域经济发展规划的协调衔接，确保区域交通运输基础设施建设与区域经济发展需求相匹配。

2. 加大投入力度

加大对区域交通运输领域的投入力度，特别是加大对农村和偏远地区区域交通运输基础设施建设的投入，以改善这些地区的区域交通运输条件。

3. 推动技术创新

推动区域交通运输技术创新，提高区域交通运输的效率和安全性。通过引进先进技术和设备，提升区域交通运输业的整体发展水平。

4. 促进绿色发展

推动区域交通运输绿色发展，减少区域交通运输对环境的污染和破坏。通过发展绿色交通方式、推广节能减排技术等措施，实现区域交通运输与生态环境的和谐共生。

综上所述，区域交通运输与区域经济间存在密切而复杂的关系。两者相互依存、相互促进，共同推动区域经济持续健康发展。

四、区域交通运输系统分析的内容

（一）区域交通运输系统的需求分析

在区域交通运输系统分析中，需求分析是至关重要的一环。区域交通运输系统的需求分析主要关注区域交通运输系统如何满足区域内外的交通运输需求，以及这些需求如何影响区域交通运输系统的规划和发展。

1. 需求产生的背景

区域交通运输需求是在一定时期内，社会经济活动产生的有支付能力的旅客与货物空间位移的需要。这种需求是由多种因素共同作用的结果，包括经济发展水平、人口数量与分布、城市化程度、自然资源分布、产业结构、消费习惯等。

2. 需求的基本特征

区域交通运输需求具有广泛性、多样性、派生性、空间特定性、时间特定性，以及部分可替代性等特征。这些特征使区域交通运输需求在不同地区、不同时间、不同运输方式间表现出显著的差异性和复杂性。

3. 需求的具体表现

区域交通运输需求主要有在以下四种表现。

（1）区内流。这是区域内由于各地区间社会经济发展的不平衡性和专业化分工不同所形成的人流和货流，是区域内社会经济的内循环。

（2）区际流。区际流是本区域同国内其他区域之间所产生的交通流，一般来说，其是本区域对外交通运输联系的主要部分。

（3）国际流。国际流是区域对外开放，参与国际经济循环所形成的物质流动，包括进出口贸易、国际旅游等产生的运输需求。

（4）中转流。中转流是由特殊地理位置形成的交通流，如某些地区因其地理位置的便利性而成为重要的中转枢纽，从而产生大量的中转交通运输需求。

4. 需求分析的方法

在进行区域交通运输需求分析时，通常会采用多种方法和技术手段，包括但不限于以下四点。

（1）数据收集与分析。通过收集人口数据、就业数据、经济指标、交通流量等多源数据，运用统计学方法对数据进行处理和分析，以揭示区域交通运输需求的规律和趋势。

（2）模型预测。利用区域交通运输需求预测模型，如回归分析、时间序列分析、灰色系统模型等，结合历史数据和未来发展趋势，对区域交通运输需求进行定量预测。

（3）情景分析。通过设定不同的未来发展情景，分析在不同情景下区域交通运输需求的可能变化，为决策提供参考方案。

（4）专家咨询。邀请相关领域的专家参与讨论和分析，利用专家的专业知识和经验对区域交通运输需求进行定性评估。

5. 需求分析的重要性

区域交通运输需求分析对合理规划和管理交通运输系统、提高交通运输效率具有重要意义。通过对区域交通运输需求的深入分析和准确预测，可以为区域交通运输政策制定、公共交通线路规划、交通设施建设等提供科学依据，从而推动区域交通运输系统的可持续发展。同时，需求分析还有助于识别区域交通运输系统中的"瓶颈"和短板，为交通资源优化配置、提升交通服务水平提供理论指导。

（二）区域交通运输系统的供给分析

区域交通运输系统的供给分析主要关注在特定时期内，区域交通运输生产者愿意并能够提供的各种交通运输产品的数量和质量，以及这些供给如何满足区域内的交通运输需求。

1. 区域交通运输供给的概念

区域交通运输供给是指在某一时刻，在各种可能的区域交通运输价格水平上，区域交通运输生产者愿意并能够提供的各种交通运输产品的数量。这包括区域交通运输线路与站场、区域交通运输能源、区域交通运输工具和区域交通运输组织与管理等要素的组合。

2. 区域交通运输供给的四大要素

（1）区域交通运输线路与站场。包括公路、铁路、航道、航空、管道，以及车站、港口、机场等区域交通运输系统基础设施。

（2）区域交通运输能源。为区域交通运输工具提供动力的能源，如石油、天然气、电力等。

（3）区域交通运输工具。包括执行区域交通运输任务的车辆、船舶、飞机等区域交通运输设备。

（4）区域交通运输组织与管理。包括交通运输企业、交通管理部门及相关的法规政策等，负责区域交通运输系统的组织、协调和管理。

3. 区域交通运输供给的特点

（1）非贮存性。区域交通运输产品不能被贮存，其生产和消费是同时进行的。

（2）部分可替代性。不同区域交通运输方式间存在一定的可替代性，但各种方式在速度、成本、安全性等方面存在差异。

（3）巨大的外部性与成本转移性。区域交通运输供给不仅影响区域交通运输对象，还可能对周边环境和社会产生影响，同时成本也可能在不同主体间转移。

4. 区域交通运输供给的影响因素

（1）经济发展水平。经济发展水平越高，对区域交通运输的需求越大，进而推动区域交通运输供给的增加。

（2）居民消费水平。居民消费水平的提高会增加对区域交通运输服务的需求，进而促进区域交通运输供给的改善。

（3）人口数量与城市化程度。人口数量的增加和城市化程度的加速会增加对公共交通和货物运输的需求。

（4）交通运输服务价格。交通运输服务价格的变化会影响区域交通运输生产者的供给意愿和供给能力。

（5）交通运输服务质量。提高区域交通运输服务质量可以吸引更多客源和货源，从而增加区域交通运输供给。

（6）政策法规。政府通过制定相关法规政策来引导和支持区域交通运输业的发展，如投资补贴、税收优惠等。

5. 区域交通运输供给分析的方法

在进行区域交通运输供给分析时，通常会采用以下三种方法。

（1）供给曲线分析。通过绘制供给曲线来反映区域交通运输供给量与运输服务价格间的关系。

（2）成本效益分析。分析区域交通运输生产者的成本结构和收益情况，以评估其供给能力和供给意愿。

（3）政策模拟分析。通过模拟不同政策情景下的区域交通运输供给变化来评估政策效果，并为政策制定提供参考。

综上所述，区域交通运输系统供给分析是全面评估区域交通运输系统供给能力和供给水平的重要环节，对优化区域交通运输资源配置、提高区域交通运输效率具有重要意义。

（三）区域交通运输系统的结构分析

在区域交通运输系统分析的内容中，结构分析是一个重要的组成部分，用于分析各种区域交通运输方式在区域交通运输系统中的作用、地位及相互关系，优化区域交通运输方式组合，提高系统整体效能。区域交通运输系统的结构分析旨在深入理解区域交通运输系统的构成、各组成部分之间的关系，以及它们如何协同工作以满足区域内区域交通运输的需求。

1. 区域交通运输系统的构成

区域交通运输系统通常由多个子系统和组成部分构成，这些子系统和组成部分相互关联、相互依存，共同构成了一个复杂的区域交通运输网络。这些子系统包括但不限于以下四点。

（1）基础设施子系统。包括公路、铁路、航道、航空线路、管道等区域交通运输线路，以及车站、港口、机场等站场设施。这些基础设施是区域交通运输系统的基础，为区域交通运输活动提供了必要的物质条件。

（2）区域交通运输工具子系统。包括汽车、火车、船舶、飞机等区域交通运输工具。这些工具是执行区域交通运输任务的关键设备，它们的性能和技术水平直接影响到区域交通运输效率和服务质量。

（3）区域交通运输能源子系统。为区域交通运输工具提供动力的能源系统，如石油、天然气、电力等。能源的稳定供应是保障区域交通运输系统正常运行的重要因素。

（4）区域交通运输组织与管理子系统。包括区域交通运输企业、区域交通运输管理部门及相关法规政策等。这个子系统负责区域交通运输系统的组织、协调和管理，确保区域交通运输活动的有序进行。

2. 区域交通运输系统的系统结构特点

（1）复杂性。由于区域交通运输系统涉及多个子系统和组成部分，它们之间的相互作用关系错综复杂，使整个系统呈高度的复杂性。

（2）开放性。区域交通运输系统是一个开放系统，与外部环境（如其他区域的交通运输系统、社会经济系统等）保持着密切的联系和互动。这种开放性使系统能够不断适应外部环境的变化并与其保持协调。

（3）连通性。区域交通运输系统内的各子系统和组成部分之间通过区域交通运输线路和站场设施等相互连接，形成一个紧密联系的区域交通运输网络。这种连通性使系统能够高效地完成区域交通运输任务并满足区域内的交通运输需求。

（4）动态性。随着社会经济发展和技术进步，区域交通运输系统的结构和功能会不断发生变化和调整。这种动态性要求系统必须具备足够的灵活性和适应性，以应对外部环境的变化和挑战。

3. 区域交通运输系统结构分析方法

（1）系统分解法。将复杂的区域交通运输系统分解成若干相对简单的子系统和组成部分进行分析和研究。这种方法有助于深入理解系统的内部结构和运行机制。

第一，子系统重要性指标。对于每个子系统，可以定义一个重要性指标（I），该指标可能基于子系统的交通流量、运输能力、对整体系统的影响程度等因素计算得出。

$$I_i = f(Q_i, C_i, E_i, \cdots) \tag{7-4}$$

其中，I_i 为第 i 个子系统的重要性指标，Q_i 为其子系统的交通流量，C_i 为其子系统的运输能力，E_i 为其子系统对整体系统的影响程度。

第二，协调性指标。为了评估各子系统间的协调性，可以定义一个协调性指标（C）。该指标可能基于子系统间的交互程度、信息共享水平、运输衔接效率等因素计算得出。

$$C = \sum_{i=1}^{n} \sum_{j=1}^{n} \frac{|I_i - I_j| + |S_i - S_j|}{2} \times \frac{1}{1 + \text{dist}(i,j)} \tag{7-5}$$

其中，n 为子系统的数量，I_i 和 I_j 分别为子系统 i 和 j 的重要性指标，S_i 和 S_j 分别为子系统 i 和子系统 j 的服务水平（或运输效率），$\text{dist}(i,j)$ 为子系统 i 和子系统 j 间的距离或交互成本的度量。

（2）网络分析法。利用图论法和网络理论等对区域交通运输网络进行分析和研究。这种方法可以揭示网络中的关键节点和路径及其对区域交通运输系统整体性能的影响。

第一，节点度数。节点度数（k）是指与该节点直接相连的边的数量。在有向图中，节点的度数可以分为入度（指向节点的边的数量）和出度（从节点出发的边的数量）。

$$k_i = \sum_j a_{ij} \tag{7-6}$$

其中，a_{ij} 为邻接矩阵的元素，如果节点 i 和节点 j 之间有边相连，那么 $a_{ij}=1$；否则，$a_{ij}=0$。

第二，路径长度。路径长度（L）是指网络中两个节点之间最短路径的边数。在网络分析中，通常通过计算所有节点对之间的平均路径长度来评估网络的连通性。

$$L = \frac{1}{N(N-1)} \sum_{i \neq j} d_{ij} \tag{7-7}$$

其中，N 为网络中节点的数量，d_{ij} 为节点 i 和节点 j 间的最短路径长度。

第三，网络效率。网络效率（E）为评估网络传输能力的一个指标，考虑了所有节点对之间最短路径长度的倒数。

$$E = \frac{1}{N(N-1)} \sum_{i \neq j} \frac{1}{d_{ij}}$$ （7-8）

其中，如果节点 i 和节点 j 间没有路径相连，则 $\frac{1}{d_{ij}} = 0$。

第四，介数中心性。介数中心性（B）是衡量节点在网络中重要性的一个指标，考虑了所有节点对之间最短路径中经过该节点的比例。

$$B_i = \sum_{i \neq j \neq k} \frac{\sigma_{ij}(i)}{\sigma_{ij}}$$ （7-9）

其中，σ_{ij} 是节点 j 和节点 k 间的最短路径数量，$\sigma_{ij}(i)$ 是这些最短路径中经过节点 i 的数量。

（3）仿真模拟法。通过建立区域交通运输系统的仿真模型进行模拟实验和分析。这种方法可以在不干扰实际系统运行的情况下对区域交通运输系统的性能和行为进行预测和评估。

第一，流量守恒公式。在交通运输网络中，节点的流入流量和流出流量应该守恒，即流入某个节点的流量之和等于流出该节点的流量之和。

$$\sum_j f_{ij} = \sum_k f_{ik}$$ （7-10）

其中，f_{ij} 为从节点 i 到节点 j 的流量，f_{ik} 为从节点 i 到节点 k 的流量。

第二，旅行时间公式。在模拟交通运输系统的运行时，需要计算车辆或交通流在网络中的旅行时间。

$$T_{ij} = \frac{L_{ij}}{v_{ij}}$$ （7-11）

其中，T_{ij} 为从节点 i 到节点 j 的旅行时间，L_{ij} 为节点 i 和节点 j 间的距离，v_{ij} 为在该路段上的平均速度。

第三，排队论公式。如果仿真模型需要考虑交通拥堵和排队现象，可以使用排队论中的公式来计算等待时间和服务时间。

$$W = \frac{\lambda}{\mu - \lambda}$$ （7-12）

其中，W 为平均等待时间，λ 为平均到达率，μ 为平均服务率。

第四，成本效益分析公式。在评估交通运输系统的性能时，可能会考虑成本效益分析。

$$B = R - C \tag{7-13}$$

其中，B 为效益，R 为收入，C 为成本。

第五，敏感性分析公式。为了分析模型参数变化对系统性能的影响，可以进行敏感性分析。

$$SI = \frac{\Delta O}{\Delta I} \tag{7-14}$$

其中，ΔO 为输出变量的变化量，ΔI 为输入变量的变化量。

综上所述，区域交通运输系统分析是一个复杂而重要的过程。通过深入理解系统的构成、特点和结构关系，以及采用合适的分析方法可以为优化区域交通运输资源配置、提高区域交通运输效率和区域交通运输服务质量提供有力支持。

（四）区域交通运输系统的效率分析

评估区域交通运输系统的运行效率和服务质量，识别"瓶颈"和短板，提出改进措施。区域交通运输系统分析中的效率分析是评估区域交通运输系统性能、运行状况及其满足区域交通运输需求能力的重要方面。区域交通运输系统效率分析旨在揭示区域交通运输系统内部各组成部分间的协调程度、资源利用效率及系统整体运行效果。

1. 区域交通运输系统效率的定义与重要性

区域交通运输系统效率通常指区域交通运输系统在给定资源条件下，实现区域交通运输任务的能力和效果，反映了系统内部资源的配置效率、运行管理的科学性和技术设备的先进性。区域交通运输系统效率的高低直接影响到区域交通运输系统的成本、速度、安全和服务质量等方面，是衡量区域交通运输系统发展水平的重要指标。

2. 区域交通运输系统效率分析的主要内容

（1）资源配置效率分析。分析区域交通运输系统中各类资源（如基础设施、运输工具、能源等）的配置是否合理，是否存在资源浪费或闲置现象。通过对比不同区域、不同交通运输方式的资源配置情况，评估区域交通运输系统资源利用效率的差异和原因。

（2）运输组织效率分析。分析区域交通运输系统的运输组织方式是否合理，区域交通运输计划是否科学，区域交通运输调度是否灵活高效。考察区域交通运输过程中各环节（如装卸、中转、仓储等）的衔接是否顺畅，是否存在"瓶颈"环节影响整体运输效率。

（3）技术设备效率分析。分析区域交通运输系统中各类技术设备的性能、可靠性和维护状况对区域交通运输系统效率的影响。关注新技术、新设备在区域交通运输系统中的应用情况及其对提高区域交通运输系统效率的贡献。

（4）信息管理水平分析。评估区域交通运输系统的信息化程度和信息管理水平对区域交通运输系统效率的影响。分析信息系统在交通运输组织、资源调度、客户服务等方面的应用效果及其存在的问题和改进空间。

（5）环境与社会效益分析。考察区域交通运输系统对环境的影响（如排放、噪声等），以及所采取的环境保护措施的有效性。分析区域交通运输系统对区域社会经济发展的贡献，如在促进就业、提高居民生活水平等方面发挥的作用。

3. 区域交通运输系统效率提升策略

（1）优化资源配置。通过科学规划和合理布局，提高区域交通运输资源的利用效率，避免资源浪费和闲置。

（2）优化交通运输组织。加强区域交通运输计划的科学性和灵活性，优化区域交通运输调度和衔接环节，提高整体区域交通运输效率。

（3）推广先进技术。积极引进和应用新技术、新设备，提高区域交通运输系统的技术水平和运行效率。

（4）提升信息管理水平。加强信息化建设，提高区域交通运输信息系统的集成度和智能化水平，为区域交通运输组织和管理提供有力支持。

（5）注重环境保护。在区域交通运输系统的建设和运营过程中注重环境保护，采取有效措施减少区域交通运输系统对环境的影响。

综上所述，区域交通运输系统效率分析是评估区域交通运输系统性能和发展水平的重要手段。通过深入分析系统内部各组成部分间的协调程度、资源利用效率及系统整体运行效果，可以为制定科学合理的区域交通运输发展政策提供有力支持。同时，针对分析中发现的问题和不足提出有效的改进策略和建议，有助于推动区域交通运输系统持续健康发展。

五、区域交通运输系统的政策与法规分析

区域交通运输系统分析中的政策与法规分析是评估交通运输系统外部环境、行业规范及其对系统发展影响的重要方面。分析区域交通运输政策、法规对系统发展的影响和作用机制，为政策制定和调整提供参考。区域交通运输政策与法规不仅为区域交通运输系统的规划、建设、运营和管理提供了法律保障，还引领区域交通运输行业的发展方向。

1. 政策与法规的定义与作用

（1）定义。区域交通运输政策是指政府对区域交通运输行业的管理和调控措施，旨在促进区域交通运输行业健康发展，提高区域交通运输效率，保障交通安

全。区域交通运输法规是指国家或地方政府制定的，用于规范和调整区域交通运输活动的法律、法规、规章和规范性文件。

（2）作用。①保障区域交通运输安全。通过制定和执行严格的法规，确保区域交通运输活动的安全进行。②维护区域交通运输秩序。规范区域交通运输市场行为，防止不正当竞争和违法违规行为。③促进区域交通运输发展。通过政策引导和法规保障，推动区域交通运输行业的技术创新、产业升级和可持续发展。④保护区域交通运输参与者的合法权益。确保区域交通运输企业、从业人员和消费者的合法权益得到保障。

2. 政策与法规的主要内容

（1）区域交通运输规划政策。包括国家综合交通运输体系规划、区域交通运输发展规划等，旨在明确区域交通运输系统的发展目标、重点任务和保障措施。

（2）区域交通运输基础设施建设政策。关注区域交通运输基础设施（如公路、铁路、航道、港口、机场、管道等）的建设标准和投资政策，促进区域交通运输基础设施的完善和优化。

（3）区域交通运输市场管理政策。涉及区域交通运输市场准入、价格管理、服务质量监管等方面，旨在维护区域交通运输市场的公平竞争和秩序。

（4）区域交通运输安全与应急政策。制定区域交通运输安全标准和应急预案，加强安全监管和应急处理能力，确保区域交通运输活动的安全稳定。

（5）区域交通运输环保与节能政策。推动绿色交通发展，制定区域交通运输环保标准和节能措施，减少区域交通运输活动对环境的影响。

（6）区域交通运输国际合作政策。加强与其他国家和地区在区域交通运输领域的合作与交流，共同推动交通强国和全球区域交通运输事业的发展。

3. 政策与法规对区域交通运输系统的影响

（1）引导发展方向。区域交通运输政策与法规通过明确发展目标和重点任务，引导区域交通运输系统朝更加科学、合理和可持续的方向发展。

（2）规范市场行为。通过制定和执行严格的区域交通运输法规，规范区域交通运输市场行为，防止不正当竞争和违法违规行为的发生，维护市场的公平竞争和秩序。

（3）保障安全稳定。加强安全监管和应急处理能力，确保区域交通运输活动的安全稳定进行，保障人民群众的生命财产安全。

（4）促进技术创新。通过政策引导和法规保障，鼓励区域交通运输行业的技术创新和产业升级，提高区域交通运输效率和服务质量。

（5）推动绿色发展。制定环保和节能政策，推动绿色交通发展，减少区域交通运输活动对环境的影响，促进经济社会的可持续发展。

4.政策与法规的未来发展趋势

随着区域交通运输行业的不断发展和外部环境的变化，政策与法规将不断得到完善和更新。未来政策与法规的发展趋势可能包括以下四个方面。

（1）加强法治建设。持续深化区域交通运输法治建设，加快完善区域交通运输法规体系，提高区域交通运输法规的科学性和可操作性。

（2）推进绿色发展。制定更加严格的环保和节能政策，推动绿色交通发展，减少区域交通运输活动对环境的影响。

（3）强化技术创新。通过政策引导和法规保障，鼓励区域交通运输行业的技术创新和产业升级，提高区域交通运输效率和服务质量。

（4）加强国际合作。加强与其他国家和地区在区域交通运输领域的合作与交流，共同应对全球性挑战和问题。

综上所述，区域交通运输政策与法规在区域交通运输系统分析中扮演着至关重要的角色。通过对政策与法规进行深入分析和研究，可以更好把握区域交通运输行业的发展趋势和重点任务，为区域交通运输系统的规划、建设、运营和管理提供法律保障和政策支持。

六、案例分析

（一）上海城市综合交通体系发展规划研究——上海区域交通运输系统的深度剖析

1.背景

上海作为中国最大的城市和经济中心之一，其交通体系的发展对促进区域经济繁荣、提高居民生活质量具有重要意义。本案例从区域交通运输系统分析的层面，对《上海城市综合交通体系发展规划案例研究》进行深入探讨，分析其规划背景、系统组成、特点、需求与供给分析等方面。

2.区域交通运输系统组成分析

根据区域交通运输系统的基本组成，上海的城市综合交通体系可以划分为以下四个关键部分。

（1）运输工具系统。上海拥有多样化的运输工具，包括地铁、公交车、出租车、共享单车、轮渡、航空等。这些工具共同构建了上海城市交通的主体框架，满足了不同人群的出行需求。

（2）线路设施系统。上海的交通线路设施完善，包括地铁网络、公交线路、道路网络、桥梁、隧道等。这些设施不仅覆盖了城市的主要区域，还延伸至郊区，实现了城乡交通一体化。

（3）运输辅助设施系统。包括交通枢纽、停车场、加油站、维修站等辅助设施，这些设施为交通运输提供了必要的支持和保障。

（4）管理系统。上海构建了先进的交通管理系统，通过智能交通信号控制、交通信息中心建设等手段，实现了对交通流量的实时监控和调度，提高了交通运行效率。

3. 区域交通运输系统特点分析

（1）开放性。上海作为国际化大都市，其交通系统具有高度的开放性。不仅连接了城市内部的各个区域，还与国内其他城市和国外城市形成了紧密的交通联系。这种开放性促进了资源的自由流动和经济的协同发展。

（2）复杂性。上海的城市交通系统非常复杂，包括多种运输方式、众多线路和设施，各组成部分相互关联、相互影响，形成了一个庞大的网络体系。

（3）深入性。上海的城市交通系统渗透到城市的各个角落，覆盖了广泛的地理区域和人口群体。无论是城市中心还是郊区乡村，都能享受到便捷的交通服务。

（4）连通性。上海注重不同交通方式间的无缝衔接和换乘便利。通过建设综合交通枢纽、优化公交线路和地铁站点布局等措施，提高了交通系统的连通性和整体性。

4. 区域交通运输需求与供给分析

（1）需求分析。①上海作为国际大都市，其交通需求呈现多元化和动态化的特点。随着城市经济的发展和人口的增长，交通需求也在不断增长，并呈现时空分布不均的特点。②需求分析方法包括数据收集与分析、模型预测、情景分析等。通过运用这些方法，可以准确预测未来的交通需求趋势和特征。

（2）供给分析。①上海在交通供给方面不断加大投入力度，完善交通基础设施，提高运输能力和服务水平。通过优化交通网络布局、提升交通工具性能、加强交通管理等措施，有效满足了日益增长的交通需求。②供给分析方法包括供给曲线分析、成本效益分析等。这些方法有助于评估交通供给的效率和可持续性，为政策制定提供科学依据。

5. 区域交通运输系统规划与管理

（1）规划目标。上海城市综合交通体系发展规划的目标是实现交通系统的智能化、绿色化、一体化。通过科学规划和管理，提高交通运行效率和服务质量，促进城市交通与区域经济的协调发展。

（2）政策措施。政府采取了一系列政策措施来支持交通体系的发展，包括加大投资力度、优化交通结构、推广绿色出行方式等。同时，加强跨部门协作和公众参与，形成合力推动交通体系的建设和发展。

（3）管理机制。上海建立了完善的交通管理机制，包括交通规划、建设、运营和维护等环节。通过加强信息化建设和智能化管理，提高了交通管理的精细化和科学化水平。

综上所述，通过从区域交通运输系统分析层面的探讨可以看出，上海在交通体系建设方面取得了显著成效。随着技术的不断进步和需求的不断变化，上海将继续优化和完善区域交通运输体系规划与管理机制，推动城市交通向更加智能化、绿色化方向发展。同时，加强区域间的合作与交流，实现资源共享和优势互补，为区域经济的持续发展提供有力支撑。

（二）杭州城市大脑在交通管理中的应用——杭州区域交通运输系统的深度剖析

1. 背景

杭州作为中国的创新城市，率先推出了"城市大脑"项目，其中交通管理是城市大脑应用的一个重要领域。本案例从区域交通运输系统分析的视角，对杭州城市大脑在交通管理中的应用进行深入剖析，探讨其在提升交通管理效率、优化交通资源配置等方面的作用。

2. 区域交通运输系统组成分析

杭州城市大脑在交通管理应用中，区域交通运输系统主要由以下四个部分组成。

（1）感知系统。通过部署在城市道路、交通枢纽等关键区域的传感器、摄像头等设备，实时收集交通流量、车速、违章行为等数据。这些感知设备构成了城市大脑的"眼睛"，为后续的数据分析提供了基础。

（2）数据处理与分析系统。城市大脑运用大数据、云计算等先进技术，对感知系统收集到的海量数据进行实时处理和分析。通过数据挖掘和机器学习算法，系统能够识别交通拥堵、交通事故等异常情况，并预测未来的交通趋势。

（3）决策支持系统。基于数据处理与分析的结果，杭州城市大脑为交通管理部门提供科学的决策支持。系统可以自动调整交通信号灯配时、优化公交线路和班次、调度出租车和网约车等，以缓解交通拥堵，提高交通运行效率。

（4）信息发布与服务系统。通过手机 App、交通诱导屏等渠道，杭州城市大脑向市民提供实时的路况信息、停车位信息、公交到站时间等便民服务。这些信息有助于市民合理规划出行路线，减少等待时间。

3. 区域交通运输系统特点分析

（1）智能化。杭州城市大脑在交通管理中的应用充分展示了智能交通系统的智能化特点。通过大数据分析和机器学习算法，系统能够自动识别和应对交通问题，提高交通管理的精准度和效率。

（2）集成化。杭州城市大脑集成了多种交通管理功能，包括信号灯控制、公交线路优化、出租车调度等。这些功能间的无缝衔接和协同工作，使整个交通系统更加高效和有序。

（3）实时性。系统能够实时收集和处理交通数据，为交通管理部门提供及时的决策支持。这种实时性特点有助于快速应对交通异常情况，减少交通拥堵和事故的发生。

（4）开放性。杭州城市大脑作为一个开放的平台，可以与其他交通管理系统进行数据共享和资源整合。这种开放性有助于打破"信息孤岛"，实现交通管理的全面协同和优化。

4. 区域交通运输需求与供给分析

（1）需求分析。①随着杭州城市规模的快速发展和人口增长，交通需求也在不断增加。市民对出行便捷性、安全性、舒适性的要求日益提高。②通过杭州城市大脑的数据分析功能，可以精准预测未来的交通需求趋势和特征，为交通规划和管理提供科学依据。

（2）供给分析。①杭州在交通供给方面不断加大投入，完善交通基础设施，提高运输能力和服务水平。通过杭州城市大脑的智能调度和优化功能，有效提升了交通供给的效率和响应速度。②供给分析方法包括成本效益分析、供需平衡分析等。这些方法有助于评估交通供给的合理性和可持续性，为政策制定提供数据支持。

5. 区域交通运输系统优化与管理

（1）优化交通信号控制。杭州城市大脑通过实时数据分析，自动调整交通信号灯配时，缩短等待时间和减少交通冲突，提高路口通行效率。

（2）优化公共交通系统。基于大数据分析乘客出行需求，动态调整公交线路和班次，提高公交系统运行效率和乘客满意度。同时，推广共享单车、步行等绿色出行方式，缓解交通拥堵和降低环境污染。

（3）加强停车管理。通过杭州城市大脑平台实时发布停车位信息，引导市民合理停车。同时，推广智能停车系统和预约停车服务，提高停车场的利用率和管理水平。

（4）提升应急响应能力。杭州城市大脑能够实时监测交通状况并及时响应突发事件。通过快速调度救援力量和疏导交通流量等措施，有效减少事故损失和影响范围。

综上所述，通过从区域交通运输系统分析层面的探讨可以看出，杭州在智能交通系统建设方面取得了显著成效。杭州城市大脑通过大数据、云计算等先进技术实现了交通管理的智能化和集成化，提高了交通运行效率和服务水平。随着技术的不断进步和应用场景的不断拓展，杭州城市大脑将在更多领域发挥重要作用，推动城市交通管理的持续优化和创新发展。

（三）悉尼港跨海大桥交通流量管理与应急响应——悉尼区域交通运输系统的深度剖析

1. 背景

悉尼港跨海大桥作为连接悉尼南北两岸的重要交通枢纽，其交通流量管理与应急响应能力对保障区域交通运输系统的顺畅运行至关重要。本案例将从区域交通运输系统分析的视角，对悉尼港跨海大桥的交通流量管理与应急响应进行深入剖析。

2. 区域交通运输系统组成分析

在悉尼港跨海大桥的交通流量管理与应急响应中，区域交通运输系统主要由以下五个部分组成。

（1）基础设施系统。悉尼港跨海大桥作为交通基础设施的核心部分，同时配套的交通信号灯、监控摄像头等设施也是系统的重要组成部分，共同构建了跨海大桥的交通管理系统。

（2）感知与监测系统。通过交通监控摄像头、车辆检测器等设备，实时感知和监测跨海大桥上的交通流量、车速、车辆类型等信息。这些数据为后续的交通流量管理和应急响应提供了基础数据支持。

（3）数据处理与分析系统。收集到的交通数据需要经过处理和分析，以提取有价值的信息。例如，通过分析交通流量数据，可以识别出高峰时段和拥堵"瓶颈"；通过分析车辆类型数据，可以了解不同类型车辆的比例和分布。

（4）决策支持系统。基于数据处理与分析的结果，交通管理部门可以制定科学的交通流量管理策略和应急响应预案。这些策略和预案旨在优化交通资源配置、缓解交通拥堵、提高应急响应效率。

（5）执行与反馈系统。交通流量管理和应急响应措施需要得到有效执行，并通过反馈机制不断调整和优化。例如，在高峰时段增加警力巡逻、调整信号灯配时等措施，通过公众反馈和实际效果来调整和优化。

3. 区域交通运输系统特点分析

（1）复杂性与动态性。悉尼港跨海大桥作为连接南北两岸的重要通道，其交通流量受多种因素的影响，如节假日、天气变化、突发事件等，这些因素使交通流量管理具有复杂性和动态性。

（2）连通性与开放性。跨海大桥作为区域交通运输系统的重要组成部分，与其他交通方式(如公交、地铁、轮渡等)形成连通网络。这种连通性和开放性使跨海大桥在区域交通运输中发挥了关键作用。

（3）脆弱性与恢复性。在发生突发事件时，跨海大桥可能会受不同程度的损害。因此，交通运输系统需要具备一定的脆弱性识别和恢复能力，确保在紧急情况下能够迅速恢复正常运行。

4. 区域交通运输需求与供给分析

（1）需求分析。①悉尼港跨海大桥的交通需求受多种因素的影响，如人口增长、经济发展、城市规划等。随着城市规模的扩大和人口的增长，跨海大桥的交通需求不断增加。②需求分析需要考虑不同时间段的交通流量变化（如早晚高峰时段）、不同车辆类型的比例和分布等因素。

（2）供给分析。①悉尼港跨海大桥作为固定的交通基础设施，其供给能力相对固定。然而，通过优化交通信号控制、提高通行效率等措施，可以在一定程度上提升供给能力。②供给分析需要考虑跨海大桥的通行能力、维护状况、应急响应能力等因素。同时，还需要评估不同交通管理措施对供给能力的影响。

5. 区域交通运输系统优化与管理

（1）交通流量管理。①通过实时监测和分析交通流量数据，制定合理的交通流量管理策略。例如，在高峰时段采取限行措施、调整信号灯配时等以减少拥堵现象。②优化公交线路和班次安排，鼓励市民使用公共交通工具，减少私家车使用以减轻交通压力。

（2）应急响应管理。①制定完善的应急响应预案和流程，确保在突发事件发生时能够迅速响应并采取有效措施。如设立紧急疏散通道、准备救援物资等。②加强与消防、医疗等部门沟通协调，确保在应急响应过程中形成合力提高救援效率。

（3）智能化与信息化。①引入智能交通系统和大数据分析技术，提高交通管理的智能化和信息化水平。通过实时数据分析为交通管理提供科学依据和决策支持。②建立公众反馈机制收集市民对交通管理的意见和建议不断改进和优化管理措施和服务水平。

综上所述，通过从区域交通运输系统分析层面的探讨可以看出，悉尼港跨海大桥作为重要的交通枢纽，在区域交通运输系统中发挥着关键作用。通过科学的交通流量管理和应急响应措施，可以有效缓解交通拥堵并提高应急响应效率。随着智能交通系统和大数据技术的不断发展，将为悉尼港跨海大桥的交通管理提供更多创新解决方案和技术支持，推动区域交通运输系统的持续优化和创新发展。

（四）巴黎公共交通与城市规划融合——巴黎区域交通运输系统的深度剖析

1. 背景

巴黎作为国际大都市，其公共交通系统与城市规划的深度融合对缓解交通拥堵、提升城市运行效率具有重要意义。本案例将从区域交通运输系统分析的视角，探讨巴黎公共交通与城市规划的融合实践及成效。

2.区域交通运输系统组成分析

在巴黎公共交通与城市规划融合的案例中，区域交通运输系统主要由以下四个部分组成。

（1）公共交通系统。包括地铁、公交、有轨电车等交通方式。这些交通方式共同构建了巴黎便捷、高效的公共交通网络，满足了市民日常出行的需求。

（2）基础设施系统。公共交通的基础设施，如地铁站、公交站、换乘枢纽等，是公共交通系统高效运行的基础。这些设施的布局和建设需求与城市规划紧密结合，以确保公共交通系统的顺畅运行。

（3）信息与通信系统。智能交通系统、实时公交信息显示屏、手机 App 等现代信息技术的应用，为市民提供了便捷的出行信息和服务，提高了公共交通系统的服务水平和运营效率。

（4）管理与运营系统。公共交通的管理与运营机构负责整个系统的日常运行和维护。通过科学的管理和调度，确保公共交通系统的安全、高效运行。

3.区域交通运输系特点分析

（1）多样性与协调性。巴黎的公共交通系统涵盖了地铁、公交、有轨电车等多种交通方式，各种交通方式间形成了良好的衔接和配合，共同满足市民多样化的出行需求。

（2）高效性与便捷性。巴黎的公共交通系统以高效性和便捷性著称，通过优化线路布局、提高车辆运行效率等措施，缩短了市民的出行时间，提高了出行效率。

（3）智能化与信息化。现代信息技术的应用使巴黎的公共交通系统更加智能化和信息化，为市民提供了更加便捷、准确的出行信息和服务。

4.区域交通运输需求分析

（1）人口增长与城市化。随着巴黎人口的增长和城市化进程的加速，市民的出行需求不断增加。公共交通系统需要满足市民日常通勤、购物、休闲等出行需求。

（2）土地利用与规划。城市规划和土地利用方式直接影响公共交通的需求分布。例如，居住在商业区、住宅区、工业区等区域人群的出行需求存在差异，需要公共交通系统提供相应的服务。

（3）可持续发展需求。随着环保意识的提高和可持续发展的要求，公共交通系统需要更加注重环保和节能，减少对环境的影响。

5.区域交通运输系统优化与管理

（1）公共交通与城市规划的融合。巴黎在城市规划过程中充分考虑了公共交通的需求和发展空间。通过将合理的土地利用规划和交通规划相结合，实现了公共交通与城市规划的深度融合。这种融合不仅提高了公共交通系统的运营效率和服务水平，还有助于缓解城市交通拥堵。

（2）智能交通系统的应用。巴黎积极引入智能交通系统，通过实时数据分析、信号控制优化等手段提高公共交通系统的运行效率和安全性。

（3）环保与节能措施。为响应可持续发展的要求巴黎公共交通系统注重环保和节能。通过推广清洁能源车辆、优化线路布局等措施减少对环境的影响。

（4）公众参与与反馈机制。巴黎建立了公众参与和反馈机制鼓励市民对公共交通系统提出意见和建议。通过收集和分析公众意见不断改进和优化公共交通系统的服务和管理水平。

综上所述，通过从区域交通运输系统分析层面的探讨可以看出，巴黎公共交通与城市规划的融合实践为城市交通系统的优化和发展提供了有益的经验和启示。随着智能交通技术的不断发展和城市化的持续推进，巴黎公共交通系统将继续优化和创新，以更好地满足市民的出行需求和提高城市的运行效率。同时，这一案例也为其他城市的公共交通与城市规划融合提供了可借鉴的模式和经验。

七、研究结论

本章对区域交通运输系统进行了全面而深入的分析，从系统的基本组成、特点、与区域经济的关系、需求分析、供给分析到系统结构等方面进行了详细探讨。通过分析，得出以下四点结论。

（一）区域交通运输系统是一个复杂而多元的结构

区域交通运输系统由区域交通运输工具系统、线路设施系统、区域交通运输辅助设施系统和管理系统等多个关键部分组成，这些部分相互依存、相互支持，共同构建了高效运转的区域交通运输网络。

（二）区域交通运输系统具有开放性、复杂性、深入性和连通性等特点

区域交通运输系统的特点决定了其在区域经济发展中的重要地位，开放性促进了区域经济的内外交流，复杂性要求我们在规划和运营中综合考虑多种因素，深入性确保了区域交通运输系统广泛渗透到区域经济的各个层面，连通性保障了物资和人员的高效流动。

（三）区域交通运输系统与区域经济间存在密切而复杂的关系

区域交通运输系统不仅是区域经济发展的重要支撑，还是推动区域经济多元化、均衡发展的关键力量。通过优化区域交通运输系统，可以降低物流成本、提高经济效率、促进资源优化配置和产业结构升级，进而推动区域经济持续健康发展。

（四）区域交通运输系统的规划和建设要与区域经济发展需求相匹配

通过加强区域交通运输系统的规划协调、加大投入力度、推动技术创新和绿色发展等措施，可以进一步提升区域交通运输系统的效能和服务水平，为区域经济发展提供更加坚实的支撑。

综上所述，区域交通运输系统在区域经济发展中扮演着至关重要的角色。随着技术的不断进步和需求的日益变化，我们需要持续优化和创新区域交通运输系统，以适应区域经济发展的新要求，共同推动区域经济向更高质量、更高水平发展。

第八章　区域交通运输政策与规划实践

在区域经济发展的宏伟蓝图中，区域交通运输作为连接生产与消费、促进要素流动的关键环节，其政策与规划实践不仅关乎区域内部的效率与公平，更影响到区域间的竞争与合作。本章旨在引入区域交通运输政策与规划的基本概念、重要性及其与区域交通运输经济学的内在联系，为后续深入探讨奠定基础。

一、区域交通运输政策的定义与功能

（一）区域交通运输政策的定义

区域交通运输政策是指针对某一特定区域制定的，旨在指导、促进和管理该区域交通运输系统发展的政策。这些政策通常涉及区域交通运输基础设施建设、区域交通运输方式选择、区域交通运输装备技术提升、区域交通协调发展、区域交通运输通道建设等方面，以确保区域交通运输系统能够满足区域经济社会发展的需求，促进区域经济一体化和可持续发展。

（二）区域交通运输政策的功能

1. 指导区域交通运输基础设施建设

区域交通运输政策可以明确区域交通运输基础设施建设的方向和重点，确保资源合理分配。例如，区域交通运输政策可以鼓励投资建设高速公路、铁路、航空港、管道等基础设施，以缩短不同地区间的区域交通运输时间和距离，促进人员和货物的流动。

2. 促进区域交通运输方式均衡发展

区域交通运输政策可以引导不同运输方式的均衡发展，避免单一运输方式过度发展带来的问题。通过调整运输结构，确保各种区域交通运输方式能够充分发挥各自优势，提高整体运输效率。2019 年我国的货运结构如图 8-1 所示。

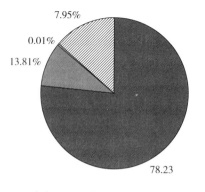

图 8-1 2019 年我国的货运结构

3. 提升区域交通运输装备技术水平

区域交通运输政策鼓励运用现代科技和信息技术改造、提升区域交通运输基础设施和运输装备，以适应经济社会发展和人民群众对区域交通运输安全性、快捷性和多样化、个性化需求。例如，推动智能交通系统、无人驾驶技术等的应用，提高区域交通运输系统的智能化水平。

4. 推动区域交通协调发展

区域交通运输政策可以统筹区域交通运输发展，促进不同区域之间的交通互联互通。通过制定跨区域交通运输规划，协调发展不同交通方式，避免资源浪费和环境污染。同时，区域交通运输政策还可关注欠发达地区和农村地区的区域交通运输基础设施建设，实现区域交通运输公共服务的均等化。

5. 优化区域交通运输通道建设

为满足生产、流通和居民出行的需求，解决能源资源压力问题，区域交通运输政策会将有限的资金投入承担大宗运量的主要骨干线路建设上，促进综合运输通道的形成。这有助于提升整体区域交通运输效率，降低区域交通运输成本。

6. 促进区域经济一体化

区域交通运输政策在促进区域经济一体化方面发挥着重要作用。通过改善区域间的交通连接，促进人员和货物流动，推动区域间的合作与协调，区域交通运输政策有助于缩小区域发展差距，实现共同繁荣和发展。

7. 支持区域经济发展战略

区域交通运输政策不仅关注区域交通运输系统本身的发展，还将其与区域经济发展战略相结合。通过优化区域交通网络布局、提升区域交通运输效率等方式，区域交通运输政策可以支持区域经济的集聚和扩散，促进区域产业结构的优化和升级。

由此可知，区域交通运输政策在指导区域交通运输基础设施建设、促进区域交通运输方式均衡发展、提升区域交通运输装备技术水平、推动区域交通协调发展、优化区域交通运输通道建设、促进区域一体化及支持经济发展战略等方面发挥着重要作用。这些功能共同构成了区域交通运输政策的核心价值。

　　综上所述，区域交通运输政策在指导和管理特定区域交通运输系统发展中发挥着核心作用。它不仅明确了区域交通运输基础设施建设的方向和重点，确保了资源的合理分配，还促进了不同区域交通运输方式的均衡发展，提升了区域交通运输装备的技术水平。同时，区域交通运输政策推动了区域交通的协调发展，优化了区域交通运输通道的建设，促进了区域一体化，支持了区域经济的发展战略。这些功能共同构成了区域交通运输政策的核心价值，旨在满足区域经济社会发展需求，促进区域经济可持续繁荣和发展。

二、区域交通运输规划的内涵与特点

　　区域交通运输规划是依据区域经济社会发展战略和目标，对区域交通运输系统未来一定时期内的建设、改造和管理进行的全面部署和安排。其特点在于：综合性强，涉及多个部门和领域；前瞻性强，需对未来发展趋势进行准确预测；动态性强，需根据实施情况不断调整和完善。

　　（一）区域交通运输规划的内涵

　　区域交通运输规划是指对一个地区内各种交通运输方式进行统筹安排和长远规划的过程。这一过程旨在通过科学合理地配置区域交通运输资源，构建高效、便捷、安全、绿色的综合区域交通运输体系，以满足区域经济社会发展的需求，并促进区域间的协调发展。区域交通运输规划不仅关注区域交通运输基础设施的建设和区域交通运输方式的优化，还涉及区域交通运输网络的布局、区域交通运输组织的管理、区域交通运输政策的制定等方面。具体来说，区域交通运输规划的内涵包括以下五个方面。

　　1. 客货运量及流量流向的预测

　　通过对历史数据的分析和未来发展趋势的预测，确定区域未来的客货运需求及分布特点。

　　（1）预测目的。客货运量及流量流向的预测旨在科学合理地估计未来一段时间内区域内客货运输的需求量和分布特点，为区域交通运输基础设施的规划、建设和运营管理提供数据支持。

　　（2）预测内容。①客货运量。第一，总量。预测未来一定时期内（如5年、10年）区域内的总客运量和总货运量。这需要考虑区域经济社会发展水平、人口增长趋势、产业结构调整、居民消费习惯变化等因素。第二，分类预测。根据区域交通运输方式（如公路、铁路、航空、水运、管道等）和货物种类（如散货、集装箱、危险品等)进行分类预测,以了解不同区域交通运输方式和货物种类的运输需求特点。②流量流向。第一,流量预测。预测不同区域交通运输线路或运输通道上的客货流量,这有助于确定区域交通运输基础设施的规模和布局。第二,流向预测。分析客货运输的主要流向和路径,为区域交通运输网络的优化和运输组织提供指导。某地预测客货运量预测值与真实值对比如图 8-2 所示。

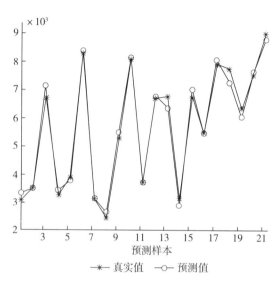

图 8-2 某地预测客货运量预测值与真实值对比

(3)预测方法。

第一,定量预测方法。①时间序列分析。利用历史数据建立时间序列模型,预测区域交通运输未来客货运量的变化趋势。②回归分析。分析影响区域交通运输客货运量的各种因素(如 GDP、人口、产业结构等),建立回归模型进行预测。③弹性系数法。通过分析区域交通运输客货运量与相关经济指标之间的弹性关系,预测未来区域交通运输客货运量的变化。在使用弹性系数法预测客货运量时,主要关注的是交通运输量与选定经济指标(如 GDP)之间的弹性关系。弹性系数(E)定义为交通运输量变化百分比与经济指标变化百分比的比值。

$$E = \frac{\Delta Q / Q}{\Delta Y / Y} \qquad (8\text{-}1)$$

其中,E 为是弹性系数,Q 为某一时期的客货运量(如货运吨公里或客运人次),ΔQ 为该时期内客货运量的变化量,Y 为同期选定的经济指标(如 GDP),ΔY 为该时期内经济指标的变化量。④神经网络模型。利用神经网络强大的非线性映射能力,对复杂的区域交通运输客货运量数据进行预测。神经网络模型的基本单元是神经元（或称为节点），每个神经元接收来自其他神经元的输入信号，经过加权求和后，通过一个激活函数产生输出。在多层前馈神经网络中，输入层接收输入特征，通过隐藏层（可能有多层）的非线性变换，最后由输出层产生预测结果。

$$MSE = \frac{1}{N} \sum_{i=1}^{N} (y_i - \hat{y}_i)^2 \tag{8-2}$$

其中，N 为样本数量，y_i 为第 i 个样本的实际值，$\hat{y}_i$ 为第 i 个样本的预测值（由神经网络模型给出）。

$$\hat{y}_i = f\left(\sum_{j=1}^{M} \omega_j \cdot x_{ij} + b \right) \tag{8-3}$$

其中，f 为激活函数（如 ReLU，Sigmoid，Tanh 等），ω_j 为从第 j 个输入到当前神经元的权重，x_{ij} 为第 i 个样本的第 j 个输入特征，b 为偏置项，M 为输入特征的数量。

第二，定性预测方法。①专家咨询法。邀请相关领域的专家进行座谈和讨论，根据专家的经验和判断进行预测。②情景分析法。设定不同的未来情景（如政策变化、技术进步等），分析每种情景下区域交通运输客货运量的可能变化。

（4）数据来源。预测区域交通运输所需的数据通常来源于四个方面：①统计部门。如国家统计局、地方统计局等发布的官方统计数据。②交通运输部门。如交通运输部、地方交通运输局等发布的交通运输行业统计数据。③市场调研机构。专业的市场调研机构提供的行业研究报告和数据。④企业内部数据。区域交通运输企业自身的运营数据和客户信息等。2023 年我国的货运量如图 8-3 所示。

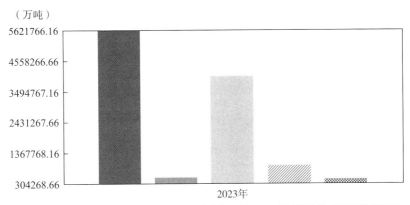

图 8-3　2023 年我国的货运量

（5）预测结果的应用。区域交通运输客货运量及流量流向的预测结果对于区域交通运输规划具有重要意义，具体应用在以下三个方面：①确定区域交通运输基础设施的建设规模和布局。根据预测结果确定区域交通运输需要建设的交通线路、站点和枢纽等设施的规模和位置。②制定区域交通运输组织方案。根据预测结果优化区域交通运输组织方式，提高区域交通运输效率和服务水平。③评估区域交通运输政策的效果。通过对比实际区域交通运输运输量与预测值的差异，评估区域交通运输政策的实施效果。

综上所述，区域交通运输客货运量及流量流向的预测是区域交通运输规划的重要内容，需采用科学合理的方法进行预测，并将预测结果应用于区域交通运输基础设施的建设、运输组织的优化和区域交通运输政策的评估等方面。

2. 区域交通运输方式结构的确定

（1）明确区域交通运输方式结构的定义，合理确定不同区域交通运输方式在区域交通运输总量中的比重及其关系，对优化区域交通运输系统、提高区域交通运输效率、促进经济社会发展至关重要。

（2）确定区域交通运输方式结构，需进行现状分析，评估各区域交通运输方式的作用和地位，并预测未来客货运量的需求变化及各区域交通运输方式的需求增长趋势。基于此，比较各种区域交通运输方式的技术经济特性，综合考虑选择适合的区域交通运输方式。

（3）优化区域交通运输方式结构，合理确定各种区域交通运输方式在区域交通运输系统中的比重，促进区域交通运输方式结构升级，并注重各种区域交通运输方式之间的协调发展。同时，结合区域交通运输方式结构的优化，选定并布局重大区域交通运输工程项目，以提高区域交通运输系统的整体效能。

（4）为确保区域交通运输方式结构的合理确定和优化升级，需制定和实施相关政策措施，加大基础设施建设投入力度，推动技术创新和应用，并建立健全区域交通运输监管体系。

3. 区域交通运输网的基本方案

（1）区域交通运输主要交通线路走向规划。根据区域经济社会发展布局、城镇体系规划及自然地理条件等因素，确定主要区域交通运输线路的走向，确保区域交通运输线路能够高效连接区域内的重要节点和经济中心，同时优化过境与区内区域交通运输流。

（2）区域交通运输枢纽节点布局。精心布局区域交通运输枢纽节点，包括区域交通运输枢纽站场、港口、机场、管道等，这些节点不仅是区域交通运输网络的交会点，也是实现多种区域交通运输方式有效衔接的关键。通过合理的枢纽节点布局，提高区域交通运输系统的整体运行效率和服务质量。

（3）区域交通运输设施建设标准与规模。根据区域交通运输网络规划的需求，确定区域交通运输设施的建设标准和规模，包括道路等级、桥梁隧道标准、港口泊位数量等，确保区域交通运输设施能够满足未来区域交通运输发展的需要。

（4）区域交通运输方案优化与调整。在规划实施过程中，根据实际情况和反馈意见对方案进行优化和调整，确保区域交通运输网络规划能够适应区域经济社会发展的变化需求。

4. 重大区域交通运输工程项目的选定

（1）区域交通运输项目需求分析。①区域交通运输需求预测。基于区域经济社会发展趋势、人口增长、产业结构变化等因素，对未来区域交通运输需求进行预测，明确重大区域交通运输工程项目的建设必要性和紧迫性。②区域交通运输功能定位明确。根据项目在区域交通运输网络中的功能定位，如交通枢纽、干线通道、国际通道等，确定项目的建设目标和规模。

（2）区域交通运输项目筛选与评估。①初步筛选。根据区域交通运输规划的整体布局和发展战略，初步筛选出符合区域发展需要的重大交通工程项目候选名单。②综合评估。对候选项目进行全面的综合评估，包括技术可行性、经济效益、社会效益、环境影响等方面。区域交通运输评估过程中应充分考虑项目的长远效益和可持续发展能力。层次分析法（Analytic Hierarchy Process，AHP）是一种将定性与定量相结合地分析复杂决策因素的方法。在区域交通运输工程项目的选定与评估过程中，AHP可以帮助决策者系统地分析各候选项目的多个评估指标，并给出相对客观的评价结果。以下是层次分析法的具体内容。

第一，建立层次结构模型。首先，将复杂的决策因素分解成不同的组成因素，并根据因素间的相互关联影响及隶属关系将因素按不同的层次聚集组合，形成一个多层次的分析结构模型。在区域交通运输工程项目的选定中，通常包括目标层（如选择最优的交通运输项目）、准则层（如技术可行性、经济效益、社会效益、环境影响等评估指标）和方案层（各个候选项目）。

第二，构造判断矩阵。在建立层次结构模型后，对每一层次元素进行两两比较，定量描述。利用1~9标度法，定量描述不同情况下评比的重要性程度。构造成对比较阵，即判断矩阵。在区域交通运输工程项目的评估中，需要对每个评估指标下的各候选项目进行两两比较，以确保它们在每个指标下的相对重要性。

第三，层次单排序及其一致性检验。计算反映某一层次元素相对于上一层次元素重要性次序的权值，通过所有元素之间的总排序计算反映所有元素按总目标计算出的相对重要次序的权值。为进行层次排序，需要对判断矩阵进行一致性检验，以确保判断矩阵的合理性。一致性检验的步骤如下。

首先，计算一致性指标（Consistency Index，CI）：

$$CI = \frac{\lambda_{\max} - n}{n - 1} \tag{8-4}$$

其中，$\lambda_{\max}$ 为判断矩阵的最大特征根，n 为判断矩阵的阶数。

其次，查找相应的平均随机一致性指标（Random Index，RI）。

最后，计算一致性比率（Consistency Ratio，CR）：

$$CR = \frac{CI}{RI} \tag{8-5}$$

当 $CR < 0.10$ 时，认为判断矩阵的一致性是可以接受的；否则，应对判断矩阵作适当修正。

第四，层次总排序及其一致性检验。计算所有因素对总目标相对重要性的排序权值，称为层次总排序。这一过程是从最高层次到最低层次依次进行的。对层次总排序也需要进行一致性检验，方法与层次单排序的一致性检验类似。

第五，计算综合得分并进行决策。根据层次总排序的结果，计算每个候选项目的综合得分。这个得分反映了候选项目在所有评估指标下的综合表现。最后，根据综合得分的高低，选择得分最高的项目作为最终的实施项目。

通过层次分析法，决策者可以系统地考虑多个评估指标，并给出相对客观的评价结果，从而为区域交通运输工程项目的选择提供科学依据。

（3）区域交通运输项目选定与决策。①多方案比选。在综合评估的基础上，提出多个可行的区域交通运输项目实施方案，并进行多方案比选，选择最优方案。②决策机制。建立健全的重大区域交通运输工程项目决策机制，确保决策过程的科学性和民主性。区域交通运输项目决策过程中应广泛征求各方面意见，充分考虑各方利益诉求。

（4）区域交通运输项目实施与保障。①制订实施计划。为选定的重大区域交通运输工程项目制订详细的实施计划，包括时间表、路线图、责任分工等，确保区域交通运输项目能够顺利推进。②资金与政策保障。确保区域交通运输项目所需的资金投入和政策支持到位，包括政府投资、社会资本引入等融资方式，以及相关的土地、税收等优惠政策。③监管与评估。建立健全的区域交通运输项目监管和评估机制，对项目实施过程进行全程跟踪和评估，确保区域交通运输项目质量、进度和效益达到预期目标。

（5）注意事项。①协调性与衔接性。在选定重大区域交通运输工程项目时，应注重项目与区域交通运输网络的协调性和衔接性，确保项目能够融入并提升整个区域交通运输系统的效能。②可持续发展。在区域交通运输项目选定过程中，应充分考虑项目的可持续发展能力，包括资源节约、环境保护、社会和谐等方面，确保区域交通运输项目符合绿色、低碳、循环的发展理念。③公众参与。在区域交通运输项目选定和决策过程中，应广泛征求公众意见，增强公众对项目的认同感和支持度，为区域交通运输项目实施创造良好的社会氛围。

综上所述，重大交通工程运输项目的选定是区域交通运输规划中的重要环节，需要综合考虑多方面因素，确保项目能够符合区域发展需要、实现可持续发展目标。

5. 区域交通运输工程修建时间和造价估算

（1）区域交通运输工程修建时间估算。①阶段划分。首先，将区域交通运输工程项目的整个建设周期划分为若干阶段，如前期准备阶段、设计阶段、施工阶段、验收阶段等。每个阶段都有其特定的任务和时间要求。②关键路径分析。运用项目管理中的关键路径法，识别出影响项目总工期的关键活动和路径。通过优化关键路径上的活动安排，可有效缩短整个项目的建设周期。③资源约束考虑。在估算工程修建时间时，必须充分考虑资源约束条件，如资金到位情况、施工队伍和设备的可用性、原材料供应等。资源不足或分配不当都可能导致工期延误。④风险因素评估。对可能影响区域交通运输工程进度的风险因素进行评估，如自然灾害、政策变动、技术难题等，并制定相应的应对措施和预案。⑤综合时间估算。综合考虑区域交通运输项目各阶段的时间需求、关键路径的优化、资源约束条件及风险因素，估算出一个相对准确的区域交通运输工程修建时间。

（2）区域交通运输工程项目造价估算。①成本构成分析。明确区域交通运输工程项目的成本构成，包括直接成本（如人工费、材料费、机械使用费等）和间接成本（如管理费、财务费等）。对区域交通运输工程项目各项成本进行详细分析，确保估算的全面性和准确性。②工程量计算。根据工程设计方案，计算区域交通运输各项工程的实物工程量。这是造价估算的基础工作，直接影响估算结果的准确性。③单价确定。通过市场调查、询价等方式，获取区域交通运输各项工程所需材料、设备、劳务等的市场价格信息，并结合工程实际情况确定合理的单价。④造价汇总与调整。将区域交通运输各项工程的成本按成本构成进行汇总，得出初步造价估算结果。同时，根据风险、市场变化等因素对估算结果进行调整，确保区域交通运输工程项目造价估算的合理性。⑤审核与审批。区域交通运输工程项目造价估算完成后，需经过相关部门或专家的审核和审批。审核过程中可能会发现估算中的不合理之处或遗漏项，需及时进行调整和完善。

综上所述，区域交通运输工程修建时间估算和造价估算是区域交通运输规划中不可或缺的重要环节。通过科学的方法和严谨的态度进行估算工作，可为区域交通运输工程项目的顺利实施提供有力保障。

（二）区域交通运输规划的特点

1. 区域交通运输规划的战略性

（1）区域交通运输规划的战略性体现在全局性上。区域交通运输规划不是孤立地考虑某一特定区域或部门的区域交通运输问题，而是从整个区域乃至更广泛的地域范围出发，综合考虑区域交通运输系统与经济、社会、环境等方面的相互关系。它要求区域交通运输规划者具备全局视野，能够协调各部门、各地区之间的活动，确保区域交通运输系统的整体效益最大化。

（2）区域交通运输规划的战略性体现在长远性上。区域交通运输规划不仅要解决当前的问题，还要预测未来的发展趋势和需求，制定适应未来发展的区域交通运输系统规划方案。这种长远性要求区域交通运输规划者具备敏锐的洞察力和预见能力，能够准确把握未来区域交通运输系统的发展趋势和变革方向，确保区域交通运输规划方案能够引领区域交通运输系统的发展潮流。

（3）区域交通运输规划的战略性体现在战略导向和政策支持上。区域交通运输规划需要明确战略目标和战略重点，为区域交通运输系统的发展提供明确的方向和指引。同时，为确保战略目标的实现，需制定相应的政策措施和保障机制，包括资金保障、政策支持、法律法规建设等，为区域交通运输规划的实施提供有力保障。

例如，贵州省属于我国经济社会发展相对滞后的地区，长期受交通等因素的制约，物流不畅、信息闭塞。改革开放以来，随着西部大开发战略等的实施，贵州的情况有了较大改善，但交通、物流和发达地区相比仍然存在较大的差距，存在公路通道不足、通达深度不够、道路等级较低、质量较差等问题，制约了全省经济社会发展。

2005 年编制的《贵州省骨架公路网规划》将贵州省的公路网分为骨架公路网、干线公路网和农村公路网三个层次，骨架公路在功能上以贵州省所辖地（州、市）、县（市）政府驻地为节点，由二级及二级以上公路组成；在《贵州省骨架公路网规划》（2003—2020）中确定为"三纵三横八联八支"，贵州省多数规划路段属于次骨干公路，道路设计时速较低。贵州省有广大的交通相对闭塞、亟待改善的落后地区，按照规划，这些地区仍将长期面临相对不良的交通状况。2007 年，贵州省开始了新一轮高速公路网规划。从带动贵州省均衡发展的战略角度出发，按照抓住系统慢变量的规划思维，在高原山地规划了较为完整的高速公路网络，网络采用以县城为路网节点的棋盘式布局。长远而言，上述路网布局具有两个明显的优势：一是可视发展需要进一步加密或放松；二是棋盘状网络可视需要再连接棋盘的对角线加以补充建设，路网的灵活性和适应性较大。

综上所述，区域交通运输规划的战略性是区域交通运输规划的核心特征之一，它要求规划者具备全局视野、长远眼光和战略思维，以确保区域交通运输系统的发展与经济社会发展相协调，并为区域交通运输未来的挑战和机遇做好充分准备。

2. 区域交通运输规划的综合性

（1）区域交通运输规划的综合性要求做到多种交通运输方式的综合协调。区域交通运输系统通常包含多种交通运输方式，如公路、铁路、水运、航空、管道等，每种交通运输方式都有其独特的优势和适用范围。综合性的区域交通运输规划强调各种交通运输方式之间的协调与配合，通过优化交通运输结构、提高交通运输效率、降低交通运输成本等方式，实现各种交通运输方式的优势互补和整体效益最大化。这要求规划者在制定规划时，充分考虑各种交通运输方式的技术经济特性、交通运输能力、覆盖范围等因素，确保各种交通运输方式能够形成有机整体，共同支撑区域经济社会发展。

（2）区域交通运输规划的综合性要求做到区域交通运输与经济社会发展的综合考量。区域交通运输规划不仅是区域交通运输系统内部的问题，还要与区域经济社会发展紧密结合起来。综合性的区域交通运输规划要求规划者在制定规划时，不仅要充分考虑区域的经济结构、产业布局、人口分布等因素，还要考虑区域未来发展的战略方向和目标。通过综合分析区域经济社会发展的需求和特点，合理规划区域交通运输系统的发展规模、布局和结构，确保区域交通运输系统能够有效支撑区域经济社会发展。

（3）区域交通运输规划的综合性要求做到区域交通运输与环境、土地资源的综合平衡。随着经济社会发展和人口增长，区域交通运输活动对环境和土地资源的影响日益显著。综合性的区域交通运输规划强调在保障区域交通运输需求的同时，注重环境保护和土地资源的节约利用。区域交通运输规划者不仅要充分考虑区域交通运输活动对环境的影响，采取有效措施减少污染排放、保护生态环境，还要合理规划区域交通运输用地，提高土地利用效率，避免过度开发和浪费土地资源。

（4）区域交通运输规划的综合性要求做到政策、法规、技术等方面的综合集成。区域交通运输规划的实施需要政策、法规、技术等多方面的支持和保障。综合性的区域交通运输规划要求规划者在制定规划时，充分考虑政策、法规、技术等因素对区域交通运输系统发展的影响和作用。通过制定科学合理的政策、完善相关法规体系、推广先进适用技术等方式，为区域交通运输规划的实施提供有力支撑和保障。

例如，日本筑波科学城，地处东京东北方约 60 千米，自 1963 年启动建设以来，始终秉持着促进科技进步、增强高等教育实力及通过技术驱动国家发展的宏伟愿景。同时，它也肩负着缓解东京都市圈生态与社会发展压力的重任。为实现这些目标，筑波科学城在区域交通运输规划上展现出了高度的综合性。

日本筑波是日本为振兴科学技术、充实高等教育、实现技术立国，同时缓解东京都市圈生态和社会发展压力的一项重要措施。筑波科学城拥有完善的区域交通网络，包括快速轨道交通线、高速公路及一般公路，构成与东京之间便捷联系的通道。其中，筑波快线长约60千米，1小时便可到达东京。发达的区域交通网络为筑波科学城与东京之间提供了快速连通渠道，使其在建设初期能够依托发达的东京弥补相对不完善的配套设施缺陷，但便利的交通却也使筑波科学城无法完全摆脱对东京的依赖，故成为独立的城市功能区、缓解东京都市圈压力的规划目标也未能真正实现。

综上所述，综合性是区域交通运输规划的重要特点之一。它要求规划者在制定规划时，充分考虑多种交通运输方式的协调配合、交通运输与经济社会发展的综合考量、交通运输与环境土地资源的综合平衡及政策法规技术等多方面的综合集成。通过综合性的规划思路和方法，实现区域交通运输系统的整体优化和可持续发展。

3. 区域交通运输规划的前瞻性

（1）预测未来需求。区域交通运输规划需要运用科学的方法和手段，对未来区域的交通运输需求进行准确预测。包括对人口增长、经济发展、产业布局变化等因素的综合分析，以确定未来区域交通运输系统需要承担的任务和规模。

（2）考虑技术革新。随着科技进步，区域交通运输技术也在不断发展。区域交通运输规划者需要密切关注新技术、新工艺和新材料的出现和应用，考虑其在未来区域交通运输系统中的潜力和影响。例如，自动驾驶技术、智能交通系统、新能源交通工具等都可能对区域交通运输系统产生深远影响。

（3）适应政策导向。国家和地方政府的政策导向对区域交通运输规划具有重要影响。区域交通运输规划者需要深入研究国家和地方政府的区域交通运输政策，理解其背后的战略意图和发展方向，确保规划方案与政策导向相一致。同时，还要关注未来可能出台的新政策，为区域交通运输规划方案的调整和完善预留发展空间。包括在区域交通基础设施布局、区域交通运输能力配置等方面留有余地，以应对未来可能出现的区域交通运输需求激增或运输方式变革等情况。

（4）促进区域协调。区域交通运输规划的前瞻性还体现在促进区域协调发展方面。区域交通运输规划者需要综合考虑区域内不同地区的区域交通运输需求和特点，制定差异化的规划方案，以推动区域内交通运输系统的均衡发展。同时，还需要加强与周边地区的协作和联动，形成区域交通运输网络的整体优势。

日本城市以公共交通为导向的发展模式（Transit-Oriented Development，TOD）经过多次变革已深入贯穿轨道交通规划、设计、建设、运营等环节，将 TOD 理念发挥到了极致。前瞻性规划和政策引导是实现 TOD 的先决条件，轨道交通规划之初就与土地利用深度结合，围绕轨道交通车站组织实施 TOD 开发模式，将商业、办公、住宅、酒店、医院等功能按照圈层布局。轨道交通投入使用阶段优先开发车站周边区域，既创造更多客流需求，又是实现可持续发展的重要途径。日本式 TOD 不仅局限于城市空间规划，还是由同一主体同时承担轨道交通建设和城市开发，从而使城市开发效益直接内涵于轨道交通开发之中，也使交通与用地实现无缝衔接，成为土地高效利用、功能配置合理、交通便捷舒适、方式间零换乘、市场驱动主导的一体化范例。日本东京二子玉川站如图 8-4 所示。

图 8-4　日本东京二子玉川站

　　综上所述，前瞻性是区域交通运输规划的重要特点之一。通过充分考虑未来经济社会发展的趋势和需求、关注技术革新和政策导向、预留发展空间及促进区域协调等方面的工作，可以确保区域交通运输规划的科学性、合理性和有效性。

　　4. 区域交通运输规划的可操作性

　　（1）明确具体目标。区域交通运输规划方案应设定明确、具体、可量化的目标，以便在实施过程中进行监测和评估。这些目标应与区域经济社会发展的实际需求紧密相关，具有现实可行性和针对性。

（2）细化实施步骤。区域交通运输规划方案应详细列出实施步骤、时间表和责任主体，明确各项任务的具体操作方式和完成标准。这有助于指导相关部门和单位有序开展工作，确保区域交通运输规划方案的顺利实施。

（3）考虑资源约束。在制定区域交通运输规划方案时，应充分考虑区域内的资源约束条件，如资金、土地、人力等方面的限制。通过合理配置资源，优化项目布局，确保区域交通运输规划方案在经济、社会和环境上都具有可行性。

（4）注重协调配合。区域交通运输规划涉及多部门和单位的协作与配合。因此，在区域交通运输规划过程中应注重加强沟通协调，明确各部门和单位的职责分工，形成合力推进区域交通运输规划实施的良好局面。

（5）强化政策保障。为确保区域交通运输规划方案的顺利实施，需要制定相应的政策措施和保障机制。如资金保障、政策支持、法律法规建设等措施，为区域交通运输规划实施提供了有力保障。

（6）建立监测评估机制。规划实施过程中应建立有效的监测评估机制，定期对区域交通运输规划实施情况进行跟踪检查和评估。通过及时发现问题、总结经验教训，不断完善和调整规划方案，确保规划目标的实现。

（7）注重公众参与。可操作性强的区域交通运输规划方案还应注重公众参与和意见反馈。通过广泛征求社会各界的意见和建议，增强区域交通运输规划的透明度和公信力，提高公众对区域交通运输规划实施的支持度和参与度。

综上所述，可操作性是区域交通运输规划的重要特点之一。通过明确具体目标、细化实施步骤、考虑资源约束、注重协调配合、强化政策保障、建立监测评估机制和注重公众参与等方面的努力，可以确保区域交通运输规划在实践中得到有效执行，推动区域交通运输事业的持续健康发展。

5. 区域交通运输规划的可持续性

（1）经济可持续性。①经济效益最大化。区域交通运输规划应追求区域交通运输系统的经济效益最大化，通过优化资源配置、提高交通运输效率、降低运营成本等方式，实现区域交通运输系统的自我维持和良性发展。②支撑经济发展。区域交通运输系统作为区域经济发展的重要支撑，其规划应与区域经济发展战略相协调，促进区域经济的快速增长和转型升级。

（2）环境可持续性。①减少环境影响。区域交通运输规划应尽可能减少区域交通运输系统对环境的不利影响，包括减少温室气体排放、降低噪声污染、保护生态资源等。通过推广清洁能源、提高能源利用效率、优化区域交通运输结构等方式，实现区域交通运输系统的绿色化发展。②适应环境变化。区域交通运输规划还应考虑气候变化等因素对区域交通运输系统的影响，增强区域交通运输系统的适应性和韧性，确保其在各种环境条件下都能正常运行。

（3）社会可持续性。①公平分配资源。区域交通运输资源应在全社会成员之间公平分配，确保不同群体、不同地区的居民都能享受到便捷、高效的区域交通运输服务。这有助于促进社会公平和正义，增强社会的凝聚力和稳定性。②提高生活质量。区域交通运输规划应关注区域交通运输系统对居民生活质量的影响，通过改善交通运输条件、提高交通运输安全性、优化出行环境等方式，提升居民的幸福感和满意度。

（4）综合协调。要做到经济、环境、社会协调发展。区域交通运输规划需要在经济、环境和社会三个方面进行综合协调，确保三者之间的平衡和相互促进。这要求规划者具备全局视野和战略思维，从整体上把握区域交通运输系统的发展方向和重点。

（5）政策保障。要制定和实施可持续性政策。为实现区域交通运输系统的可持续发展，需要制定和实施一系列基于可持续性的区域交通运输政策。这些政策应明确区域交通运输系统的发展目标、原则、措施和保障机制，为区域交通运输规划的实施提供有力支持。

由此可知，可持续性是区域交通运输规划的重要特点之一。通过在经济、环境和社会三个方面进行综合考虑和协调发展，可以确保区域交通运输系统在满足当前需求的同时，为未来的发展留下足够的空间。

综上所述，区域交通运输政策与规划实践是一个复杂而系统的工程，其内涵丰富、特点鲜明。通过科学合理地制定和实施区域交通运输规划，可以推动区域交通运输事业的健康发展，促进区域经济社会的繁荣和进步。

三、区域交通运输经济学视角下的政策与规划

区域交通运输经济学作为应用经济学的一个重要分支，其核心在于探究区域交通运输与区域经济间的复杂关系及内在的发展规律。这一学科不仅关注区域交通运输的技术层面，还深入探讨其背后的经济、社会乃至政治影响。因此，在制定和实施区域交通运输政策与规划时，我们必须全面考虑经济效益、社会效益和环境效益的和谐统一。

（一）区域交通运输经济学的基础框架

区域交通运输经济学的研究基石在于区域交通运输与区域经济间的相互作用。区域交通运输不仅是区域经济活动的血脉，还在区域经济的空间布局、产业结构的演变及区域间的经济联系中扮演着关键角色。这一学科致力于揭示这种相互作用的内在机制，为政策制定和规划实践提供理论支撑。区域交通运输经济学的基础框架涉及多个方面，主要包括理论基础、研究内容、分析方法及实际应用等。

1. 理论基础

区域交通运输经济学以经济学的一般理论和方法为基础，结合地理学、交通工程学、区域经济学等的理论，研究区域交通运输系统与经济发展之间的相互关系。其核心理论包括市场均衡理论、交通区位理论、交通需求与供给理论等，这些理论为区域交通运输经济学研究提供了坚实的理论支撑。

2. 研究内容

（1）交通运输与区域经济发展的关系。研究交通运输如何促进区域经济的增长，以及区域经济如何影响交通运输的发展。这包括交通运输对产业布局、城市化进程、区域经济一体化等方面的作用。

（2）综合交通运输体系的建设。分析不同交通运输方式(如公路、铁路、航空、水运、管道等)的特点和优势，探讨如何构建高效、协调、可持续的综合交通运输体系，满足区域经济社会发展的需求。

（3）区域交通运输需求与供给。研究区域交通运输需求的变化规律，预测未来的区域交通运输需求；同时，分析区域交通运输供给的现状和潜力，提出优化区域交通运输供给的策略和措施。

（4）区域交通运输成本与价格。探讨区域交通运输成本的构成和影响因素，研究区域交通运输价格的制定和管理机制，确保区域交通运输市场的公平性和效率性。

（5）区域交通运输市场结构。分析区域交通运输市场中不同企业、组织和个体间的竞争和合作关系，探讨市场结构对区域交通运输效率和公平性的影响。

（6）区域交通运输政策与规划。研究政府如何制定和实施区域交通运输政策，以引导和促进区域交通运输可持续发展；同时，探讨区域交通运输规划的理论和方法，为区域交通运输发展提供科学指导。

3. 分析方法

区域交通运输经济学采用多种分析方法进行研究，主要包括以下四种方法。

（1）时间序列分析。利用时间序列数据，分析区域交通运输与经济发展之间的动态影响和长期均衡关系。

（2）建模与实证分析。通过建立数学模型和进行实证分析，探讨区域交通运输系统对区域经济发展的影响及其空间格局的变化。

（3）协同理论。运用协同理论对区域交通运输与经济发展的协调性进行评价和预测分析，为区域交通运输政策制定提供科学依据。

（4）比较分析。对不同区域、不同区域交通运输方式的发展情况进行比较分析，总结经验和教训，为区域交通运输的发展提供参考。

4. 实际应用

区域交通运输经济学的研究成果在实际应用中具有重要意义。它可以用于指导区域交通运输规划、优化区域交通运输资源配置、提高区域交通运输效率和公平性等方面。同时，它还可以为政府制定区域交通运输政策、评估政策效果提供科学依据。

综上所述，区域交通运输经济学的基础框架是一个涉及多方面、多层次的复杂系统。它以经济学的一般理论和方法为基础，结合多学科的理论和分析方法，研究区域交通运输系统与经济社会发展之间的相互关系及实际应用。

（二）区域交通运输政策的多维度考量

在制定区域交通运输政策时，不仅要关注技术的可行性和效率，还要从经济、社会、环境、技术等维度进行综合考量。区域交通运输政策的目标应包括提升区域交通运输的整体效率、促进区域经济的均衡发展、优化资源配置、保护生态环境。为实现这些目标，可运用财政补贴、税收优惠、法规制定和市场准入等政策工具，确保政策的有效实施和及时调整。

1. 经济维度

（1）促进区域经济发展。①提升区域交通运输效率。通过优化区域交通运输网络布局，提升区域交通运输设施水平、减少区域交通运输成本和缩短运输时间、提高区域经济的整体运行效率。②推动产业升级。区域交通运输是产业布局和发展的重要支撑，良好的区域交通运输条件能够吸引更多投资，促进产业升级和转型。

（2）优化资源配置。①合理布局区域交通运输设施。根据区域经济发展的需求和特点，合理规划区域交通运输设施的建设规模和布局，确保资源的有效利用。②引导资金流动。通过区域交通运输政策的引导，促进资金在区域内的合理流动，支持重点产业和区域的发展。

2. 社会维度

（1）提升公众出行便利性。①完善区域公共交通运输体系。发展公交、地铁等交通运输方式，提高区域公共交通运输的覆盖率和服务水平，满足公众出行需求。②改善农村和偏远地区的交通运输条件。加大对农村和偏远地区交通运输基础设施的投入力度，改善这些地区的交通出行条件，实现区域交通运输公共服务均等化。

（2）增强社会公平与包容性。①关注弱势群体。在制定区域交通运输政策时，要充分考虑老年人、残障人士等弱势群体的出行需求，提供无障碍设施和服务。②促进城乡一体化。通过区域交通运输政策的实施，加强城乡之间的区域交通运输联系，促进城乡一体化发展。

3. 环境维度

（1）减少环境污染。①推广绿色区域交通运输方式。鼓励使用电动车、公共交通等绿色交通方式，减少汽车尾气排放对环境的污染。②优化区域交通运输结构。调整区域交通运输结构，减少高污染、高能耗区域交通运输方式所占的比例，提高清洁能源和可再生能源在区域交通运输中的应用。

（2）保护生态环境。①合理选址与建设。在区域交通运输设施选址和建设过程中，要充分考虑生态环境保护要求，避免对生态环境造成破坏。②实施生态修复工程。对已经造成生态环境破坏的区域交通运输设施项目，要实施生态修复工程，恢复生态环境功能。

4. 技术维度

（1）推动区域交通运输技术创新与应用。①加强科技研发。加大对区域交通运输领域科技研发的投入力度，推动新技术、新材料、新工艺在区域交通运输领域的应用。②提升智能化水平。利用大数据、云计算、人工智能等现代信息技术手段提升区域交通运输系统的智能化水平，提高区域交通运输效率和安全性。

（2）提高区域交通运输设施装备水平。①更新升级区域交通运输设施。对老旧区域交通运输设施进行更新升级改造，提高区域交通运输设施装备的技术水平和性能表现。②推广先进区域交通运输装备。鼓励使用先进区域交通运输装备和技术手段提高区域交通运输效率和安全性，降低区域交通运输成本和能耗。

综上所述，区域交通运输政策的制定需要综合考虑经济、社会、环境和技术等维度因素。通过科学合理地制定和实施区域交通运输政策，可以促进区域经济的可持续发展、提升公众出行便利性、减少环境污染和保护生态环境，以及推动技术创新与应用和提高设施装备水平等目标的实现。

（三）区域交通运输规划的综合性与前瞻性

区域交通运输规划同样需要综合考虑经济、社会和环境等方面的因素。规划应遵循全局性、长远性、协调性和可持续性的原则，确保区域交通运输系统的发展与区域经济的整体战略相契合。区域交通运输规划的内容应涵盖区域交通运输网络的合理布局、交通运输方式的科学选择、交通设施的有效建设、交通管理与运营的持续优化。同时，规划应具有前瞻性，充分考虑未来经济社会的发展趋势和需求，确保区域交通运输系统的长期可持续发展。区域交通运输规划的综合性与前瞻性体现在多个方面，对促进区域经济发展、优化资源配置、提升交通系统效率具有重要意义。

1. 综合性

（1）多种运输方式的协调发展。区域交通运输规划需要综合考虑铁路、公路、水运、航空、管道等交通运输方式，确保它们之间的协调发展。通过优化各种区域交通运输方式的布局和衔接，形成高效、便捷的综合交通运输体系，满足不同区域交通运输需求。

（2）社会、经济与环境的综合考虑。区域交通运输在规划过程中应充分考虑社会、经济、环境等因素，确保区域交通运输系统与社会经济发展相协调，同时减少对环境的负面影响。例如，在规划区域交通运输线路时，需要避免对生态环境造成破坏，同时考虑区域交通运输系统对区域经济发展的推动作用。

（3）区域协同与城乡一体化。区域交通运输规划还应注重区域间的协同发展和城乡一体化。通过构建区域性的交通运输网络，促进城市与乡村之间的经济联系和人员往来，推动城乡经济的均衡发展。

2. 前瞻性

（1）适应未来发展趋势。区域交通运输规划需要具有前瞻性，能够预见并适应未来社会经济的发展趋势。例如，随着城市化进程的加快和人口迁移的变化，区域交通运输需求也将发生相应变化。在规划时应充分考虑这些未来趋势，确保区域交通运输系统能够满足未来的区域交通运输需求。

（2）适度超前规划。为确保区域交通运输系统在未来一段时间内保持高效运行，在规划时需要适度超前。这意味着在设计标准、建设规模等方面要考虑在未来一定时期内的区域交通运输需求增长，避免频繁进行大规模的改扩建工程。

（3）技术创新与可持续发展。前瞻性还体现在对技术创新和可持续发展的关注上。随着科技的不断进步，新的交通技术和模式不断涌现。在制定区域交通运输规划时应积极引入和应用新技术和新模式，提升区域交通运输系统的智能化、绿色化水平，促进区域交通运输行业可持续发展。

综上所述，区域交通运输规划的综合性与前瞻性是实现高效、便捷、绿色、可持续交通系统的重要保障。通过综合考虑多种因素、适应未来发展趋势、适度超前规划，以及关注技术创新和可持续发展等方面的工作，可以推动区域交通运输事业的健康发展。

（四）区域交通运输政策与规划的协同与互动

区域交通运输政策与规划之间具有紧密的协同与互动关系。区域交通运输政策为规划提供了明确的指导和支持，确保规划方案与政策目标的高度一致。区域交通运输规划则为政策的制定提供了翔实的基础数据和科学依据，增强了政策的针对性和可操作性。这种协同与互动对推动区域交通运输系统的健康、持续发展具有至关重要的作用。区域交通运输政策与规划的协同与互动是推动区域交通运输系统高效、有序发展的关键。这种协同与互动体现在多个方面，包括区域交通运输政策引导规划、区域交通运输规划落实政策，以及区域交通运输政策与规划的动态调整与反馈等。

1. 区域交通运输政策引导规划

区域交通运输政策是区域交通运输发展的宏观指导和战略方向，对区域交通运输规划具有直接的引导作用。政府通过制定和实施一系列区域交通运输政策，明确区域交通运输发展的目标、重点任务和保障措施，为编制区域交通运输规划提供政策依据和方向指引。

（1）明确发展目标。区域交通运输政策文件通常会明确区域交通运输发展的中长期目标，如提升区域交通运输基础设施水平、优化区域交通运输结构、提高区域交通运输效率等。这些目标成为编制区域交通运输规划的重要依据，确保区域交通运输规划的内容与政策导向相一致。

（2）确定重点任务。区域交通运输政策会根据区域实际情况和发展需求，确定区域交通运输发展的重点任务，如加强区域交通运输基础设施建设、推进多式联运发展、提升区域交通运输智能化水平等。区域交通运输规划需要围绕这些重点任务进行细化和具体化，确保政策得到有效落实。

（3）提供保障措施。区域交通运输政策文件通常会提出一系列保障措施，如加大资金投入、加强科技创新、完善法规标准等，为区域交通运输规划实施提供有力支持。这些保障措施有助于区域交通运输规划目标的实现和重点任务的完成。

2. 区域交通运输规划落实政策

区域交通运输规划是政策的具体化和操作化，是政策落实的重要载体。通过科学编制和有效实施区域交通运输规划，可以将政策目标转为实际行动和具体成果。

（1）细化政策措施。区域交通运输规划在编制过程中需要充分吸收政策文件的精神和要求，将政策措施进行细化和具体化。例如，将政策中提出的加强区域交通运输基础设施建设的要求转化为具体的项目安排和投资计划；将提升区域交通运输智能化水平的要求转化为推进智能交通系统建设、推广智能交通技术应用的具体措施等。

（2）明确实施路径。区域交通运输规划还需要明确政策落实的实施路径和时间表，确保区域交通运输政策措施能够按照既定目标有序推进。包括确定区域交通运输项目的建设时序、投资规模、资金来源等关键要素，以及制定具体的实施方案和保障措施。

（3）加强监测评估。区域交通运输规划实施过程中需要加强监测评估工作，及时掌握政策落实情况和规划实施效果。通过定期评估政策目标的实现程度、重点任务的完成情况，以及规划实施中存在的问题和挑战，为区域交通运输政策调整和规划优化提供依据。

3. 区域交通运输政策与规划的动态调整与反馈

区域交通运输政策与规划之间不是静态的对应关系，而是随着区域经济社会发展环境的变化不断调整和优化的动态过程。

（1）政策调整。当区域经济社会发展环境发生变化时，政府需要根据新的形势和任务对区域交通运输政策进行适时调整。这种调整可能涉及政策目标的重新定位、重点任务的调整及保障措施的完善等方面。区域交通运输政策调整需要及时反映到规划中来，确保区域交通运输规划内容与政策导向保持一致。

（2）规划优化。区域交通运输规划在实施过程中也需要根据政策调整、项目进展及实施效果等因素进行适时优化。包括对区域交通运输项目安排进行调整、对投资计划进行修订，以及对保障措施进行完善等方面。区域交通运输规划优化有助于更好地适应区域经济社会发展环境的变化，确保区域交通运输系统的高效运行和可持续发展。

（3）反馈机制。建立健全政策与规划之间的反馈机制是实现协同与互动的重要保障。通过及时反馈区域交通运输政策实施效果和规划实施情况，政府可以及时发现和解决存在的问题和挑战，为区域交通运输政策调整和规划优化提供有力支持。这种反馈机制有助于形成区域交通运输政策与规划之间的良性循环和互动关系。

由此可知，区域交通运输政策与规划的协同与互动是推动区域交通运输系统高效、有序发展的关键。通过区域交通运输政策引导规划、规划落实政策，以及政策与规划的动态调整和反馈机制的有效运行，可以确保区域交通运输政策得到有效落实和规划目标顺利实现。

综上所述，从区域交通经济学的视角来看，区域交通运输政策与规划是一个涉及经济、社会、环境和政治等多个层面的复杂问题。在制定和实施过程中，我们必须全面考虑各种因素，确保区域交通运输政策与规划的科学性、合理性和可持续性，以推动区域经济的协调发展和区域交通运输系统的长期繁荣。

四、区域交通运输政策体系

（一）区域交通运输基础设施建设政策

区域交通运输基础设施建设政策是一个复杂而多维的体系，旨在促进区域经济发展、提高交通效率、增强区域连通性，满足人民群众日益增长的出行需求。

1. 总体目标和指导思想

区域交通运输基础设施建设政策通常以加快建设交通强国为总目标，围绕高质量发展，推动区域交通运输领域新型基础设施建设。这些政策以习近平新时代中国特色社会主义思想为指导，全面贯彻党的相关会议精神，坚持创新驱动、智慧发展，以数字化、网络化、智能化为主线，促进区域交通运输提效能、扩功能、增动能。

2. 主要政策方向

（1）完善交通网络布局。①加快国家综合立体交通网主骨架建设，推进出疆入藏、沿边沿海、西部陆海新通道等战略骨干通道建设。②推动重点区域铁路发展，持续推进国家高速公路待贯通路段、省际瓶颈路段建设和繁忙通道扩容改造。③加强普通国道贯通和低等级路段提质升级，完善现代化高质量国家综合立体交通网。

（2）推进数字化转型升级。①支持引导公路、水路、管道交通基础设施数字化转型升级，推进大数据、物联网、人工智能等新技术与交通基础设施深度融合。②建设数字化感知网络、智能化管控系统和网络化服务体系，提升交通基础设施承载能力和通行效率。

（3）加强综合交通枢纽建设。①推进多层级一体化综合交通枢纽建设，加强综合客运枢纽一体化规划建设，提升枢纽换乘效率和综合服务能力。②深入推进国家综合货运枢纽补链强链，加强前两批补链强链城市综合货运枢纽及集疏运体系建设，启动第三批竞争性评审工作。

（4）优化运输结构。①调整优化区域交通运输结构，持续推动大宗货物和集装箱中长距离运输"公转铁""公转水"，促进铁路专用线"进港区、进园区、进厂区"。②推动区域交通运输与关联产业深度融合，深化交旅融合，打造一批精品旅游公路。

（5）提升养护管理水平。①加大养护投入，提升养护工程实施和管理水平，保障交通基础设施的安全性和耐久性。②推广应用新技术、新材料、新工艺，提高养护作业效率和质量。

（6）强化安全监管和应急保障。①建设快速响应、随断随通的维护抢修体系，持续推动专业应急维护抢修队伍建设。②健全保通保畅工作机制，完善物资储备体系，构建保通保畅应急物资储备"一张网"。

3. 政策实施保障

（1）资金保障。①完善资金保障机制，修订交通运输转移支付资金管理办法，协调落实中央本级水运建设资金。②深化财政事权分类改革，引导地方加大财力投入力度，用足用好政府债券和金融信贷政策，特别是国债和专项债券。2011~2021 年我国交通运输投资总规模如图 8-5 所示。

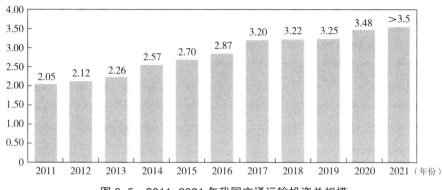

图 8-5　2011~2021 年我国交通运输投资总规模

资料来源：罗诗屹，黄丽雅，崔敏，等.我国交通固定资产投资规模结构变化趋势和风险分析[J].中国公路，2022（3）：16-20.

（2）政策支持。①开展投融资领域交通强国建设专项试点，推广运用特许经营模式，吸引社会资本特别是民间资本参与交通基础设施建设。②实行中央投资项目"红黄牌"警示调度机制，确保项目建设进度和质量。

（3）法规和标准。①推动出台相关法律法规和标准规范，如《中华人民共和国交通运输法》《农村公路条例》《城市公共交通条例》等，为交通基础设施建设提供法治保障。②制定交通新基建关键技术标准和应用指南，促进新技术、新产品在交通领域的推广应用。

综上所述，区域交通运输基础设施建设政策是一个涉及多方面的综合性政策体系，旨在通过完善交通网络布局、推进数字化转型升级、加强综合交通枢纽建设等措施，提升区域交通运输能力和服务水平，促进区域经济社会协调发展。

（二）区域交通运输服务优化政策

区域交通运输服务优化政策是一个综合性的领域，涉及提升区域交通运输效率、改善区域交通运输服务质量、优化区域交通运输资源配置等方面。

1. 区域交通运输政务服务效能提升

（1）加速行政审批效率。推动区域交通运输"一件事一次办"服务项目，简化审批流程，提高审批效率。例如，上线普通货物运输、租赁车等"一件事一次办"服务项目，开通"绿色通道"，为新能源车辆等提供便捷注册手续。H 省海事一网通办平台功能定位如图 8-6 所示。

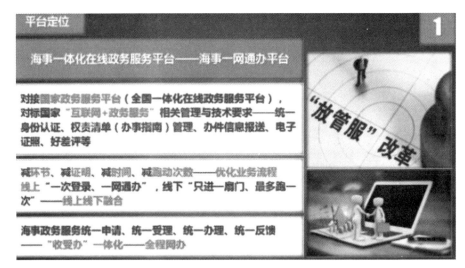

图 8-6 H 省海事一网通办平台功能定位

资料来源：海事一网办，https://zwfw.msa.gov.cn/.

（2）推广电子证照。推动电子证照在区域交通运输审批场景的应用，拓展企业电子印章在区域交通运输领域的应用范围，实现"线上不见面"办理和自助办业务。

2. 区域交通运输信用评价体系建设

（1）建立信用档案。为区域交通运输从业单位、企业和从业人员建立信用档案，将信用治理嵌入区域交通运输日常业务管理，由"管行为"向"管信用"逐步转型。

（2）拓展信用评价范围。持续开展公路建设、道路客运、货物运输等领域的信用评价，对驾驶员进行诚信考核，将不诚信行为记入信用档案。

3. 区域交通运输结构优化与绿色转型

（1）推广新能源车辆。鼓励使用新能源汽车，逐步替换传统燃油车辆，减少碳排放，提升区域交通运输绿色发展水平。例如，更换新能源巡游出租汽车和网络约车出租汽车，确保公交车全部为新能源车辆。

（2）优化区域交通运输结构。推动大宗货物和集装箱中长距离运输"公转铁""公转水"，促进铁路专用线"进港区、进园区、进厂区"，提高区域交通运输效率，降低物流成本。

4. 区域交通运输基础设施建设与改造

（1）完善区域交通运输网络。推进公路、铁路、航空、管道等综合交通运输网络建设，加快国家综合立体交通运输网主骨架建设，推进战略骨干通道和重点区域铁路、高速公路发展。

（2）实施区域交通运输智慧化改造。启动收费站智慧化改造、高速公路服务区和出入口改造、恶劣天气高影响路段改造等项目，提升区域交通运输基础设施智能化水平。

5. 区域交通运输市场环境与竞争秩序

（1）实施市场准入负面清单管理制度。规范区域交通运输市场秩序，落实公平竞争管理制度，推动涉企资金直达快享，加大涉企违规收费治理力度。

（2）优化区域交通运输营商环境。出台一系列创新性、激励性、牵引性区域交通运输政策举措，持续营造区域交通运输政务高效便利、法治公平公正、市场竞争有序、要素保障有力的区域交通运输营商环境。

2017~2024 年我国交通运输行业深度调研与行业竞争分析如图 8-7 所示。

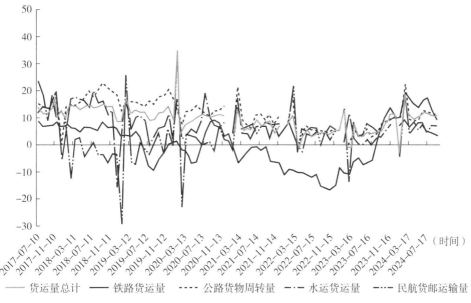

图 8-7 2017~2024 年我国交通运输行业深度调研与行业竞争分析

6. 区域交通运输智慧交通与信息化建设

（1）推进智慧交通建设。支持和引导区域交通运输传统基础设施数字化转型升级，加快创新应用场景的规模化落地，深入推进国家综合交通运输信息平台和综合交通大数据体系建设。

（2）加强区域交通运输信息共享。推动区域交通运输部门与公安、市场监管等部门的数据共享，提升审批事项申请材料网络核验水平，实现区域交通运输可网络核验材料的"免提交"。

7.区域交通运输区域协调发展与开放合作

（1）促进区域交通运输区域协调发展。加快补齐西部地区交通基础设施网络短板，推动东北地区交通运输提质增效，提高革命老区、民族地区、边境地区、脱贫地区等区域交通运输基础设施连通水平。

（2）深化区域交通运输开放合作。深化双边、多边区域交通运输合作机制，推动签署区域交通运输领域合作文件，推进国际道路运输便利化，支持区域交通运输企业高水平"走出去"。

综上所述，区域交通运输服务优化政策涉及多方面，旨在提升区域交通运输政务服务效能、完善区域交通运输信用评价体系、优化区域交通运输结构与绿色转型、加强区域交通运输基础设施建设与改造、规范区域交通运输市场环境与竞争秩序、推进区域交通运输智慧交通与信息化建设及促进区域交通运输区域协调发展与开放合作。这些政策的实施将有助于提升区域交通运输服务的整体水平，满足人民群众日益增长的出行需求。

（三）区域交通运输技术创新与绿色发展政策

区域交通运输技术创新与绿色发展政策是当前区域交通运输行业发展的重要议题，是推动区域交通运输可持续发展的重要动力，旨在通过技术创新推动区域交通运输的绿色、低碳、可持续发展。

1.区域交通运输技术创新

（1）智能交通系统。①智能交通系统利用先进的信息技术、通信技术、控制技术等，实现对区域交通运输系统的智能化管理和控制，具有实时性、准确性、高效性和安全性等特点。②智能交通系统广泛应用于区域交通运输信号控制、交通信息服务、交通规划与管理、交通应急管理等领域，并呈智能化、网络化、一体化、绿色化的发展趋势。随着5G技术的高速、低延迟特性，智能区域交通运输系统将更加智能高效。

（2）无人驾驶技术。①技术原理。通过传感器、摄像头等设备感知周围环境，实现自动驾驶。②发展历程。从最初的辅助驾驶到完全自动驾驶，技术不断成熟。③应用前景。未来无人驾驶技术将更加智能化、安全化，广泛应用于汽车、飞机、船舶等区域交通运输工具，特别是在城市公共交通、物流运输、共享出行等领域。

（3）新能源汽车技术。①关键技术包括电池技术、轻量化技术、智能化技术等，旨在提高新能源汽车的能量密度、降低成本、提高安全性和环保性能。②新能源汽车作为绿色区域交通运输的典型代表，推动了绿色出行理念的普及。随着电池技术、电机技术、智能驾驶技术的不断进步，以及政府对新能源汽车的补贴、税收优惠等政策支持，新能源汽车的应用前景广阔。

2. 区域交通运输绿色发展政策

（1）绿色交通理念。绿色发展是以效率、和谐、持续为目标的经济增长和社会发展方式，强调人与自然和谐共生，以绿色低碳循环为主要原则。在区域交通运输领域，绿色交通理念旨在通过技术创新和政策引导，减少区域交通运输对环境的污染和资源的消耗。

（2）绿色区域交通运输政策措施。①推广新能源汽车。通过财政补贴、税收优惠、充电设施建设等措施，鼓励消费者购买和使用新能源汽车。②优化区域交通运输规划。将土地利用规划与区域交通运输规划相结合，促进土地多功能用途的开发，引导城镇和城市空间向公交走廊和枢纽地区集聚，形成紧凑布局，减少跨区出行和温室气体排放。③建设智能区域交通运输系统。加快智能区域交通运输系统的开发与应用，提高区域交通运输效率和管理水平，缓解拥堵和减少污染。④发展公共交通和非机动出行。鼓励人们减少单车独行，增加公共交通和非机动出行的比例，降低能源消耗和环境污染。

（3）区域交通运输专项试点与示范项目。积极开展绿色低碳交通强国建设专项试点。通过示范项目带动，提升区域交通运输行业的绿色低碳水平。例如，衡德高速改扩建工程绿色低碳建设示范项目、临猗黄河大桥及引桥工程黄河流域生态环境保护和高质量发展绿色低碳交通强国建设专项试点等。

综上所述，区域交通运输技术创新与绿色发展政策是当前区域交通运输行业发展的必然选择。通过智能交通系统、无人驾驶技术、新能源汽车技术等技术创新，以及绿色交通理念的推广和政策措施的实施，可推动区域交通运输行业的绿色、低碳、可持续发展。未来，随着技术的不断进步和政策的持续完善，区域交通运输行业将为实现经济、社会和环境的可持续发展作出更大贡献。

五、区域交通运输规划编制与实施

（一）区域交通运输规划编制的流程与方法

区域交通运输规划的编制需遵循一定的流程和方法，以确保其科学性和可操作性。本节将介绍规划编制的主要流程和方法。

1. 区域交通运输规划编制的流程

（1）规划启动与准备阶段。①组建专业团队。成立由区域交通运输规划专家、政府代表、企业界及社会公众等多方参与的规划编制工作组，确保规划的科学性和广泛参与性。②确立规划背景与目标。明确区域交通运输规划的背景、意义、目的及预期达到的目标，包括提高区域交通运输效率、优化区域交通运输网络、促进区域协调发展等。③资料收集与初步分析。广泛收集区域社会经济数据、人口统计数据、区域交通运输基础设施现状、土地利用规划等相关资料，为后续分析奠定基础。

（2）现状调研与需求分析。①深入现场调研。对区域内的区域交通运输基础设施、交通流量、交通组织等进行实地调研，了解实际情况。②需求预测分析。采用定量与定性相结合的方法，对区域内未来的区域交通运输需求进行预测，包括人流、物流的增长趋势及空间分布特点。③问题识别与诊断。根据现状调研与需求分析，识别区域交通运输系统存在的问题和挑战，如交通拥堵、基础设施落后、安全隐患等。

（3）规划目标与策略制定。①明确具体规划目标。将区域交通运输总体目标细化为具体、可量化的子目标，如提高道路通行能力、优化公共交通系统、减少交通排放等。②制定实施策略。针对识别出的问题和挑战，制定针对性的实施策略，包括区域交通运输设施改善、区域交通运输组织优化、区域交通运输政策措施出台等。

（4）规划方案的设计与论证。①初步方案设计。基于规划目标与策略，设计初步的区域交通运输规划方案，包括区域交通运输网络布局、设施规模与标准、投资估算等。②多方案比选。设计多个备选方案，从经济性、社会性、环境性等角度进行综合比较，选择最优方案。③专家评审与公众咨询。组织专家对区域交通运输规划方案进行评审，提出改进建议；同时，通过公众咨询会、问卷调查等方式，广泛征求公众意见，确保区域交通运输规划方案的民意基础。

（5）规划方案的完善与审批。①方案修订与完善。根据专家评审和公众咨询意见，对区域交通运输规划方案进行修订和完善，确保方案的合理性和可行性。②部门协调与衔接。与相关部门进行沟通协调，确保区域交通运输规划方案与其他规划的衔接和一致性。③政府审批与发布。将完善后的区域交通运输规划方案提交政府审批，通过后正式发布实施。

（6）规划实施计划的制定与执行。①实施任务分解。将区域交通运输规划目标分解为具体的实施任务，明确责任主体、时间节点和预期成果。②资金筹措与安排。制定详细的资金筹措方案和使用计划，确保区域交通运输规划实施所需资金到位。③项目实施与监督。按照实施计划启动区域交通运输项目建设，加强项目实施的进度监督、质量控制和安全管理。

（7）规划实施效果评估与调整。①中期评估。在区域交通运输规划实施过程中进行中期评估，检查实施进度和效果，及时发现并解决问题。②终期评估。区域交通运输规划实施结束后进行全面评估，总结规划实施成效与经验教训。③动态调整。根据评估结果和外部环境变化，对区域交通运输规划进行必要的调整和优化，确保规划目标的顺利实现。

通过上述流程的实施，区域交通运输规划能够科学、有序地推进，为区域经济社会发展提供有力支撑。

2. 区域交通运输规划的关键技术方法

（1）区域交通运输需求预测模型。四阶段法作为经典的区域交通运输需求预测模型，在规划编制中占据核心地位。该方法包括出行生成、出行分布、方式划分和区域交通运输供给四个主要阶段，通过这四个阶段系统地预测区域内的区域交通运输需求。在具体应用时，需结合区域的社会经济特点、人口分布、土地利用状况等因素进行适当调整，以确保预测结果的准确性和可靠性。

（2）区域交通分配模型。区域交通分配模型用于将预测的 OD（起点—终点）交通量合理地分配到具体的交通网络上，以评估不同交通设施和服务水平下的交通流量分布。在规划编制中，通过区域交通分配模型可以模拟不同交通改善方案的效果，为优化区域交通网络布局提供依据。此外，随着大数据技术和智能交通系统的发展，区域交通分配模型正逐渐与实时交通数据相结合，实现更精准的交通流量预测和分配。

（3）系统动力学模型。系统动力学模型能够模拟复杂区域交通运输系统的动态行为，揭示区域交通运输系统内部各要素间的相互作用关系。在规划编制中，系统动力学模型可用于分析区域交通运输需求与区域交通运输供给之间的动态平衡关系，评估不同政策和管理措施对区域交通运输系统整体性能的影响。通过模拟不同情景下的区域交通运输系统发展路径，为制定长期规划策略提供科学依据。

（4）大数据分析与挖掘技术。随着大数据技术的发展，大数据分析在区域交通运输规划中的应用日益广泛。通过收集和分析智能区域交通运输系统、手机信令、GPS 轨迹、社交媒体等多元数据源，可以实时获取全面的区域交通运输出行信息。运用数据挖掘技术，可以发现隐藏的交通出行规律和模式，为区域交通运输需求预测、区域交通运输设施规划等提供有力支持。在规划编制过程中，大数据分析技术有助于提高预测的精度和时效性。

（5）智能交通系统技术。智能交通系统集成了先进的传感器、数据分析和通信技术，能够实时监测和分析交通状况，为区域交通运输管理和规划提供智能化支持。在规划编制中，智能交通系统技术可用于交通流量监测、交通信号控制优化、出行信息服务等方面，提高区域交通运输系统的整体运行效率和服务水平。同时，通过智能交通系统的应用，可以实现区域交通规划与实施的动态调整和优化。

（6）公众参与和多部门协作。在区域交通运输规划编制过程中，公众参与和多部门协作是提高区域交通运输规划科学性和民主性的重要途径。通过公众调查、听证会等方式收集公众意见和需求，可以确保区域交通运输规划方案更加贴近实际和民生需求。同时，加强与国土、环保、城建等相关部门的沟通协调，确保区域交通运输规划与其他规划的衔接和一致性，形成合力推动区域交通运输系统的协调发展。

综上所述，区域交通运输规划的编制过程需综合运用多种关键技术方法，结合区域实际情况进行适当调整和优化。通过科学、系统的区域交通运输规划编制流程，可为区域交通运输系统的可持续发展提供有力支撑。

（二）区域交通运输规划的实施策略与保障措施

区域交通运输规划的实施策略与保障措施是确保区域交通运输系统高效、安全、绿色、可持续发展的重要环节，是确保规划目标得以实现的重要措施。本节将介绍区域交通运输规划实施的主要策略和保障措施。

1. 区域交通运输规划实施的主要策略

（1）分阶段实施策略。①阶段划分。根据区域交通运输规划目标的重要性和紧迫性，将规划实施划分为若干阶段，每个阶段设定明确的任务和目标。②逐步推进。按照既定的时间节点，逐步推进区域交通运输规划各阶段的实施工作。确保每个阶段都能按时完成，并为下一阶段的实施奠定坚实基础。③动态调整。根据区域交通运输规划实施过程中的实际情况，适时对阶段目标和任务进行动态调整，确保规划实施路径与区域发展实际需求相匹配。某地规划分阶段实施前后关键指标变化情况对比如表8-1所示。

表8-1　某地规划分阶段实施前后关键指标变化情况对比

评估指标	规划基准年	规划目标年	变化情况
轨道交通通车里程（千米）	48	380	+332
公交专用道长度（千米）	65	320	+255
慢行道路长度（千米）	380	1200	+820
公交出行分担率（%）	28	45	+17
轨道交通占公交出行量比重（%）	12	60	+48
中心城区拥堵延误指数	2.1	1.6	−0.5
停车位缺口（万个）	15	5	−10
交通事故死亡率（人/万辆）	1.8	1.2	−0.6

（2）重点项目优先实施策略。①项目筛选。根据区域交通运输规划目标和对区域交通运输系统的重要性，筛选出具有战略意义的关键项目作为实施重点。

②资源倾斜。在资金、政策、技术等方面给予区域交通运输规划重点项目优先支持，确保重点项目能够率先取得突破。③示范带动。通过区域交通运输规划重点项目的成功实施，形成示范效应，带动其他相关项目顺利实施。

（3）多方协作实施策略。①政府主导。明确政府在区域交通运输规划实施中的主导地位，发挥政策制定、资金筹集、组织协调等关键作用。②部门协同。加强区域交通运输、国土、环保、城建等相关部门间的协同合作，形成合力推进区域交通运输规划实施。③社会参与。鼓励企业、社会组织和公众积极参与区域交通运输规划实施过程，形成政府引导、市场运作、社会参与的多元实施机制。

（4）资源约束与时间节点管理。①资源优化配置。在资源有限的情况下，通过科学规划和合理分配，确保区域交通运输规划关键项目和重点任务的资源需求得到满足。②时间节点控制。严格按照区域交通运输规划设定的时间节点推进实施工作，确保各阶段任务能够按时完成。对于可能出现的延误情况，及时采取补救措施。

（5）利益协调与公众参与。①利益协调。在区域交通运输规划实施过程中，充分考虑各利益相关方的诉求和利益关切，通过沟通协商等方式达成共识，减少实施阻力。②公众参与。建立健全公众参与机制，通过听证会、座谈会、问卷调查等方式收集公众意见和建议，增强区域交通运输规划实施的透明度和公信力。同时，加强区域交通运输规划实施过程中的信息公开和宣传教育，提高公众对规划实施的理解和支持。

综上所述，区域交通运输规划的实施策略需要根据区域实际情况和规划目标制定具有针对性的实施方案。通过分阶段实施、重点项目优先、多方协作实施等策略的应用，以及资源约束与时间节点的有效管理、社会各界的广泛参与和支持，可以确保区域交通运输规划实施的可行性和有效性，推动区域交通运输系统的持续健康发展。

2. 区域交通运输规划实施的保障措施

（1）政策保障。①制定配套政策措施。根据区域交通运输规划目标，制定与之相匹配的政策措施，明确支持方向、优惠条件和操作流程，为规划实施提供政策引导和扶持。②完善法律法规体系。修订和完善相关法律法规，为区域交通运输规划实施提供坚实的法律支撑，确保规划内容的权威性和执行力度。③加强政策宣传和解读。通过多种渠道广泛宣传区域交通运输规划内容和政策措施，提高社会各界对规划的认知度和支持度，形成有利于规划实施的良好氛围。

（2）资金保障。①设立专项基金。针对区域交通运输规划中的关键项目和环节，设立专门的基金用于资金支持和投入，确保重点项目和急需领域的资金需求得到满足。②吸引社会资本投入。通过 PPP(政府和社会资本合作)模式、特许经营等方式,吸引社会资本参与规划实施,拓宽融资渠道,减轻政府财政压力。③加强财务管理和监督。建立健全财务管理制度,对资金使用进行全过程监督和管理,确保资金使用的合规性和效益最大化。

(3)组织保障。①成立专门机构。设立负责区域交通运输规划实施工作的专门机构或领导小组,明确职责分工和工作流程,确保规划实施工作的有序推进。②加强部门协同。促进政府各部门间的沟通协调和协同配合,形成合力推进规划实施。建立跨部门协作机制,共同解决区域交通运输规划实施中遇到的问题和困难。③强化项目管理和监督。对规划实施项目进行全过程管理和监督,确保项目按时、按质、按量完成。加强项目评估和验收工作,确保项目成果符合预期目标。

(4)技术保障。①加强技术研发和应用推广。鼓励和支持区域交通运输领域的技术创新和研发工作,推动新技术、新工艺、新材料在规划实施中的应用和推广。②引进先进技术和设备。积极引进国内外先进的区域交通运输技术和设备,提高区域交通运输系统的智能化、信息化和自动化水平。③建立技术支持体系。建立健全技术支持和服务体系,为区域交通运输规划实施提供技术咨询、方案设计、系统集成等全方位的技术支持和服务。

(5)社会参与和沟通保障。①加强社会宣传和动员。通过多种渠道广泛宣传规划内容和意义,动员社会各界积极参与区域交通运输规划实施工作。加强公众教育和引导,提高公众对区域交通运输规划的认知度和支持度。②建立健全公众参与机制。鼓励公众通过听证会、座谈会、问卷调查等方式参与规划实施过程,提出意见和建议。加强与公众的沟通互动,确保区域交通运输规划实施过程中的社会稳定与和谐。

综上所述,区域交通运输规划的保障措施是一个系统工程,需要从政策、资金、组织、技术和社会参与等方面入手,形成合力共同推动规划目标的实现。通过这些保障措施的实施,可以确保区域交通运输规划的顺利实施并取得预期成效,为区域经济社会发展提供有力支撑。

六、区域交通运输政策与规划案例分析

本节将通过具体案例分析展示区域交通运输政策与规划的实践成果和经验教训。案例分析将围绕基础设施建设、服务优化、技术创新与绿色发展等方面展开,选取具有代表性的案例进行深入剖析和总结提炼。通过案例分析可以更加直观地了解区域交通运输政策与规划的实际操作过程和效果评估方法,同时也可以为其他地区提供有益的借鉴和参考。

（一）基础设施建设案例分析

1. 湖南省高速公路网建设案例分析

（1）建设背景与战略意义。湖南省作为我国中部地区的经济重镇和交通枢纽，交通运输网络的发达程度直接关系到区域经济的繁荣与区域合作的深化。在"九五"至"十二五"时期，随着国家区域发展战略的推进和湖南省经济社会的快速发展，传统的区域交通运输基础设施已难以满足日益增长的运输需求，尤其是高速公路建设滞后，成为湖南经济社会发展的"瓶颈"。因此，加速湖南省高速公路网建设，不仅是缓解交通压力、提升交通效率的现实需要，还是推动区域经济一体化、增强湖南综合竞争力的战略选择。

（2）目标设定与战略规划。湖南省高速公路网建设的目标设定高瞻远瞩，旨在通过科学规划和系统建设，实现以下四个核心目标：①提升交通通行能力。通过新建和扩建高速公路，显著提升道路通行能力，有效缓解交通拥堵，为区域经济的高速发展提供有力支撑。②促进区域经济发展。高速公路作为区域经济的"动脉"，其完善将极大促进沿线地区的产业集聚和经济发展，加速城镇化进程，推动区域经济一体化。③优化交通网络布局。构建覆盖全省、连接周边省份的高速公路网络，提升湖南省在全国交通网络中的地位，增强区域交通的辐射力和带动力。④提升公共服务水平。通过改善公众出行条件，提高区域交通运输的安全性和便捷性，增强人民群众的获得感和幸福感，促进社会和谐稳定。

为实现上述目标，湖南省制定了详尽的战略规划，明确了建设时序、路线布局、资金筹措、项目管理及环保措施等关键环节，确保高速公路网建设的科学性和可持续性。

（3）实施方案与具体措施。湖南省高速公路网建设的实施方案严谨周密，主要包括以下五个步骤：①科学规划。基于全省经济社会发展需求和交通流量预测，聘请国内外知名专家团队，采用先进规划理念和技术手段，科学制定高速公路网规划，确保建设项目的合理性和可行性。②政策支持。出台了一系列针对性强、操作性强的政策措施，如土地优先供应、税收减免、财政补贴等，为高速公路建设提供强有力的政策保障。同时，建立健全项目审批、监管和评估机制，确保政策落实到位。③资金筹措。采用多元融资方式，广泛吸引社会资本参与高速公路建设。政府通过发行债券、设立专项基金等方式筹集资金，同时积极引入银行贷款、PPP模式等，确保建设资金充足且可持续。④项目实施与管理。按照规划方案，分阶段、分批次推进高速公路项目建设。加强项目管理，建立健全质量管理体系和安全生产责任制，确保工程质量和施工安全。同时，注重科技创新，积极引入新技术、新材料、新工艺，提高建设效率和水平。⑤环境保护与生态修复。在项目实施过程中，严格遵守环保法规，采取有效措施减少施工对生态环境的影响。加强环境监测和评估工作，及时发现并解决环境问题。同时，注重生态修复工作，确保高速公路建设与生态保护的和谐统一。

（4）实施效果与成效评估。湖南省高速公路网建设的实施效果显著，主要体现在以下三个方面：①交通状况显著改善。随着高速公路网的逐步完善，交通拥堵现象得到有效缓解，道路通行能力大幅提升。公众出行更加便捷高效，区域交通运输效率显著提高。②区域经济蓬勃发展。高速公路网的建设促进了沿线地区的产业集聚和经济发展，推动了区域经济一体化进程。新兴产业和现代服务业得到快速发展，为湖南经济注入新活力。③社会效益全面提升。高速公路网的完善提高了公共服务水平和社会福利水平。公众出行条件得到改善，区域交通运输的安全性和便捷性得到保障。同时，高速公路建设还带动了相关产业的发展和就业机会的增加，促进了社会和谐稳定。

（5）成功经验与存在问题。

第一，成功经验。①科学规划与政策支持相结合。湖南省高速公路网建设始终坚持科学规划先行，同时出台了一系列有力的政策措施为项目建设提供坚实保障。②多元融资模式。通过政府投资、社会资本合作等方式筹集建设资金，有效缓解了资金压力，确保了项目的顺利实施。③注重生态环境保护。在项目实施过程中，注重环保措施和生态修复工作，实现了高速公路建设与生态保护的和谐统一。

第二，存在的问题。①资金压力依然存在。尽管采用了多元融资方式，但高速公路建设资金需求巨大且回收周期长，仍存在一定的资金压力。②环境影响不容小觑。尽管加强了环保措施，但高速公路建设仍可能对生态环境造成一定影响，因此需持续关注并采取有效措施加以应对。③区域发展不平衡问题。部分偏远地区高速公路建设相对滞后，需要进一步加大投入力度，以促进区域协调发展。

（6）未来展望与改进建议。针对湖南省高速公路网建设中存在的问题和未来发展趋势，对我国区域交通运输提出以下四项改进建议：①加大资金的投入力度。通过政府投资、社会资本合作等方式进一步拓宽融资渠道，确保高速公路建设资金充足和可持续。②强化环保意识和措施。在项目规划、设计、施工等过程中加强环保意识，采取有效措施减少对环境的影响，同时加强生态修复工作。③优化区域布局，促进协调发展。针对区域发展不平衡问题，进一步优化高速公路网布局，加大对偏远地区的投入力度，促进区域协调发展。④推动技术创新和管理创新。加强高速公路建设和管理过程中的技术创新和管理创新，提高项目建设和运营管理的效率和质量，推动湖南省高速公路网向智能化、绿色化方向发展。

2. 日本新干线高速铁路网建设（案例分析）

（1）建设背景与战略意义。日本作为亚洲的经济强国，区域交通运输网络的现代化对其经济的持续繁荣至关重要。20世纪中叶，随着日本经济的快速增长和城市化进程的加速，传统铁路系统难以满足日益增长的客运需求，交通拥堵问题日益严重。为了缓解交通压力、提升区域交通运输效率，并促进区域经济的均衡发展，日本政府决定建设新干线高速铁路网。这一举措不仅标志着日本区域交通运输进入了一个新时代，更是推动国家经济腾飞、增强国际竞争力的重要战略选择。

（2）目标设定与战略规划。日本新干线高速铁路网建设的目标设定高瞻远瞩，旨在通过先进技术和高效管理，实现以下四个核心目标：①提升运输速度与效率。利用高速动车组技术，实现旅客运输的高速化和便捷化，显著缩短城市间的旅行时间。②促进区域均衡发展。通过新干线的延伸，加强偏远地区与中心城市的联系，促进区域经济的均衡发展。③引领技术创新。推动高速铁路技术的研发与应用，保持日本在全球高速铁路领域的领先地位。④提升国际形象。通过新干线展示日本的科技实力和现代化形象，增强国际竞争力。

为实现上述目标，日本政府制定了详尽的战略规划，明确了建设时序、技术标准、资金筹措、运营管理及技术创新等关键环节，确保新干线高速铁路网建设的科学性和可持续性。

（3）实施方案与具体措施。日本新干线高速铁路网建设的实施方案周密而严谨，主要包括以下五个步骤：①技术研发与创新。投入大量资源进行高速铁路技术的研发，包括车辆设计、轨道技术、信号控制系统等方面的创新，确保新干线技术领先全球。②科学规划与标准制定。基于全国交通流量预测和区域发展需求，制定科学的新干线建设规划，并统一技术标准，确保系统兼容性和运行效率。③资金筹措与项目管理。通过政府预算、国有铁路公司的自筹资金及可能的国际融资等方式，确保建设资金充足。同时，建立高效的项目管理机制，确保工程进度和质量。④环境保护与生态影响评估。在项目实施过程中，严格遵守环保法规，进行详尽的环境影响评估，采取有效措施减少施工对生态环境的影响。⑤运营准备与人员培训。在新干线开通前，进行充分的运营准备，包括设备调试、应急预案制定等。同时，加强人员培训，提升运营团队的专业技能和服务水平。

（4）实施效果与成效评估。日本新干线高速铁路网建设的实施效果显著，主要体现在以下四个方面：①交通效率大幅提升。新干线的开通极大缩短了城市间的旅行时间，提升了旅客运输效率，有效缓解了传统铁路系统的运输压力。②区域经济均衡发展。新干线加强了偏远地区与中心城市的联系，促进了区域经济的均衡发展，带动了沿线地区的产业发展和就业机会增加。③技术创新与国际影响力。新干线作为高速铁路技术的典范，不仅推动了日本国内的技术创新，还提升了日本的国际形象和国际市场竞争力。④社会效益显著。新干线的便捷性和舒适性提升了公众出行体验，增强了社会福祉。同时，新干线建设也带动了相关产业的发展和就业机会的增加。

（5）成功经验与存在的问题。

第一，成功经验。①技术创新与标准制定。日本在新干线建设中始终坚持技术创新和标准制定，确保系统的高效性和兼容性。②政府主导与多方参与。政府在新干线建设中发挥主导作用，同时积极吸引社会资本参与，形成了政府与社会合作的良好机制。③环境友好与可持续发展。新干线建设注重环境保护和可持续发展，采取了多项环保措施，减少了对生态环境的影响。

第二，存在的问题。①建设成本高昂。新干线建设需要大量的资金投入，建设成本较高，对政府财政造成一定的压力。②区域发展差异。尽管新干线促进了区域经济的均衡发展，但部分偏远地区仍然面临交通不便的问题，需要进一步加强区域交通运输基础设施建设。

（6）未来展望与改进建议。针对日本新干线高速铁路网建设中存在的问题和未来发展趋势，提出以下五个改进建议：①加大对技术创新的投入力度。继续加大在高速铁路技术领域的研发投入力度，推动技术创新，保持技术领先地位。②优化资金筹措机制。探索多元资金筹措机制，减轻政府财政压力，确保新干线建设的可持续性。③加强区域协调发展。针对区域发展差异问题，进一步加强偏远地区的交通基础设施建设，促进区域协调发展。④提升服务质量与运营效率。通过智能化和自动化手段提升新干线的服务质量和运营效率，满足公众日益增长的出行需求。⑤加强国际合作与交流。积极参与国际高速铁路领域的合作与交流，借鉴国际先进经验和技术成果，推动新干线建设的不断完善和提升。

（二）服务优化案例分析

1. 长沙市公共交通服务提升案例分析

（1）服务现状。长沙作为湖南省省会城市，近年来在公共交通服务方面取得了显著进步。公共交通系统以公交和地铁为主，形成了较为完善的网络覆盖。特别是近年来，长沙公交集团通过一系列措施，不断提升服务质量，增强市民出行的便捷性和舒适度。例如，长沙公交不断优化线路布局，增加公交线路覆盖面，推广定制公交、夜班公交等多元服务模式，并与地铁形成良好接驳，初步构建了"公交+地铁"的一体化出行体系。

（2）存在的问题。尽管长沙市公共交通服务取得了一定成绩，但仍存在以下五个问题：①公共交通不便利。部分偏远地区公交线路覆盖面不足，公交站点服务设施不完善，如座椅、遮阳设施等缺失，影响市民出行体验。②教育资源分布不均。虽然公共交通服务本身不涉及教育资源分配，但教育资源的分布不均衡间接影响了公共交通的利用效率和市民的出行需求。③医疗资源紧张。医院周边交通拥堵，公共交通接驳不便，加剧了患者看病难的问题。④公共安全问题。交通安全和食品安全问题时有发生，需要进一步加强监管和整治。⑤城市环境治理。空气质量、垃圾处理等问题仍需改善，以提升市民生活环境质量。

（3）改进措施。针对上述问题，长沙市采取了以下五项改进措施：①优化公共交通系统。增加公交线路覆盖面，改善公交站点服务设施，推广智能调度和排班系统，提高公交运营效率和服务质量。同时，加强与地铁的接驳，促进"两网融合"。②推动教育资源均衡分布。虽然直接提升公共交通服务不能直接解决教育资源分布问题，但政府可以通过规划调整和政策引导，促进教育资源向市郊和偏远地区倾斜，间接减轻公共交通压力。③加强医疗服务体系建设。增加医疗机构建设，优化医院周边交通组织，提高公共交通接驳便捷度，解决患者看病难问题。④加大公共安全管理力度。加强对交通安全和食品安全的监管，严厉打击违法违规行为，保障市民生命财产安全。⑤强化城市环境治理。加大环境治理投入力度，改善空气质量，加强垃圾处理全过程管理，提升城市道路和公共场所的卫生水平。

（4）实施效果。通过一系列改进措施的实施，长沙市公共交通服务得到了显著提升：①市民出行更加便捷。公交线路覆盖面扩大，公交站点服务设施完善，市民出行更加便捷舒适。②公共交通吸引力增强。多元服务模式的推广和与地铁的良好接驳，增强了公共交通的吸引力，提高了公共交通分担率。③城市环境得到改善。加大了环境治理力度，使城市空气质量、垃圾处理等方面得到了显著改善，提升了市民生活环境质量。

（5）服务优化经验和启示。长沙市公共交通服务提升的经验和启示主要包括：①坚持问题导向。从市民出行需求出发，针对存在的问题制定改进措施，确保措施具有针对性和实效性。②注重系统优化。通过优化公共交通系统、加强接驳互动等措施，实现公共交通系统的整体优化和提升。③推广智能化应用。利用智能调度、智能排班等技术手段提高公交运营效率和服务质量，推动公共交通向智能化方向发展。④强化政府引导和支持。政府在公共交通服务提升中发挥着重要作用，需加强政策扶持和加大资金投入力度，为公共交通发展提供有力保障。

（6）进一步优化的建议。为进一步优化长沙市公共交通服务，提出以下五项建议：①继续扩大公交线路覆盖面。特别是加强对偏远地区和新建小区的公交覆盖，提高公共交通服务的普及率。②加强公交站点设施建设。完善公交站点座椅、遮阳设施等服务设施，提升市民候车体验。③推广绿色交通方式。加大新能源公交车的投入力度，推广绿色出行理念，减少交通污染。④加强公共交通与其他交通方式的接驳。除了与地铁的接驳，还应加强与出租车、网约车等其他交通方式的接驳互动，提高公共交通的整体效能。⑤强化公众参与和反馈机制。建立更加完善的公众参与和反馈机制，及时了解市民对公共交通服务的意见和建议，不断改进和优化服务措施。

2. 新加坡公共交通服务提升案例分析

（1）服务现状。新加坡作为全球知名的"花园城市"，其公共交通系统同样享誉世界。新加坡的公共交通以地铁和巴士为主，形成了高效、便捷的网络覆盖。近年来，新加坡陆路交通管理局和公共交通运营商不断加大投入力度，提升服务质量，使市民出行更加便捷和舒适。例如，新加坡巴士服务不断优化线路，推广巴士换乘计划，并与地铁形成无缝接驳，构建了"巴士＋地铁"的一体化出行体系。

（2）存在的问题。尽管新加坡公共交通服务在全球范围内处于领先地位，但仍面临一些挑战：①交通拥堵。随着城市人口的增长，部分区域在高峰时段仍会出现交通拥堵现象，影响公共交通的准时性。②偏远地区服务不足。尽管新加坡公共交通网络相对完善，但部分偏远地区或新开发区域的服务仍显不足。③老龄化社会挑战。随着人口老龄化，公共交通系统需要更好地满足老年人的出行需求。④智能化水平有待提升。虽然新加坡公共交通已经具备较高的智能化水平，但在数据分析、乘客信息服务等方面仍有提升空间。

（3）改进措施。针对上述问题，新加坡采取了以下改进措施：①加强交通拥堵治理。通过优化交通信号灯系统、推广智能交通管理系统等措施，缓解交通拥堵，提高公共交通的准时性。②扩大偏远地区的服务覆盖。增加偏远地区和新开发区域的公交线路和巴士服务，提高公共交通服务的普及率。③适应老龄化社会需求。优化公共交通设施，如增设电梯、扶手等，方便老年人出行。同时，推出针对老年人的优惠政策和特别服务。④提升智能化水平。提高公共交通系统的数据分析和处理能力，提供更加精准的乘客信息服务，如实时路况、到站时间等。

（4）实施效果。通过实施一系列改进措施，新加坡公共交通服务得到了进一步提升。①市民出行更加便捷。交通拥堵现象的减少和偏远地区服务的增加，使市民出行更加顺畅和便捷。②公共交通吸引力增强。适应老龄化社会需求的优化措施和智能化水平的提升，增强了公共交通的吸引力。③城市形象得到提升。公共交通服务的持续改进和创新，进一步提升了新加坡作为国际化大都市的形象。

（5）服务优化经验和启示。①坚持问题导向。针对存在的问题制定具体的改进措施，确保措施的针对性和实效性。②注重系统优化。通过加强不同交通方式之间的接驳互动、优化交通网络布局等措施，实现公共交通系统的整体优化和提升。③积极应对社会变化。针对老龄化社会等社会变化，及时调整公共交通服务策略，满足市民的出行需求。④强化科技支撑。利用智能化、大数据等先进技术提升公共交通的运营效率和服务质量。

（6）进一步优化的建议。①继续加强交通拥堵治理。探索更加有效的交通管理策略和技术手段，进一步减少交通拥堵现象。②深化偏远地区服务覆盖。根据城市发展需求，不断拓展公共交通服务的覆盖范围。③推动公共交通绿色化发展。加大新能源巴士的投入力度，推广绿色出行理念。④加强公共交通与其他交通方式的接驳。除了与地铁的接驳，还应加强与出租车、共享单车等其他交通方式的接驳。⑤建立更加完善的公众参与和反馈机制。及时了解市民对公共交通服务的意见和建议，不断改进和优化服务措施。

（三）技术创新与绿色发展案例分析

1. 长沙市新能源汽车推广案例分析

（1）技术创新背景。长沙市新能源汽车推广的技术创新背景主要源于全球汽车产业向电动化、智能化转型的大趋势，以及国家对新能源汽车产业的政策支持和市场需求的增长。长沙作为湖南省省会城市，积极响应国家号召，将新能源汽车作为促进汽车产业转型升级和绿色发展的重要突破口。

（2）研发过程。长沙市新能源汽车的研发过程涉及多个层面和环节，主要包括以下四个方面：①市场调研与需求分析。在研发初期，长沙市及相关企业进行了充分的市场调研，了解新能源汽车的市场需求和技术发展趋势，为研发方向提供数据支持。②技术引进与消化吸收。长沙市积极引进国内外先进的新能源汽车技术，通过消化吸收再创新，逐步构建起具有自主知识产权的新能源汽车技术体系。③核心技术研发。在新能源汽车的关键技术领域，对电池技术、电机技术、电控技术等加大研发投入力度，突破了一批核心技术"瓶颈"，提升了新能源汽车的性能和安全性。④整车设计与制造。在突破核心技术的基础上，长沙市相关企业开始进行新能源汽车的整车设计与制造，通过不断优化设计方案和生产工艺，提高产品质量和生产效率。

（3）应用效果。①市场规模扩大。随着新能源汽车技术的不断成熟和政策的持续支持，长沙市新能源汽车的市场规模不断扩大，销量持续增长。②节能减排效果显著。新能源汽车相比传统燃油车具有显著的节能减排优势，长沙市新能源汽车的推广应用对改善城市空气质量、减少温室气体排放作出了积极贡献。③产业带动效应明显。新能源汽车产业的发展带动了上下游相关产业的发展，如电池制造、电机生产、充电设施建设等，形成了较为完整的新能源汽车产业链。

（4）环境效益。①减少污染物排放。新能源汽车"零排放"或低排放的特点，有效减少了汽车尾气对环境的污染，改善了城市空气质量。②节约能源消耗。

新能源汽车使用电能等清洁能源作为动力源，相较传统燃油车具有更高的能源利用效率，有助于节约能源消耗。③促进可持续发展。新能源汽车的推广应用符合可持续发展的理念，有助于推动长沙市乃至全国向绿色低碳、循环经济的方向发展。

（5）技术创新与绿色发展经验和模式。①政策引导与市场驱动相结合。长沙市通过制定一系列政策措施，如购车补贴、免征购置税等，引导消费者购买新能源汽车；同时，依托市场需求增长，推动新能源汽车产业快速发展。②产学研用协同创新。长沙市加强产学研用协同创新，促进高校、科研院所与企业间的合作与交流，共同攻克新能源汽车领域的技术难题，推动技术创新与成果转化。③完善充电基础设施建设。长沙市加快充电基础设施建设步伐，提高充电设施的覆盖率和便利性，为新能源汽车的推广应用提供有力保障。④推动产业链协同发展。长沙市注重推动新能源汽车产业链的协同发展，加强上下游企业间的合作与联动，形成较为完整的新能源汽车产业链和产业集群。

（6）推广应用的建议。为进一步推广长沙市新能源汽车的应用，提出以下四个建议：①加大政策扶持力度。继续完善新能源汽车购置补贴、免征购置税等政策措施，降低购车成本；同时，加大对充电基础设施建设的支持力度，提高充电设施的覆盖率和便利性。②加强技术创新与研发。持续加大新能源汽车技术研发投入力度，突破一批关键技术"瓶颈"；加强与国际先进企业的合作与交流，引进消化吸收再创新先进技术。③拓宽市场应用领域。在公共交通、出租车、网约车等领域率先推广新能源汽车应用；同时，鼓励私人消费者购买新能源汽车作为家庭用车或通勤工具。④加强宣传教育与推广。通过多种渠道和方式加强新能源汽车的宣传教育与推广工作，提高公众对新能源汽车的认知度和接受度；举办新能源汽车展览会、试驾体验等活动吸引更多消费者关注和购买新能源汽车。

2. 丹麦哥本哈根新能源汽车推广案例分析

（1）技术创新背景。丹麦哥本哈根新能源汽车推广的技术创新背景源于全球对减少碳排放和实现可持续发展的迫切需求。作为欧洲绿色交通的先锋，哥本哈根积极响应全球汽车产业向电动化、智能化转型的趋势，将新能源汽车作为推动城市绿色发展和应对气候变化的关键举措。丹麦政府对新能源汽车产业给予了强有力的政策支持和资金投入，为哥本哈根新能源汽车的推广提供了坚实的后盾。

（2）研发过程。①市场调研与需求分析。在研发初期，哥本哈根的相关机构和企业进行了深入的市场调研，分析了新能源汽车的市场潜力和用户需求，为研发方向提供了数据支持。②技术引进与合作研发。哥本哈根积极与国际上的新能源汽车技术领先者进行合作，引进先进技术并进行联合研发，加速新能源汽车技术的本地化进程。③核心技术突破。在电池技术、驱动技术、能效管理等关键技术领域，哥本哈根的企业和科研机构不断加大研发投入力度，取得了一系列核心技术突破。④整车集成与优化。基于核心技术的突破，哥本哈根的企业开始进行新能源汽车的整车集成与优化工作，不断提升车辆的性能、安全性和用户体验。

（3）应用效果。①市场份额稳步提升。随着新能源汽车技术的不断成熟和政策的持续推动，哥本哈根新能源汽车的市场份额逐年提升，成为城市交通的重要组成部分。②环境效益显著。新能源汽车的推广有效减少了交通领域的碳排放和污染物排放，对改善城市空气质量、应对气候变化作出了积极贡献。③产业链协同发展。新能源汽车产业的发展带动了电池制造、充电设施建设、智能交通等相关产业的协同发展，形成了具有竞争力的新能源汽车产业集群。

（4）环境效益。①降低碳排放。新能源汽车的"零排放"或低排放特性显著降低了交通领域的碳排放量，有助于应对全球气候变化。②改善空气质量。新能源汽车的推广减少了汽车尾气排放，有效改善了城市空气质量。③促进能源转型。新能源汽车的使用促进了可再生能源的利用和发展，有助于推动能源结构的转型和升级。

（5）技术创新与绿色发展经验和模式。①政策引导与激励机制。哥本哈根政府通过制定购车补贴、免费停车、充电优惠等一系列政策措施，引导消费者选择新能源汽车。②公私合作与协同创新。哥本哈根注重公私部门的合作与协同创新，政府、企业、科研机构等共同推动新能源汽车技术的研发与应用。③完善的充电基础设施网络。哥本哈根建设了覆盖全城的充电基础设施网络，为新能源汽车的便捷使用提供了有力保障。④全产业链布局与发展。哥本哈根注重新能源汽车产业链的完整布局与发展，从原材料供应到整车制造，再到充电设施建设和服务体系完善，形成了闭环的新能源汽车生态系统。

（6）推广应用的建议。①持续优化政策环境。不断完善新能源汽车的购车补贴、税收优惠等政策措施，提高政策的针对性和有效性。②加强技术研发与国际合作。持续加大新能源汽车技术研发的投入力度，同时加强与国际领先企业的交流与合作，共同推动技术进步。③拓展应用领域与市场。在公共交通、出租车、物流运输等领域进一步推广新能源汽车的应用，同时鼓励私人消费者购买新能源汽车。④提升公众认知与接受度。通过媒体宣传、试驾体验、公共讲座等方式提升公众对新能源汽车的认知度和接受度，营造绿色出行的社会氛围。

七、结论与展望

（一）结论

通过对区域交通运输政策与规划实践的深入探讨，可以得出以下四个主要结论。

1. 区域交通运输政策的核心价值

区域交通运输政策在指导区域交通运输基础设施建设、促进交通运输方式均衡发展、提升交通运输装备技术水平、推动交通协调发展、优化交通运输通道建设、促进区域经济一体化及支持区域经济发展战略等方面发挥了至关重要的作用。这些功能共同构成了区域交通运输政策的核心价值，为区域经济社会的可持续发展提供了有力支撑。

2. 区域交通运输规划的科学性与可操作性

区域交通运输规划作为未来一定时期内区域交通运输系统建设与管理的全面部署，具有综合性强、前瞻性强和动态性强的特点。通过科学合理的规划编制流程与关键技术方法的应用，如需求预测模型、交通分配模型、系统动力学模型等，可确保区域交通运输规划的科学性和可操作性。

3. 政策与规划的协同与互动

区域交通运输政策与规划之间存在紧密的协同与互动关系。政策为规划提供了明确的指导和支持，确保规划方案与政策目标高度一致；规划则为政策的制定提供了翔实的基础数据和科学依据，增强了政策的针对性和可操作性。这种协同互动关系推动了区域交通运输系统的健康可持续发展。

4. 案例分析的启示

通过对国内外典型案例的分析可以看到，成功的区域交通运输政策与规划实践往往具有科学规划、政策支持、资金保障、技术创新和社会参与等共同特点。同时，案例分析也揭示了存在的问题和挑战，如资金压力、环境影响、区域发展不平衡等，为我们提供了宝贵的经验和教训。

（二）展望

随着区域经济一体化的深入发展和区域交通运输技术的不断进步，区域交通运输政策与规划将面临更多新的挑战和机遇。以下五个是对未来发展趋势的展望。

1. 加强政策创新

未来需要进一步加强区域交通运输政策的创新力度，制定更加科学、合理、具有前瞻性的政策措施，以应对区域经济社会发展的新需求和新挑战。

2. 推动技术创新与应用

随着大数据、人工智能等先进技术的不断发展，未来应积极推动这些技术在区域交通运输领域的应用，提升交通运输系统的智能化、绿色化水平，提高交通运输效率和安全性。

3. 注重可持续发展

在区域交通运输政策与规划的制定和实施过程中，应更加注重经济、环境和社会效益的协调发展，推动区域交通运输系统向绿色低碳、循环经济的方向发展。

4. 强化区域协同与一体化

加强区域间的协同发展和一体化建设，通过跨区域交通运输网络的构建和优化，促进区域间的人员、物资和信息流动，推动区域经济社会的整体繁荣。

5. 提升公众参与与反馈机制

建立健全公众参与和反馈机制，广泛听取社会各界对区域交通运输政策与规划的意见和建议，增强政策与规划的透明度和公信力，提高公众对区域交通运输系统的认同感和支持度。

综上所述，未来区域交通运输政策与规划将更加注重科学性、前瞻性、可操作性和可持续性。通过政策创新、技术创新、区域协同和公众参与等手段，推动区域交通运输系统向更加高效、绿色、智能的方向发展，为区域经济社会的协调发展和可持续发展提供坚实的支撑。

第九章　区域交通运输与区域经济发展的关系

　　区域交通运输与区域经济发展间存在密切且复杂的关系，它们相互制约、相互促进，共同推动区域经济的健康可持续发展。因此，在制定交通运输发展战略和规划时，必须充分考虑区域经济发展的需求和要求以实现两者的良性互动和协调发展。

　　区域交通运输作为区域经济发展的重要支撑，不仅深刻影响着区域内部的经济活动，还关联着区域间的经济互动与合作。本章将深入探讨区域交通运输在促进区域经济增长、优化产业布局、提高经济效率等方面的作用机制，分析区域交通运输与区域经济一体化的关系，以及区域交通运输与区域可持续发展的协调路径。

　　通过本章，读者将全面理解区域交通运输与区域经济发展的紧密联系，认识区域交通运输在推动区域经济增长、优化产业结构、提升经济效率、促进区域一体化和可持续发展等方面的关键作用。

一、区域交通运输对区域经济发展的影响机制

（一）区域交通运输的发展能够促进区域经济增长

1. 提高区域可达性

提高区域可达性是指通过改善和优化区域交通运输基础设施，缩短区域间的空间和时间距离，使人员和货物能够更快速、更便捷地在不同地区之间流动。在这一过程中，区域交通运输网络的拓展和优化起到了至关重要的作用。

可达性是指在一定时间内从某城市出发到达另一城市的难易程度，反映了城市的通达状况，不同的可达性模型从不同角度揭示了城市的通达程度，主要从物理与经济两个层面进行诠释。因此，评价某个区域的可达性状况不能仅依靠一个模型，应从多视角下综合考虑建立多个模型。用加权平均旅行时间和经济潜能两

个指标对可达性进行综合评价。

（1）交通可达性模型。

第一，加权平均旅行时间。在可达性的测算上面，可以通过加权平均旅行时间来计算，该模型是在空间相互作用模型的基础上进行了部分改进，相较传统的可达性模型而言，它是基于时间距离作为衡量标准，考虑了旅途的空间位置情况，不再是单一的直线距离。加权平均旅行时间不仅与交通水平有关，还与城市经济规模和人口规模相关。运用加权平均旅行时间构建交通可达性模型，其表达式如下：

$$AD_i = \sum_{j=1}^{n}(t_{ij} \times M_j) / \sum_{j=1}^{n} M_j \qquad （9-1）$$

其中，AD_i 为节点城市 i 加权平均旅行时间，其值越小，表明可达性越好；n 为城市的数量；t_{ij} 为城市 i 到节点城市 j 最短旅行时间；M_j 为节点城市 j 的社会经济规模，体现城市群内部城市对周围其他城市的吸引与辐射能力。

第二，经济潜能。经济潜能模型又称重力模型，城市的经济潜能是由城市的经济区位决定的，体现的是对周边城市的辐射能力和自身的吸引力，其值不仅与最短旅行时间有关，还与城市的社会经济规模有关。在可达性的解释角度上，加权平均旅行时间从物理意义揭示可达性的优劣，而经济潜能更多的是基于从经济意义的角度计算城市的可达性情况，综合了城市的经济实力及交通状况，同时还考虑了加权平均旅行时间所忽略的距离衰减效用带来的影响。其公式如下：

$$R_i = \sum_{j=1}^{n} \frac{M_j}{t_{ij}^{a}} \qquad （9-2）$$

其中，R_i 为节点城市 i 的经济潜能值，与城市的社会经济规模成正比，社会经济规模越大，经济潜能就越大，区位优势越明显；与城市间最短旅行时间成反比，两地之间所花费的最短旅行时间越大，表示经济潜能越小，区位优势越差。M_j 为节点城市 j 的社会经济规模；t_{ij} 为节点城市 i 到节点城市 j 最短旅行时间；a 为两城市间的距离摩擦系数，通常取值为 1。

（2）引力模型。

引力模型又称经济联系模型，广泛应用在区域空间相互作用，通常运用经济联系强度与经济联系总量两项指标去衡量经济联系的强弱。其中，经济联系强度表示城市间的相互作用关系，可以有效反映某个城市对另一个城市的辐射能力；而经济联总量表示某个城市对周围其他城市经济联系的总和。时间距离引力模型是由修正后的引力模型得来的，不仅体现了城市间经济联系的发展水平，还通过两城市间所处的不同地理位置所需要耗费的时间成本来反映对两地经济联系的影响，因此时间距离引力模型能更加准确衡量中心城市对外围城市的辐射带动作用，以及外围城市对中心城市的辐射接受能力。交通网络的复杂性在某种程度上削弱了空间距离对城市间经济联系的限制，经济联系对交通网络产生的时间距离联系越来越紧密，因此采用基于时间距离修正的引力模型，其表达式如下：

$$P_{ij} = \frac{M_i M_j}{t_{ij}^b} \tag{9-3}$$

$$P_i = \sum_{j=1}^{n} P_{ij} \tag{9-4}$$

其中，P_{ij} 为节点城市 i 和节点城市 j 之间的经济联系强度；M_i 和 M_j 分别为节点城市 i 和节点城市 j 的社会经济规模；t_{ij} 为节点城市 i 和节点城市 j 最短旅行时间；b 为交通阻抗系数，通常取值为 2；P_i 为节点城市 i 对外经济联系总量，反映节点城市 i 与其他城市的经济联系强弱。

具体来说，提高区域可达性包括以下四个方面。

（1）基础设施的完善。包括建设高速公路、高速铁路、机场、港口等现代化区域交通运输设施，以及改善农村和偏远地区的交通条件，使这些地区能够更加便捷地接入全国或全球交通网络。

（2）缩短时空距离。通过提高区域交通速度，缩短旅行时间，使原本相距较远的地区在经济活动中能够被视为"邻近"地区。这种"时空压缩"效应促进了区域间的经济联系和合作。

（3）促进生产要素流动。提高区域可达性有助于降低人员和货物的运输成本，使资本、劳动力、技术等生产要素能够在更广泛的区域内自由流动和优化配置，进而提高经济活动的效率和效益。

（4）扩大市场范围。便捷的交通条件使企业和消费者能够更容易地进入更广阔的市场，促进商品和服务的交换与流通，从而推动区域经济的增长和发展。

通过提高区域可达性，区域交通运输不仅加强了区域内部的经济联系和协作，还促进了区域间的经济合作与竞争，为区域经济的持续健康发展提供了有力支撑。

2. 扩大市场潜力

（1）市场范围的扩大。区域交通运输的发展，特别是快速、便捷的区域交通运输系统的建立，使产品能够更容易地跨越地理界限，到达更广阔的市场。这不仅包括国内市场的扩展，还涉及国际市场的接入，从而为企业提供更多的销售机会。

（2）降低交易成本。高效的区域交通运输网络能够减少商品从生产地到消费地的运输时间和成本，这直接降低了企业的物流成本，提高了市场竞争力。成本的降低意味着企业可以将更多资源投入产品创新和市场开拓上，进一步推动经济增长。

（3）促进产业集聚与扩散。区域交通运输的便利使资源、劳动力、信息等生产要素能够更快地流动和聚集，从而促进了特定产业的集聚发展。同时，随着产业的成熟和升级，区域交通运输也能帮助这些产业向周边地区或更广阔的市场扩散，带动整个区域的经济发展。

（4）提升区域竞争力。通过扩大市场潜力，区域不仅吸引了更多的外部投资，还促进了本土企业的成长和国际化。这种良性循环增强了区域的综合实力和竞争力，使该区域在全球经济体系中的地位更加稳固。

（5）促进贸易与合作。区域交通运输的便利还促进了区域间的贸易与合作。商品、技术、资本等要素在区域间的自由流动，有助于形成优势互补、资源共享的经济合作格局，从而推动区域经济的整体增长。

（6）增强区域吸引力。良好的区域交通运输条件也是吸引外来投资、人才和技术的重要因素。随着市场潜力的不断扩大，区域对外界的吸引力也会相应增强，为区域经济注入新活力和新动力。

综上所述，区域交通运输对区域经济增长的扩大市场潜力主要体现在市场范围的扩大、交易成本的降低、产业集聚与扩散的促进、区域竞争力的提升、贸易与合作的加强及区域吸引力的增强等方面。这些因素共同推动了区域经济持续、健康增长。

3. 吸引投资与资源开发

（1）吸引外部投资。高效的区域交通运输网络是吸引外部投资的重要因素之一。投资者在评估潜在投资区域时，会考虑该地区的交通便利性、物流成本，以及与其他重要市场的连接情况。良好的区域交通运输条件能够降低企业的运营成本，提高供应链的灵活性，从而吸引更多国内外投资。

（2）提升区域投资环境。区域交通运输的发展不仅改善了物质流通条件，还间接提升了区域的整体投资环境。例如，现代化的区域交通运输设施和完善的区域交通运输网络能够提升区域形象，增强投资者信心，使该区域在吸引投资时更具竞争力。

（3）促进资源开发与利用。区域交通运输的便利有助于资源的有效开发和利用。对依赖自然资源的地区而言，区域交通运输网络的建设可以降低资源开发成本，提高资源运输效率，从而增加资源的经济价值和开发收益。此外，区域交通运输还能促进区域内不同资源之间的优化配置，提高资源利用效率。

（4）推动资源开发相关产业发展。区域交通运输的发展还能带动与资源开发相关的上下游产业发展，如采矿业、加工业、物流业等。这些产业的发展不仅直接促进了经济增长，还增加了就业机会，提高了居民收入水平，进一步增强了区域的综合经济实力。

（5）促进区域经济多元化。通过吸引投资和资源开发，区域能逐步实现经济结构的多元化。除了传统的农业和轻工业，还可以发展重工业、高新技术产业等附加值更高的产业。这种多元化发展不仅降低了区域经济对单一产业的依赖度，还提高了区域经济的抗风险能力和可持续发展能力。

（6）增强区域财政实力。吸引投资和资源开发带来的经济收益能够直接增加区域政府的财政收入。这些收入可用于进一步改善区域交通运输条件、支持基础设施建设、提高公共服务水平等，形成良性循环，为区域经济的持续健康发展提供有力保障。

综上所述，区域交通运输通过吸引外部投资、提升区域投资环境、促进资源开发与利用、推动相关产业发展及增强区域财政实力等方式，对区域经济增长产生了积极的影响。这些影响机制共同作用于区域经济体系，促进了区域经济的多元化和可持续发展。

（二）区域交通运输的发展能够优化产业布局

1. 引导产业空间分布

（1）引导产业集聚。高效的区域交通运输网络能显著降低企业间的物流成本和交易费用，从而吸引相关产业在区域交通运输节点或交通干线附近集聚。这种集聚效应不仅提高了产业间的协作效率，还促进了技术创新和知识共享，推动了产业升级和集群化发展。

（2）促进产业扩散。随着区域交通运输条件的改善，一些成熟的或高成本产业可能会向交通相对便利但成本较低的地区扩散。这种扩散有助于缓解中心区域的资源环境压力，同时带动周边地区的经济发展，实现区域经济的均衡协调。

（3）形成特色产业链。区域交通运输的发展能够引导形成具有地方特色的产业链。不同地区根据自身资源禀赋和交通条件，发展具有比较优势的产业，形成各具特色的产业集群。这些产业链通过区域交通运输网络连接成一个有机的整体，增强了区域经济的整体竞争力。

（4）促进产业转型升级。区域交通运输的改善为产业转型升级提供了有力支持。新兴产业的发展往往伴随对区域交通运输条件的高要求。通过优化区域交通运输布局，区域可以吸引高新技术产业、现代服务业等附加值高的产业入驻，推动传统产业向高端化、智能化、绿色化方向发展。

（5）平衡区域发展。区域交通运输在引导产业空间分布的同时，还有助于平衡区域发展。通过改善偏远或欠发达地区的交通条件，可以降低这些地区与外界的交易成本，提高其参与区域分工和合作的能力，从而缩小区域间的发展差距，实现区域经济协调发展。

（6）增强区域竞争力。优化的产业布局和合理的产业空间分布能够显著提升区域的综合竞争力。通过区域交通运输的引导和支持，区域能够形成具有特色的产业集群和产业链，吸引更多的外部资源和投资，推动区域经济持续健康发展。

综上所述，区域交通运输在优化产业布局和引导产业空间分布方面发挥着重要作用。通过引导产业集聚与扩散、形成特色产业链、促进产业转型升级、平衡区域发展及增强区域竞争力等，区域交通运输为区域经济的协调、可持续发展提供了有力支撑。

2. 促进产业转型升级

（1）提升物流效率与降低运营成本。高效的区域交通运输网络能够显著降低企业物流成本，加快物资流通速度，从而提高生产效率和市场竞争力。这种效率提升为企业转型升级提供了物质基础，使企业有更多资源投入研发、创新等关键环节，推动产业转型升级。

（2）促进高新技术产业发展。现代化的区域交通运输条件为高新技术产业提供了良好的发展环境。高新技术产业对区域交通运输的便捷性、时效性和安全性要求较高，发达的交通网络正好满足了这些需求，从而吸引高新技术企业入驻，促进区域产业结构向高技术、高附加值方向转变。

（3）推动传统产业改造升级。区域交通运输的改善不仅有利于新兴产业的发展，还为传统产业的改造升级提供了契机。通过引入先进的物流管理系统和生产流程优化，传统产业可以降低能耗、提高生产效率，增强市场竞争力，实现转型升级。

（4）促进产业链整合与优化。区域交通运输的发展有助于加强产业链上下游企业间的联系与合作，推动产业链的整合与优化。这不仅能提高整个产业链的运作效率，还能促进技术创新和产品升级，推动产业向更高层次发展。

（5）吸引外部投资与技术引进。高效的区域交通运输条件是吸引外部投资和技术引进的重要因素。通过吸引外资和引进先进技术，区域可以加速产业升级进程，提高产业的技术含量和附加值，增强区域经济实力。

（6）促进区域间产业协同发展。区域交通运输的便利促进了区域间的经济交流与合作，有助于形成跨区域的产业链和产业集群。这种区域间的产业协同发展不仅扩大了市场规模，还促进了技术创新和知识共享，推动了区域整体产业转型升级。

（7）政策支持与引导。政府通过制定相关政策，如税收优惠、财政补贴等，引导和支持企业进行产业升级转型。同时，政府还可以利用区域交通运输网络的优势，推动重点产业和项目优化布局，促进区域经济协调发展。

综上所述，区域交通运输在优化产业布局、促进产业升级转型方面发挥着至关重要的作用。通过提升物流效率、促进高新技术产业发展、推动传统产业改造升级、加强产业链整合与优化、吸引外部投资与技术引进，以及促进构建区域间产业协同发展机制等，交通运输为区域经济的转型升级提供了有力支撑。

（三）区域交通运输的发展能够提高经济效率

1. 降低物流成本

（1）区域交通基础设施改善。通过投资建设和改善区域交通运输基础设施，如高速公路、铁路、港口、机场等，能够缩短运输距离，提高运输速度，从而降低运输成本。

（2）物流效率提升。高效的区域交通运输网络能够减少货物运输过程中的等待时间、中转次数和损耗，从而提高物流效率。物流效率的提升意味着同样的时间和资源可以完成更多的运输任务，从而间接降低了单位物流成本。

（3）规模经济效益。随着区域交通运输条件的改善，物流活动可以实现更大规模的集约化运作。大型物流企业能够利用规模优势，通过批量采购、统一配送等方式降低单位成本。此外，规模化运作还有助于引入先进的物流管理系统和技术装备，进一步提高物流效率。

（4）减少中转环节。优化的区域交通运输网络能够减少货物运输过程中的中转环节，降低中转过程中的装卸、搬运、仓储等费用。这不仅加快了货物的流通速度，还减少了货物在中转过程中的损耗。

（5）促进多式联运发展。区域交通运输的多元化和无缝对接促进了多式联运的发展。多式联运通过整合不同运输方式的优势，实现运输方式的合理分工和紧密衔接，降低了物流成本。例如，通过铁海联运、公铁联运等方式，可以充分利用各种运输方式的特点和优势，降低整体物流成本。

（6）信息化技术应用。信息化技术在物流领域的应用也是降低物流成本的重要手段。通过引入物联网、大数据、云计算等现代信息技术，可以实现对物流过程的实时监控和管理，提高物流资源的利用率和管理效率，从而降低物流成本。

（7）政策引导与扶持。政府通过出台税收优惠、财政补贴等相关政策措施，鼓励物流企业降低物流成本，提高物流效率。同时，政府还可以加强对物流市场的监管和调控，防止发生恶意竞争和低价倾销等行为，维护物流市场的健康、有序发展。

综上所述，区域交通运输通过改善区域交通运输基础设施、提升物流效率、实现规模经济效益、减少中转环节、促进多式联运发展、应用信息化技术及政策引导与扶持等方式，有效降低物流成本，提高区域经济的整体运行效率。

2. 促进信息共享

（1）构建信息平台。发达的区域交通运输网络为构建区域性物流信息平台提供了基础。通过信息平台，企业可以实时获取货物运输状态、仓储情况、市场需求等信息，从而提高供应链的透明度和响应速度。

（2）促进信息流通。高效的区域交通运输体系促进了人员、物资和信息的快速流动。企业之间、企业与政府之间、企业与市场之间信息交流更加频繁和便捷，有助于减少信息不对称现象，提高市场效率。

（3）推动电子商务发展。电子商务的兴起极大依赖高效的区域交通运输体系。电子商务平台通过整合线上线下资源，实现商品信息的快速传播和交易过程的简化，发达的交通运输网络则保证了商品能够快速、准确地送达消费者手中，进一步促进了信息共享和流通。

（4）加强政企合作。政府与企业间的合作可以推动信息共享机制的建立。政府通过提供政策引导、数据共享等服务，促进企业间的信息交流和合作，共同打造信息共享生态体系。

（5）支持技术创新。区域交通运输领域的技术创新，如物联网、区块链等，为信息共享提供了更加便捷和安全的手段。这些技术的应用使信息可以更加精准、实时地传递和处理，提高了信息共享的效率和准确性。

（6）优化资源配置。通过信息共享，企业可以更加准确地掌握市场需求和资源供应情况，从而优化生产计划和资源配置。这有助于减少资源浪费和重复建设，提高整个社会的经济效率。

（7）促进区域协同发展。信息共享不仅限于单一区域内，还可以跨越不同的行政区域。通过加强区域间的信息共享和合作，可以促进区域间的经济协同发展，实现资源共享和优势互补。

综上所述，区域交通运输体系在促进信息共享方面发挥着重要作用。通过构建信息平台、促进信息流通、推动电子商务发展、加强政企合作、支持技术创新、优化资源配置及促进区域协同发展等机制，区域交通运输为提高区域经济的整体运行效率和信息共享水平提供了有力支持。

二、区域交通运输与区域经济一体化的关系

（一）区域交通运输的发展推动区域经济一体化进程

1. 促进要素自由流动

（1）区域交通基础设施的完善。区域交通基础设施的完善是要素自由流动的基础。高速公路、铁路、航空和水运等运输方式的综合发展，可以大幅缩短时空

距离，降低运输成本，使商品、资本、劳动力、信息等要素能够在更广泛的区域自由流动。交通基础设施对资源再配置的作用机制如图9-1所示。

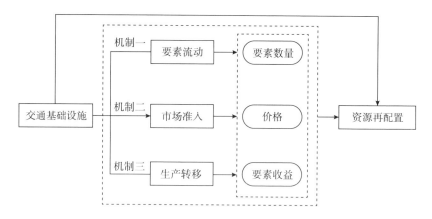

图9-1　交通基础设施对资源再配置的作用机制

（2）降低运输成本。高效的区域交通运输系统能够有效降低要素的运输成本，使企业在选址、供应链布局等方面拥有更大的灵活性。成本的降低促进了企业在区域内的集聚和扩散，进而推动了区域经济一体化进程。

（3）打破地理壁垒。区域交通运输的发展打破了地理上的自然屏障和人为障碍，使原本相对孤立的经济区域能够相互连接，形成统一的大市场。这种市场的统一促进了商品和要素的跨区域流动，推动了区域经济一体化。

（4）促进市场整合。区域交通运输的改善有助于打破地方保护主义和市场分割，促进统一市场的形成。在统一市场中，商品和要素的价格由市场供求关系决定，促进了资源的优化配置和高效利用，进一步推动了区域经济一体化。

（5）加强区域间经济合作。区域交通运输的发展加强了区域间的经济合作和交流。通过区域交通网络的连接，不同地区的企业可以更容易地进行商贸往来、技术交流和市场拓展，从而形成了更加紧密的经济联系和合作关系，推动了区域经济一体化进程。

（6）提升区域整体竞争力。要素的自由流动促进了资源的优化配置和高效利用，提升了区域的整体竞争力。这种竞争力的提升使区域在更大范围内参与市场竞争和合作，进一步推动了区域经济一体化进程。

（7）政策支持与引导。政府在推动区域经济一体化进程中发挥着重要作用。通过制定和实施相关政策，如提供交通基础设施建设资金、税收优惠、土地政策等，政府可以引导和促进要素的自由流动，为区域经济一体化创造有利条件。

综上所述，区域交通运输是推动区域经济一体化进程的关键因素。通过完善区域交通基础设施、降低运输成本、打破地理壁垒、促进市场整合、加强区域间经济合作、提升区域整体竞争力和政策支持与引导等方式，区域交通运输促进了要素的自由流动，为区域经济一体化进程提供了有力支持。

　　2. 形成区域经济网络

　　（1）区域交通运输网络的拓展与连接。通过构建和完善包括公路、铁路、水运、航空等运输方式在内的综合区域交通运输网络，将区域内的各个城市、城镇、乡村紧密连接起来。这种网络不仅促进了物流的顺畅，还使区域内不同地区的经济活动能够更加紧密地相互关联和协作。

　　（2）促进区域经济节点的形成。区域交通运输网络的拓展和连接促进了区域经济节点的形成，这些节点通常包括重要的交通枢纽、城市、工业园区等。这些节点通过区域交通运输网络与其他地区相连，形成了区域经济活动的重要支撑点，推动了区域经济网络的形成。

　　（3）加强区域间经济联系。区域交通运输网络的完善加强了区域间的经济联系。不同地区的企业、产业和市场通过区域交通运输网络相互连接，促进了商品、资本、技术、信息等要素的自由流动和高效配置，从而推动了区域经济网络的形成和发展。

　　（4）促进产业协同与分工。区域经济网络的形成离不开产业的协同与分工。区域交通运输网络的完善使不同地区能够根据自身资源和优势发展特色产业，并通过区域交通运输网络与其他地区进行互补和协作，形成了更加合理的产业分工和布局，进一步推动了区域经济网络的形成。

　　（5）增强区域整体竞争力。区域经济网络的形成增强了区域的整体竞争力。通过网络内的资源共享、技术交流和市场协作，区域内的经济活动能够更加高效和有序地进行，从而在更大范围内参与市场竞争和合作，提高了区域的吸引力和影响力。

　　（6）推动区域政策协调。区域经济网络的形成促进了区域政策的协调。为促进区域经济的协同发展，不同地区的政府需要加强沟通和合作，共同制定和实施有利于区域经济一体化的政策措施。这些政策协调有助于消除地方保护主义和市场分割现象，为区域经济网络的形成提供制度保障。

　　综上所述，推动区域经济一体化进程中的形成区域经济网络是一个复杂而系统的过程。通过区域交通运输网络的拓展与连接、促进区域经济节点的形成、加强区域间经济联系、促进产业协同与分工、提高区域整体竞争力和推动区域政策协调等方式，区域交通运输在区域经济网络的形成中发挥着至关重要的作用。

（二）区域交通运输与区域经济政策的互动

1. 政策支持与引导

（1）基础设施建设政策。政府通过制定和实施基础设施建设政策，鼓励和支持区域交通运输网络的建设和完善。例如，公路、铁路、航空、水运等多种运输方式的基础设施项目。政策可以提供财政补贴、税收优惠、低息贷款等支持，以降低建设成本，加速区域交通运输基础设施的建设进程。

（2）区域发展战略规划。政府根据区域经济一体化的发展需求，制定区域发展战略规划，明确区域交通运输在区域经济一体化中的作用和目标。这些规划通常会设定具体的区域交通运输发展目标、项目布局和时序安排，确保区域交通运输发展与区域经济一体化进程相协调。

（3）政策协调与整合。在区域经济一体化背景下，政府需要加强不同地区间政策的协调与整合。通过建立跨区域的政策协调机制，确保各地政策在区域交通运输领域的协同作用，避免政策冲突和重复建设，提高政策的整体效能。

（4）环保与可持续发展政策。在推动区域交通运输发展的同时，政府还需要关注环保和可持续发展问题。制定和实施环保政策，推广清洁能源和绿色交通技术，减少区域交通运输对环境的影响。同时，通过政策引导和支持，促进区域交通运输行业的节能减排和绿色发展。

（5）市场化改革与开放政策。政府通过市场化改革与开放政策，鼓励社会资本参与区域交通运输基础设施的建设和运营。这包括放宽市场准入条件、引入竞争机制、推广 PPP 模式等。这些政策有助于提高区域交通运输行业的效率和服务质量，促进区域交通运输市场健康发展。

（6）技术创新与人才培养政策。政府通过制定技术创新和人才培养政策，支持区域交通运输领域的技术研发和应用，如设立专项研发基金、建设创新平台、引进高层次人才等。通过技术创新和人才培养，提升区域交通运输行业的科技含量和竞争力，为区域经济一体化提供有力支撑。

（7）法律法规体系完善。政府通过制定和完善相关法律法规，为区域交通运输发展提供法律保障，如制定交通运输安全法规、市场规范法规、环保法规等，确保交通运输行业的有序发展和公平竞争。同时，通过加强执法力度和监管机制建设，维护区域交通运输市场的稳定和繁荣。

综上所述，政策支持与引导在推动区域经济一体化进程中具有重要作用。政府通过制定和实施一系列相关政策措施，为区域交通运输发展提供有力保障，促进区域经济网络的形成和发展，推动区域经济一体化的深入实施。

2. 政策反馈与调整

（1）监测与评估机制。建立完善的监测与评估机制，对区域交通运输政策与区域经济一体化进程的实施效果进行定期监测和评估。通过收集和分析相关数据，评估政策目标的达成情况、存在的问题及潜在的影响。

（2）政策效果反馈。基于监测与评估的结果，及时将政策实施效果反馈给政策制定和执行机构。有助于政策制定者了解政策在实际操作中的表现，为后续的政策调整提供依据。

（3）问题识别与分析。在政策反馈的基础上，识别和分析存在的问题及其原因，如政策执行过程中的障碍、资源配置的不合理、市场反应不如预期等。

（4）政策调整与优化。根据问题识别和分析的结果，对相关政策进行调整和优化，如修改政策目标、调整政策措施、加强政策执行力度或改变政策实施方式等。

（5）多方沟通与协调。在政策调整过程中，加强与相关利益方的沟通与协调，如政府部门、企业、行业协会、社会公众等，确保政策调整能够兼顾各方利益，增强政策的可接受性和执行力。

（6）持续迭代与改进。将政策反馈与调整视为一个持续的过程，而非一次性的工作。随着区域经济一体化进程的推进和区域交通运输技术的不断发展，政策制定者需要不断关注政策实施效果，并根据实际情况进行必要的迭代和改进。

（7）增强政策灵活性与适应性。在政策制定和实施过程中，注重增强政策的灵活性和适应性，如设定灵活的政策目标、制定多种备选方案、建立快速响应机制等，以应对区域经济一体化进程中可能出现的不确定性因素。

通过上述政策反馈与调整机制的实施，可以确保区域交通运输政策与区域经济一体化进程保持动态协调关系。政策制定者能够及时了解政策实施效果和市场反应，并根据实际情况对政策进行必要的调整和优化，以更好地推动区域经济一体化进程的发展。

三、区域交通运输与区域可持续发展的协调路径

（一）绿色交通与低碳交通

1. 推广绿色交通方式

（1）推广清洁能源交通工具。大力推广使用电力、天然气、氢能等清洁能源的交通工具，如电动汽车、天然气汽车、氢燃料电池汽车等。这些交通工具相比传统燃油车，能够显著降低尾气排放，减少空气污染。

（2）优化公共交通系统。发展高效、便捷的公共交通系统，鼓励市民采用公共交通方式出行，减少私家车的使用。这不仅可以缓解交通拥堵，还可以有效减少碳排放。

（3）鼓励骑行与步行。通过建设完善的自行车道和步行道，改善步行和骑行

环境，鼓励市民短途出行时选择骑行或步行，从而减少机动车的使用。

（4）发展智能交通系统。利用现代信息技术优化交通流量管理，提高区域交通运输系统的运行效率，减少因拥堵产生的额外能耗和排放。

（5）实施区域交通运输需求管理。通过经济手段（如拥堵收费、停车收费等）和行政手段（如限制私家车进入市中心区域等）来调控区域交通运输需求，引导市民合理使用交通资源，减少不必要的出行。

（6）建设绿色交通基础设施。在区域交通运输基础设施建设过程中，注重环保和可持续发展，采用环保材料和技术，减少对生态环境的破坏。同时，合理规划区域交通运输设施布局，避免造成资源浪费。

（7）加强公众宣传与教育。通过多种渠道加强绿色交通理念的宣传和教育，提高公众对绿色交通方式的认知和接受度。鼓励市民选择低碳、环保的出行方式，共同推动绿色交通的发展。

（8）政策支持与激励。政府通过制定和实施一系列政策措施，如购车补贴、税收优惠、免费停车等，激励市民购买和使用清洁能源交通工具。同时，加大对绿色交通技术的研发和推广力度，促进绿色交通产业快速发展。

综上所述，推广绿色交通方式是实现区域交通运输领域节能减排、促进区域可持续发展的重要途径。通过多方面的努力，可以逐步构建低碳、环保、高效的绿色交通体系，为区域经济社会的可持续发展提供有力支撑。

2. 应用低碳技术

（1）新能源汽车技术。新能源汽车技术，特别是电动汽车和氢燃料电池汽车技术，是低碳交通领域的核心技术。这些技术通过减少或避免使用化石燃料，可以显著降低车辆运行过程中的碳排放。

（2）混合动力技术。混合动力技术通过结合传统内燃机和电动机，实现能量的高效利用。在车辆启动、加速等高能耗阶段，电动机提供动力，降低内燃机的负荷和油耗，从而减少碳排放。

（3）轻量化技术。采用轻量化材料（如铝合金、碳纤维等）减轻车辆自重，可降低车辆行驶过程中的能耗和排放。轻量化技术对提升新能源汽车的续航能力和整体性能具有重要意义。

（4）能量回收系统。能量回收系统能够在车辆制动时将部分动能转化为电能储存起来，供后续行驶使用。这项技术不仅提高了能量利用效率，还减少了能源浪费和碳排放。

（5）智能交通管理技术。智能交通管理技术通过优化交通流量、缓解拥堵等方式，降低区域交通运输系统的整体能耗和排放。例如，通过实时路况信息和智能导航技术，引导驾驶员选择更节能的行驶路线。

（6）绿色燃料技术。虽然生物燃料、合成燃料等绿色燃料技术不属于传统意义上的"低碳技术"，但能够替代部分化石燃料，减少区域交通运输领域的碳排放。这些绿色燃料通常来源于可再生资源，具有较低的碳足迹。

（7）节能驾驶培训。虽然不是直接的技术应用，但节能驾驶培训可以提高驾驶员的节能意识和驾驶技巧，从而在实际驾驶过程中减少不必要的能耗和排放。

（8）基础设施节能技术。在区域交通运输基础设施的建设和运营过程中，采用节能照明、智能温控等技术，降低基础设施自身的能耗和排放。同时，合理规划基础设施布局，减少无效运输和重复建设，也是低碳交通的重要组成部分。

综上所述，低碳技术在绿色交通与低碳交通领域的应用是多方面的，涵盖车辆技术、基础设施、能源利用等多个层面。通过对这些技术的应用和推广，可显著降低区域交通运输领域的碳排放，促进区域可持续发展。

（二）对经济可持续发展的影响

1. 促进资源节约与环境保护

（1）资源节约。①提高能源利用效率。低碳交通技术，如新能源汽车、混合动力技术等，通过优化能源使用方式，减少单位运输量的能源消耗。这不仅降低了运营成本，还减轻了能源压力，为经济可持续发展提供了重要支撑。②减少材料消耗。在区域交通运输基础设施建设和维护过程中，采用耐久性强、维护成本低的新型材料，可以减少频繁更换和维护所需材料的使用量，从而达到节约资源的目的。

（2）环境保护。①减少尾气排放。绿色交通工具和低碳技术的使用，显著降低了区域交通运输过程中的有害气体和颗粒物排放，改善了空气质量，减少了酸雨、光化学烟雾等环境问题的发生。②生态保护。通过合理规划交通线路和设施布局，减少对自然生态区域的破坏，保护生物多样性。同时，在区域交通运输建设项目中实施生态修复措施，恢复受损生态系统，维护生态平衡。③噪声污染控制。采用低噪声技术和设备，减少区域交通运输过程中的噪声污染，保护居民生活环境，提高居民生活质量。

（3）经济激励与政策支持。①经济激励措施。政府通过提供购车补贴、税收优惠、免费停车等经济激励措施，鼓励企业和个人采用绿色交通工具和低碳技术。既促进了绿色交通的发展，又降低了相关主体的经济负担。②政策引导与监管。制定和实施严格的环保法规和标准，对高污染、高能耗的交通工具和运输方式进行限制和淘汰。同时，加大监管力度，确保区域交通运输领域的环境保护措施得到有效执行。

（4）产业带动与绿色就业。①绿色交通产业发展。低碳交通技术的研发、生产、销售等环节催生了新的产业链和市场机会，促进了绿色交通产业的快速发展。这不仅为经济增长提供了新的动力源，还带动了相关产业的技术进步和产业升级。②绿色就业创造。随着绿色交通产业的兴起和发展，创造了大量的就业机会。这些就业机会不仅涉及技术研发、生产制造等传统领域，还包括运营维护、环保监测等新兴领域。

综上所述，绿色交通与低碳交通在促进经济可持续发展、节约资源和保护环境方面发挥着重要作用。通过推广绿色交通方式和低碳技术、实施经济激励和政策支持、带动绿色交通产业发展、创造绿色就业机会等措施，可以有效推动交通运输领域朝更加环保、高效、可持续的方向发展。

2. 推动绿色经济产业

绿色交通的发展还带动了新能源汽车、智能交通等绿色经济产业的发展，为经济增长提供了新的增长点。

（1）发展绿色交通产业链。绿色交通技术的研发、生产、销售等环节构成了一个完整的产业链。这个产业链包括新能源汽车、清洁能源技术、智能交通系统、绿色基础设施材料等领域。随着绿色交通的推广，这些领域将得到快速发展，形成新的经济增长点。

（2）促进相关产业的联动效应。绿色交通产业的发展不仅局限于交通领域本身，还会带动上下游相关产业的发展。例如，新能源汽车的普及将促进电池制造、电机生产、充电设施建设等配套产业的发展。这些产业的发展将进一步推动经济结构的优化和升级。

（3）推动技术创新与产业升级。绿色交通技术的研发和应用需要不断创新，这将促进区域交通运输领域的技术进步和产业升级。同时，绿色交通产业的发展也将推动其他相关产业进行技术创新和升级，以适应绿色经济的需求。

（4）创造绿色就业岗位。绿色交通产业的发展将创造大量的就业机会。这些就业机会包括技术研发、生产制造、运营管理、售后服务等环节。随着绿色交通产业的不断发展壮大，绿色就业岗位的数量和质量都将得到提升。

（5）促进资源循环利用。绿色交通产业注重资源的节约和循环利用。例如，废旧电池的回收和处理、废旧车辆的拆解和再利用等都是绿色交通产业的重要环节。这些环节的发展将促进资源的循环利用和节约使用，推动经济向循环经济的方向发展。

（6）提升国际竞争力。随着全球对可持续发展和环境保护的重视程度日益增强，绿色交通产业将成为国际竞争的新焦点。我国在绿色交通领域的技术研发和应用方面已经取得了一定成果，未来有望在国际市场上占据一定份额，从而提升我国的国际竞争力。

综上所述，绿色交通与低碳交通的发展不仅有助于实现区域交通运输领域的节能减排和环境保护目标，还将推动绿色经济产业的发展。通过发展绿色交通产业链、促进相关产业的联动效应、推动技术创新与产业升级、创造绿色就业岗位、促进资源循环利用、提升国际竞争力等措施，绿色交通将为经济可持续发展注入新活力和新动力。

四、案例分析

通过国内外典型区域交通运输与区域经济发展协调发展的案例分析，总结经验与教训，为其他地区提供借鉴和参考。

（一）京津冀地区

1. 背景

京津冀地区位于中国北部，包括北京市、天津市及河北省，是中国政治、经济、文化的核心区域。近年来，随着区域一体化进程的加快，京津冀地区面临促进经济协同发展、优化资源配置、提升区域竞争力的迫切需求。区域交通运输系统的优化与升级成为推动京津冀地区经济协调发展的重要手段。

2. 区域交通运输系统的优化与升级

（1）综合交通网络构建。京津冀地区致力于构建高效、便捷、安全、绿色的综合交通网络，包括加快高速铁路、城际铁路、高速公路等基础设施建设，提升区域内部及与周边地区的通达性。同时，推动港口、机场等重要交通节点的协同发展，增强区域对外开放的门户功能。

（2）交通一体化推进。推动区域交通一体化是京津冀协同发展的重要内容，通过打破行政壁垒，加强规划协同、政策对接和执法联动，实现区域交通运输基础设施的互联互通和运输服务的无缝衔接。例如，推动一卡通在区域内的广泛应用，实现公交、地铁等多种交通方式的便捷换乘。

（3）绿色智能交通发展。京津冀地区注重绿色智能交通的发展，通过推广新能源汽车、智能交通系统等先进技术和理念，降低区域交通运输对环境的污染和能耗。同时，加强智能交通管理系统的建设，提高交通运行效率和安全性。

3. 区域交通运输与经济发展的协调作用

（1）促进区域协同发展。便捷的交通网络促进了京津冀地区内各城市之间的要素流动和经济联系。企业可以更容易在不同城市间布局产业、配置资源，形成优势互补、协同发展的良好格局。同时，交通一体化也推动了区域公共服务均等化，提高了居民的生活质量和幸福感。

（2）提升区域竞争力。区域交通运输系统的优化升级增强了京津冀地区的整体竞争力。通过降低物流成本、提高运输效率等方式，增强了区域经济的吸引力和辐射力。同时，区域交通运输基础设施的完善也为区域旅游、物流等产业的发展提供了有力支撑。

（3）推动产业结构升级。便捷的交通条件为京津冀地区产业结构升级提供了有力支持。高新技术产业和现代服务业等新兴产业更容易在区域内集聚和发展，推动了传统产业的转型升级和区域经济的持续增长。

4. 成效与启示

（1）成效显著。经过多年的努力，京津冀地区的区域交通运输系统得到了显著优化升级。综合区域交通运输网络不断完善，区域交通一体化进程加快推进。这些变化为京津冀地区的经济发展注入了强劲动力，推动了区域经济的持续快速增长和高质量发展。

（2）启示深刻。京津冀地区的成功经验表明，区域交通运输系统的优化与升级是推动区域经济发展的重要因素。在制定区域发展规划时，应充分考虑区域交通运输与经济发展的相互关系，通过科学合理的规划来实现两者的协调发展。同时，加强区域合作与交流是推动区域交通运输系统优化升级的重要途径。通过打破行政壁垒、加强政策协同和资源共享等方式，形成区域交通运输发展的合力，共同推动区域经济的繁荣与发展。

（二）长三角地区

1. 背景

长三角地区位于中国东部沿海地区，包括上海市、江苏省、浙江省和安徽省的部分地区，是中国经济最发达、开放程度最高、创新能力最强的区域之一。随着全球化和区域一体化的加速推进，长三角地区在推动区域交通运输系统优化升级方面取得了显著成效，为区域经济的协调发展奠定了坚实的基础。

2. 区域交通运输系统的优化与升级

（1）综合交通网络构建。长三角地区构建了多层次、多模式的综合交通网络。高速铁路、高速公路、城际铁路、内河航道和沿海港口等多种交通方式相互衔接，形成了高效便捷的区域交通体系。这些基础设施的完善不仅提高了区域内的通达性，还加强了与国内外其他地区的联系。

（2）区域交通一体化推进。长三角地区积极推进区域交通一体化进程，通过规划协同、政策对接和项目合作等方式，打破了行政壁垒，实现了区域交通运输基础设施的互联互通和运输服务的无缝衔接。例如，建立了跨区域的交通卡互联互通机制，方便了居民出行。

（3）智能交通系统建设。长三角地区注重智能交通系统的建设和应用，通过引入大数据、云计算、物联网等先进技术，提高了交通管理的智能化水平。智能交通系统能够实时监测交通流量、优化路线规划、减少拥堵发生，为区域经济发展提供了有力支撑。

3. 区域交通运输对经济发展的协调作用

（1）促进要素流动与资源配置。高效的区域交通运输系统促进了长三角地区内部及与其他地区的要素流动和资源配置。企业可以更加便捷地获取原材料、销售产品，降低物流成本和时间成本，增强市场竞争力。同时，便捷的交通也吸引了大量人才和资本向长三角地区集聚，推动了区域经济的创新发展。

（2）优化产业结构与布局。区域交通运输系统的优化升级促进了长三角地区产业结构的调整和升级。高新技术产业、现代服务业等新兴产业在区域内集聚发展，形成了若干具有国际竞争力的产业集群。同时，交通运输的发展也推动了传统产业向高端化、智能化、绿色化方向转型。

（3）增强区域竞争力与合作。长三角地区通过优化交通运输系统，增强了区域的整体竞争力。在国内外市场上具有更强的吸引力和辐射力。同时，区域交通运输的互联互通也促进了长三角地区与其他地区的经济合作与交流，形成了互利共赢的发展局面。

4. 成效与启示

（1）成效显著。经过多年的发展建设，长三角地区的区域交通运输系统得到了显著优化升级。综合区域交通网络不断完善，区域交通一体化进程加快推进。这些变化为长三角地区的经济发展注入了强劲动力，推动了区域经济的持续快速增长和高质量发展。

（2）启示深刻。长三角地区的成功经验表明，区域交通运输系统的优化与升级是推动区域经济发展的重要因素。在制定区域发展规划时，应充分考虑区域交通运输与经济发展的相互关系，通过科学合理的规划来实现两者的协调发展。同时，加强区域合作与交流也是推动区域交通运输系统优化升级的重要途径之一。长三角地区通过打破行政壁垒、加强政策协同和资源共享等方式，形成了区域交通运输发展的合力，共同推动了区域经济的繁荣与发展。

（三）德国鲁尔区

1. 背景

德国鲁尔区曾是全球最大的煤炭和钢铁生产基地之一，对德国乃至欧洲的经济发展作出了巨大贡献。然而，从 20 世纪 50 年代末开始，随着全球产业结构的调整和资源枯竭，鲁尔区陷入严重的经济衰退，传统产业逐渐失去竞争力，失业率高企，环境问题突出。为重振经济，德国政府自 20 世纪 60 年代起实施了一系列复兴计划。其中，区域交通运输系统的改造与升级是复兴计划的核心内容之一。

2. 区域交通运输系统的改造与升级

（1）综合区域交通网络构建。鲁尔区通过大规模投资，建设和完善了包括高速公路、铁路、内河航运和城市轨道交通在内的综合区域交通网络。这些基础设施的升级不仅提高了区域内部的通达性，还加强了与外部市场的联系，为经济复兴奠定了坚实的基础。

（2）物流设施完善。为了促进国际贸易和区域物流发展，鲁尔区建设了多个现代化的物流园区和货运枢纽。这些设施依托高效的区域交通运输系统，降低了物流成本，提高了物流效率，吸引了大量企业在此落户，促进了区域经济的发展。

3. 区域交通运输与经济发展的协调作用

（1）促进产业升级。区域交通运输的改善为鲁尔区的产业升级提供了有力支撑。便捷的交通条件使新兴产业和高科技产业能够迅速在鲁尔区集聚，推动了产业结构的优化升级。同时，交通网络的完善也为传统产业的技术改造和产品升级提供了市场通道，增强了传统产业的竞争力。

（2）带动就业增长。区域交通运输系统的改造和升级过程中，创造了大量的就业机会，有效缓解了鲁尔区的就业压力。同时，随着新兴产业的兴起和区域经济的复苏，鲁尔区的就业形势逐渐好转，居民收入水平和生活质量得到提高。

（3）促进区域合作。便捷的区域交通网络加强了鲁尔区内部各城市间的联系与合作，形成了区域经济发展的合力。同时，鲁尔区还积极与外部地区开展合作与交流，通过共享资源、优势互补等方式推动区域经济的协同发展。

4. 成效与启示

（1）成效显著。经过多年的努力，鲁尔区成功实现了经济复兴。传统产业得到改造升级，新兴产业蓬勃发展；区域交通网络日益完善，物流效率大幅提升；就业形势持续向好，居民生活水平不断提高。

（2）启示深刻。鲁尔区的经验表明，区域交通运输系统的改造与升级是推动区域经济发展的重要因素。在区域经济复兴过程中，应注重区域交通运输基础设施的建设和完善，提高区域通达性和物流效率。同时，应加强区域合作与交流，形成区域经济发展的合力。这些经验和做法对于其他地区的经济复兴和发展具有重要的借鉴意义。

（四）荷兰兰斯塔德地区

1. 背景

兰斯塔德地区是荷兰最大的城市群，包括阿姆斯特丹、鹿特丹、海牙等大城市及其周边地区。该地区以其密集的城市分布、高效的区域交通网络和独特的空间规划闻名于世。然而，随着城市化的加速推进，兰斯塔德地区也面临交通拥堵、环境污染、城市扩张等挑战。为应对这些挑战，荷兰政府制定并实施了一系列发展规划，旨在通过优化区域交通运输系统来促进区域经济的协调发展。

2. 区域交通运输系统的优化与升级

（1）公共交通系统强化。①兰斯塔德地区大力发展轨道交通和公共交通，建立了覆盖广泛的公共交通网络。这些网络包括地铁、轻轨、公交等交通方式，为居民提供了便捷、高效的出行选择。②引入智能调度系统，可以提高公共交通的运营效率和服务质量，缩短等待时长和减少班次延误。

（2）自行车道网络扩展。兰斯塔德地区被誉为"自行车王国"，政府投入大量资金建设自行车道网络，提供安全的骑行环境。这不仅减少了汽车尾气排放和噪声污染，还鼓励了居民采用更加环保和健康的出行方式。

（3）"绿心"保护计划。在兰斯塔德地区的中心区域保留了大片绿地作为"绿心"，限制该区域内的城市扩张和建设。通过高效的公共交通系统将各城市连接起来，减少了对私家车的依赖，缓解了交通拥堵，降低了环境污染。

3. 区域交通运输对经济发展的协调作用

（1）促进经济集聚与扩散。高效的公共交通网络和广泛的自行车道网络提高了区域内部的通达性，促进了经济活动的集聚与扩散。企业可以更容易地在不同城市之间流动和合作，推动了区域经济的整体发展。

（2）提高居民生活质量。便捷的公共交通和骑行环境改善了居民的生活质量。居民可以更加轻松地通勤、购物和娱乐，缓解了交通压力和减少了出行成本。同时，良好的生态环境也提升了居民的幸福感。

（3）促进可持续发展。兰斯塔德地区的发展规划注重环境保护和可持续发展。通过优化区域交通运输系统、推广绿色出行方式等措施，减少了对环境的破坏和污染，推动了区域经济的绿色转型。

4. 成效与启示

（1）成效显著。经过多年的规划与实施，兰斯塔德地区成功实现了区域交通运输与区域经济的协调发展。公共交通系统得到了显著改善，自行车道网络不断完善；居民生活质量得到提高；环境质量得到了有效保护；区域经济保持了稳定增长。

（2）启示深刻。兰斯塔德地区的发展规划表明，通过优化区域交通运输系统、推广绿色出行方式等措施可实现区域经济的可持续发展。这一经验对于其他城市群和区域经济的发展具有重要的借鉴意义。在制定区域发展规划时，应充分考虑区域交通运输与经济发展的相互关系，通过科学合理的规划来实现两者的协调发展。

五、结论与展望

（一）结论

本章深入探讨了区域交通运输与区域经济发展的紧密关系，揭示了区域交通运输在促进区域经济增长、优化产业布局、提高经济效率等方面的重要作用。通过详细分析区域交通运输对区域经济一体化的推动作用，以及绿色交通、低碳交通在区域可持续发展中的重要性，可以得出以下结论。

1. 区域交通运输是区域经济发展的重要支撑

区域交通运输通过提高区域可达性、扩大市场潜力、吸引投资与资源开发等机制，显著促进了区域经济的增长。同时，区域交通运输的发展还优化了区域产业布局，促进了产业结构转型升级，提高了区域经济的整体竞争力。

2. 区域交通运输推动区域经济一体化

高效的区域交通运输系统打破了地理壁垒，促进了要素的自由流动和市场整合，形成了区域经济网络。区域交通运输的发展不仅加强了区域间的经济合作，还提升了区域整体竞争力，推动了区域经济一体化进程。

3. 绿色交通与低碳交通是实现区域可持续发展的重要途径

推广绿色交通方式和应用低碳技术，不仅有助于减少区域交通运输对环境的污染和能耗，还促进了资源节约和环境保护。绿色交通与低碳交通的发展带动了绿色经济产业的兴起，为区域经济提供了新的增长点。

4. 区域合作与政策协调是区域交通运输和区域经济发展协同推进的关键

通过加强区域间的合作与政策协调，可以打破行政壁垒，实现区域交通基础设施的互联互通和运输服务的无缝衔接。同时，政策的支持与引导也为区域交通运输和区域经济的协调发展提供了有力保障。

（二）展望

未来，随着区域经济一体化的深入发展和区域交通运输技术的不断进步，区域交通运输与区域经济发展的关系将更加紧密。为了更好地发挥区域交通运输在区域经济发展中的作用，可以从以下五个方面进行展望。

1. 持续推动区域交通运输技术创新

加大在智能交通、新能源汽车、绿色交通等领域的研发投入力度，推动区域交通运输技术的不断创新。通过应用先进技术和理念，提高区域交通运输系统的效率和安全性，降低能耗和排放。

2. 加强区域合作与政策协调

进一步打破行政壁垒，加强区域间的合作与交流。通过制定统一的区域交通发展规划和政策，实现区域交通运输基础设施的互联互通和运输服务的协同发展。

同时，加强政策协调与整合，确保各地政策在区域交通运输领域的协同作用。

3. 推广绿色交通与低碳生活方式

加大绿色交通理念的宣传力度，提高公众对绿色交通的认知和接受度。通过推广清洁能源交通工具、优化公共交通系统、鼓励骑行与步行等措施，减少机动车使用，降低碳排放。同时，倡导低碳生活方式，促进资源的节约和环境的保护。

4. 完善区域交通运输管理体制与机制

建立健全区域交通运输管理体制与机制，提高区域交通运输管理的科学性和规范性。通过加强监管和执法力度，维护区域交通运输市场的公平竞争和健康发展。同时，完善区域交通运输应急响应机制，提高应对突发事件的能力和效率。

5. 注重人才培养与国际合作

加强区域交通运输领域的人才培养和国际合作，引进和培养高素质的专业人才。通过参与国际区域交通运输领域的交流与合作，学习借鉴国际先进经验和技术，提升我国区域交通运输的整体水平和国际竞争力。

总之，区域交通运输与区域经济发展的关系密不可分。未来，我们需要继续加强区域交通运输系统的建设和优化升级，推动区域经济持续健康发展。通过技术创新、区域合作、绿色交通等多种措施的综合运用，实现区域交通运输与区域经济的协调和可持续发展。

第十章 区域交通运输经济学前沿问题 与未来展望

　　近年来随着全球化和区域一体化的加速发展，区域交通运输经济学作为经济学的一个重要分支，在未来有着广阔的发展前景。通过不断研究和创新，将推动交通运输行业的持续健康发展，为区域经济的协同发展提供有力支撑。具体可以从以下三个方面来思考。当前热点问题探讨：分析区域交通运输经济学领域的热点问题，如智能交通、多式联运、综合交通枢纽建设等；未来发展趋势预测：基于当前研究动态与经济社会发展趋势，预测区域交通运输经济学未来的发展方向；政策建议与研究展望：针对区域交通运输发展中存在的问题与挑战，提出政策建议与研究展望。

一、引言

　　随着全球化进程的加速推进和区域经济一体化的日益深化，区域交通运输作为连接不同地区、促进资源流动与配置的重要纽带，其战略地位日益凸显。区域交通运输不仅承载着人员和货物的移动，更是区域经济互动、市场融合和文化交流的关键基础设施。因此，深入探讨区域交通运输经济学的前沿问题，把握发展趋势，并提出相应的政策建议与研究展望，对推动区域经济协同发展、提升区域交通运输系统的整体效能具有重要意义。

　　本章将聚焦区域交通运输经济学领域的热点议题，如智能交通系统的创新与发展、多式联运体系的优化与完善、综合交通枢纽的高效建设与运营、绿色交通与可持续发展策略及区域交通运输政策的创新实践。通过对这些问题的深入剖析，我们旨在揭示当前交通运输行业面临的挑战与机遇，预测未来发展趋势，并为政策制定者、学术界及从业者提供有价值的参考。在全球化与区域经济一体化的大背景下，期待通过本章的探讨，共同推动区域交通运输行业的持续进步，为区域经济的繁荣与可持续发展贡献力量。

二、前沿问题研究

（一）智能交通的发展与应用

1. 智能交通系统概述

智能交通系统是一种先进的交通管理与服务系统，其将先进的信息技术、数据通信技术、传感技术、控制技术及计算机技术等有效地集成应用于整个地面交通管理系统，建立起在大范围内、全方位发挥作用的，实时、准确、高效的综合区域交通运输管理系统。

2. 关键技术与应用

（1）物联网技术。通过物联网技术实现车辆、道路、交通设施等之间的互联互通，提高区域交通运输系统的感知能力和智能化水平。物联网示意图如图10-1所示。

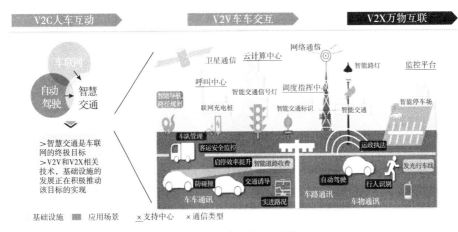

图 10-1 物联网示意图

（2）大数据与云计算。利用大数据技术对海量交通数据进行挖掘和分析，为区域交通运输管理提供决策支持；云计算则为智能交通系统提供了强大的计算能力和存储能力。

（3）人工智能与机器学习。在交通流预测、交通信号控制、自动驾驶等领域应用人工智能和机器学习算法，提高区域交通运输系统的自动化和智能化程度。

3. 自动驾驶技术

自动驾驶技术是智能交通系统的重要组成部分，包括环境感知、决策规划、控制执行等环节。随着传感器技术、计算机视觉、深度学习等技术的不断发展，自动驾驶技术正逐步走向成熟。

4.车路协同与智能网联汽车

车路协同技术通过车辆与道路基础设施之间的信息交换和共享，实现车辆与道路之间的协同工作，提高区域交通运输效率和安全性。智能网联汽车则是集成了车联网和自动驾驶技术的汽车，是未来智能交通系统的重要组成部分。

5.智慧物流与配送

智能交通在物流领域的应用主要体现在智慧物流与智能配送方面。通过优化物流路径、提高运输效率、降低物流成本，智慧物流为区域经济发展提供了有力支撑。智慧物流与传统物流对比如图10-2所示。

图 10-2　智慧物流与传统物流对比

6.政策支持与标准制定

智能交通的发展离不开政策的支持和标准的制定。政府需要出台相关政策鼓励智能交通技术的研发和应用，并制定相关标准规范智能交通系统的建设和运营。

（二）多式联运体系的完善

在现代物流体系中，多式联运作为一种高效、灵活的货物运输方式，对提高货物运输效率、降低物流成本具有重要意义。实现公路、铁路、水路、航空等多种运输方式的无缝衔接，以及构建多式联运信息平台，是实现多式联运体系完善的关键步骤。

1.运输方式的无缝衔接

（1）基础设施互联互通。①枢纽建设。加强不同运输方式之间转换枢纽的建设，确保各种运输方式在枢纽内能够实现顺畅转换。例如，建设公铁联运站、铁水联运港口等，使货物在不同运输方式之间能够无缝衔接。②标准化建设。推动不同运输方式之间的设施设备标准化，确保装卸设备、运输工具等在多种运输方式之间通用，减少换装时间和成本。

（2）信息系统集成。①信息系统对接。建立统一的信息平台，实现公路、铁路、水路、航空等不同运输方式信息系统的对接，确保货物在不同运输环节中的信息能够实时共享。②智能调度。运用大数据、云计算等现代信息技术，对货物运输进行智能调度，优化区域交通运输路线和运输方式，提高货物运输效率。

（3）政策与标准制定。①政策支持。政府应出台相关政策，鼓励和支持多式联运的发展，提供资金、税收等方面的优惠措施。②标准制定。制定和完善多式联运的相关标准和规范，确保不同运输方式之间的协调和配合，降低多式联运过程中的风险和不确定性。

2. 信息共享平台的建设

（1）必要性分析。多式联运信息平台的建设对于提高货物运输效率、降低物流成本具有重要意义。通过信息平台，运输企业、货主、货代等可以实时获取货物运输状态、位置、预计到达时间等信息，提高供应链的透明度和响应速度。同时，信息平台还可以实现物流资源的优化配置，避免资源浪费和重复建设。

（2）信息共享机制。①数据交换。建立统一的数据交换标准和接口，实现不同运输方式之间、不同企业之间的数据交换和共享。②实时监控。通过物联网、GPS等技术手段，实时监控货物运输状态，确保货物运输过程中的安全和稳定。③智能分析。运用大数据分析技术，对货物运输数据进行深度挖掘和分析，为企业提供决策支持。

（3）优化资源配置。①运力优化。根据货物需求和运输能力，通过信息平台实现运力的优化配置，提高运输效率。②库存管理。实时掌握库存情况，优化库存管理策略，减少库存积压和资金占用。③路线优化。根据实时交通信息和货物特性，优化运输路线和运输方式，降低运输成本和风险。

（三）综合区域交通运输枢纽的建设与管理

1. 功能定位

综合区域交通运输枢纽作为区域交通网络的核心节点，不仅是各种运输方式转换的中心，还是区域人流、物流、信息流的重要集散地。综合区域交通运输枢纽的功能主要包括以下内容。

（1）多种运输方式的无缝衔接。实现公路、铁路、航空、水运等运输方式的有效对接，提高整体运输效率。

（2）区域经济发展的引擎。通过促进人员、物资的快速流动，增强区域经济活力，推动区域经济增长。

（3）应急响应和救援中心。在自然灾害或突发事件中，发挥重要的物资调配和人员疏散作用。

2. 布局策略

根据区域发展需求进行合理布局，需考虑以下因素。

（1）区域经济发展战略。与区域总体发展规划相协调，支撑重点产业发展和城市扩张。

（2）区域交通流量预测。基于历史数据和未来趋势分析，合理预测区域交通枢纽的交通流量，确保区域枢纽容量与需求相匹配。

（3）地理与环境条件。充分利用现有的基础设施，减少对环境的影响，避开地质灾害易发区域。

（4）区域协调发展。加强区域间的互联互通，促进经济要素的自由流动，缩小区域发展差距。

3. 枢纽的运营管理

（1）运营管理模式。综合区域交通运输枢纽的运营管理需采取高效、协调、智能的管理模式。①一体化管理。实现多种运输方式的一体化管理，优化资源配置，减少换乘时间和成本。②信息化与智能化。运用现代信息技术，如大数据、云计算、物联网等，提高枢纽的运行效率和安全性。③顾客导向服务。注重提升顾客体验，提供便捷、个性化的服务，满足多样化的出行需求。

（2）提高运行效率和服务质量的策略。①优化流程设计。简化换乘流程，缩短等待时间，提高通行效率。②智能调度系统。利用智能调度系统，根据实时区域交通流量调整运力分配，缓解拥堵。③设施维护与升级。定期维护和升级区域交通设施，确保其良好运行，减少故障发生。④应急响应机制。建立完善的应急响应机制，快速应对突发事件，保障旅客安全。⑤员工培训与激励。加强对员工的培训，提高其专业素养和服务意识，同时实施有效的激励机制，提升工作积极性和服务质量。

由此可知，综合区域交通运输枢纽的建设与管理需要综合考虑功能定位、布局策略及运营管理模式等方面，以实现区域交通运输网络的高效运行和区域经济的持续健康发展。

（四）绿色交通与可持续发展

1. 低碳交通系统的构建

（1）推动绿色转型。低碳交通系统的构建是区域交通运输行业实现绿色转型的关键。这一转型旨在通过优化运输结构、提高能效、减少污染排放等方式，降低区域交通运输对环境的影响。具体措施包括：①优化交通模式。鼓励公共交通、骑行、步行等低碳出行方式，减少对私家车的依赖。②推广清洁能源。在区域交通运输中广泛使用清洁能源，如电力、天然气、氢能等。③提升能效技术。通过技术创新提升交通工具的能效，如混合动力技术、轻量化材料的应用等。

（2）降低碳排放。构建低碳区域交通系统的核心目标是减少碳排放，可以通过以下途径实现：①实施区域交通运输需求管理。通过经济手段（如拥堵收费、停车收费）和行政手段（如限制私家车进入特定区域）调控区域交通需求，减少不必要的出行。②智能交通系统。利用大数据、云计算等现代信息技术优化交通流量管理，缓解拥堵和减少无效行驶，从而降低能耗和排放。

2. 清洁能源交通工具的推广

（1）政策激励。政府通过一系列政策措施激励清洁能源交通工具的普及，包括：①购车补贴与税收优惠。为购买清洁能源交通工具的消费者提供购车补贴或税收减免。②基础设施建设。加大充电站、加氢站等清洁能源基础设施的建设力度，解决清洁能源交通工具的"续航焦虑"。

（2）市场需求。随着环保意识的增强和能源价格的波动，消费者对清洁能源交通工具的需求逐渐增加。这要求汽车制造商加大研发投入力度，提供更多样化、更实用的清洁能源交通工具，满足市场需求。

（3）技术创新。技术创新是推动清洁能源交通工具普及的重要因素，包括：①电池技术。提高电池的能量密度、降低成本、延长使用寿命，是电动汽车发展的关键。②氢燃料电池技术。氢燃料电池汽车具有零排放、长续航等优点，但其成本和技术成熟度仍需进一步提升。

由此可知，绿色交通与可持续发展在《区域交通运输经济学》中体现为低碳交通系统的构建和清洁能源交通工具的推广。这两个方面相互促进，共同推动区域交通运输行业的绿色转型和可持续发展。

（五）区域交通运输政策创新

1. 跨区域交通运输合作机制

（1）打破行政壁垒。跨区域交通运输合作面临的主要障碍之一是行政壁垒。为促进跨区域交通运输资源的优化配置，具体措施包括以下三项：①建立跨区域协调机构。成立专门的协调机构或委员会，负责跨区域交通运输规划的制定、执行与监督，确保各方利益得到兼顾。②统一规划标准。制定统一的区域交通运输发展规划和标准，确保跨区域交通基础设施的互联互通和运输服务的无缝衔接。③信息共享机制。建立信息共享平台，促进跨区域交通流量、运力配置、路况信息等的实时共享，提高整体运输效率。

（2）促进资源优化配置。①合理分配资源。根据区域交通运输的实际需求，合理分配资金、技术和人力资源，确保重点项目的顺利实施。②鼓励社会资本参与。通过公私合作（PPP）模式等，鼓励社会资本参与区域交通运输基础设施的建设和运营，减轻财政压力。

2. 政策工具的选择与评估

（1）政策工具分类。政策工具在促进区域交通运输发展中起着关键作用，常见的政策工具包括财政补贴、税收优惠、贷款优惠、土地政策、法规制定等。

（2）效果评估。①经济效益评估。分析政策工具对区域交通运输基础设施建设、运营成本、运营效率等方面的直接影响，以及通过改善区域交通运输条件对区域经济增长的间接贡献。②社会效益评估。考察政策工具在提升居民出行便利性、降低环境污染、缓解交通拥堵等方面的社会效益。③环境效益评估。特别关注绿色交通和低碳交通政策工具在节能减排、资源循环利用等方面的环境效益。

（3）改进建议。①灵活调整政策工具。根据政策实施效果和市场变化，灵活调整政策工具的种类和力度，确保政策目标的实现。②加强政策协同。不同政策工具间应加强协同作用，形成政策合力，提高政策实施效果。③完善监管机制。建立健全政策执行的监管机制，确保政策工具的有效实施和资源的合理使用。

综上所述，区域交通运输政策创新在前沿问题研究中主要体现在跨区域交通运输合作机制的建立和政策工具的选择与评估上。通过打破行政壁垒、促进跨区域资源优化配置，以及科学选择和评估政策工具，可以推动区域交通运输的协调发展，实现区域交通运输行业的可持续发展目标。

三、未来发展趋势预测

（一）技术创新引领区域交通运输变革

1. 自动驾驶与智能网联技术的推广应用

（1）自动驾驶技术的加速发展。自动驾驶技术将逐渐成为区域交通运输行业的重要组成部分，通过先进的传感器、计算机视觉、机器学习等技术，实现车辆的自主导航，这将显著提高道路安全、减少道路交通事故的发生，优化交通流量管理。

（2）智能网联交通系统。智能网联交通系统将车辆、道路基础设施、云端平台等相互连接，实现信息的实时共享与交互。这一系统能够提供更精准的实时路况信息、优化路线规划，从而提高整体区域交通运输效率。智慧网联交通系统平台如图 10-3 所示。

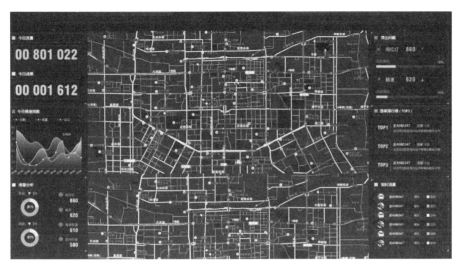

图 10-3　智能网联交通系统平台

（3）智能化管理与服务。随着自动驾驶技术和智能网联技术的应用，交通管理将更加智能化，包括智能信号控制、智能停车管理、智能收费系统等。同时，基于大数据和人工智能的个性化出行服务将不断涌现，提升用户体验。

2.多式联运体系的完善与无缝衔接

（1）多式联运网络的构建。未来，多式联运体系将更加完善，形成公路、铁路、水路、航空等多种运输方式的无缝衔接网络。这将有助于优化资源配置，提高物流效率，降低物流成本。

（2）信息平台的整合与共享。通过建立统一的多式联运信息平台，实现不同运输方式之间的信息共享与协同作业。平台将整合货运需求、运力资源、运输价格等信息，为货主提供一站式服务，提高物流运作的透明度和效率。

（3）标准化与规范化建设。推动多式联运标准化与规范化建设，包括装卸标准、转运规范、信息交换标准等，确保不同运输方式之间的顺畅衔接和高效运作。

综上所述，技术创新将引领区域交通运输行业的深刻变革。自动驾驶和智能网联技术的应用将提高区域交通运输系统的安全性和效率，而多式联运体系的完善与无缝衔接将进一步提升物流效率，降低物流成本。这些变革将共同推动区域交通运输行业的智能化升级和可持续发展。

（二）绿色低碳成为主导趋势

1.绿色交通与低碳交通的推广

（1）清洁能源交通工具的普及。随着全球对环境保护意识的增强，清洁能源交通工具(如电动汽车、氢能源汽车、混合动力汽车等)将得到广泛推广。这些交通工具相较传统的燃油车具有更低的碳排放和更环保的特点,有助于减少区域交通运输对环境的负面影响。

(2)绿色交通基础设施的建设。区域交通运输部门将加大对绿色交通基础设施的投资和建设力度,包括建设充电站、加氢站等配套设施,以及优化公共交通网络,提高公共交通的便捷性和吸引力,鼓励居民选择绿色出行方式。

(3)低碳技术的研发与应用。推动低碳技术在区域交通运输领域的应用,如轻量化材料、能量回收系统、智能交通管理系统等,以降低区域交通运输过程中的能耗和排放。同时,加强绿色交通技术的研发和创新,提高区域交通运输系统的整体能效和环保水平。

2. 碳排放的显著下降

(1)政策引导与法规支持。政府将出台更加严格的环保法规和政策措施,限制高污染、高能耗的交通工具和运输方式的使用,鼓励和支持绿色交通的发展。这些政策将引导企业和个人采取低碳、环保的出行方式,推动区域交通运输行业的碳排放显著下降。

(2)碳交易市场机制的建立。推动碳交易市场机制在区域交通运输领域的建立和应用,通过碳排放权的交易和分配,激励企业减少碳排放并寻求低碳转型。有助于形成有效的碳排放约束机制,推动整个行业向绿色低碳方向发展。

(3)公众环保意识的提升。随着环保教育的普及和公众环保意识的提升,居民将更加注重绿色出行和低碳生活,将更倾向选择清洁能源交通工具、公共交通等环保出行方式,共同推动区域交通运输行业的绿色低碳转型。

综上所述,绿色低碳将成为未来区域交通运输发展的主导趋势。通过清洁能源交通工具的普及、绿色交通基础设施的建设、低碳技术的研发与应用及碳排放的显著下降等措施的推进,区域交通运输行业将实现更加环保、可持续发展。

(三)区域交通运输合作深化

1. 区域经济一体化推动跨区域交通运输合作

(1)跨区域交通运输网络的建设与完善。随着区域经济一体化的推进,跨区域交通运输网络的建设将得到进一步加强,如高速铁路、高速公路、航空、水运等运输方式的互联互通,形成覆盖广泛、高效便捷的跨区域交通网络。促进不同区域之间的紧密联系和合作,为资源要素的自由流动和优化配置提供有力支撑。

(2)资源要素的自由流动。区域经济一体化将打破地理界限,推动资本、劳动力、技术、信息等资源要素在更广泛的区域内自由流动。区域交通运输网络的完善将降低运输成本和时间成本,提高资源要素的流动效率,促进区域经济协同发展。

2. 综合区域交通运输枢纽的重要作用

（1）综合区域交通运输枢纽成为区域经济支撑点。综合区域交通运输枢纽作为连接不同运输方式和区域的节点，将在区域经济发展中发挥重要作用。它们将成为物流、人流、信息流的重要集散地，推动区域经济活动的集聚和扩散，促进区域经济一体化发展。

（2）促进区域经济协同发展。综合区域交通运输枢纽通过优化资源配置和提供高效便捷的运输服务，将促进不同区域间的经济合作与交流。它们将成为区域经济协同发展的重要纽带，推动区域间产业分工与合作的深化，形成优势互补、互利共赢的区域经济发展格局。

综上所述，区域经济一体化将推动跨区域交通运输合作的深化。通过区域交通运输网络的建设与完善，以及综合区域交通运输枢纽的支撑作用，将促进资源要素的自由流动和优化配置，推动区域经济协同发展。这将为区域交通运输经济学带来新的发展机遇和挑战，需要政策制定者、企业和学术界共同努力探索和实践。

（四）数字经济与区域交通运输深度融合

1. 智能交通系统的广泛应用

随着数字经济的快速发展，智能区域交通运输系统将在区域交通运输行业中得到广泛应用。智能区域交通运输系统利用大数据、云计算、物联网等现代信息技术，对区域交通运输进行全方位、实时性的管理和监控，实现交通流量的智能调度、路况信息的实时共享、交通事故的快速响应等功能。不仅能提高区域交通运输系统的运行效率，还能显著提升交通安全性，缓解交通拥堵。

2. 共享出行的持续发展

数字经济促进了共享经济的兴起，共享出行作为其中的重要组成部分，将持续满足消费者多样化、个性化的出行需求。通过共享汽车、共享单车、网约车等新兴业态，消费者可以根据自身需求灵活选择出行方式，享受便捷、高效的出行服务。共享出行的发展不仅能缓解城市交通压力，还能促进资源的高效利用，推动绿色低碳出行理念的普及。

3. 业态模式与服务方式的创新

数字经济的深入发展将进一步改变区域交通运输行业的业态模式和服务方式。一方面，传统区域交通运输企业将加速数字化转型，通过建设数字化平台、优化服务流程等手段，提升服务质量和运营效率；另一方面，新兴互联网企业将利用自身优势，与区域交通运输行业深度融合，推出更多创新性的产品和服务，如基于位置的精准广告推送、个性化出行规划等，满足消费者的多样化需求。

综上所述，数字经济与区域通运输的深度融合将推动智能交通系统的广泛应用、共享出行的持续发展，以及业态模式与服务方式的创新。因此，区域交通运输行业将面临前所未有的发展机遇和挑战，需要行业内外共同努力探索和实践新的发展模式和服务路径。

四、案例分析

（一）国内智能交通成功案例：杭州城市大脑

1. 成功要素

（1）政府主导与政策支持。①杭州城市大脑项目得到了杭州市政府的高度重视和全力支持。政府不仅提供了政策导向，还投入了大量资金和资源，确保了项目的顺利推进。②政府通过制定相关政策和规划，为智能交通系统的发展提供了良好的政策环境。

（2）技术创新与研发投入。①杭州城市大脑项目充分利用了大数据、云计算、物联网、人工智能等现代信息技术，实现了区域交通运输系统的智能化升级。②杭州市在智能交通技术研发方面投入了大量资源，吸引了众多高科技企业和研究机构参与，推动了技术创新和成果转化。

（3）跨部门协同与数据共享。①杭州城市大脑项目实现了公安、交通、城管等多个政府部门的协同工作，打破了数据壁垒，实现了数据的互联互通和共享。②通过跨部门协同，项目能够更全面地掌握城市交通状况，提高决策的科学性和准确性。

（4）公众参与与反馈机制。①杭州城市大脑项目注重公众参与，通过多种渠道收集市民的意见和建议，不断优化和完善系统功能。②建立了有效的反馈机制，及时响应市民关切，提高了市民对智能交通系统的认同感和满意度。

（5）可持续发展与绿色交通。杭州城市大脑项目在推动智能交通发展的同时，也注重绿色交通和可持续发展。通过优化交通流、缓解拥堵和减少排放，为城市环境保护和可持续发展作出了贡献。

2. 实施过程

（1）项目规划与顶层设计。①杭州市政府首先进行了项目规划和顶层设计，明确了项目的目标、任务和实施路径。②制订了详细的项目实施方案和计划，明确了各部门的职责和任务分工。

（2）基础设施建设与数据整合。①加强了区域交通运输基础设施的建设和升级，包括道路、桥梁、隧道、公共交通设施等。②建立了统一的数据中心和信息平台，实现了交通数据的整合和共享。

（3）技术研发与应用。①依托高校、科研机构和企业等创新主体，开展了智能交通技术的研发和应用。②开发了智能交通管理系统、智能信号控制系统、智能停车管理系统等一系列智能化应用。

（4）系统测试与优化。在项目实施过程中，进行多次系统测试和调试，确保系统的稳定性和可靠性。根据测试结果和市民反馈，不断优化和完善系统功能。

（5）宣传推广与公众参与。通过多种渠道宣传推广杭州城市大脑项目，提高了市民的知晓率和参与度。建立了公众参与机制，鼓励市民提出意见和建议，共同推动项目的发展。

3. 成效

（1）交通拥堵缓解。杭州城市大脑项目通过智能调度和优化交通流，有效缓解了城市交通拥堵，提高了道路通行能力和交通效率，缩短了市民的出行时间和减少了出行成本。

（2）交通事故减少。通过智能交通系统的实时监控和预警功能，及时发现并处理交通事故隐患，降低了交通事故的发生率，提高了交通安全性。

（3）环境改善。①通过缓解交通拥堵和减少排放，改善了城市空气质量，降低了噪声污染。②推动了绿色交通和可持续发展理念的普及和实践。

（4）城市管理效率提升。杭州城市大脑项目提高了城市管理的智能化水平，实现了对城市交通、环境、安全等方面的实时监控和管理。提高了城市管理效率和服务水平，增强了市民的获得感和幸福感。

（5）经济效益显著。通过智能交通系统的应用，降低了交通运营成本，提高了交通资源的利用效率。促进了相关产业的发展和就业增长，为城市经济发展注入了新动力。

4. 给其他地区提供的借鉴

（1）加强政府主导与政策支持。其他地区应借鉴杭州市的经验，加强政府主导和政策支持，为智能交通系统的发展提供良好的政策环境。

（2）注重技术创新与研发投入。加大智能交通技术的研发投入力度，吸引高科技企业和研究机构参与，推动技术创新和成果转化。

（3）推动跨部门协同与数据共享。打破部门壁垒，推动跨部门协同工作，实现数据的互联互通和共享，提高决策的科学性和准确性。

（4）建立公众参与与反馈机制。注重公众参与，建立有效的反馈机制，及时响应市民关切，提高市民对智能交通系统的认同感和满意度。

（5）注重可持续发展与绿色交通。在推动智能交通发展的同时，注重绿色交通和可持续发展，优化交通流、缓解拥堵和减少排放，为城市环境保护和可持续发展作出了贡献。

（二）国外智能交通成功案例：新加坡智能交通系统

1. 成功要素

（1）政策支持与规划先行。新加坡政府高度重视智能交通系统建设，通过制定明确的政策目标和长远规划，为智能交通系统发展提供了坚实的政策保障。政府不仅提供必要的资金支持，还通过立法手段保障项目的顺利实施。

（2）技术集成与创新。①新加坡智能交通系统集成了多种先进技术，如先进的交通管理系统、电子道路收费系统及广泛的传感器网络。这些技术的应用，极大地提高了交通管理的效率和准确性。②新加坡政府鼓励企业技术创新，与国内外科研机构合作，不断引入和开发新技术，以适应区域交通运输管理的需要。

（3）数据驱动决策。新加坡智能交通系统依赖大量的实时交通数据，通过对这些数据的分析和挖掘，为交通管理提供了科学的决策依据。政府建立了专门的数据平台（如 LTA DataMall），方便企业和开发者利用这些数据开发创新交通应用。

（4）公众参与和教育。新加坡政府注重公众参与和交通教育，通过广泛的宣传和引导，提高了公众对智能交通系统的认知和接受度。公众参与不仅有助于系统的推广，还有助于收集反馈意见，不断优化系统功能。

（5）跨部门协作。新加坡智能交通系统的成功实施离不开跨部门的紧密协作。政府各部门在规划、建设、运营等环节中密切配合，形成了强大的工作合力，确保了项目的顺利实施和高效运行。

2. 实施过程

（1）需求分析与规划制定。政府首先进行详细的区域交通运输需求分析，明确智能交通系统建设的目标和任务。在此基础上，制定科学合理的规划方案，明确项目的时间表、预算和资源配置。

（2）技术选型与招标。根据规划方案，政府进行技术选型，确定采用哪些先进技术和设备。随后进行公开招标，选择有经验、有实力的企业参与项目建设和运营。

（3）系统建设与集成。中标企业按照规划方案进行智能交通系统的建设和集成工作。例如，在安装传感器、建设数据中心、开发管理软件等环节，政府和企业密切配合，确保项目按时、按质完成。

（4）测试与调试。系统建设完成后，进行严格的测试和调试，确保各项功能正常运行。政府和企业共同制定测试方案，模拟各种交通场景进行测试，确保系统的稳定性和可靠性。

（5）上线运行与优化。系统通过测试后正式上线运行。政府和企业持续监控系统运行状态，收集用户反馈意见，不断优化系统功能和性能。同时，加强用户教育和宣传引导工作，提高公众对系统的认知和接受度。

3. 成效

（1）交通拥堵缓解。通过智能交通系统的实施，新加坡城市交通拥堵问题得到有效缓解。电子道路收费系统通过道路收费调节车流量，使高峰时段的交通状况得到显著改善。同时，系统的实时监控和调度功能也提高了道路的使用效率。

（2）交通事故减少。智能交通系统通过提高交通管理的精准度和及时性，有效降低了交通事故的发生率。系统的数据分析功能能够预警潜在的安全隐患，为交通管理者提供及时的决策支持。

（3）空气质量改善。随着交通拥堵的缓解和交通事故的减少，新加坡的空气质量也得到明显改善。尤其是电子道路收费系统的实施减少了市中心的车流量和尾气排放量，对改善空气质量起到了积极的作用。

（4）经济效益提升。智能交通系统的实施不仅提高了交通管理的效率和质量，还带动了相关产业的发展。例如，LTA DataMall 平台为交通应用开发者提供了丰富的数据源和接口支持，促进了智能交通产业的创新和发展。

（5）公众满意度提高。通过广泛的公众参与和教育引导工作，新加坡公众对智能交通系统的认知和接受度不断提高。系统的便捷性和高效性使公众出行更加便捷和舒适，增强了公众的满意度和幸福感。

4. 给其他国家和地区提供的借鉴

（1）政策支持与规划先行。其他国家和地区在实施智能交通系统前应加强政策支持和规划制定工作，明确项目的目标和任务。通过立法手段保障项目的顺利实施并提供必要的资金支持。

（2）技术集成与创新。积极引进和开发先进技术，确保智能交通系统的先进性和可靠性。同时，鼓励企业技术创新和产学研合作，推动智能交通产业的持续发展。

（3）数据驱动决策。建立专门的数据平台收集和分析实时交通数据，为交通管理提供科学的决策依据。同时，加强数据安全和隐私保护工作，确保数据的合法合规使用。

（4）公众参与与教育。加强公众参与和交通教育工作，提高公众对智能交通系统的认知和接受度。通过广泛的宣传和引导，收集公众反馈意见并不断优化系统功能和服务质量。

（5）跨部门协作。加强政府各部门间的协作与配合工作，形成工作合力确保项目的顺利实施和高效运行。同时，加强与企业和科研机构的合作与交流工作，共同推动智能交通系统的发展和应用。

（三）国内多式联运成功案例：武汉阳逻港多式联运示范工程

1. 成功要素

（1）地理位置优越。武汉阳逻港位于长江中游，是连接东部沿海地区与中西部地区的重要交通枢纽。地理位置得天独厚，便于水路、铁路、公路等多种运输方式的衔接，为多式联运提供了良好的基础条件。

（2）政策支持与规划引导。国家及地方政府对多式联运的发展给予了高度重视，出台了一系列政策措施支持多式联运的发展。武汉阳逻港多式联运示范工程作为重点项目得到了政策倾斜和资金支持。

（3）基础设施完善。武汉阳逻港拥有现代化的港口设施和完善的集疏运体系，如铁路专用线、公路网络等，为多式联运提供了高效的物流通道。

（4）企业合作与联盟。示范工程通过吸引多家物流企业和运输企业参与，形成了紧密的合作关系和联盟机制。企业间资源共享、优势互补，共同推动多式联运的发展。

（5）信息技术应用。示范工程广泛应用现代信息技术，建立了多式联运信息平台，实现了物流信息的实时共享和协同作业。这提高了物流运作的透明度和效率，降低了成本。

2. 实施过程

（1）需求分析与规划制定。对区域物流需求进行深入分析，明确多式联运示范工程的建设目标和任务。制定科学合理的规划方案，明确项目的时间表、预算和资源配置。

（2）基础设施建设。加强港口、铁路、公路等基础设施的建设和完善，确保各种运输方式之间的无缝衔接。建设多式联运专用通道和换装设施，提高物流运作效率。

（3）信息平台建设。建立多式联运信息平台，实现物流信息的实时共享和协同作业。平台整合各方资源，提供一站式物流服务，降低物流成本，提高物流效率。

（4）企业合作与联盟。吸引多家物流企业和运输企业参与示范工程，形成紧密的合作关系和联盟机制。通过资源共享和优势互补，共同推动多式联运的发展。

（5）运营优化与调整。在运营过程中不断收集反馈意见，对多式联运流程进行优化和调整。提高服务质量，降低成本，满足客户需求。

3. 成效

（1）物流效率提升。多式联运示范工程的实施显著提高了物流效率。通过优化运输路线和运输方式，减少了中转环节，缩短了等待时间，降低了物流成本。

（2）经济效益增加。多式联运的发展带动了相关产业的发展，增加了就业机会和税收收入。同时，通过降低物流成本，提高了企业和产品的竞争力。

（3）环保效益显著。多式联运减少了运输过程中的能源消耗和污染物排放，有助于改善区域环境质量。通过优化运输结构，促进了绿色低碳物流业的发展。

（4）示范效应明显。武汉阳逻港多式联运示范工程的成功实施为其他地区提供了可借鉴的经验和模式。其示范效应促进了多式联运在全国范围内进行推广和应用。

4. 为其他地区提供的借鉴

（1）加强政策支持和规划引导。政府应加强对多式联运发展的政策支持和规划引导，出台具体措施鼓励企业参与多式联运项目。

（2）完善基础设施建设。加强港口、铁路、公路等基础设施的建设和完善，确保各种运输方式之间的无缝衔接。提高物流运作效率和服务质量。

（3）推动信息技术应用。广泛应用现代信息技术建立多式联运信息平台，实现物流信息的实时共享和协同作业。提高物流运作的透明度和效率。

（4）促进企业合作与联盟。鼓励物流企业和运输企业之间的合作与联盟，形成资源共享和优势互补的机制。共同推动多式联运的发展和应用。

（5）持续优化运营流程。在运营过程中不断收集反馈意见，对多式联运流程进行优化和调整。提高服务质量，降低成本，满足客户需求。

（四）国外多式联运成功案例：美国洛杉矶联合运输中心

1. 成功要素

（1）地理位置优越。洛杉矶联合运输中心位于洛杉矶市中心，是加利福尼亚州铁路系统的核心枢纽，连接了多条主要铁路线路和公交线路，同时紧邻多个高速公路入口，为多种运输方式的无缝衔接提供了得天独厚的条件。

（2）综合交通枢纽设计。联合运输中心被设计为一个综合区域交通运输枢纽，集成铁路、公交、轻轨、出租车、自行车共享等交通方式，方便乘客在不同交通方式间快速换乘，提高交通效率。

（3）公私合作模式。该项目的成功实施得益于公私合作模式的应用，政府与企业共同投资建设和运营，既确保了项目的资金需求，又引入了企业的专业管理和运营经验。

（4）高效的运营管理。洛杉矶联合运输中心采用了先进的运营管理系统，包括智能调度、客流监控等，确保了交通枢纽的高效、安全运行。

（5）多元服务。除了基本的交通换乘服务，联合运输中心还提供餐饮、零售、游客信息服务等多元服务，提升了乘客的出行体验。

2. 实施过程

（1）规划与设计。项目初期进行了详细的规划和设计，确保交通枢纽的布局合理、功能完善。同时，考虑了未来交通需求的增长，预留了扩展空间。

（2）基础设施建设。进行了大规模的基础设施建设，包括扩建站房、增加站台、改造轨道系统等，确保各种交通方式能够顺畅接入和转换。

（3）信息系统集成。建设了先进的信息系统，实现了不同交通方式之间的信息共享和协同作业。乘客可以通过多种渠道获取实时交通信息，方便规划出行路线。

（4）合作机制建立。与多家运输企业、地方政府和相关机构建立了紧密的合作关系，共同推动项目的实施和运营。

（5）测试与调整。在项目初期进行了多次测试和试运行，收集反馈意见并进行调整优化，确保交通枢纽能够高效、安全地运行。

3. 成效

（1）区域交通运输效率提升。联合运输中心显著提高了洛杉矶地区的交通效率，缩短了换乘时间和减少了出行成本。

（2）促进经济发展。作为城市的重要区域交通运输枢纽，联合运输中心带动了周边地区的商业开发和经济发展，吸引了大量人流和物流。

（3）环保效益显著。通过鼓励乘客使用公共交通工具，减少了私家车的使用，降低了污染物排放。

（4）提升城市形象。作为现代化城市的重要标志之一，联合运输中心提升了洛杉矶的城市形象和国际知名度。

4. 给其他地区提供的借鉴

（1）综合区域交通运输枢纽建设。借鉴洛杉矶联合运输中心的经验，其他地区应积极推进综合区域交通运输枢纽的建设，实现多种交通方式的无缝衔接。

（2）公私合作模式。鼓励公私合作模式在交通基础设施建设中的应用，利用社会资本提高项目的实施效率和运营水平。

（3）信息系统建设。加强信息系统的建设和集成，实现不同交通方式之间的信息共享和协同作业，提高区域交通运输系统的整体效率。

（4）政府与企业合作。加强政府与企业间的合作机制建设，共同推进交通项目的规划、建设和运营。

（5）注重乘客体验。在区域交通运输枢纽的设计和运营过程中注重提升乘客体验，提供多元服务满足乘客需求，增强区域交通运输枢纽的吸引力和竞争力。

（五）国内综合区域交通运输枢纽建设成功案例：北京大兴国际机场

1. 成功要素

（1）高标准的规划与设计。北京大兴国际机场秉持"世界眼光、国际标准、中国特色、高点定位"原则，采用先进的"五指廊"结构，提高了机场的运行效率和旅客的便捷性。

（2）先进技术的应用。机场广泛应用了智能化技术，包括自动化行李处理系统、智能安检、面部识别技术等，提升了旅客的出行体验和机场的运营效率。

（3）高效的交通接驳。机场周边构建完善的综合区域交通运输网络，包括轨道交通、高速公路等多种交通方式，实现了与北京市区及周边城市的快速连接。

（4）绿色生态理念。在建设和运营过程中，北京大兴国际机场注重绿色环保，采用雨水收集利用、光伏发电等环保措施，致力于打造绿色生态机场。

（5）政府与企业合作。机场的建设和运营得到了政府的大力支持和多方企业的积极参与，形成了合力推动项目顺利实施的良好局面。

2. 实施过程

（1）科学规划与论证。项目经历了长时间的规划和论证阶段，确保设计方案的合理性和可行性。

（2）基础设施建设。实施大规模的基础设施建设，如航站楼、跑道、停机坪、交通接驳设施等，确保机场的硬件条件达到国际一流水平。

（3）智能化系统建设。构建先进的智能化系统，如行李处理系统、旅客服务系统、运营管理系统等，为机场的高效运营提供了有力支撑。

（4）环保措施实施。在建设过程中实施了多项环保措施，确保机场建设与生态环境保护相协调。

（5）测试与试运行。在正式投入使用前进行了多次测试和试运行，收集反馈意见并进行优化调整，确保机场顺利投入运营。

3. 成效

（1）提升国际形象。北京大兴国际机场的建成和投入使用提升了中国的国际形象，成为展示中国式现代化建设成就的重要窗口。

（2）促进区域经济发展。北京大兴国际机场的建成带动了周边区域的商业开发和经济发展，吸引了大量的人流、物流和信息流。

（3）提高旅客出行体验。先进的基础设施和智能化服务提高了旅客的出行效率和舒适度，增强了旅客的满意度和忠诚度。

（4）推动绿色交通发展。机场的绿色生态理念和实践为其他交通项目提供了可借鉴的经验和模式，推动了绿色交通的发展。

4. 给其他地区提供的借鉴

（1）高标准的规划与设计。在综合区域交通运输枢纽建设中应坚持高标准规划与设计，确保项目的前瞻性和可行性。

（2）智能化技术应用。加大智能化技术的投入和应用力度，提升区域交通运输枢纽的运营效率和旅客的出行体验。

（3）完善交通接驳网络。构建完善的交通接驳网络，实现多种交通方式的无缝衔接和快速转换。

（4）注重绿色环保。在建设和运营过程中注重环保措施的实施和推广，打造绿色生态的综合区域交通运输枢纽。

（5）政府与企业合作。加强政府与企业间的合作机制建设，共同推动综合区域交通运输枢纽项目的规划、建设和运营。

（六）国外综合区域交通运输枢纽建设成功案例：日本东京站

1. 成功要素

（1）多式联运的典范。东京站作为日本最重要的区域交通运输枢纽之一，实现了新干线、地铁、巴士、出租车等多种交通方式的无缝衔接，便利了旅客的换乘需求。

（2）高效的站区规划。站区规划合理，将商业、办公、住宿等多种功能融为一体，形成了一个集交通、商业、娱乐于一体的综合区域交通运输枢纽，提高了土地利用效率和商业价值。

（3）优质的服务设施。东京站内部设有完善的旅客服务设施，包括休息区、便利店、餐饮区等，为旅客提供了便捷舒适的候车和换乘环境。

（4）智能化技术应用。东京站广泛采用智能化技术，如信息显示屏、自动售票机、导航系统等，提高了车站的运营效率和旅客的出行体验。

（5）政府与企业合作。政府与铁路公司紧密合作，共同推动东京站的建设和运营，确保了项目的顺利进行和高效运营。

2. 实施过程

（1）前期规划与设计。经过详尽的市场调研和需求分析，确定了东京站的多式联运和综合开发定位，并制定了详细的建设规划。

（2）分阶段实施。项目采用分阶段实施方式，先期完成车站主体结构和新干线的建设，随后逐步完善地铁、巴士等交通方式的接入和站区配套设施的建设。

（3）综合开发模式。在建设过程中，同时推进站区的商业开发，吸引商业机构入驻，形成了集交通、商业、办公等功能于一体的综合区域交通运输枢纽。

（4）智能化系统建设。建设过程中注重智能化技术的应用，引入先进的信息管理系统、安全监控系统和旅客服务系统，提升车站的运营效率和旅客满意度。

（5）环保与可持续发展。东京站在建设和运营过程中注重环保和可持续发展，采用节能材料和节能技术，推广绿色出行理念。

3. 成效

（1）提升区域竞争力。东京站的成功建设提升了东京都市圈的区域竞争力，促进了区域经济的繁荣和发展。

（2）提高出行效率。多式联运的综合区域交通运输枢纽模式提高了旅客的出行效率，缩短了换乘时间，提升了旅客的出行体验。

（3）推动商业发展。站区的综合开发模式促进了商业的繁荣，吸引了大量人流和物流，提升了区域的经济价值。

（4）引领交通发展趋势。东京站的成功建设为全球区域交通运输枢纽的发展提供了宝贵经验和示范，引领了区域交通运输枢纽向多式联运和综合开发方向发展的趋势。

4. 为其他地区提供的借鉴

（1）注重多式联运的协调。在综合区域交通运输枢纽建设中，应注重多种交通方式的协调与配合，实现无缝衔接和快速换乘，提高出行效率。

（2）推动站区综合开发。综合区域交通运输枢纽周边应积极推动商业、办公、住宿等多种功能的综合开发，提高土地利用效率和商业价值。

（3）引入智能化技术。加大智能化技术的投入和应用力度，提高区域交通运输枢纽的运营效率，提升旅客的出行体验。

（4）注重环保与可持续发展。在建设和运营过程中注重环保和可持续发展，采用节能材料和节能技术，推广绿色出行理念。

（5）政府与企业合作机制。加强政府与企业之间的合作机制建设，共同推动综合区域交通运输枢纽项目的规划、建设和运营。

五、政策建议与研究展望

（一）政策建议

1. 加强区域交通运输基础设施建设与升级

（1）加大对区域交通运输基础设施的投资力度，特别是高速公路、高速铁路、航空、水运等关键领域的建设。通过提升基础设施的质量和覆盖面，提高区域交通运输的通达性和效率，为区域经济一体化和可持续发展提供坚实的基础。

（2）鼓励采用新技术、新材料和新工艺进行区域交通运输基础设施的升级改造，提高设施的使用寿命和运营效率，降低维护成本。

2. 推动智能交通系统的研发与应用

推动智能交通系统的研发和应用，利用大数据、云计算、物联网等现代信息技术提升区域交通运输系统的智能化水平。通过智能交通系统实现交通流量的智能调度、路况信息的实时共享、交通事故的快速响应等功能，提高区域交通运输的安全性和效率。

3. 促进绿色交通与低碳交通的发展

（1）制定和推广绿色交通政策，鼓励使用清洁能源交通工具，如电动汽车、氢燃料电池汽车等，减少区域交通运输对环境的影响。

（2）加大对绿色交通技术研发的投入力度，支持绿色交通产业的发展，推动区域交通运输行业的低碳转型。

4. 完善区域交通运输管理体制与机制

（1）建议建立健全区域交通运输管理体制，明确各级政府和相关部门的职责分工，加强协作与配合，形成合力推进区域交通运输发展的良好局面。

（2）完善区域交通运输市场机制，促进公平竞争，保护消费者权益，维护良好的市场秩序。

5. 加强跨区域交通运输合作

（1）推动跨区域交通运输合作，建立协调机制，共同规划和建设跨区域交通运输网络，促进区域经济的协同发展。

（2）加强与国际区域交通运输领域的交流与合作，学习借鉴国际先进经验和技术，提升我国区域交通运输行业的整体水平和国际竞争力。

6. 鼓励共享出行等新兴业态的发展

（1）支持共享汽车、共享单车、网约车等新兴业态发展，满足消费者多样化、个性化的出行需求。

（2）制定相关政策措施，规范新兴业态的发展秩序，保障消费者权益，推动其健康有序发展。

7. 加强人才培养与国际合作

（1）加大对区域交通运输领域的人才培养力度，建立多层次、多类型的人才培养体系，培养具有创新精神和实践能力的高素质人才。

（2）加强与国际区域交通运输领域的交流与合作，引进国外先进技术和管理经验，推动我国区域交通运输行业的国际化发展。

这些政策建议旨在推动区域交通运输行业的持续健康发展，促进区域经济的协同发展和可持续进步。通过加强基础设施建设、推动智能交通发展、促进绿色低碳转型、完善管理体制与机制、加强跨区域合作、鼓励新兴业态发展，以及加强人才培养与国际合作等措施，可以全面提升我国区域交通运输行业的整体水平和竞争力。

（二）研究展望

1. 深化区域交通运输与区域经济的互动关系研究

（1）进一步探讨区域交通运输基础设施投资对区域经济增长的直接和间接效应，以及区域经济发展对区域交通运输需求的影响机制。

（2）分析不同区域、不同发展阶段下区域交通运输与区域经济关系的动态变化，为制定差异化的区域交通政策提供理论依据。

2. 推动多式联运与综合区域交通运输体系研究

（1）加强多式联运系统的优化设计与协同机制研究，提高不同运输方式之间的衔接效率和服务水平。

（2）研究综合区域交通运输体系的发展模式与路径，促进各种运输资源的合理配置和高效利用，提升区域整体交通运输能力。

3. 智能交通与大数据应用研究

（1）深入探索智能交通系统的关键技术与应用场景，如自动驾驶、车路协同、智能调度等，提高区域交通运输系统的智能化水平。

（2）利用大数据技术分析区域交通运输需求、流量分布、拥堵状况等信息，为区域交通规划与决策提供科学依据。

4. 绿色交通与可持续发展研究

（1）研究绿色交通技术的创新与应用，如新能源车辆、低碳排放技术等，推动区域交通运输行业的绿色低碳转型。

（2）分析区域交通运输活动对环境的影响，提出有效的环境保护措施和可持续发展策略。

5. 区域交通运输安全与风险管理研究

（1）加强区域交通运输安全风险评估与预警机制研究，提高应对突发事件的能力。

（2）研究区域交通运输安全管理的新模式与新方法，如基于大数据的安全监管平台、智能化安全监测系统等。

6. 区域交通运输一体化研究

（1）探讨区域交通运输一体化的内涵、目标与实施路径，促进区域内不同运输方式的协调发展。

（2）分析区域交通运输一体化对区域经济一体化的推动作用，提出促进区域协同发展的政策建议。

7. 政策效果评估与反馈机制研究

（1）建立科学合理的区域交通运输政策效果评估体系，对政策实施效果进行客观评价。

（2）研究政策反馈机制，及时根据评估结果调整优化政策措施，确保政策目标的顺利实现。

综上所述，未来区域交通运输经济学的研究展望将围绕深化区域交通运输与区域经济的互动关系、推动多式联运与综合区域交通运输体系发展、加强智能交通与大数据应用、促进绿色交通与可持续发展、提升区域交通运输安全与风险管理水平、推动区域交通运输一体化、完善政策效果评估与反馈机制等方面展开。这些研究方向有助于解决当前区域交通运输领域面临的复杂问题，推动区域交通运输行业的持续健康发展。

六、结论

（一）研究结论

通过对区域交通运输经济学前沿问题的深入探讨、未来发展趋势的细致预测、相关政策建议与研究展望的提出，本章为区域交通运输领域的研究者、政策制定者及从业者提供了全面的参考与指导。在当前全球化与区域经济一体化背景下，区域交通运输作为促进经济发展的关键要素，其重要性日益凸显。

智能交通系统的发展与应用、多式联运体系的完善、综合区域交通运输枢纽的建设与管理、绿色交通与可持续发展、区域交通运输政策创新等前沿问题，不仅反映了当前区域交通运输行业面临的挑战与机遇，还预示着未来的发展方向。技术创新将引领行业变革，推动自动驾驶与智能网联技术、多式联运体系及信息平台的广泛应用，进而提升整体运输效率与服务质量。

绿色低碳成为未来区域交通运输发展的主导趋势，清洁能源交通工具的普及、绿色交通基础设施的建设及低碳技术的研发与应用，将助力于区域交通运输行业实现环保与可持续发展的目标。同时，区域经济一体化进程中的跨区域交通运输合作深化，以及数字经济与区域交通运输的深度融合，将进一步推动资源要素的自由流动与优化配置，促进区域经济的协同发展。

针对当前存在的问题与挑战，本章提出了加强区域交通基础设施建设与升级、推动智能交通系统研发与应用、促进绿色交通与低碳交通发展、完善区域交通运输管理体制与机制、加强跨区域交通运输合作、鼓励共享出行等新兴业态发展，以及加强人才培养与国际合作等政策建议。这些建议旨在通过政府、企业与社会各界的共同努力，推动区域交通运输行业的持续健康发展，为区域经济的繁荣与可持续发展奠定坚实的基础。

综上所述，随着技术的不断进步与全球化的深入推进，区域交通运输将在促进经济增长、优化资源配置、推动可持续发展等方面发挥更加重要的作用。未来，我们需要持续关注并研究区域交通运输经济学的前沿问题，积极探索适应时代需求的发展路径与策略，共同开创区域交通运输行业的美好未来。

（二）展望

1. 绿色交通技术将持续创新

随着科技的进步和人们环保意识的增强，绿色交通技术将持续创新。新能源汽车、清洁能源、智能交通管理系统等将成为区域交通运输领域的重要发展方向，推动区域交通运输行业的绿色化、低碳化发展。

2. 智能交通系统将更加普及

随着物联网、大数据、人工智能等技术的不断成熟和应用场景的拓展，智能交通系统将在未来更加普及。通过实现区域交通运输的智能化、数字化管理，将显著提高区域交通运输效率和服务质量，满足人们多样化的出行需求。

3. 区域交通运输一体化将更加深入

在未来区域一体化进程中，区域交通一体化将更加深入。通过加强区域间的交通基础设施互联互通和运输服务协同合作，将实现更加高效、便捷的区域交通网络体系，促进区域经济协同发展。

4. 区域交通运输政策与法规将更加完善

针对区域交通运输领域的新情况和新问题，政府将不断完善区域交通运输政策和法规体系。通过制定更加科学合理的政策和法规措施，加强对区域交通运输市场的监管和调控，保障区域交通运输行业的健康有序发展。

5. 多元服务模式将不断涌现

随着人们生活水平的提高和消费需求的多样化，区域交通运输行业将不断涌现多元服务模式。包括定制公交、共享出行、网约车等在内的多种服务模式将满足人们不同的出行需求，提供更加便捷、个性化的区域交通运输服务。

第十一章　研究结论

一、研究成果与贡献

本章在广泛收集和分析大量数据的基础上，对区域交通运输经济学进行全面深入的研究，取得了显著的研究成果。

（一）理论体系的构建

前文对区域交通运输经济学的理论体系进行了全面而深入的构建，不仅丰富了学科内涵，还为未来的研究提供了坚实的理论基础和明确的研究方向。

1. 基本概念与研究对象的明确界定

（1）基本概念澄清。对区域交通运输经济学的基本概念进行清晰界定，包括区域交通运输市场、区域交通运输政策、区域交通运输系统等核心要素，为学科内部的沟通与交流提供统一的语言基础。

（2）研究对象细化。进一步明确研究对象，即区域交通运输活动如何影响区域经济发展、产业结构优化、市场效率提升等方面，为后续实证研究提供明确的切入点。

2. 研究方法的系统整合

（1）多学科交叉融合。本书采用多学科交叉融合的研究方法，结合经济学、地理学、交通工程学等领域的理论与技术，对区域交通运输经济现象进行了全面剖析。

（2）定量分析与定性分析结合。在研究方法上，既注重定量分析，通过大数据、计量经济学等方法揭示了区域交通运输与经济发展的数量关系，又重视定性分析，深入剖析了区域交通运输政策、市场机制等的内在逻辑与规律。

3. 交通运输市场供需关系的深入分析

（1）供需关系模型构建。建立了区域交通运输市场的供需关系模型，分析了不同运输方式的市场定位、竞争态势及发展趋势，为政府和企业制定交通运输政策、优化运输资源配置提供了科学依据。

（2）价格形成机制探讨。深入探讨了区域交通运输价格的形成机制，包括成本加成、市场竞争、政府规制等方面，揭示了价格变动对市场需求、供给及社会福利的影响。

4. 资源配置方式的优化路径

（1）资源配置效率提升。通过分析区域交通运输资源的配置效率，提出了通过技术创新、政策引导等手段提高资源配置效率的路径，为优化区域交通运输系统、促进经济发展提供了理论支持。

（2）综合区域交通运输系统构建。强调了综合区域交通运输系统的重要性，指出通过整合不同运输方式的优势资源，可以实现运输成本的节约、运输能力的提升及环境污染的减少，从而推动区域经济可持续发展。

5. 经济效益与社会效益的综合评估

（1）直接经济效益测算。本书对交通运输活动的直接经济效益进行了量化测算，包括企业收入增加、成本节约等方面，为评估交通运输项目的经济可行性提供了数据支持。

（2）间接效益分析。进一步分析了区域交通运输活动带来的间接经济效益和社会效益，如促进工农业生产、优化产业结构、增加就业等，全面揭示了区域交通运输对区域经济发展的多维度贡献。

6. 理论体系的开放性与前瞻性

（1）动态调整与完善。本书构建的理论体系具有开放性，能够随着学科发展和社会经济环境的变化进行动态调整与完善，确保理论的时效性和实用性。

（2）前沿问题探索。关注了区域交通运输经济学的前沿问题，如智能交通、绿色交通等，为学科未来的发展指明了方向。

综上所述，本书通过系统构建区域交通运输经济学的理论体系，不仅丰富了学科内涵，还为后续研究提供了明确的方向和坚实的理论基础。这一成果对推动区域交通运输与经济发展的良性互动、优化区域交通运输资源配置、提升区域整体竞争力具有重要意义。

（二）多维度互动关系的揭示

通过对区域交通运输与经济社会发展的全面深入研究，本书深入剖析了区域交通运输在推动区域经济增长、促进产业结构优化、加速城市化进程、强化区域经济一体化及实现可持续发展等方面的多维度互动关系。这些研究成果不仅深化了我们对区域交通运输经济学本质的认识，还为政府及相关部门制定科学合理的交通运输政策提供了坚实的理论基础和实证依据。

1. 区域经济增长的驱动力

（1）提高区域可达性。区域交通运输的发展显著提高了区域可达性，缩短了时空距离，促进了生产要素在区域内的自由流动和优化配置。这种"时空压缩"效应为企业拓展市场、降低物流成本提供了有利条件，进而推动了区域经济的快速增长。

（2）扩大市场潜力。高效的区域交通运输系统使产品能够更容易跨越地理界限，进入更广阔的市场，不仅增加了企业的销售机会，还促进了商品和服务的交换与流通，从而扩大了区域经济的市场潜力。

（3）吸引外部投资。区域交通运输条件的改善吸引了大量外部投资涌入，这些投资不仅为区域经济发展注入了新活力，还带动了相关产业的发展和就业机会的增加，进一步推动了区域经济的繁荣。

2. 产业结构优化的催化剂

（1）促进产业集聚。区域交通运输的便捷性吸引了大量相关产业在交通干线或枢纽地区集聚，形成了产业集群。这种集聚效应不仅提高了产业的整体竞争力，还促进了技术创新和知识共享，推动了产业结构的优化和升级。

（2）推动传统产业转型。交通运输的发展促进了传统产业的改造升级，通过引入先进的物流管理系统和优化生产流程，传统产业降低了能耗、提高了生产效率，增强了市场竞争力。

（3）新兴产业支持。区域交通运输的发展为新兴产业如高新技术产业、现代服务业等提供了良好的发展环境，推动了这些产业的快速发展和集聚。

3. 城市化进程的加速器

（1）促进人口流动。高效的区域交通运输系统促进了人口在城乡间的自由流动，加速了城市化进程。人口向城市集中不仅为城市经济发展提供了劳动力，还促进了城市基础设施的完善和服务业的发展。

（2）优化城市布局。区域交通运输网络的建设和完善优化了城市布局，使城市功能分区更加合理，提高了城市的整体运行效率和生活质量。

4. 区域经济一体化的纽带

（1）要素自由流动。区域交通运输的发展打破了地理壁垒，促进了资本、劳动力、信息等生产要素在区域内的自由流动，加强了区域间的经济联系与合作。

（2）市场整合。高效的区域交通运输网络打破了地方市场分割，促进了区域市场的整合，形成了统一的大市场。这有助于资源的优化配置和高效利用，提升了区域经济的整体竞争力。

（3）政策协调。政府在推动区域经济一体化的过程中发挥了重要作用，通过制定和实施统一的区域交通政策和规划，加强了不同区域间的政策协调与合作，推动了区域经济一体化的深入发展。

5. 可持续发展的保障

（1）绿色交通与低碳发展。本书强调了绿色交通和低碳发展的重要性，指出通过推广清洁能源交通工具、优化公共交通系统、鼓励骑行与步行等措施，可有效降低区域交通运输过程中的碳排放和环境污染，实现区域经济的可持续发展。

（2）环境保护与资源节约。区域交通运输系统的规划和建设过程中注重环境保护和资源节约，通过采用环保材料和技术、合理规划交通线路和设施布局等措施，减少对自然生态的破坏和资源浪费。

综上所述，本书通过深入揭示区域交通运输与经济社会发展的多维度互动关系，不仅可以增进对区域交通运输经济学的理解，还可以为政策制定者提供科学依据。这些研究成果对推动区域经济的持续健康发展、优化产业结构、加速城市化进程、强化区域经济一体化及实现可持续发展具有重要意义。

（三）政策效果的量化评估

本书在深入探讨区域交通运输政策对经济社会多方面影响的基础上，采用一系列先进的定量分析方法，对不同类型的区域交通运输政策进行了全面、深入的经济效果评估。这一工作不仅增强了政策评估的科学性和精准度，还为政策制定者提供了更加坚实的数据支持和决策依据。

1. 经济模型的构建与应用

（1）模型选择与构建。本书根据区域交通运输系统的特点和政策目标，精心选择了适当的经济模型，如投入产出模型、可计算一般均衡模型等，用于评估政策对经济增长、产业结构、就业等的影响。

（2）参数设定与校准。通过对区域交通运输系统、区域经济结构、产业关联关系等数据的详细分析，本书对模型中的关键参数进行了精准的设定和校准，确保模型预测结果的准确性和可靠性。

（3）模拟分析与预测。运用构建好的经济模型，本书对不同类型的区域交通运输政策进行了模拟分析，预测了政策实施后可能产生的经济效果，如 GDP 增长、产业结构变化、就业水平提升等。

2. 大数据分析与数据挖掘

（1）数据来源与处理。本书充分利用区域交通运输系统、经济统计部门、企业调查等多源数据，通过数据清洗、整合与预处理，构建了全面反映区域交通运输政策实施效果的大数据集。

（2）分析方法与工具。借助大数据分析工具和机器学习算法，本书对海量数据进行了深入挖掘和分析，揭示了政策实施与经济增长、社会福利变化间的复杂关系。

（3）结果验证与修正。通过将数据分析结果与模型预测结果进行比对验证，本书对可能出现的偏差进行了修正和调整，确保了评估结果的准确性和可靠性。

3. 政策效果的量化指标

（1）经济增长指标。研究通过计算政策实施前后 GDP 增长率、人均收入水平等关键经济指标的变化情况，量化了政策对经济增长的促进作用。

（2）产业结构优化指标。通过分析政策实施后各产业产值占比、就业结构变化等数据，研究量化了政策对产业结构优化的影响程度。

（3）社会福利改善指标。利用居民收入水平、消费能力、公共服务满意度等调查数据，研究评估了政策实施对居民社会福利的改善情况。

4. 政策调整与优化建议

（1）反馈机制建立。本书建立了政策实施效果的反馈机制，通过定期收集和分析政策实施过程中的实际效果数据，为政策调整提供了及时、准确的反馈信息。

（2）优化建议提出。基于量化评估结果和反馈信息，本书提出了针对性的政策调整和优化建议，旨在进一步提升政策效果，促进区域交通运输与经济社会的协调发展。

综上所述，本书通过构建经济模型、运用大数据分析等先进手段，对不同类型的区域交通运输政策进行了全面的经济效果评估。通过量化政策对区域交通运输系统、经济增长及社会福利的影响，本书为政策制定者提供了精准、可靠的决策支持，有助于推动区域交通运输政策的持续优化和完善。

（四）创新策略与实用建议

基于对区域交通运输与经济社会发展关系的深刻理解和广泛研究，本书提出了一系列创新性的策略建议，旨在通过优化区域交通运输体系，推动区域经济社会的协调与可持续发展。

1. 基础设施建设与升级

（1）构建综合区域交通运输网络。建议加快高速铁路、城际铁路、高速公路、港口、机场等基础设施建设，提升区域内部与外部地区的通达性，形成高效、便捷的综合区域交通运输网络。

（2）推进农村与偏远地区交通改善。特别关注农村和偏远地区的交通条件改善，确保这些地区能够有效接入全国或全球交通网络，促进区域均衡发展。

2. 智能交通系统的应用与推广

（1）引入先进的信息技术。鼓励在区域交通运输领域广泛应用大数据、云计算、物联网等信息技术，提高交通管理的智能化水平，优化交通流量，缓解拥堵，提高运输效率。

（2）智能调度与实时监控。推动智能调度系统和实时交通监控系统的建设，提高公共交通的运营效率和服务质量，同时实现货物运输的实时监控与管理。

3. 多式联运体系的完善

（1）促进不同运输方式的无缝衔接。发展铁海联运、公铁联运等多式联运模式，整合不同运输方式的优势，实现货物在不同运输方式之间的无缝衔接，降低物流成本，提高运输效率。

（2）优化中转环节。减少货物运输过程中的中转次数和损耗，提高物流资源的利用率，降低整体物流成本。

4. 绿色交通的推广与实施

（1）推广清洁能源交通工具。大力推广使用电动汽车、天然气汽车、氢燃料电池汽车等清洁能源交通工具，降低交通运输过程中的碳排放和环境污染。

（2）优化公共交通与慢行系统。发展便捷、高效的公共交通系统，鼓励市民采用公共交通方式出行。建设完善的自行车道和步行道网络，推广骑行与步行等低碳出行方式。

（3）实施绿色交通基础设施。在区域交通运输基础设施建设过程中，采用环保材料和技术，减少对生态环境的破坏，建设绿色区域交通运输基础设施。

5. 政策引导与激励措施

（1）制定绿色交通政策。政府应出台购车补贴、税收优惠、免费停车等政策措施，激励市民购买和使用清洁能源交通工具。

（2）加强环保监管。制定严格的环保法规和标准，对高污染、高能耗的交通工具和运输方式进行限制和淘汰，同时加大环保监管力度，确保政策有效执行。

（3）支持技术创新与人才培养。加大对交通运输领域技术创新的支持力度，设立专项研发基金，建设创新平台，引进和培养高素质的专业人才，推动区域交通运输技术的持续进步。

6. 区域合作与协同发展

（1）打破行政壁垒。加强区域间的合作与交流，通过打破行政壁垒，实现区域交通运输基础设施的互联互通和运输服务的无缝衔接。

（2）共同制定发展规划。鼓励不同地区政府共同制定区域交通运输发展规划，确保规划的科学性和协同性，促进区域交通运输体系的整体优化和发展。

综上所述，这些创新策略与实用建议旨在通过科学合理的规划与管理，全面提升区域交通运输效率，推动区域经济社会的协调与可持续发展。通过实施这些建议，区域交通运输体系将更加高效、环保、智能，为区域经济的持续增长和社会的进步提供有力支撑。

二、区域交通运输经济学在促进区域经济社会发展中的地位与作用

区域交通运输经济学作为研究交通运输领域经济现象、经济关系和经济规律的学科，在促进区域经济社会发展中占据着核心地位，并发挥着至关重要的作用。

（一）区域经济一体化的关键驱动力

区域经济一体化作为现代经济发展的重要趋势，其核心在于打破地理界限，促进资源要素的自由流动与优化配置，实现区域经济的协同与互补。在这一过程中，高效的区域交通运输体系扮演着至关重要的角色，成为推动区域经济一体化的关键驱动力。

1.打破地理界限，促进经济联系

（1）实现时空压缩，缩短物理距离。①多种运输方式全面发展。通过铁路、公路、航空、水路等多种运输方式的全面发展与高效衔接，区域交通运输网络极大缩短了地区间的物理距离。这种多元运输体系为商品和人员的流动提供了多种选择，加速了区域经济活动的节奏。②高效衔接的运输网络。各种运输方式之间的无缝对接，使货物和人员能够在不同运输方式之间快速转换，进一步缩短了时空距离。这种高效的衔接机制促进了资源的快速流通和经济的协同发展。

（2）打破地理、行政与心理界限。①地理界限的消除。区域交通运输网络不仅缩短了地区间的实际距离，还打破了地理界限，使原本遥远的市场和资源变得触手可及。这种"时空压缩"效应促进了区域间的经济互动和融合。②行政壁垒的弱化。高效的区域交通运输体系在一定程度上弱化了行政壁垒对区域经济合作的影响。通过加强区域间的交通联系，政府间的合作更加紧密，政策协调更加顺畅，为区域经济一体化提供了有力保障。③心理界限的跨越。交通的便捷性使不同地区的人们更容易互相了解交流，减少了地域间的偏见和隔阂。这种心理界限的跨越为区域经济合作奠定了坚实的民意基础。

（3）促进资源优化配置与高效利用。①生产要素的自由流动。高效的区域交通运输网络使商品、资本、技术、信息及劳动力等关键生产要素能够迅速且顺畅地在区域内外流动。这种流动促进了资源的优化配置和高效利用，提高了整体经济效率。②市场范围的拓展。企业能够借助高效的交通运输体系更容易跨越地域界限，进入新的市场领域。这不仅为企业带来了新的发展机遇，还促进了区域经济的多元化和繁荣。

（4）推动区域经济合作与交流。①政府层面的推动。政府通过加强交通基础设施建设、推动交通一体化政策及优化交通管理服务等措施，为区域经济合作创造了良好的外部环境。这些政策有力地促进了区域间的经济互动和协同发展。

②企业间的合作深化。高效的区域交通运输体系使企业间的合作不再受限于地理距离。跨区域的产业链整合与协同发展成为可能，进一步推动了区域经济的集聚与扩散效应。这种合作不仅提高了企业的竞争力，还促进了区域经济的整体发展。

（5）强化区域政策协调与资源整合。①统一的交通政策与规划。政府通过制定和实施统一的交通政策和规划，打破了行政壁垒，促进了不同区域间的政策协同。这种协同作用使资源配置更加合理，区域经济发展更加均衡。②资源共享与优势互补。高效的交通运输体系促进了区域间的资源共享和优势互补。不同地区根据自身特点发展特色产业，并通过区域交通运输网络实现与其他地区的互联互通。这种互联互通不仅提高了资源的利用效率，还促进了区域经济的整体繁荣。

2. 降低交易成本，提高市场效率

（1）减少运输成本，提升物流效率。①现代化运输设施的建设。区域交通运输体系通过投资建设现代化的铁路、公路、航空及水路运输设施，显著提升了运输效率。这些设施不仅提高了运输速度，还通过规模化运营和智能调度系统，有效降低了单位运输成本。②智能调度与优化路径。利用大数据和云计算技术，区域交通运输系统实现了智能调度，缩短了货物运输过程中的等待时间和减少了中转环节。通过优化运输路径，避免了不必要的绕行和拥堵，进一步降低了运输成本。

（2）降低信息搜寻成本，提高市场透明度。①智能交通系统的应用。智能交通系统通过实时数据采集与分析，为企业提供了全面的物流信息和市场供需信息。企业能够实时掌握货物运输状态、仓储情况及市场需求变化，从而作出更加精准、快速的决策。②大数据技术的支持。大数据技术使海量交通数据的挖掘和分析成为可能，为区域交通运输管理提供了科学依据。政府和企业可以利用这些数据，优化交通流量管理，提高市场响应速度，降低因信息不对称而产生的额外成本。

（3）节约时间成本，加快市场反应速度。①缩短运输周期。高效的区域交通运输网络缩短了商品从生产到消费的时间周期，加快了资金周转速度。企业能够更快地响应市场需求变化，调整生产计划和营销策略，增强了市场竞争力。②提升市场灵活性。时间成本的节约使企业能够更加灵活地应对市场变化。无论是原材料采购还是产品销售，企业都能够迅速调整策略，抓住市场机遇，避免库存积压和资金占用。

（4）促进贸易往来，深化经济合作。①降低贸易壁垒。运输成本的降低和市场透明度的提高，减少了商品和服务的流通障碍，降低了市场壁垒。这为企业提供了更多的贸易机会，促进了区域间的贸易往来和经济合作。②完善竞争与合作机制。开放、竞争的市场环境使企业间的竞争与合作机制更加完善。企业能够在激烈的市场竞争中不断提升自身实力，同时通过产业链延伸和升级，推动区域经济结构的优化和一体化进程。

综上所述，区域交通运输体系的优化通过减少运输成本、降低信息搜寻成本、节约时间成本等方面的努力，有效降低了交易成本，提高了市场效率。这些措施不仅提升了企业的盈利能力和市场竞争力，还促进了区域间的贸易往来和经济合作，为区域经济一体化提供了强有力的支撑。随着技术的不断进步和政策的持续推动，区域交通运输体系将在促进区域经济一体化方面发挥更加显著的作用。

3. 优化资源配置，促进协调发展

高效的区域交通运输体系在推动区域经济协调发展过程中扮演着至关重要的角色，具体体现在以下五个方面。

（1）促进资源自由流动，实现优化配置。高效的区域交通运输网络通过缩短时空距离、降低运输成本，使各类生产要素（如资本、劳动力、技术等）能够在更广阔的区域内自由流动。这种流动性不仅打破了地域限制，还为资源的优化配置提供了可能。在统一的大市场内，资源能够根据市场需求和价格信号自由流动，从低效率地区向高效率地区转移，从而实现资源的最佳配置。这种优化过程不仅提高了资源利用效率，还促进了区域经济的均衡发展。

（2）引导产业布局，推动产业集聚与扩散。区域交通运输体系的发展对产业布局具有显著影响。高效的区域交通运输网络能够吸引企业在交通便利的区域集聚，形成产业集群，从而享受规模经济和范围经济的好处。这种集聚效应不仅促进了技术创新和知识共享，还增强了区域经济的竞争力。同时，随着中心区域成本的上升，区域交通运输的改善也为企业提供了向周边地区或成本更低区域扩散的便利条件，有助于实现资源的均衡配置和区域经济的协调发展。

（3）带动基础设施建设，提升区域整体实力。区域交通运输体系的发展往往需要大量基础设施建设的支持，如高速公路、高速铁路、机场、港口等。这些基础设施的建设不仅提升了区域交通运输能力，还带动了相关配套产业的发展，如建筑材料、工程机械、物流服务等。这些产业的发展进一步增强了区域经济的整体实力，为区域经济的持续增长提供了有力支撑。

（4）推动区域经济一体化，形成区域发展合力。高效的区域交通运输体系是区域经济一体化的重要纽带。通过促进生产要素的自由流动和市场整合，区域交通运输体系有助于打破地方保护主义和市场分割现象，形成统一的大市场。在这个市场中，不同地区的企业可以更容易地进行商贸往来、技术交流和市场拓展，形成紧密的经济联系和合作关系。这种区域经济一体化进程不仅提升了区域经济的整体竞争力，还促进了资源的优化配置和区域经济的协调发展。

（5）强化政策协调与支持，提供制度保障。政府在推动区域交通运输体系发展中发挥不可或缺的作用。通过制定和实施一系列交通政策、规划及标准，政府能够引导和促进区域交通运输体系的健康有序发展。同时，政府还可以通过政策协调与支持，加强不同地区间的合作与交流，形成区域交通运输发展的合力。这种政策协调与支持不仅有助于解决跨区域的交通问题，还为区域经济的协调发展提供了有力的制度保障。

综上所述，高效的区域交通运输体系通过促进资源自由流动、引导产业布局、带动基础设施建设、推动区域经济一体化及强化政策协调与支持等方面作用，显著促进了区域经济的协调发展。在未来的发展中，随着交通运输技术的不断进步和政策的持续推动，区域交通运输体系将在促进区域经济协调发展中发挥更加重要的作用。

4. 推动产业协同，形成产业集群

区域交通运输体系的便捷性在推动产业协同、促进产业集群形成及区域经济一体化进程中发挥着至关重要的作用。从以下四个关键方面对这一现象进行详细分析。

（1）产业集群的形成与吸引力增强。①基础设施共享。区域交通运输网络的完善，特别是交通干线和枢纽的建设，为企业提供了便捷的物流通道和高效的运输服务。这使交通干线或枢纽地区成为企业选址的理想之地，吸引了大量相关产业在此集聚，进而形成产业集群。在产业集群内部，企业可以共享基础设施，如道路、港口、机场等，从而降低了运营成本，提高了整体效益。②技术溢出效应。产业集群的形成促进了技术、知识和管理经验的快速传播。由于地理上的接近性，企业间的技术交流和合作变得更加频繁和便捷。这种技术溢出效应有助于提升整个产业的技术水平和创新能力，推动产业升级和转型。

（2）产业链上下游的紧密联系与协作。①垂直整合。高效的区域交通运输体系促进了产业链上下游企业间的紧密联系。上游企业能够更快捷地将原材料和零部件送达下游企业，而下游企业能迅速将成品销往市场。这种垂直整合模式不仅降低了物流成本，还提高了生产效率和市场响应速度。②水平分工。在产业集群内部，企业间还形成了水平分工的合作模式。不同企业根据自身优势在产业链的不同环节进行专业化生产，实现了资源的优化配置和高效利用。这种分工合作机制有助于提升产业的整体竞争力和市场占有率。

（3）市场竞争与合作机制的完善。①市场竞争加剧。产业集群的形成加剧了市场竞争，促使企业不断提升产品质量、降低成本、创新技术和服务模式。这种竞争压力激发了企业的创新活力，推动了整个产业的持续进步和发展。②合作与共赢。在竞争的同时，产业集群内部的企业也注重合作与共赢。通过共同开拓市场、分享信息资源、联合研发等方式，企业间形成了紧密的合作关系。这种合作模式有助于提升产业的整体实力和抗风险能力，推动区域经济一体化进程。

（4）区域经济一体化的强化。①资源优化配置。高效的区域交通运输体系促进了生产要素在区域间的自由流动和优化配置。使区域经济能够更加充分地利用各地区的比较优势，实现资源的最大化利用和效益的最大化。②市场整合与拓展。区域交通运输的便捷性打破了地方市场的分割和壁垒，促进了区域市场的整合和拓展。这使企业能够在更大的市场范围内开展业务活动，提升了市场竞争力和发展潜力。③政策协同与支持。政府在推动区域交通运输体系发展的同时，也注重加强不同区域间的政策协同和支持。通过制定和实施统一的交通规划、标准和政策措施，政府促进了区域经济的协调发展和一体化进程。

综上所述，区域交通运输的便捷性在推动产业协同、促进产业集群形成及区域经济一体化进程中发挥了重要作用。通过完善基础设施、促进产业链整合、强化市场竞争与合作机制，以及加强政策协同与支持等措施，可以进一步发挥区域交通运输体系在推动区域经济发展中的积极作用。

5. 促进政策协调，强化区域合作

区域交通运输的发展离不开政策的支持和引导。为了推动区域经济一体化，政府往往通过制定和实施一系列交通基础设施建设和区域合作政策，打破行政壁垒，促进区域间的政策协调和合作。这些政策措施不仅为区域交通运输的发展提供了有力保障，还强化了区域间的经济联系和合作意愿，推动了区域经济一体化的深入发展。

综上所述，高效的区域交通运输体系通过打破地理界限、降低交易成本、优化资源配置、推动产业协同和促进政策协调等，成为推动区域经济一体化的关键驱动力。在未来的发展中，应继续加强区域交通运输基础设施的建设和优化升级，提升交通运输系统的整体效能和服务水平，为区域经济一体化提供更加坚实的基础和支撑。

（二）资源优化配置的重要工具

区域交通运输在区域经济社会发展中扮演着举足轻重的角色，作为连接生产、分配、交换和消费等环节的关键纽带，其规划与管理水平直接关系到区域资源的优化配置效率。科学合理的交通运输规划不仅是提升区域经济整体竞争力的有效手段，还是实现区域资源高效整合与利用的重要途径。

1. 促进生产要素流动

区域交通运输网络的完善为生产要素（如劳动力、资金、技术等）的自由流动提供了有力支持。高效的交通运输系统使各类生产要素能够快速响应市场需求，迅速配置到效益最高的生产领域，从而提高资源的使用效率和经济产出。例如，便捷的交通条件能够吸引更多的外来投资，促进区域经济活动的集聚和扩散，进而实现资源的优化配置。

（1）提供便捷交通条件，促进生产要素快速流动。①缩短流动时间。高效的区域交通运输网络通过缩短运输时间，使劳动力、资金、技术等生产要素能够在更短的时间内从一地转移到另一地，提高了生产要素的流动性。②降低流动成本。现代化的区域交通运输设施和智能调度系统，有效降低了生产要素在流动过程中的运输成本和时间成本，使生产要素的配置更加经济高效。

（2）吸引外来投资，促进资源优化配置。①提升区域吸引力。便捷的交通条件成为吸引外来投资的重要因素之一。投资者更倾向选择交通便利、物流成本低的地区进行投资，从而促进了区域经济的发展。②促进经济活动集聚与扩散。高效的区域交通运输系统使经济活动在特定区域形成集聚效应，同时也为经济活动向周边地区扩散提供了条件，有助于资源的优化配置和区域经济的均衡发展。

（3）加速技术创新与知识传播。①促进人才流动。便捷的区域交通运输条件使高素质人才更容易在不同地区间流动，加速了技术创新和知识传播的速度。②强技术交流与合作。高效的区域交通运输系统为企业间的技术交流与合作提供了便利条件，促进了新技术的研发与应用，推动了区域经济的持续创新与发展。

综上所述，区域交通运输网络的完善通过发挥提供便捷的交通条件、吸引外来投资、促进技术创新与知识传播等的作用，有效促进了生产要素的自由流动，提高了资源的使用效率和经济产出，为区域经济的持续健康发展奠定了坚实的基础。

2. 优化产业布局

区域交通运输规划对产业布局具有重要影响。通过科学合理的区域交通运输规划，可以引导产业在空间上的合理布局，避免同质化竞争和资源浪费。例如，在交通便利、基础设施完善的地区优先发展高技术产业和现代服务业，在资源丰富的地区则重点发展资源密集型产业，从而实现资源的最优配置和产业结构的优化升级。

（1）引导产业集聚，促进规模效应。①明确产业发展重点。通过区域交通运输规划，明确区域产业发展重点，引导相关产业在交通便利、基础设施完善的地区集聚，形成规模效应和集聚效应。这种集聚不仅促进了企业间的交流与合作，还带动了技术创新和知识共享，推动了产业升级和集群化发展。②避免同质化竞争。科学合理的区域交通运输规划有助于避免同质化竞争，减少不必要的资源浪费。通过引导不同产业在适合其发展的区域布局，使各地区能够根据自身优势和特点，发展具有差异化的产业集群。

（2）促进资源优化配置，实现产业均衡发展。①资源密集型产业与交通条件匹配。在资源丰富但交通相对不便的地区，通过区域交通运输规划改善交通条件，促进资源密集型产业的发展。这样既能充分利用当地资源，又能降低运输成本，提高经济效益。②高技术产业与现代服务业布局优化。优先在交通便利、基础设施完善的地区发展高技术产业和现代服务业，这些产业对交通条件要求较高，良好的区域交通运输网络能够吸引更多人才和投资，促进产业快速发展。

（3）推动产业结构升级与转型。①支持新兴产业发展。通过交通运输规划为新兴产业提供便捷的物流通道和市场准入条件，支持其快速成长。新兴产业的发展能够带动区域经济的整体升级，提高区域经济的创新能力和竞争力。②促进传统产业改造升级。通过区域交通运输规划引导传统产业向高端化、智能化、绿色化方向发展，便捷的交通条件有助于传统产业引入新技术、新设备，提高生产效率和产品质量。

综上所述，区域交通运输规划可通过引导产业集聚、促进资源优化配置、推动产业结构转型与升级等，实现产业布局的优化。这不仅能够提高资源的使用效率和经济产出，还能够为区域经济的持续健康发展提供了有力支撑。

3. 降低物流成本

高效的区域交通运输系统能够显著降低物流成本，提高物流效率。通过优化运输路线、整合物流资源、提高运输工具的装载率等措施，可以降低企业在物流环节上的费用支出，进而提升企业的市场竞争力。同时，降低物流成本也有助于提升产品的价格竞争力，促进商品的市场流通和消费需求的增长。

（1）优化运输路线，减少不必要的运输距离。①智能路径规划。利用先进的地理信息系统和智能算法，对运输路线进行精细规划和优化，确保货物能够以最短路径、最高效率到达目的地，从而减少运输成本。②避免拥堵路段。实时监控交通流量，智能调整运输路线，避开拥堵路段，提高运输速度，降低因延误造成的额外费用。

（2）整合物流资源，提高资源利用效率。①资源共享平台。建立物流资源共享平台，促进运输车辆、仓储设施等资源的共享与优化配置，减少资源闲置，提高物流整体效率。②集中采购与统一配送。通过集中采购和统一配送，实现规模化效应，降低单位物流成本。同时，减少中间环节，提高物流透明度，便于成本控制。

（3）提高运输工具装载率，减少空载率。①精细化装载管理。采用先进的装载技术和设备，对货物进行合理布局和紧密装载，提高车厢或货船的装载率，减少空间浪费。②动态调度系统。运用动态调度系统实时监控运输工具的装载情况，灵活调整装载计划，确保运输工具在高装载率状态下运行，降低空载成本。

（4）提升物流服务水平，增强客户满意度。①准时交付。通过高效的物流管理和运输系统，确保货物能够准时、准确送到客户手中，提高客户满意度和忠诚度。②定制化服务。根据客户需求提供定制化物流服务，如特殊包装、温控运输等，提升产品附加值，增强市场竞争力。

（5）促进市场竞争，降低整体物流成本。①激发市场竞争。通过降低物流成本，促使物流行业内部竞争加剧，推动服务质量和效率的提升，进而带动整体物流成本的下降。②增强价格竞争力。降低物流成本有助于企业降低产品成本，提高价格竞争力，吸引更多消费者，促进市场流通和消费需求的增长。

综上所述，高效的区域交通运输系统通过优化运输路线、整合物流资源、提高装载率、提升物流服务水平及激发市场竞争等措施，显著降低物流成本，提高物流效率，进而增强企业的市场竞争力和产品的价格竞争力，促进商品的市场流通和消费需求的增长。

4. 促进市场一体化

区域交通运输的发展有助于打破地域限制，促进市场一体化进程。通过建设完善的区域交通运输网络，可以打破行政壁垒和市场分割，实现商品和要素的自由流通。这不仅有助于扩大市场规模，提高市场效率，还能够促进不同地区间的经济交流和合作，推动区域经济的协调发展。

（1）打破地域限制，促进市场连通。①建设区域交通运输网络。通过高速铁路、高速公路、航空、水运等多种交通方式的建设，形成覆盖广泛、互联互通的区域交通运输网络，打破地域限制，实现不同区域间的无缝连接。②打破行政壁垒。区域交通运输的发展有助于消除地方保护主义，打破行政壁垒，促进商品和要素在更大范围内自由流动，形成统一的市场空间。

（2）促进商品和要素的自由流通。①降低流通成本。高效的区域交通运输系统降低了商品和要素的流通成本，使商品能够更便捷地进入不同市场，要素能够在不同地区间自由配置，提高了市场效率。②扩大市场规模。市场一体化的进程使商品和服务的销售范围扩大，市场规模得以增加，为企业提供了更广阔的发展空间。

（3）加强经济交流与合作。①促进区域经济互动。市场一体化推动了不同地区间的经济交流与合作，使资源、技术、人才等要素能够在更大范围内优化配置，提高了整体经济效益。②形成经济协作网络。通过区域交通运输的连接，不同地区间形成了紧密的经济协作网络，共同应对市场挑战，共享发展成果。

（4）推动区域经济协调发展。①平衡区域发展差异。市场一体化有助于平衡区域发展差异，通过区域交通运输网络的构建，使欠发达地区能够更好地融入区域市场，享受发展成果。②提升区域整体竞争力。通过市场一体化，区域整体竞争力得到提升，各地区在更广泛的市场范围内进行竞争与合作，共同推动区域经济持续健康发展。

综上所述，区域交通运输的发展对打破地域限制、促进市场一体化进程具有重要作用。通过建设完善的区域交通运输网络，打破行政壁垒，促进商品和要素的自由流通，加强经济交流与合作，推动区域经济的协调发展，最终实现市场的高效整合和资源的优化配置。

5. 支持城乡一体化发展

（1）改善农村交通条件，促进城乡连接。①基础设施建设。加大对农村和偏远地区交通基础设施的投资力度，建设和完善农村公路、桥梁等设施，提高农村地区的交通通达性。②交通网络覆盖。通过区域交通运输规划，确保农村地区能够便捷地接入区域交通网络，实现城乡之间的快速连接和无缝对接。

（2）促进城乡经济联系与资源共享。①资源流动。便捷的交通条件促进了城乡之间资源、人才、技术等要素的流动，实现了资源的优化配置和高效利用。②市场接入。改善农村交通条件有助于农产品更便捷地进入城市市场，提高农产品的市场价值，增加农民收入。

（3）推动农村产业结构调整与升级。①特色产业培育。根据农村地区的资源禀赋和市场需求，发展特色农业、乡村旅游等产业，通过区域交通运输的支持，实现产业结构的优化和升级。②农业现代化。便捷的交通条件有助于引进先进的农业技术和设备，推动农业生产的现代化和智能化，提高农业生产效率和质量。

（4）提高农民收入与生活水平。①增加就业机会。交通条件的改善吸引了更多的投资和企业入驻农村地区，为农民提供了更多的就业机会，增加了收入来源。②改善生活条件。随着交通条件的改善，农村地区的基础设施和服务水平得到提升，农民的生活质量也随之提高。

（5）实现城乡协调发展。①缩小城乡差距。通过交通运输的支持，城乡之间的经济、社会、文化等方面的差距逐渐缩小，实现了城乡之间的协调发展。②共同繁荣。城乡一体化发展促进了城乡之间的互补与协同，实现了区域经济的整体繁荣和社会进步。

由此可知，区域交通运输规划在推动城乡一体化发展中发挥着重要作用。通过改善农村交通条件、促进城乡经济联系与资源共享、推动农村产业结构调整与升级、提高农民收入与生活水平及实现城乡协调发展等努力，为城乡一体化发展提供了有力支撑。

综上所述，区域交通运输作为资源优化配置的重要工具，在推动区域经济社会发展中发挥着不可替代的作用。通过科学合理的交通运输规划与管理，可以实现资源的有效整合和高效利用，提高区域经济的整体竞争力，促进区域间的协调发展。

（三）产业结构升级的催化剂

区域交通运输的发展为现代物流、信息服务等新兴产业提供了广阔的发展空间。随着区域交通运输技术的进步和区域交通运输网络的不断完善，这些新兴产业得以迅速崛起并推动区域产业结构的优化升级。

1. 促进物流产业现代化

（1）随着区域交通运输基础设施的不断完善，特别是高速公路、铁路、航空及水运网络的扩展和优化，物流效率显著提升，物流成本有效降低。这为现代物流产业的发展提供了坚实的基础，推动了物流企业的规模化和专业化发展。

（2）区域交通运输系统的智能化升级，如智能交通系统的应用，进一步提高了物流过程的透明度和可控性，促进了物流信息的实时共享与协同作业，为物流产业的现代化提供了技术支持。

2. 催生信息服务新业态

（1）区域交通运输的发展催生了对交通信息服务、位置服务、导航服务等的新需求。随着大数据、云计算等现代信息技术在区域交通运输领域的应用，信息服务产业得到了快速发展，形成了新的经济增长点。

（2）信息服务企业通过收集、整合和分析区域交通运输数据，为政府、企业和公众提供了丰富的交通信息产品，提高了信息的透明度和市场效率。

3. 支持高新技术产业发展

（1）区域交通运输作为连接生产与消费的关键环节，对高新技术产品的快速流通具有重要意义。高效的区域交通运输网络能够确保高新技术产品及时送达市场，满足消费者对新产品、新技术的需求。

（2）区域交通运输的发展能够促进与高新技术相关的研发、测试、生产等环节的紧密合作，为高新技术产业提供更加便捷和高效的协作环境。

4. 推动传统产业转型升级

（1）区域交通运输的改善能够降低原材料和产品的运输成本，提高传统产业的市场竞争力。企业能够更灵活地调整生产布局，实现资源的优化配置。

（2）在区域交通运输网络的支持下，传统产业能够更容易地引进新技术、新工艺和新管理模式，推动自身的转型升级，提高生产效率和产品质量。

5. 促进产业链整合与优化

（1）区域交通运输的发展能够加强产业链上下游企业间的联系与协作。通过高效的物流配送体系和信息共享机制，企业能够实现原材料采购、生产制造、产品销售等环节的紧密衔接和协同作业。

（2）不仅有助于提高产业链的整体运行效率和市场响应速度，还有助于推动产业链朝高端化、智能化、绿色化方向发展，实现产业链的整合与优化升级。

（四）城市化进程的加速器

区域交通运输的便捷性在推动城市化进程中扮演着至关重要的角色。完善的区域交通运输网络不仅能够为人口和产业的集聚提供了有利条件，还能够促进城市基础设施的快速发展和社会服务的全面提升，从而显著加速城市化进程。

1. 促进人口和产业集聚

完善的区域交通运输网络使人员和货物能够快速、便捷地在不同地区间流动，缩短了时空距离。这种"时空压缩"效应不仅增强了城市的经济吸引力，还吸引了大量人口和产业向城市及其周边地区集聚。随着人口和产业的不断涌入，城市化进程得以加速推进。

（1）缩短时空距离，增强经济吸引力。①交通运输网络优化。通过构建高效、便捷的交通运输网络，如高速公路、高速铁路、航空等，显著缩短区域间的时空距离，使人员和货物能够迅速流动。②"时空压缩"效应。区域交通运输网络的完善实现了地理空间的"压缩"，不同地区间的经济联系更加紧密，城市的经济辐射力和吸引力得到增强。

（2）吸引人口向城市集聚。①人口流动便利性提升。便捷的交通条件使人们更容易在不同城市间迁移和通勤，促进人口向城市及周边地区的流动。②城市宜居性增强。随着区域交通运输基础设施的完善，城市的基础设施和公共服务水平也随之提升，增强了城市的宜居性，进一步吸引人口集聚。

（3）促进产业集聚与升级。①产业集聚效应。便捷的交通条件降低了企业的物流成本和时间成本，提高了市场竞争力，吸引了大量企业向交通便捷的地区集聚，形成产业集聚效应。②产业升级推动。区域交通运输网络的完善为高新技术产业和现代服务业等高附加值产业的发展提供了有力支撑，促进了产业结构的优化和升级。

（4）加速城市化进程。①城市规模扩张。随着人口和产业的不断集聚，城市规模逐渐扩大，加速城市化进程。②城市功能完善。城市化的加速推动了城市功能的不断完善，包括商业、教育、医疗、文化等方面的服务设施得到加强，进一步提升了城市的吸引力和竞争力。

综上所述，完善的区域交通运输网络通过缩短时空距离、增强经济吸引力、促进人口和产业集聚等机制，加速了城市化进程，推动了区域经济的持续健康发展。

2. 推动城市基础设施建设

区域交通运输网络的构建和升级往往需要配套的城市基础设施建设作为支撑，如道路、桥梁、交通枢纽等。这些基础设施的建设不仅直接促进了区域交通运输效率的提升，还带动了相关产业的发展，如建筑业、材料供应等。同时，城市基础设施的完善也为城市化进程中的居民提供了更加便利的生活条件，进一步加速了城市化进程。

（1）支持区域交通运输网络的构建与升级。①道路与桥梁建设。为了满足交通运输需求，城市需要不断扩建和升级道路与桥梁，确保交通流畅无阻。②交通枢纽建设。例如，机场、火车站、港口等大型交通枢纽不仅是交通运输的关键节点，还是城市基础设施的重要组成部分。

（2）促进相关产业发展。①建筑业的繁荣。城市基础设施的大规模建设直接带动了建筑业的繁荣，促进了相关产业链的发展。②材料供应需求增加。基础设施建设需要大量的建筑材料，从而推动了材料供应业的发展。

（3）提升区域交通运输效率。①优化交通布局。通过科学合理的城市基础设施规划，优化交通布局，缓解交通拥堵，提高区域交通运输效率。②智能交通系统应用。在城市基础设施建设中融入智能交通系统，如智能交通信号控制、电子警察等，进一步提升交通管理水平。

（4）改善居民生活条件。①出行便利。完善的城市基础设施为居民提供了更加便捷、安全的出行条件，提高了生活质量。②公共服务设施完善。基础设施建设往往伴随公共服务设施的完善，如公园、广场、体育场馆等可以丰富居民的文化生活。

（5）加速城市化进程。①城市面貌改善。随着城市基础设施的不断完善，城市面貌焕然一新，增强了城市的吸引力和竞争力。②推动经济发展。完善的基础设施能够为城市经济发展提供有力支撑，吸引更多的投资和人才流入，加速城市化进程。

综上所述，区域交通运输网络的构建和升级推动了城市基础设施的建设，这些基础设施不仅直接提升了交通运输效率，还促进了相关产业的发展，改善了居民的生活条件，并进一步加速了城市化进程。

3. 提升社会服务水平

随着城市化进程的加速，城市对社会服务的需求日益增长。完善的区域交通运输网络为教育、医疗、文化等社会服务的均衡发展提供了有力保障。通过便捷的交通条件，城市居民可以更加方便地享受高质量的公共服务资源，提高城市的整体生活品质和居民的幸福感。社会服务水平的提升进一步增强了城市的吸引力，加速了城市化进程。

随着城市化进程的加速，提升社会服务水平变得尤为重要，而完善的区域交通运输网络在其中扮演着不可或缺的角色。以下是提升社会服务水平的五个关键点。

（1）均衡分布公共服务资源。便捷的区域交通运输网络确保了教育、医疗、文化等公共服务资源在整个城市区域内均衡地分布。居民能通过高效的区域交通运输系统快速到达所需的服务设施所在地，享受高质量的社会服务。

（2）提高公共服务可达性。完善的区域交通网络显著提升了公共服务的可达性。居民无须长途跋涉，即可轻松到达学校、医院、图书馆等场所，这不仅节省了时间和精力，还提高了生活便利性。

（3）增强城市吸引力。便捷的交通条件和丰富的公共服务资源共同增强了城市的吸引力。高质量的社会服务成为城市的一张名片，吸引更多人才和企业入驻，进一步推动了城市的经济发展和人口增长。

（4）提升居民幸福感。随着社会服务水平的提升，城市居民的生活质量也得到了显著改善。居民能够更加方便地获取所需服务，提高了生活满意度和幸福感。这种正面的情感体验又进一步促进了社会稳定与和谐。

（5）促进城市化进程。便捷的交通条件和均衡的公共服务布局加速了城市化进程。随着更多人口向城市聚集，城市规模不断扩大，城市化水平不断提升，进一步推动了区域经济的繁荣与发展。

4. 促进区域经济一体化

城市化进程不仅是单个城市的发展过程，还是区域经济一体化的重要体现。完善的区域交通运输网络打破了地域限制，促进了区域内部不同城市间的经济交流和合作。通过交通基础设施的互联互通，商品、资本、技术等生产要素能够自由流动和优化配置，推动了区域经济的整体繁荣和发展。这种区域经济一体化的趋势又反过来加快了城市化进程。

在城市化进程中，区域经济一体化是一个至关重要的方面，完善的区域交通运输网络则成为这一过程的强大推动力。以下是促进区域经济一体化的四个关键点。

（1）打破地域限制。完善的区域交通运输网络有效打破了传统的地域限制，使不同城市间的经济联系更加紧密。商品、服务、资本和信息等生产要素得以在更广阔的区域内自由流动，促进资源的优化配置。

（2）促进经济交流与合作。便捷的交通条件为区域经济交流与合作提供了坚实的基础。企业可以通过高效的交通网络快速响应市场需求，开展跨区域的合作与竞争，共同推动区域经济的发展。

（3）优化资源配置。区域经济一体化使区域内的资源得以更加合理地配置。通过交通网络的互联互通，各地区可以根据自身优势进行专业化分工，形成优势互补、协同发展的经济格局。

（4）推动产业升级与创新。在区域经济一体化的背景下，产业间的竞争与合作促进了技术创新和产业升级。企业间的交流与合作加速了新技术的推广和应用，提高了整个区域的经济竞争力。

（5）加速城市化进程。区域经济一体化不仅促进了单个城市的发展，还推动了整个区域的城市化进程。随着区域内经济的繁荣和人口的增长，城市化水平不断提升，为区域经济的可持续发展奠定了坚实的基础。

（6）提升整体竞争力。区域经济一体化使区域内的城市形成一个整体，共同应对外部竞争。通过协同作战和资源共享，区域整体竞争力得到显著提升，有利于在全球经济格局中占据有利地位。

5. 支持新型城镇化建设

在新型城镇化建设过程中，区域交通运输的便捷性成为衡量城镇化质量的重要指标之一。通过构建科学合理的区域交通运输网络，可以优化城镇空间布局和产业结构，提高城镇的综合承载能力和可持续发展能力。同时，便捷的区域交通运输条件还能够促进城乡之间的经济互动和资源共享，推动城乡一体化发展进程。

在推进新型城镇化建设的背景下，交通运输系统的完善和发展对提升城镇化质量和促进城乡一体化具有不可估量的价值。

（1）优化城镇空间布局。通过科学合理的区域交通运输网络规划，可以引导城镇空间的合理布局，促进城镇功能的完善和提升。这有助于形成有序、高效、宜居的城镇发展格局。

（2）促进产业结构优化。区域交通运输网络的便捷性为不同产业提供了更加广阔的市场和资源配置空间。这有助于推动城镇产业结构的优化升级，增强城镇经济的活力，提高市场竞争力。

（3）提升城镇综合承载能力。完善的区域交通运输网络可以提高城镇的综合承载能力，包括人流、物流、信息流的高效流通。这不仅有助于缓解城镇发展中的交通拥堵，还能提升城镇的整体运行效率。

（4）促进城乡经济互动。便捷的区域交通运输条件使城乡之间的经济联系更加紧密，促进了资源和市场的共享。这有助于推动城乡一体化发展，缩小城乡差距，实现共同繁荣。

（5）增强可持续发展能力。在新型城镇化建设中，区域交通运输系统的绿色、低碳、智能化发展对提升城镇的可持续发展能力至关重要。通过推广新能源交通工具、建设绿色交通基础设施等措施，可以减少交通运输对环境的负面影响，促进城镇的可持续发展。

（6）提高居民生活质量。便捷的区域交通运输条件使城镇居民能够更加方便地享受教育、医疗、文化等公共服务资源，提高居民的生活质量和幸福感。同时，也能够为城镇居民提供更多的就业机会和创业平台，促进了个人和家庭的全面发展。

综上所述，区域交通运输的便捷性是城市化进程的重要推动力。完善的区域交通运输网络通过促进人口和产业集聚、推动城市基础设施建设、提升社会服务水平、促进区域经济一体化及支持新型城镇化建设等方面加速了城市化进程。

（五）区域竞争力的增强剂

在全球化的经济背景下，区域交通运输能力已成为衡量一个区域综合竞争力的重要因素。通过不断提升区域交通运输效率和服务质量，一个地区能够显著增强其在吸引外部投资、促进国际贸易和扩大市场份额等方面的能力，进而提升其在国内外市场中的竞争力。

1. 吸引外部投资

高效的区域交通运输网络是吸引外部投资的关键因素之一。投资者在评估潜在投资区域时，会优先考虑交通便利性、物流成本及与其他重要市场的连接情况。一个拥有完善交通基础设施和高效运输系统的区域，能够显著降低企业的运营成本，提高供应链的灵活性，从而吸引更多的国内外投资涌入。这些投资不仅为区域经济发展注入了新活力，还带动了相关产业的发展和就业机会的增加。吸引外部投资有以下五点优势。

（1）基础设施完善吸引投资。完善的区域交通运输基础设施是吸引外部投资的核心要素。高效、便捷的交通网络能够缩短物流时间，降低运输成本，为企业运营提供坚实基础。

（2）降低运营成本。高效的区域交通运输系统能够显著降低企业的物流成本，提高企业的市场竞争力，进而吸引更多投资者关注。

（3）增强市场连通性。与国内外重要市场的紧密联系，为区域经济发展提供了广阔的市场空间，有助于吸引跨国公司和国内大型企业入驻。

（4）促进相关产业发展。外部投资的增加不仅直接推动区域经济增长，还通过产业链上下游的联动效应，促进相关产业的协同发展。

（5）创造就业机会。投资项目的落地实施往往需要大量的人力资源，从而为区域创造了更多的就业机会，提升了居民生活水平。

2. 促进贸易便利化

便捷的区域交通运输条件能够加速商品和服务的流通速度，降低贸易成本，从而促进区域间的贸易往来。高效的物流系统使企业能够更快速地将产品送达市场，增强客户满意度和提高市场响应速度。同时，区域交通运输的便利性也促进了国际贸易的发展，使本地企业能够更容易地进入国际市场，参与全球竞争。这种贸易便利化不仅增加了区域的出口收入，还提升了区域经济的整体竞争力。促使贸易便利化有以下六点优势。

（1）加速商品流通。便捷的区域交通运输条件缩短了商品从生产到消费的距离，提高了物流效率，降低了时间成本。

（2）降低贸易成本。高效的物流系统通过优化运输路线和方式，减少了中间环节和额外费用，从而降低了整体贸易成本。

（3）提高市场响应速度。企业能够更快速地响应市场需求变化，及时将产品送达客户手中，增强市场竞争力。

（4）促进国际贸易。良好的区域交通运输条件为本地企业走向世界提供了有力支持，帮助其更好地融入全球经济体系。

（5）增加出口收入。贸易便利化有助于提升本地产品的国际竞争力，扩大出口规模，增加外汇收入。

（6）提升区域经济竞争力。随着贸易活动的频繁开展，区域经济活跃度提升，整体竞争力显著增强。

3. 扩大市场份额

高效的区域交通运输系统有助于企业扩大市场范围，提升市场占有率。通过构建广泛的运输网络，企业能够更容易地将产品送达更广阔的地区，甚至国际市场。这种市场范围的扩大不仅为企业提供了更多的销售机会，还促进了品牌知名度和客户忠诚度的提升。随着市场份额的扩大，企业的盈利能力和市场竞争力也将得到显著提升。扩大市场份额有以下六点。

（1）广泛区域交通运输网络构建。构建覆盖广泛的区域交通运输网络，使企业能够触达更多潜在客户，扩大市场覆盖面。

（2）市场准入门槛降低。高效的区域交通运输能够降低企业进入新市场的难度，使市场开拓更加便捷。

（3）提升品牌知名度。随着产品进入新市场，企业的品牌知名度逐渐提升，有助于吸引更多客户。

（4）增强客户忠诚度。便捷的物流和售后服务增强了客户体验，有助于建立长期的客户关系。

（5）销售机会增多。市场范围的扩大为企业提供了更多的销售机会，促进了销售额的持续增长。

（6）盈利能力和市场竞争力提升。随着市场份额的扩大，企业的盈利能力和市场竞争力显著提升，为企业的长期发展奠定了坚实的基础。

4. 提升产业集聚效应

完善的区域交通运输条件有利于形成产业集聚效应。交通便捷的地区往往能够吸引更多的企业及产业链上下游企业入驻，形成产业集群。这种产业集聚不仅促进了企业间的交流与合作，还提高了资源配置效率和创新能力。随着产业集群的形成和发展，区域的综合竞争力将得到进一步增强。

（1）企业集聚效应。便捷的区域交通运输条件吸引企业集聚，形成产业集群，有助于资源共享和协同效应的发挥。

（2）产业链上下游联动。完善的区域交通运输网络促进产业链上下游企业的紧密合作，加速原料采购和产品分销过程。

（3）提高资源配置效率。产业集聚有助于优化资源配置，减少中间环节，提高生产效率和经济效益。

（4）创新能力提升。企业间的频繁交流与合作激发了创新活力，推动新技术、新产品的不断涌现。

（5）降低交易成本。产业集聚区内的企业可以共享基础设施和服务，降低单个企业的运营成本。

（6）区域竞争力增强。随着产业集聚效应的不断显现，区域的整体竞争力和可持续发展能力得到显著提升。

5. 推动区域品牌塑造

高效的区域交通运输系统是塑造区域品牌的重要支撑。一个拥有先进交通设施和完善运输服务的区域，往往能够给外界留下良好的形象，提升区域品牌的知名度和美誉度。这种品牌效应有助于吸引更多的游客、投资者和合作伙伴，进一步推动区域经济的繁荣和发展。同时，区域品牌的塑造还能够提升居民的自豪感和归属感，增强区域的凝聚力和向心力。

（1）增强区域形象。高效的区域交通运输系统展示了区域的现代化水平和开放程度，增强了外界对区域的良好印象。

（2）提升品牌知名度。通过广泛传播的正面形象和优质服务，区域品牌知名度不断提升，吸引更多的关注。

（3）提高美誉度。优质的服务体验和便捷的交通条件能够提升外界对区域的好感度，塑造积极的品牌形象。

（4）吸引游客和投资。良好的区域品牌效应吸引了大量游客前来观光旅游，同时还吸引了更多投资者和合作伙伴的关注与合作。

（5）促进经济繁荣。品牌塑造带来的良好口碑和影响力，推动了区域经济的发展和繁荣。

（6）增强居民的自豪感和归属感。区域品牌的成功塑造提升了居民的自豪感和归属感，增强了区域内部的凝聚力和向心力，促进了社会和谐与稳定。

综上所述，区域交通运输能力作为区域竞争力的增强剂，在吸引外部投资、促进贸易便利化、扩大市场份额、提升产业集聚效应及推动区域品牌塑造等方面发挥着重要作用。通过不断提升区域交通运输效率和服务质量，一个地区能够显著增强其在国内外市场中的竞争力，实现经济持续健康发展。

参考文献

［1］阿尔弗雷德·韦伯，工业区位论［M］.李刚剑，等译.北京：商务印书馆，2010.

［2］保建云.企业区位理论的古典基础——韦伯工业区位理论体系述评［J］.理论经济学，2002（4）：57-61.

［3］李·毕理克巴图尔.区域综合交通运输一体化：运作机制与效率［M］.北京：经济管理出版社，2012.

［4］蔡先金，张远忠.区域产业布局中交通运输最优化模型应用分析［J］.山东交通学院学报，2003（4）：57-60.

［5］曹程.公路交通物流运输对区域经济发展的影响分析［J］.中国航务周刊，2024（27）：57-59.

［6］曹程.公路交通物流运输对区域经济发展的影响分析［J］.中国航务周刊，2024（27）：57-59.

［7］常百灵.绿色交通构建视角下的生态公路设计研究［J］.运输经理世界，2024（20）：34-36.

［8］常虹.城市化进程的加速器［N］.秦皇岛日报，2010-09-06（B02）.

［9］车卉淳.基于外部性理论的绿色物流经济学分析［J］.物流经济，2008（3）：58-59.

［10］陈才.区域经济地理学（第2版）［M］.北京：科学出版社，2009.

［11］陈才.区域经济地理学［M］.长春：吉林人民出版社，2022.

［12］陈亮.交通运输对区域经济发展的影响研究［J］.运输经理世界，2023（15）：48-50.

［13］陈志峰.区位选择到集聚的分析困境——基于古典区位论和新经济地理学的视角［J］.中国物价，2015（2）：79-81.

［14］邓焕彬.珠三角区域一体化下交通协调发展研究［D］.北京：清华大学，2012.

[15] 翟筱松，郭晓黎，李红昌，等.基于交通运输方式选择的旅客出行时间价值研究[J].河北工业科技，2020(2)：83-89.

[16] 董泓.浅析现代物流经济学的低碳绿色发展[J].东方企业文化远见，2010(10)：106.

[17] 范思遐.《物流经济学》教改研究[J].才智，2019(3)：10.

[18] 冯凌.区域综合交通网络布局优化研究[J].工程技术研究，2023(17)：156-158.

[19] 冯树民.交通系统分析[M].北京：人民交通出版社，2016.

[20] 高杨斌.区域综合交通体系战略规划研究[D].南京：东南大学，2005.

[21] 龚仪.公路交通物流运输对区域经济发展的影响研究[J].中国储运，2024(4)：61-62.

[22] 贾顺平.交通运输经济学(第3版)[M].北京：人民交通出版社，2019.

[23] 贾顺平.交通运输经济学[M].北京：人民交通出版社，2011.

[24] 郭树华，李石松.综合交通运输体系对产业专业化与空间区域集聚的影响——以云南省农业产业为例[J].经济问题探索，2016(1)：125-131.

[25] 海洋.交通运输与区域经济发展因果关系探讨[J].中国航务周刊，2023(27)：65-67.

[26] 郝寿义，安虎森.区域经济学[M].北京：经济科学出版社，2015.

[27] 何洋.公路交通物流运输对区域经济发展的影响研究[J].中国航务周刊，2023(31)：76-78.

[28] 何洋.交通运输对于区域经济发展的影响分析[J].经济师，2024(7)：30-32.

[29] 何洋.交通运输对于区域经济发展的影响分析[J].经济师，2024(7)：30-32.

[30] 黄承锋.区域交通发展与管理[M].北京：电子工业出版社，2020.

[31] 黄承锋.区域交通发展与管理[M].北京：电子科技大学出版社，2013.

[32] 黄浩.江苏综合交通运输体系构建研究[J].中国商论，2018(35)：152-154.

[33] 黄继平.交通运输对区域经济发展的影响分析[N].河南经济报，2024-06-06(011).

[34] 黄继平.绿色交通运输模式在社会可持续发展中的作用[N].河南经济报，2024-07-04(010).

[35] 黄静兰.大思路：区域交通运输一体化[J].综合运输，2005(10)：

40–42.

［36］霍许阳.区域经济发展的交通运输物流管理路径探索［J］.中国物流与采购，2023（14）：73–77.

［37］戢晓峰，陈方.区域旅游交通系统分析与优化方法［M］.北京：科学出版社，2015.

［38］蒋海峰.区域经济发展与交通运输体系一体化分析［J］.技术与市场，2016，23（7）：348–349.

［39］蒋惠园.交通运输经济学［M］.武汉：武汉理工大学出版社，2009.

［40］江铭林.基于物元模型的铁路参与多式联运效率评价方法［D］.兰州：兰州交通大学，2023.

［41］姜力，李春琴.浙江省交通运输发展与区域经济增长的均衡关系分析［J］.交通科技与经济，2013，15（1）：125–128.

［42］姜丕军.交通运输对市场规模的作用研究［D］.北京：北京交通大学，2016.

［43］李大利.智能交通系统在交通运输管理中的应用与发展［J］.汽车画刊，2024（3）：200–202.

［44］李光.智能交通系统的发展和建议研究［J］.模具制造，2023，23（7）：44–47.

［45］李纪玲.公路交通物流运输对区域经济发展的影响分析［J］.运输经理世界，2024（3）：55–57.

［46］李竞.赣东北区域交通运输发展需求分析［J］.交通发展研究，2014（22）：275–277.

［47］李曼.京津冀区域经济一体化发展研究［D］.天津：天津大学，2005.

［48］李敏，吴群琪.基于城乡经济一体化的农产品物流经济学思考与展望［J］.物流技术，2015，34（4）：1–3.

［49］李鹏.交通运输、区域经济的适应性及政策建议［J］.时代金融，2016（32）：259.

［50］李普.关于交通与运输的含义及交通经济学问题的研究［J］.现代经济信息，2018（12）：377.

［51］李相林.用经济学原理对供应链环境下物流网络的分析［J］.现代经济信息，2013（2）：220–247.

［52］李永霞.刍议公路交通物流运输对区域经济发展的影响［J］.中国储运，2024（3）：198–199.

［53］李跃忠，基于交通经济带的区域经济一体化研究［J］.经济研究，

2017（6）：106-107，112.

［54］林春艳，李富强.区域产业结构优化的模型构建与评价方法研究综述［J］.经济学动态，2011（8）：92-95.

［55］蔺妍.我国货物多式联运立法研究［D］.大连：大连海事大学，2017.

［56］刘婵.公路交通物流运输对区域经济发展的影响研究［J］.中国物流与采购，2023（16）：99-100.

［57］刘洪贤.基于交通运输的区域经济发展战略研究［J］.中国航务周刊，2023（39）：47-49.

［58］刘佳.铁路运输行业市场现状与发展趋势研究［J］.企业改革与管理，2016（5）：179-180.

［59］刘峻豪，黄鑫昊.智慧交通运输对区域经济发展的影响分析［J］.防灾减灾工程学报，2024，44（4）：986-987.

［60］刘澜，王琳，刘海旭.交通运输系统分析（第2版）［M］.成都：西南交通大学出版社，2014.

［61］刘澜，王琳，刘海旭，等.交通运输系统分析（第2版）［M］.成都：西南交通大学出版社，2014.

［62］刘力元.区域货运交通调查方法与实践［J］.交通与运输，2008（2）：75-77.

［63］刘明河.一体化交通运输体系与区域经济发展的关系［J］.经贸实践，2016（18）：30-31.

［64］刘仍飞.区域交通运输与经济发展的关系研究［J］.中国储运，2024（6）：203-204.

［65］刘小庆.公路交通物流运输对区域经济发展的影响［J］.时代报告，2023（8）：149-151.

［66］刘鑫.区域经济发展与交通运输体系一体化研究［J］.技术与市场，2016，23（3）：161-162.

［67］刘鑫辉.智能运输系统——未来交通运输的发展方向［J］.山东工业技术，2016（9）：144.

［68］刘志文.一体化交通运输体系对区域经济发展的影响［J］.经济研究导刊，2017（31）：72-73.

［69］骆温平.物流与供应链管理［M］.北京：电子工业出版社，2013.

［70］吕稼欢，范文强.基于VAR模型的区域交通运输需求与GDP的关系实证分析［J］.交通科技与经济，2016，18（2）：52-55，61.

［71］孟腾.交通运输与区域产业发展的协同性分析［J］.山东交通学院学报，

2019，27（1）：7-13.

［72］孟叶，吴浩波.新经济地理学理论前沿评述［J］.河北经贸大学学报，2023，44（1）：64-77.

［73］苗长虹，魏也华，等.新经济地理学［M］.北京：科学出版社，2011.

［74］彭宏勤，张国伍.交通外在经济效益的理论、方法与实践兼论"一带一路"——"交通7+1论坛"第四十八次会议纪实［J］.交通运输系统工程与信息，2017，17（5）：1-8.

［75］彭辉.综合交通运输系统理论分析［D］.西安：长安大学，2006.

［76］彭其渊，等.区域轨道交通协同运输组织理论创新与发展［M］.北京：科学出版社，2021.

［77］秦春亚.区域经济发展与交通运输体系一体化分析［J］.北方经贸，2017（4）：55-56.

［78］邱琦.基于翻转课堂模式下的《物流经济学》课程教改研究［J］.中国储运2022（7）：88-89.

［79］任保平.丝绸之路经济带建设中区域经济一体化的战略构想［J］.开发研究，2015（2）：1-4.

［80］荣芬.交通运输与区域经济增长关系的实证研究［D］.天津：天津大学，2014.

［81］邵春福，秦四平.交通经济学［M］.北京：人民交通出版社，2008.

［82］邵春福，秦四平.交通经济学［M］.北京：人民交通出版社，2008.

［83］沈航，田小勇.交通运输对区域经济增长影响的实证研究［J］.武汉理工大学学报（交通科学与工程版），2012，36（4）：795-798，803.

［84］石飞，朱彦东.城市交通学研究方法［M］.南京：东南大学出版社，2020.

［85］斯华景.交通基础设施与区域经济集聚——基于新经济地理学的视角［D］.天津：南开大学，2018.

［86］宋飞.交通运输对区域经济增长的价值研究［J］.交通世界（工程技术），2015（7）：48-49.

［87］宋国华.新时期背景下交通物流运输对区域经济发展的影响分析［J］.商展经济，2024（16）：130-133.

［88］宋卫民."新重商主义"的兴起以及物流经济学的破解［J］.经济研究导刊，2009（13）：17-18.

［89］苏进状.长三角交通运输基础设施对区域经济一体化发展的影响研究［D］.上海：上海财经大学，2022.

［90］苏弋涵.未来智能交通MOD开发模式应用探析——以成都为例［J］.时

代汽车，2023（2）：181-183.

　　［91］孙晗．菏泽市建设区域综合交通运输枢纽研究［J］.山东交通科技，2016（4）：103-106.

　　［92］孙久文.中国区域经济学的学科发展与创新［J］.区域经济评论，2021（4）：5-9.

　　［93］孙久文·区域经济学（修订第2版）［M］.北京：首都经济贸易大学出版社，2010.

　　［94］覃成林，贾善铭，种照辉.高速铁路驱动的中国区域经济［M］.北京：科学出版社，2021.

　　［95］谭建新，杨晋丽.交通运输基础设施的空间分布与区域经济增长［J］.云南民族大学学报（哲学社会科学版），2009，26（4）：101-105.

　　［96］唐殿奎.区域交通控制的分析与研究［D］.济南：济南大学，2010.

　　［97］唐升，李红昌，郝璐璐，等.交通基础设施与区域经济增长：基于多种运输方式的分析［J］.中国软科学，2021（5）：145-157.

　　［98］陶婷.枢纽经济发展背景下多式联运体系建设策略研究——以湖南省岳阳市为例［J］.岳阳职业技术学院学报，2021，36（6）：47-51.

　　［99］王成钢.交通运输市场特点分析［J］.长沙交通学院学报，1995（2）：79-84.

　　［100］王大超，王环.关于第三方物流经济学意义的理论分析［J］.经济问题，2002（4）：51-52.

　　［101］王桂国.浅议一体化交通运输体系与区域经济发展的关系［J］.科技创业家，2013（7）：229.

　　［102］王洪飞.辽宁省综合交通运输对区域经济增长的影响研究［D］.长春：吉林财经大学，2022.

　　［103］王会宗.交通运输与区域经济增长差异——以中国铁路为例的实证分析［J］.山西财经大学学报，2011，33（2）：61-68.

　　［104］王慧满.以铁路运输为核心的多式联运模式研究［D］.太原：山西大学，2017.

　　［105］王江锋.交通系统分析与应用［M］.北京：北京交通大学出版社，2022.

　　［106］王姣娥，黄洁.交通—区域发展交互的理论创新与实践应用［J］.地球科学进展，2022，37（2）：177-186.

　　［107］王姣娥，黄洁.交通—区域发展交互的理论创新与实践应用［J］.地球科学进展，2022，37（2）：177-186.

［108］王让，王东民.物流经济学的认识及发展［J］.北京印刷学院学报，2018，26（2）：77-79.

［109］王松，周敏，黄福华.物流经济学教学改革研究——基于研讨式教学的视角［J］.物流工程与管理 2016，38（5）：264-266.

［110］王小娟.公路交通物流运输对区域经济的影响及发展途径研究［J］.投资与合作，2024（5）：97-99.

［111］王月丹.东北经济区交通运输需求预测研究［D］.长春：吉林大学，2008.

［112］魏玉蕾.绿色交通对物流环保的促进作用探讨［J］.中国航务周刊，2024（28）：48-50.

［113］威廉·P.安德森.经济地理学［M］.安虎森，译.北京：中国人民大学出版社，2017.

［114］沃尔特·艾萨德.区位与空间经济：关于产业区位、市场区、土地利用、贸易和城市结构的一般理论［M］.杨开忠，译.北京：北京大学出版社，2011.

［115］吴威，梁双波，曹有挥.流域交通运输地理研究进展与展望［J］.地理科学进展，2019，38（8）：1136-1149.

［116］吴兆麟.综合交通运输规划［M］.北京：清华大学出版社，2009.

［117］夏天.城市区域慢行交通系统化研究［D］.北京：北京交通大学，2011.

［118］熊巧.区域综合交通网络布局优化与决策研究［D］.成都：西南交通大学，2014.

［119］徐凤，吕亚君，张海森.江苏省交通运输投资与区域经济增长的相关性研究［J］.物流科技，2017，40（10）：115-117.

［120］徐阳.陕西省区域经济发展与交通运输体系一体化研究［D］.西安：长安大学，2010.

［121］徐阳.陕西省区域经济发展与交通运输体系一体化研究［D］.西安：长安大学，2010.

［122］徐阳.陕西省区域经济发展与交通运输体系一体化研究［D］.西安：长安大学，2010.

［123］徐阳，郜恩崇，苏兵.一体化交通运输体系与区域经济发展的关系［J］.理论与改革，2013（2）：97-99.

［124］徐翌，欧国立.交通基础设施建设、运输形态变化与区域经济增长［J］.北京交通大学学报（社会科学版），2015，14（3）：17-27.

［125］徐子青.区域经济联动发展研究［D］.福州：福建师范大学，2010.

［126］严战友，杨萌，赵慧玲.京津冀交通运输网络一体化与区域经济联动关系研究［J］.石家庄铁道大学学报（社会科学版），2015，9（3）：1-6，13.

［127］杨晓光，胡仕星月，张梦雅.智能高速公路交通应用技术发展综述［J］.中国公路学报，2023，36（10）：142-164.

［128］杨洋.基于运输一体化的区域交通运输需求预测研究［D］.长春：吉林大学，2006.

［129］姚建恺，王东民.第三方物流经济学意义的理论分析［J］.北京印刷学院学报，2018，26（2）：62-64.

［130］姚田青.区域经济发展的交通运输物流管理路径研究［J］.产业创新研究，2023（17）：27-29.

［131］叶立民.智能交通工程机械的发展趋势与应用前景［J］.汽车画刊，2024（2）：172-174.

［132］喻小贤，等.物流经济学［M］.北京：人民交通出版社，2007.

［133］云虹.物流成本管理与控制［M］.北京：人民交通出版社，2010.

［134］张国强.新发展格局下区域一体化的交通战略愿景［J］.综合运输，2021，43（8）：1.

［135］张怀锋.公路交通物流运输对区域经济发展的影响研究［J］.中国航务周刊，2024（2）：66-68.

［136］张嘉琪，陕西省交通运输体系发展与区域经济发展适应程度分析［J］.经济研究导刊，2021（4）：38-40.

［137］张恺.公路交通物流运输对区域经济发展的影响［J］.中国航务周刊，2023（25）：67-69.

［138］张可云.中国区域经济发展的新动力［J］.中国社会科学报，2022（10）.

［139］张朔.区域综合交通运输需求预测研究——以山东省为例［D］.济南：山东建筑大学，2017.

［140］赵达.《物流经济学》教学方法探讨［J］.教育教学论坛，2014（52）：152-153.

［141］赵盼盼，吕文佼，杨崇美，等.区域交通运输发展对旅游经济的影响研究——以华南地区为例［J］.商展经济，2024（5）：54-58.

［142］赵盼盼，吕文佼，杨崇美，等.区域交通运输发展对旅游经济的影响研究——以华南地区为例［J］.商展经济，2024（5）：54-58.

［143］赵奕凌，梁戈荣.物流成本管理［M］.成都：西南交通大学出版社，2016.

［144］郑达.区域综合交通系统经济适应性评价研究［D］.北京：北京交通大学，2014.

［145］仲建华，官波.区域轨道交通协同运输与服务应用体系及实践［M］.北京：中国铁道出版社，2022.

［146］仲建华，官波.区域轨道交通协同运输与服务应用体系及实践［M］.北京：中国铁道出版社有限公司，2022.

［147］仲维庆.区域交通与区域经济的适应程度研究［M］.北京：经济科学出版社，2013.

［148］周建.智慧交通运输对区域经济建设的促进作用及发展路径研究［J］.老字号品牌营销，2024（14）：54-56.

［149］周莞阳，邓金娥.基于交易成本的第四方物流经济学分析［J］.铁道运输与经济，2009，31（3）：58-61.

［150］朱康宁.徐州市多式联运发展中的政府职能研究［D］.北京：中国矿业大学，2023.

后　记

本书即将付梓，心中满是感慨与感恩！

区域交通运输经济学这一研究领域，犹如一片广袤而深邃的海洋。作为全国经济地理研究会副会长和全国经济地理研究会区域交通经济专业委员会主任，我在其中探索了30多年，深知其博大精深，也深感自身研究之不易和不足。

区域交通运输，作为连接区域经济活动的血脉，其重要性不言而喻。它不仅是推动区域交通运输经济发展的关键力量，更是促进资源优化配置、提升经济效率、加强区域合作的重要纽带。在全球化和区域经济一体化加速发展的今天，区域交通运输经济学的研究显得尤为迫切和重要。它为我们理解交通运输与区域经济之间的复杂关系提供了理论依据，为解决区域交通运输面临的诸多问题提供了思路和方法。

回顾本书的创作历程，我深感自身在这一领域的探索充满了挑战与艰辛。从30多年前对区域交通运输经济学的初步涉猎，到深入研究其诸多方面，我始终怀揣着对知识的敬畏之心和对真理的执着追求。在研究过程中，我参考了大量的文献资料，借鉴了众多前辈学者的研究成果，他们的智慧犹如明灯，照亮了我前行的道路。同时，我也积极关注国内外区域交通运输领域的最新研究动态和发展趋势，力求使本书的研究内容与时俱进，同时具有较强的现实指导意义。

在研究方法上，我努力做到科学严谨、综合多元。实证分析法让我能够从实际数据中挖掘交通运输与区域经济发展的内在规律；比较分析法帮助我洞悉不同地区、不同时期区域交通运输经济现象的共性与差异；系统分析法使我将区域交通运输系统视为一个有机整体，全面把握其内部各组成部分之间的相互关系以及与外部环境的交互作用；成本效益分析法为区域交通运输项目的决策提供了重要的量化依据；模型分析法借助数学模型和仿真模型，深入探讨区域交通运输系统的运行机制和未来发展趋势；跨学科研究法融合了区域经济学、交通运输经济学、经济地理学、工程经济学、环境科学、社会学等多学科的知识和方法，拓宽了我的研究视野，深化了我对区域交通运输经济现象的认识；文献综述法则让我站在巨人的肩膀上，梳理前人的研究成果，明确自己的研究方向。

本书在创作过程中，我得到了众多师长、同仁和朋友的关心与帮助。孙久文教授、张可云教授、李小建教授、安虎森教授、金凤君教授、赵作权教授、陈耀教授、李国平教授、薛领教授、贺灿飞教授、高志刚教授、张满银教授、张学良教授、吴亚中教授、钱俊君研究员、曾剑光研究员、卢毅教授、夏飞教授、贺正楚教授、甘应龙研究员、黄维教授、唐常春教授、唐文彬教授等专家学者，他们在学术上的深厚造诣和丰富经验犹如宝贵的财富，给予了我悉心的指导和宝贵的建议，使我受益匪浅。他们的鼓励和支持让我在研究的道路上坚定前行，不敢有丝毫懈怠。在此，我向他们致以最崇高的敬意和最诚挚的感谢！此外，本书的创作还得到了国内外一些知名专家学者的关注和支持，虽然无法一一列举名字，但他们的建议和帮助同样对本书的完善起到了至关重要作用。在此，我向他们一并表示衷心的感谢！

我的研究生们，戴红梅、凌征武、魏红倩、袁武、刘妍娜、阮璐、田华、王鹏恭、褚韬、欧阳愧林、汪展翅、王延明、熊瑛、肖广平、陈艳、路清泉、杨杰、俞翔、罗珊、李华彬、程咏春、张平、蔡雨珈、李俊忠、李林英、黎兴松、张秀芳、黄文婷、向天清、汤巍、王维宇、龚新爱、黄国先、李攀、曹蓓、张桢祺、张文苑、王喆、刘琴红、洪清填、刘海双、胡凌霜、许睿琦、刘瑶、毕继芳、黄静宇、蔡雨珂、王雨涵、胡劢、唐蕾、张萌、陈曦薇、袁浩、蔡燕、柯玲娟、付媛媛、康甜、涂巧柔、杨钰卓、余欢、银星、查嫣媛、王科、黄静远、余磊、王盛实、曹永胜、黄森鑫、刘懿萱、杨宸、钟亮、曾宏伟、徐荣湘、谭星驰、唐泽庭等，他们在资料收集、案例分析和调查研究等方面付出了辛勤的努力。特别是唐泽庭同学，为本书的出版作出了很大贡献。他们的青春活力和积极进取精神感染着我，他们的聪明才智和扎实工作为本书的创作提供了丰富的素材和有力的支持。我为拥有这样一群优秀的学生而感到骄傲和自豪，也感谢他们在学习和研究过程中对我的信任、配合和帮助。本书在构思、写作、编辑、出版过程中，还得到了长沙理工检测咨询有限责任公司的大力支持和无私帮助，在此特表示深深的感谢！

尽管我在区域交通运输经济学的研究中付出了诸多努力，但由于该领域涉及的知识面广、问题复杂，加之本人水平有限，书中难免存在不足之处。我真诚地希望广大读者能够批评指正，提出宝贵的意见和建议。我将以更加严谨的态度、更加饱满的热情，继续深入研究区域交通运输经济学，为推动该领域的发展贡献自己的一份力量。区域交通运输经济学的研究是一个不断发展和完善的过程，我愿与各位同仁携手共进，共同探索这一领域的未知奥秘，为实现区域交通运输的可持续发展、促进区域经济的繁荣与进步而不懈努力！

周正祥于柳月湾

2025 年 5 月 6 日